SCHLÜTER/CLAUSEN (Hrsg.)

Renaissance der Gemeinschaft?

Bibliothek der
Kath. Fachhochschule
für Sozialwesen
Saarbrücken

Beiträge zur Sozialforschung

Schriftenreihe der Ferdinand-Tönnies-Gesellschaft e. V. Kiel

Herausgegeben von Prof. Dr. Wilfried Röhrich

Band 5

Renaissance der Gemeinschaft?

Stabile Theorie und neue Theoreme

Herausgegeben von

Carsten Schlüter und Lars Clausen

Duncker & Humblot · Berlin

CIP-Titelaufnahme der Deutschen Bibliothek

Renaissance der Gemeinschaft? Stabile Theorie und neue Theoreme / hrsg. von Carsten Schlüter; Lars Clausen. – Berlin: Duncker und Humblot, 1990
  (Beiträge zur Sozialforschung; Bd. 5)
  ISBN 3-428-07027-5
NE: Schlüter, Carsten [Hrsg.]; GT

Alle Rechte, auch die des auszugsweisen Nachdrucks, der fotomechanischen Wiedergabe und der Übersetzung, für sämtliche Beiträge vorbehalten
© 1990 Duncker & Humblot GmbH, Berlin 41
Fotoprint: Werner Hildebrand, Berlin 65
Printed in Germany
ISSN 0175-6087
ISBN 3-428-07027-5

Vorwort

Die Ferdinand-Tönnies-Gesellschaft - und die vorliegende Schriftenreihe - sind einem großen Namen verpflichtet. Mit Tönnies (1855 - 1936) begann in Deutschland die einzelwissenschaftliche Soziologie und damit eine neue Epoche sozialwissenschaftlicher Erkenntnis. Tönnies' Soziologie vereint typologisches Denken und historische Wirklichkeitserfassung; sie wurde von Hobbes und Marx beeinflußt und präludiert Max Weber. Durchdrungen ist das Werk von einem tiefgreifenden sozialen Engagement. Davon zeugt schon Tönnies' Fragestellung nach den Bedingungen der *Sozial*form »Gemeinschaft« und nach der Genese und Wirkungsweise der *Sozialform* »Gesellschaft« sowie nach den Möglichkeiten einer neuen Kulturordnung.

Die anhaltende Bedeutung grundlegender Fragen von Tönnies ist unbestritten; und die in seiner Kritik erfaßte Problematik der kapitalistischen Gesellschaft besteht fort. Man muß nicht Kulturkritiker oder Sozialromantiker sein, um zu erkennen, in welch zunehmendem Maße diese Gesellschaft menschliche Lebensführung erschwert. Ihre Komplexität ist zu umfassend, als daß sie erlebnis- und gefühlsmäßig bewältigt werden könnte. Damit erweist sich das Problem »Entfremdung« - von dem Tönnies' Werk auf weiten Strecken handelt - als ein stets aktuelles Thema. Es gemahnt uns an das menschliche Emanzipationsziel, das für Tönnies, bei aller Gesellschaftskritik, leitend war.

So widmet sich denn auch die vorliegende Schriftenreihe zwei thematischen Schwerpunkten: Ferdinand Tönnies und den aktuellen Impulsen seiner Disziplin und - damit verbunden - der interdisziplinären Problematik: Entfremdung und Emanzipation. Der hier vorgelegte Sammelband mit Diskussionsbeiträgen, die primär von den *angewandten* Aspekten der Tönniesschen reinen Soziologie, seiner Sozialphilosophie, ausgehen, reflektiert unter diesen Voraussetzungen das Projekt der Moderne.

Wilfried Röhrich

Inhaltsverzeichnis

Carsten Schlüter/Lars Clausen
Einleitung - Anfragen bei »Gemeinschaft« und »Gesellschaft«   9

Cornelius Bickel
"Gemeinschaft" als kritischer Begriff bei Tönnies 17

Peter-Ulrich Merz-Benz
Die Entstehung der sozialen Gemeinschaft als Entnaturisierung
der Natur - ein Aspekt der Begriffstheorie von Ferdinand Tönnies 47

Per Otnes
Das Ende der Gemeinschaft? 65

Heinz Strang
Gemischte Verhältnisse -
Anzeichen einer Balance von »Gemeinschaft« und »Gesellschaft« 75

Bálint Balla
Das Drei-Stadien-Denken, ein Grundmuster von Sozialtheorien,
und seine Elemente bei Ferdinand Tönnies 93

Eugene Kamenka/Alice Erh-Soon Tay
'Gemeinschaft', 'Gesellschaft' and the Nature of Law 131

Maurice Marks Goldsmith
The Rationality of Community 153

Michael Opielka
»Gemeinschaft« und Sozialpolitik 163

Rainer Brödel
Tönnies als Anreger für die Volks- und Erwachsenenbildung
am Beispiel der Rezeption durch Hermann Heller 191

Gerhard Vowinckel
Die destruktive Gemeinschaft - Anmerkungen zur Geistes-
und Gemütsverfassung des Gemeinschaftsmenschen 217

Integriertes Literaturverzeichnis 227

Autorinnen- und Autorenverzeichnis 253

Einleitung
Anfragen bei »Gemeinschaft« und »Gesellschaft«

Von Carsten Schlüter/Lars Clausen

> Das Unberechenbare der Zukunft steht immer noch über allem, und so trügerisch es ist, so erweist's sich doch auch als segensreich: denn bei gleichverteilter Furcht sind wir im Angriff gegeneinander behutsamer.
>
> Thukydides, Der peloponnesische Krieg[1]

"Gemeinschaft" ist nicht umzubringen. Man ist der ewigen Zweckbündnisse leid, man kann gelegentlich den Wunsch nach innigerem Anschluß kaum unterdrücken, man sucht ihn, will ihn, gelegentlich wird für ihn demonstriert. Solches *Gefühl* aber wird heutzutage vom politischen *Kalkül* interessiert bedient, wenn besonders, doch nicht nur, in Deutschland[2] "Gemeinschaft" aus dem Bildschirm in ein sonst vage zusehendes und wärmesuchendes Publikum hineingepredigt wird.

Das ist abstoßend; und man kann über letztendlich zielloses Aneinanderkleben auch die Achseln zucken. Lügen man und besonders frau sich mit aller "Gemeinschafts"-Suche nicht in die eigne Tasche? Viele nachdenkliche "Gesellschafts"-Menschen haben die *wesenhaft* ziellosen und einander nur etwas vorwinselnden Konventikel von großen und kleinen "Betroffenen"-Gemeinschaften verspottet, und schlimmer noch: Das trifft viel zu gut. Und nun wird man

---

[1] Buch IV, Kap. 62, dt. von Georg Peter Landmann.

[2] Die jüngste deutsche Geschichte evoziert durchaus die Erinnerung an eine mehr als hundert Jahre alte Mahnung - an eine Warnung aus dem nicht nur zeitlichen Umfeld von "Gemeinschaft und Gesellschaft". Der junge, von Tönnies geschätzte (vgl. aber Ferdinand Tönnies, 1897b) Friedrich Nietzsche umreißt im "Ersten Stück" seiner damals in der Tat ganz "Unzeitgemässen Betrachtungen" aus dem Jahr 1873 hellsichtig die Gefahren der ideologischen Verbrämung des Sieges über Frankreich zum Sieg deutscher Kultur (heute analog der als Religion gänzlich mißbrauchten und mißverstandenen Marktwirtschaft) und einer entsprechenden Überhöhung der Reichsgründung: "Dieser Wahn ist höchst verderblich: ... weil er imstande ist, unseren Sieg in eine völlige Niederlage zu verwandeln: *in die Niederlage, ja Exstirpation des deutschen Geistes zugunsten des »deutschen Reiches«.*" (Friedrich Nietzsche, 1980, S. 137).

manchmal vom Hitzestrom aus diesen Kreisen überrascht: Vom Keifen, Bullern und Singen.

Gemeinhin richten es sich dennoch fast Alle desto weltklüger zivil cool ein, und wer Realist sein will, suche sich andre Leute besser nicht um des bloßen und oft zweckarmen Miteinanders willen aus, sondern erküre sich, viel ehrlicher, zweckdienliche "Gesellschaft", eben Vorteils halber. Mit beschränkter Haftung.

So klar; so schroff; dann auch wieder so unbefriedigend. Und nun kommt hier eine Sammlung von Aufsätzen mit dem Halbversprechen: "Renaissance der Gemeinschaft?" Ist es soziologische, gar sozialphilosophische Trittbrettfahrerei, die ein modisches Unbehagen verwerten will?

Mithin setzt sich dieses kleine Buch von vornherein Affekten aus.

Es sucht aber den Widerstreit und verspricht keinen Stuhl zwischen den Stühlen. Es will auch nicht politische und soziale "Gemeinschafts"-Alternativen einfach mit "Gut" oder "Böse" benoten. Sind denn zahlreiche "Gemeinschaften" zur "Gesellschaft" gar so alternativ nicht, sind vielleicht nur Firmenschwindel? Pseudo-Gemeinschaft? - worauf Ralph Segalman (1981) schon auf dem Ersten Tönnies-Symposion aufmerksam machte. Zum Kummer von Anhängern, die sich in ihnen immer wieder in der Kälte und am falschen Platz fühlen, weil sie das Nicht-Gemeinschaftliche, das sie bei anderen Organisationen abstieß, auch hier wiederfinden; nur aber abgeleugnet. Ist anderseits die Reaktion der Möchtegern-Coolen auf die Zumutung gemeinschaftlichen Grölens oder kuhwarmer Milch von glücklichen Markenkühen, ihr Angewidertsein durch familiäre Attitüden in politischer und kommerzieller Sprache, nicht zugleich auch wieder eine insgeheim "gemeinschaftliche" Reaktionsweise und mißt darüber hinaus die "falsche" Gemeinschaft an einer ersehnten "echten"? "Gemischte Verhältnisse" also allüberall.

Dennoch soll nicht wiederum einfach "Neue Unübersichtlichkeit", der Habitus von 'postmodernem' "Anything goes" konstruiert und befördert werden. Die Moderne kann man nicht kraft Beschlusses kurzerhand verlassen. Was wir hier fragend angerissen haben, soll vielmehr zeigen, wie die alten Formeln auch heute noch wirken - darüber hinaus jedoch, daß es eine viel klügere und heute wieder nützliche *"Gemeinschafts"*-Debatte lange schon in der Soziologie und Sozialphilosophie gab! Genau nämlich dank der Formel von der "Gemeinschaft" gegenüber der "Nicht-Gemeinschaft", noch genauer: im Begriffspaar von "Gemeinschaft und Gesellschaft", war man schon einmal weiter.

Was wäre denn, wenn "Gesellschaft" mit "Gemeinschaft" *theoretisch* unvereinbar wäre? Wiewohl *praktisch* immer vermischt - ? Was, wenn wir uns erinnerten, daß sie den Anfang der deutschen Soziologie bildeten? Kurz: schon *Ferdinand Tönnies*' Szenario? Als wissenschaftliche Fragen wären sie dann schon über hundert Jahre alt und wohlbekannt gewesen, als er 1887 seine systematisch-abschließend (!) gedachte und gewollte Behandlung ingestalt seiner politeia mit Namen "Gemeinschaft und Gesellschaft" vorlegte.

Tönnies also wollte ein damals bereits reif gewordenes Problem lösen, und er kennt und benennt seine Quellen präzise und umfassend. Er bezieht sie von Anfang an aufeinander, etwa die Marxsche Untersuchung der realen Reproduktion und Produktion der "Gesellschaft" - modifiziert durch die Rodbertussche Kritik - auf Bachofens, Morgans und Gierkes Annäherungen an eine historische Auffassung von "Gemeinschaft". Die Frage nach der authentischen "Gemeinschaft", die die *frühe Romantik* durchaus politisch scharfsichtig - nicht nur wie viele affirmativ oder pejorativ vereinfachend meinen: reaktionär -, die sie so nachdrücklich und gelegentlich angstvoll gestellt hatte, nützt sogestalt, wenn systematisch angegangen; gerade weil diese strukturelle Frage nach z.B. "Brüderlichkeit" historisch früh und ironisch ins gleiche Flußbett mit der Strömung mündete, welche wir heute als aufgeklärte Gesellschaft ("Gesellschaft"!) und deren kalkulierende Bewußtseinsformen zu bezeichnen gewohnt sind. Und die Frage stellt sich noch immer, jetzt im Delta der Epoche, in der sogenannten Postmoderne, die in Wahrheit diese die ganze Moderne schon bestimmenden Dilemmata der sehnsüchtigen und der coolen Attitüden auch nicht abstreifen kann und will, die mithin, so unsere Behauptung, lediglich eine ihrer Facetten ist. Deswegen soll in diesem Buch versucht werden, wissenschaftlich - und zwar ebensowohl sozialwissenschaftlich wie -philosophisch - an die von Ferdinand Tönnies 1887 "en philosophe" (Ferdinand Tönnies/Friedrich Paulsen, 1961, S. 284) systematisch entwickelten und explizierten Grundbegriffe der Reinen Soziologie und deren methodisch bewußte Prozessualisierung in der Angewandten Soziologie über diese Fragen anzuknüpfen und etwas mehr zu sagen, als in jenen weltanschaulich fixierten Zusammenhängen geantwortet werden kann, wo Frau und Mann sich der Fragestellung mit Vorliebe annehmen; weil sie dort nämlich zumeist vorweg beantwortet ist und zwar in Gestalt von Floskeln: Man erwähnt dort bloß noch Formen des Abscheus, die man schon gar nicht mehr kennt: pseudo-"gemeinschaftliche" "Wut im Bauch" und pseudo-"gesellschaftliches" »Vergiß es!«

Anders wir?

Im November 1987 fand das Dritte Tönnies-Symposion in Kiel statt. Es wurde zu Ehren des hundertjährigen Erscheinens von Tönnies' Früh- und Hauptwerk "Gemeinschaft und Gesellschaft" veranstaltet. Etwa ein Fünftel der dort gehaltenen Beiträge gehören enger zu unserem Thema, so legen wir sie hier vor und addieren noch einige. Es sind vor allem solche, die über die Tönnies-Forschung und -Philologie (die werkgeschichtlichen Fragestellungen, die erkenntnistheoretischen und kulturgeschichtlichen Probleme im engeren Sinne) hinausgehen und, freilich bei Tönnies anhebend, ihn kritisieren, modifizieren, nutzen, weiter denken wollen; das soll heißen: Horizonte zumal für die gesellschaftspolitische Diskussion eröffnen.

Doch ist Ferdinand Tönnies hier nicht nur als nun-eben 'anregend' ausgewiesen und als Wimpel an die Stirnwand des Saales dekoriert, worin wir unsre Tagesordnung abarbeiten. Die Beiträge bemühen sich vielmehr, dem klassischklugen Autor von gestern in der Auseinandersetzung gerecht zu werden und gewachsen zu sein - sie argumentieren in der gerade durch ihn systematisch vertieften wissenschaftlichen Tradition. Sie geben also allen, die diese Studien aufschlagen, die heimtückische Chance, sogleich zuzuschlagen, weil ja kein Urknall neuer Soziologie, neuer Philosophie geboten würde.

Daß dabei nicht nur die Thematik des Klassikers aktuell ist, wie wir hier eingangs zeigen wollten, sondern vielfach auch die Aktualität der Argumentation des Ferdinand Tönnies selbst entdeckt wird, ist den Herausgebern keinesfalls zuwider. Wie der Autor der "Negativen Dialektik" lassen sie "all denen, hüben und drüben, ihre Freude, die verkünden werden, sie hätten es immer gesagt" (Theodor W. Adorno, 1975, S. 11) und nun seien die Herausgeber "geständig".

Noch eine Warnung:

Am 16.12.1929 schrieb Ferdinand Tönnies an Alfred Vierkandt, den Herausgeber des seit 1931 immer wieder genutzten "Handwörterbuchs der Soziologie": "Ich bin nun seit mehr als 50 Jahren ziemlich einsam meine Strasse gezogen und bin auch damit zufrieden, diesen meinen Weg bis ans Ende zu gehen." (Ferdinand Tönnies, 1929a). Damals konnte das verblüffen. War Tönnies nicht ungemein erfolgreich gewesen? Bis zur Sprichwörtlichkeit seiner Konzepte? Wieso nannte sich der 74jährige dann "ziemlich einsam"? Wir urteilen: Weil er es schon 1929 war. Im zitierten Brief an Vierkandt sieht er sich als Lückenbüßer behandelt, dem Vierkandt (obgleich er Tönnies' "systematische Begriffsbildung von Gemeinschaft und Gesellschaft" anerkenne und "als fundamentale gelten" lasse) im Programm jenes Handwörterbuches dann doch "einen Artikel über Gesellschaft in dem hergebrachten vagen Sinne", also begrifflich wieder eingetrübt, vorangestellt hatte. Und der soziologieübergreifende Erfolg seines Werkes in der Weimarer Republik war Tönnies zu stark durch jugendbewegte Mißverständnisse der "Gemeinschafts"-Thematik bestimmt, welche als Gemeinschaftsapologetik bündisch-irrig aufgefaßt wurde und die von ihm wohlüberlegte und denkscharf konzipierte Fundiertheit seiner beiden (einander opponierten) "Normalbegriffe" von der "Gemeinschaft" und von der "Gesellschaft" ganz überlesen hatte: Er sah seine Kategorien bereits veruntreut.

Der verlogene Gemeinschafts-Mißbrauch der Goebbelsschule danach trug auch in der wissenschaftlichen und politischen Kultur der jungen Bundesrepublik zunächst zur Nicht(be)achtung des Tönniesschen Werks bei: Quellenkundige urteilten, Tönnies möge persönlich zwar aufrecht gewesen sein, sein tragisches Schicksal (der Demokrat und Sozialgesonnene hatte nicht nur im

Nazideutschland, sondern schon auch im Kaiserreich Einiges auszustehen) sei ihm unbenommen - aber im Grunde sei er philosophisch und vorsoziologisch steckengeblieben, und zumal allen Nichtlesern war er nur noch "der mit der Gemeinschaft". Gemeinschaft aber wurde, wo nicht mit ihrem Nazi-Mißbrauch als "Volksgemeinschaft", so zumindest mit Unmodernität assoziiert: Die braunabweisende Modernisierungskraft, die man dem ab 1948 rasanten und im Revier der Bundesrepublik noch nie so rein installierten Kapitalismus zutraute, hatte damals für "Gemeinschaft" nichts übrig und überließ das Wort gerne der ulbrichtschen Prägekraft: "Sozialistische Menschen-Gemeinschaft". Heute aber - wie lange? - wird Gemeinschaft wieder einmal völkisch ausprobiert.

Fast nur die Vorurteile über den kaum gelesenen Klassiker Tönnies hatten somit überlebt. Sie sollten freilich nach dem öffentlichen Erfolg und der wissenschaftlichen Sickerwirkung der Tönnies-Tagungen (1980, 1983, fünf dann schon 1987) ihr legitimes Ende gefunden haben, so daß die Herausgeber auf Einem bestehen: Die Frage nach der "Gemeinschaft", von der "Gesellschaft" her gestellt, wird von Tönnies in Form eines scharfen Denk-Instruments vorgetragen, eben als "Normalbegriff", und sie wird der kontrollierten und reflektierten Verwendung in Forschung und Theoriebildung nach wie vor dienen! Tönnies' Werk hat forschungslogisch bereits lange vor 1933 das Gegengift zur Gemeinschaftsapologetik geboten, wenn, wer diesen Band hier durchgeht, nur seine methodischen Weichenstellungen nachbedenkt. Auch gegenüber den heutzutage vagierenden Gemeinschaftsmythen enthält die Tönniessche Konzeptionalisierung von "Gemeinschaft" und "Gesellschaft" einen immer noch beträchtlichen Rationalitätsvorsprung. Tönnies' skeptische Geschichtsphilosophie, die gleichwohl an der Aufklärung festhält, verzeichnete bereits im 19. Jahrhundert Einsichten in die "Dialektik der Aufklärung", die postaufklärerisch Lesemüden mangels Clarté nicht zugänglich sind.[3]

---

[3] Zwei weitere Bände als Früchte des Dritten Tönnies-Symposions 1987 sind noch zu nennen, damit man sich künftig nicht mehr auf Materialmangel hinausrede: (1) Der Band "Hundert Jahre »Gemeinschaft und Gesellschaft« - Ferdinand Tönnies in der internationalen Diskussion" (Lars Clausen/Carsten Schlüter, 1990a) konzentriert sich auf die methodologischen und erkenntnistheoretischen Fragestellungen und die Diskussion der als streitend konstruierten Zentralbegriffe. Er beginnt, nach (I) einem historisch und begrifflich einführenden Kapitel mit (II) den Abhandlungen zur theoretischen Soziologie, Erkenntnistheorie und Geschichtsphilosophie. Unter (III) dem, so hoffen wir, luziden Titel aus Tönnies' Auseinandersetzung (1965b, S. 6 ff.) mit Max Webers Begriff des sozialen Handelns - "Handeln muß jedenfalls als eine vernünftige Tätigkeit verstanden werden" - (den er durch seine Willensmetapsychologie tiefer fundieren will, als Weber es unternahm), behandelt der Band dann noch Aspekte der Grundbegriffe, aber auch schon der Angewandten Soziologie und der Zusammenhänge mit Tönnies' explizit ideengeschichtlichen Arbeiten unter zumal politologischen Gesichtspunkten. Dann stellt er (IV) ausgesuchte, auch problematische Fragen der Wirkungsgeschichte des Sozialphilosophen, Soziologen und Homo Politicus in den Mittelpunkt. Das ist nun Tönnies-Forschung i.e.S. - (2) Ferner geben wir unter dem Titel: "»Ausdauer, Geduld und Ruhe« - Fragen und Quellen zur Tönnies-Forschung" (Lars Clausen/Carsten Schlüter, 1990b) einen weiteren Band mit Beiträgen heraus, die vornehmlich für spezielle soziologische Forschung (so für die empirische Kommunikationssoziologie und -rezeption) wichtig sind. Auch hier, so wurden wir auf dem III. Tönnies-Symposion belehrt, läßt sich mit Tönniesschem Instrumentarium profund arbeiten, dies wird einerseits in der

Gerade zu einer "Renaissance der Gemeinschaft" hat sich Ferdinand Tönnies geäußert. In den angewandten Aspekten seiner Soziologie, die hier im Mittelpunkt stehen, betont er unter anderem, daß er eine Regression auf die normalbegrifflich skizzierte Stufe der Gemeinschaft weder für wünschenswert noch für möglich halte; stattdessen sei, und zwar nur durch ein differenziertes "gesellschaftliches" Bewußtsein, ein Grad höchster Bewußtheit notwendig, um durch Selbstreflexion des in der Gesellschaft erreichten Bewußtseins allen- und günstigstenfalls auf *höherer* Stufe "Gemeinschaftliches" neu ermöglichen zu können (siehe hierzu unten etwa den Aufsatz von Bálint Balla über das Drei-Stadien-Denken). Dies wären, benutzt man - mit Vorsicht und nur für Tönniesneulinge aus fernem Hegelland - die Sprache der Dialektik, gemeinschaftliche Muster, die durch die bestimmte Negation geprägt sein müßten, und Gesellschaft wäre insofern in ihnen aufgehoben gedacht, nicht untergegangen. Zu einer solchen Negation gehörte auch, daß sie nicht bloß abstrakt sein dürfte: Selbstreflexion hätte als ihre *Möglichkeitsbedingung* das gesellschaftliche Bewußtsein zum "sittlich-humanen Bewußtsein" zu erweitern (Ferdinand Tönnies, 1979, S. 139; vgl. Carsten Schlüter, 1987, S. 253 f.; 1988, S. 394 ff.). Damit wäre der erreichte Grad an Differenziertheit aber gerade nicht liquidiert, die Gesellschaft in diesem Sinne wäre also nicht abstrakt negiert, sondern die Differenziertheit ist wiederum die historische Voraussetzung der Möglichkeit von solcher Selbstreflexion, damit auch die Voraussetzung der höheren Form der Gemeinschaft in Gesellschaft; einerseits müßte dafür also *Gesellschaft in Gemeinschaft* fortbestehen, andererseits müßte in der Moderne nicht erschlichene *Gemeinschaft in Gesellschaft* dann immer auch die Wirklichkeit und Kontinuität solch humanistischer Selbstreflexion selber sein - und ihr eigener kritischer Maßstab. Wenn wir diese Konzeption der politischen Gegenwart unterlegen, so folgt: Eine Renaissance der Polis oder politischer Gemeinschaft, wenn diese denn überhaupt je möglich wäre,[4] gäbe es heute nur noch - fast paradox - unter

---

Bedeutung für empirische Arbeiten vorgeführt, andererseits wird die wissenschaftsgeschichtliche Anregerfunktion Tönnies' an Beispielen gezeigt. Weiterhin belegt der Band Tönnies' inzwischen bekannte antifaschistische Orientierung in einer exemplarischen Note, der die Herausgeber mit Quellen aus Tönnies' Oeuvre zur Seite treten. So findet, wer forscht, dort auch eine Wiederveröffentlichung von Tönnies' berühmter Rede über die Lehr- und Redefreiheit (gehalten schon unter Hitler, in der Kroll-Oper, 1933, kurz vor dem Reichstagsbrand). U.a.m.

[4] Wir formulieren im Konjunktiv, um den spekulativen Charakter dieser Überlegungen hervorzuheben. Denn auch wenn Tönnies praktisch die republikanischen Tugenden verteidigte, so ist dies nicht unbedingt als Vorbereitung politischer Gemeinschaft zu lesen, für die es nach seiner Theorie auch die Möglichkeit in den Willensdispositionen, und zwar nicht nur prinzipiell, sondern als Charakteristikum einer Zeit, geben muß. Tönnies verteidigt am Ende der Weimarer Republik eher den zivilen und demokratischen Charakter der Gesellschaft und des Weimarer Staates gegen den aus der Gesellschaft entsetzten Faschismus, den er als Monarchismus mißnahm, und seine ihm zugehörige Ideologie der Pseudogemeinschaft, als daß er an dieser Stelle für Gemeinschaft votiert: Mit der Demokratie aber will er auch gemeinschaftlichen Tendenzen der Arbeiterbewegung und der Denkmöglichkeit eines neuen Zeitalters der Gemeinschaft zumindest die Option offenhalten. Politische Vergemeinschaftung wäre eher ein Max Weber theoretisch eigener Terminus, dessen Handlungstheorie einen freieren Umgang mit den Kategorien "Gemeinschaft" und "Gesellschaft" gestattet. In einem mehr Weberschen bzw. auch Schmalenbachschen Sinne, der die Sozialformen eben nicht aus anthropologisch tiefsitzenden Willensformen der handelnden

der Voraussetzung, der Universalisierung und der Verteidigung der Freiheit. Diese bedarf einer Aneignung des, nach Dolf Sternbergers Wort, Verfassungspatriotismus samt der ihm zugehörigen Diskurse, und keinesfalls einer Abrasur des Politischen auf Vorpolitisches, teils auch Vorsoziales - hier sind die Herausgeber mit Jürgen Habermas (1990), der Tönnies allerdings gar nicht im Sinn hat, einig. Tönnies selber stand, wie erwähnt, als Person für ein solches republikanisches Selbstverständnis auch gegen die Nazis und ihre Methoden konsequent ein und verband so ebenfalls seine soziologische und politische Theorie eng mit seiner politischen Praxis. Das war genau das Gegenteil von populärer Gemeinschaftsrhetorik, die in ihrem Wehklagen und, wieder einmal, in ihrem "Heim zu den Müttern" der Regression des Bewußtseins durch New Age & Brocken-Mystik das Wort redet. Tönnies hingegen ist als Aufklärer skeptischer noch als Hegel oder gar Marx, ist dem (gelegentlich neu zu lesenden) Spinoza verpflichtet: Er sieht ein Gemeinschaftsbedürfnis aus den Defiziten der Gesellschaft sehr wohl, überprüft das Thema jedoch wissenschaftlich-distanziert als wichtigstes in einer operationalisierbaren Form. Zu rechnen ist nach ihm nämlich mit noch Schlimmerem als nur etwa einer Niederlage im Letzten Gefecht; er argwöhnt vielmehr eine kommende langfristige Barbarei und möchte sie abkürzen und dem Nach-Abendland dessen Probleme erleichtern - nicht unähnlich dem, wie die Denkreste der Antike der Renaissance aufhalfen. Der - nur mit Vorbehalt islamisch zu nennende - Fundamentalismus und andere Erscheinungen, nicht nur in der dritten und vierten Welt, sind vielleicht die Menetekel der von Tönnies befürchteten und erwarteten Entwicklungen.

Pseudo-Gemeinschaften, vordergründige Sedierungen, dürften jetzt wegen ihrer nur fiktiven Fundierung das Bedürfnis nach Substanz (dem sie nicht gerecht werden, dem sie auch inhaltlich nicht aufhelfen) nurmehr verstärken und durch ihre spezifischen Schulungsformen und Passageriten nur noch mehr Kanäle für immer irrationaler sich gebärdende Ismen graben. Diese Pseudo-Gemeinschaften verkörpern aus der verselbständigten Ratio geborene und sich steigernde Irrationalität; Gemeinschaft hingegen ist hierzu ganz gegenteilig die soziale Welt, aus der Ratio sich herausdifferenziert und bildet [letzteres ist das Thema von Peter-Ulrich Merz-Benz]. Das Irrationale ist die Perversion der Moderne und nicht etwa der Geist der Gemeinschaft. Somit ist - Friedrich Nietzsches Kritik des als Begründungsargument verwandten religiösen Bedürfnisses aufgreifend - *das Bedürfnis* nach Gemeinschaft zwar sehr ernst zu nehmen und unbedingt wissenschaftlich zu analysieren, es legitimiert aber keinesfalls die soziale Regression. [Mit der Kritik des 'ontologischen Bedürfnisses' modifiziert Theodor W. Adorno 1966 (1975) übrigens diese ideologiekritische Denkfigur.]

Menschen ableitet, wird Michael Opielka hier, obgleich er nachdrücklich bei Tönnies anhebt, die Frage nach der Gemeinschaft heute als Frage nach der Möglichkeit der Gemeinschaft *in* der Gesellschaft neu stellen.

So schreibt Ferdinand Tönnies (1930) im Gedenken an das Wirken von Leonard Nelson:

"Weit mächtiger als je im Altertum hat sich gegen mangelhaft begründeten Glauben und Wahn Wissen und wissenschaftliches Denken erhoben. Die Götter und Dämonen sind verschwunden, weil sie in das Reich der Fabeln und dichterischer Phantasien verwiesen wurden, in denen sie mit ihrem ästhetischen Wert, der zum Teil auch ein ethischer ist, mehr als je zur Geltung kommen und kommen werden. Aber es wird auch zukünftig an Versuchen nicht fehlen, wie solche Leute in den Verworrenheiten, die wir einer unerhörten Kriegsepoche verdanken, kühner als seit zwei Menschenaltern ihr Haupt erheben, die alte Ideenwelt zu retten und wieder herzustellen, als ob sie die wissenschaftliche und auf den Wissenschaften als ihre Kritik und Ergänzung aufgebaute philosophische Denkungsart zerstören und ersetzen können; was ihnen nur gelingen wird, wenn die echte Liebe zur Erkenntnis hinter frommen Schwärmereien und bodenlosen Spekulationen dauernd zurücktreten und verdunkelt werden sollte. Diesen Tendenzen gegenüber scheint es in hohem Grade geboten, daß die freie Denkungsart und Art des Philosophierens sich sammle und sich vereine, um jenen gegenüberzutreten und sie in die Schranken des Priestertums und derjenigen priesterlichen Funktionen zu verweisen, die als menschlich hilfreiche auch anerkennen wird, wer den theologischen sogenannten Begriffen ein für allemal sein Ohr verschlossen hat."

Wie Tönnies selbst dann begrifflich vorgeht, ist zunächst den den Band eröffnenden Beiträgen von Cornelius Bickel und Peter-Ulrich Merz-Benz zu entnehmen, die der Tönniesschen Begriffstektonik verpflichtet sind; dann sollte man eben weiter lesen. Die Herausgeber hingegen wären über Antworten froh.

Sie danken unterdessen einem wahrlich weitgespannten sozialen Netzwerk:

Der Ferdinand-Tönnies-Gesellschaft e.V. und allen Beteiligten vom Lehrstuhl I des Kieler Universitäts-Instituts für Soziologie für Initiative und Durchführung des Dritten Tönnies-Symposions; und insbesondere auch den Mäzenen: Ferdinand Tönnies' Erben, vertreten durch Patentanwalt Jan G. Tönnies; der Bank für Gemeinwirtschaft (Kiel); der co op Schleswig-Holstein e.G.; der Deutschen Forschungsgemeinschaft; der Stadt Kiel; dem Kultusminister von 1987 Peter Bendixen und dem ehemaligen Ministerpräsidenten des Landes Schleswig-Holstein Uwe Barschel; der Schleswig-Holsteinischen Universitätsgesellschaft; der Bundesministerin für innerdeutsche Beziehungen Dorothee Willms; der Universitäts-Buchhandlung Walter G. Mühlau in Kiel; ihnen allen für ihre je materielle und ideelle Hilfe. Und ohne die Unterstützung und den Idealismus vieler aktiver Menschen und befreundeter Institutionen wäre eine Großveranstaltung wie jenes Symposion nicht möglich gewesen. Schließlich half 1989 noch ein Zuschuß der Ministerin für Bildung, Wissenschaft, Jugend und Kultur des Landes Schleswig-Holstein Eva Rühmkorf bei der Herstellung dieses Buches. An dessen technischer Vorbereitung haben Brigitte Zilm und Rolf Fechner sorgfältig gearbeitet.

"Gemeinschaft" als kritischer Begriff bei Tönnies

Von Cornelius Bickel

I. Der Gemeinschaftsbegriff bei Tönnies im Vergleich mit der zeitgenössischen Soziologie

1. Grundzüge des Begriffes

Der Gemeinschaftsbegriff spielt im politischen und soziologischen Denken in Deutschland seit der Jahrhundertwende eine besondere Rolle. Er war meistens das Symptom für einen Eskapismus aus der Moderne, für einen 'Idealismus', der die sozialen und politischen Realitäten nicht zur Kenntnis nehmen wollte. Auf diese Weise diente der Begriff eher einer idealistischen, gegen Utilitarismus und Naturalismus gerichteten Sozialethik als den theoretischen Ansprüchen der damals sich herausbildenden modernen Soziologie. Der Autor, der diese Problematik im Rahmen der neu entstehenden Soziologie zum ersten Mal theoretisch durchdacht hat, nämlich Ferdinand Tönnies, hat sich mit seinen kritisch-rationalen Intentionen gegen die romantisierenden, neokonservativen Strömungen der Weimarer Zeit nicht durchsetzen können.

In Anbetracht der problematischen Stellung des Gemeinschaftsbegriffes in der damaligen politischen Ideengeschichte und Publizistik mußte die Frage von besonderem Interesse sein, ob Tönnies, der diesen Begriff in das Zentrum seiner Theoriebildung eingebaut hat, die Gemeinschaftsproblematik durch theoretische Präzisierungen von vielen traditionellen Irrtümern befreit hat, oder ob seine soziologische Theoriebildung gerade durch diesen Umstand belastet ist, daß er die historisch-politische Gemeinschaftsproblematik bis in das Zentrum seiner Theoriebildung hat vordringen lassen.

Tönnies hat die Gemeinschaftsproblematik nicht nur als erster mit großem theoretischen Aufwand durchdacht. Er hat ihr auch Akzente verliehen, die sie vor ihm noch nicht in dieser bestimmten Weise hatte. Im 18. und frühen

19. Jahrhundert wurden diese Begriffe synonym verwendet oder genau im entgegengesetzten Sinn gebraucht, so daß gerade 'Gesellschaft' - ganz im Gegensatz zur späteren Tönniesschen Terminologie - als Begriff für vertrauensvolle Beziehungen verstanden werden konnte (vgl. Manfred Riedel, 1975).

Tönnies hat durch die Kombination von anthropologisch-psychologischer Theorie und soziologischer Begriffsbildung die begriffliche Entgegensetzung von Gemeinschaft und Gesellschaft auf ein neues Niveau gehoben. Wesentlich durch seine Fassung dieser Terminologie hat sich mit diesem Begriffsdualismus die Bedeutung eines Gegensatzes von organisch gewachsenen, auf Vertrauen beruhenden Verhältnissen einerseits und von rationalen, durch Nützlichkeitserwägungen bestimmten sozialen Zusamenhängen andererseits verbunden.

Tönnies hat mit seiner Theorie von Gemeinschaft und Gesellschaft (1979, S. 3 ff., S. 73 ff.) einen systematischen Zusammenhang zwischen den soziologischen Kategorien und einer mit den Mitteln der Zeit aufgebauten psychologischen und anthropologischen Hintergrundtheorie vom Willen und seinen Formen (neben Ferdinand Tönnies, 1979, auch 1982b und Jürgen Zander, 1988) hergestellt. Dadurch ergibt sich ein deduktiver Zusammenhang zwischen Bewußtseins- und Willensdispositionen einerseits und ihren soziologischen Äußerungsformen andererseits.

Die Menschen bauen demnach die soziale Wirklichkeit durch Willensakte auf, die jeweils aus zwei Grunddispositionen hervorgehen: aus der Position des ganzheitlichen Wesenwillens und aus der Position des im Gegensatz dazu analytisch und zweckrational eingestellten Kürwillens. Der Wesenwille bestimmt die Gemeinschaft, der Kürwille die Gesellschaft. In beiden Fällen ist die Ratio am Werk, nur jeweils auf verschiedene Weise: das eine Mal, im Falle des Wesenwillens, handelnd aus der Trias 'Gefallen, Gewohnheit, Gedächtnis', als Vernunft, integriert in die allgemeinen Lebenszusammenhänge und historischen Traditionen, das andere Mal, im Falle des Kürwillens, als Verstand, isoliert und von außen her vermittels der Trias 'Bedacht, Beschluß, Begriff' den physischen Apparat dirigierend.

Die Dichotomisierung von Gemeinschaft und Gesellschaft fächert Tönnies in viele Untergliederungen und spezielle Anwendungen auf. Im Zuge seiner Entwürfe zum System der Soziologie (Ferdinand Tönnies, 1907b u. 1924) unterteilt er die sozialen Verbindungen in Unterkategorien, die ihrerseits mehr zum gemeinschaftlichen oder mehr zum gesellschaftlichen Typus tendieren können. Das gilt für die 'sozialen Verhältnisse' (zu denen z.B. auf der einen Seite die Familie, auf der anderen Seite die Beziehung zwischen Geschäftspartnern gehören können), für die 'Samtschaften', die zwischen Kasten und Klassen sich entwickeln können und schließlich für die 'Körperschaften', deren Extreme der Klan auf der gemeinschaftlichen und die Aktiengesellschaft auf der gesellschaftlichen Seite sind. Im Rahmen der 'reinen (d.i. begriffskonstruktiven) Soziologie' handelt es sich dabei um 'Normalbegriffe ideeller Typen', im Rahmen der angewandten (also vorwiegend historischen) Soziologie dagegen um Strukturmerkmale historischer Epochen, die es erlauben, im Hinblick auf die europäische Geschichte das vorwiegend gemeinschaftliche Mittelalter von der vorwiegend gesellschaftlichen Neuzeit abzugrenzen.

Der Mensch der Gemeinschaft findet die umgreifenden Traditionen als anschauliche Realität bereits vor. In diesem Sinne sind die gemeinschaftlichen Verbindungen 'real'.[1] Sie sind es in einem soziologischen und anthropologischen Sinne. Ihre soziale Wirksamkeit beruht darauf, daß sie von den Menschen so betrachtet werden, *als ob* sie eine vom absichtsvollen Handeln unabhängige Existenz hätten. Die Realität gemeinschaftlicher Verhältnisse wird von Tönnies aber auch in einer an die Nominalismus-Realismus-Problematik erinnernden Weise behauptet. Den Menschen der gemeinschaftlichen Epoche werden die Begriffe der Weltauslegung von den Traditionen vorgegeben. In der gesellschaftlichen Epoche dagegen gehen Handlungsmuster, Weltbilder und Institutionen als Resultat bewußter konstruktiver Leistungen aus dem rational eingesetzten intellektuellen Instrumentarium hervor. Gesellschaftliche Verhältnisse sind demnach also 'fiktiv', da sie auf Abstraktionsleistungen (besonders deutlich im Falle der Korrespondenz von Geldwirtschaft und begrifflichem Denken: Ferdinand Tönnies, 1979, S. 39, S. 157) oder fingierten Konstellationen (wie z.B. der Fiktion des Äquivalententausches im Arbeitsvertrag) beruhen. Der universale Charakter der Dichotomie wird dadurch deutlich, daß Tönnies sie mit Begriffen aus der politischen Ökonomie, der Rechtstheorie, der Kulturanthropologie und der Philosophie belegt.

Sozialgeschichtlich wird Gemeinschaft um das Haus (Ferdinand Tönnies, 1979, 1. Buch, § 12) zentriert (um das isolierte Haus, das Bauernhaus, das städtische Haus - in Analogie dazu stehen Dorf, Gemeinde und Stadt als 'gemeinschaftlicher Organismus': sowohl die antike Polis als auch die spätmittelalterliche Stadt bilden die beiden Gipfelpunkte gemeinschaftlicher Stadtkultur).

Am Anfang der Differenzierung gemeinschaftlicher Formen steht als Prototyp die Familie (§ 6). Sprachgenossenschaft und Religionsgemeinschaft sind die zentralen Kulturphänomene. Sitte - im Gegensatz zum formalen Recht der Gesellschaft - ist das Medium sozialer Normierung in der Gemeinschaft. Der zentrale Anwendungsfall für Tönnies' Gemeinschaftsbegriff unter ethnosoziologischem Aspekt ist die Gentilverfassung (vgl. Günther Rudolph, 1966, S. 184 ff.).

---

[1] Ein tragendes Element von Tönnies' gesamter Theorie ist die Deklarierung der 'gesellschaftlichen' Zusammenhänge als 'künstlich', als 'Fiktionen', die ausschließlich auf den Abstraktionsleistungen der Menschen der 'Gesellschaft' beruhen (Ferdinand Tönnies, 1979, S. 79, S. 3, S. 115 ff., S. 149 f., S. 181).
Dieser Aspekt wird von Tönnies dargestellt am Tauschvorgang (1979, S. 34 ff., z.B., S. 35: »fingierter Sozialwille«, oder S. 69: »... jene rein fiktive, durch menschlichen Willen gesetzte Ware Arbeitskraft«); am Kürwillen als psychologischer Kategorie (S. 90 ff.) und an den Begriffen des rationalen Naturrechts (S. 149 ff.; Person als Fiktion, S. 150).

Neben den begrifflich-soziologischen und typologischen Analysen zeichnet Tönnies auch immer wieder die fundamentalen 'logischen' Relationen nach, die dem Gemeinschafts- im Gegensatz zum Gesellschaftstypus zugrundeliegen, so bezüglich des Verhältnisses von Zweck und Mittel (Einheit beider im Wesenwillen; dagegen besteht absolute Vorherrschaft des Zwecks gegenüber dem Mittel im Falle des Kürwillens), ebenso hinsichtlich der Relation von Teil und Ganzem (das Ganze ist dann im Bewußtsein der Gemeinschaftssubjekte vorgegeben; für die Gesellschaftssubjekte ist es dagegen als Konstruktion erkennbar). Tönnies verfolgt die Auswirkungen der beiden grundsätzlichen Willensstellungen zur Welt bis in psychologische und kulturanthropologische Kategorien hinein, die in ihrem grundsätzlichen Charakter den Bereich der Soziologie überschreiten. Dabei unterscheidet Tönnies z.B. eine unterschiedliche inhaltliche Fassung des Freiheitsbegriffes (1979, S. 111), die sich jeweils als Konsequenz aus dem Wesenwillen oder dem Kürwillen ergibt: freies Spiel der Wesens-Kräfte steht als Freiheitsäußerung des 'gemeinschaftlichen' Typus gegen das erfolgreiche zweckrationale Operieren als Freiheitssymptom des 'gesellschaftlichen' Typus.

2. Tönnies und die Soziologie der Weimarer Zeit

Tönnies hat sein Grundtheorem gedankenstrategisch gut plaziert. Er hat damit, entwicklungslogisch gesehen, den Ausgangspunkt für alle weiteren Entwicklungslinien der Weimarer Soziologie, von der historischen bis zur formalen Richtung, geschaffen. Tönnies' Gemeinschaftsbegriff hat dabei mit seiner übergroß anmutenden lebensweltlichen Plausibilität zu kämpfen. Der spezifische theoretische Gehalt, den der Gemeinschaftsbegriff von der zugrundeliegenden Willenstheorie mitbekommen hat, gerät dabei in Vergessenheit. Erweiterung, Ergänzung und Eingliederung in neue soziologische Systeme waren die Akzente, unter denen Tönnies' Dichotomie in den zwanziger Jahren 'fortgedacht' wurde.

Schmalenbach fügte zur traditionalen Gemeinschaft den charismatisch getragenen Bund als weitere Kategorie hinzu, was Tönnies als mögliche Ergänzung, nicht aber als notwendige Korrektur akzeptierte (Herman Schmalenbach, 1922; Ferdinand Tönnies, 1979, S. XLII, Vorwort von 1925). Der Bezug zum Charisma-Begriff Max Webers (vgl. z.B. 1956, S. 179 ff.) war damit hergestellt, der seinerseits in Tönnies' Willenstheorie in auffälliger Weise fehlte. Max Weber (1956, § 9, S. 29-31) selbst hat Tönnies' Dichotomie in prozessualer Umdeutung und losgelöst von ihrer Funktion als »Grundtheorem« (Tönnies) in sein Denken übernommen. Er unterscheidet »Vergemeinschaftung« und »Vergesellschaftung«[2]. Es handelt sich dabei um soziale Beziehungen, die im ersteren Fall auf dem Bewußtsein affektueller oder traditionaler Zusammengehörigkeit beruhen und im letzteren Falle um soziales Handeln, das, wert- oder zweckrational bestimmt, auf Ausgleich oder Verbindung von Interessen zielt. Da Weber nicht wie Tönnies seine soziologischen Begriffe aus einer psychologisch-anthropologischen Grundlagentheorie deduziert, ist er beweglicher in der Gruppierung der Strukturmerkmale als Tönnies (was sich z.B. an der Aufdeckung der Paradoxie zeigt, daß Vergemeinschaftung sich auch aus Vergesellschaftung ergeben kann: so wenn Stammesbewußtsein mit seiner Symbolik der Blutsgemeinschaft in Wahrheit das Kunstprodukt der politischen Organisation ist; Max Weber, 1956, S. 311 f.). Er gibt auf diese Weise eine soziologische Kasuistik (S. 262 ff.) anhand der Formen von Haus-, Sippen- und Nachbarschaftsgemeinschaft, ebenso wie von Typen der religiösen Vergemeinschaftung.

Alfred Vierkandt (1923; vgl. auch seine Briefe an Tönnies im Tönnies-Nachlaß, Ferdinand Tönnies, o.J., Cb 50:54), der in seinen kultursoziologischen Arbeiten den Bezug zu Tönnies im Sinne einer kritischen Fortsetzung und Modifizierung bewußt aufrechterhält, räumt der Gemeinschaftskategorie in seinem Werk eine bedeutende Rolle ein. Dabei geht er andere Wege als Tönnies. Vierkandt unterscheidet vier Arten von Gemeinschaft: (1) die 'volle oder persönliche Gruppe' (Familie, Sippe, Männerbünde: Erweiterung des Ich-Bewußtseins, Identifikation mit der Gruppe, aber stets nur 'intentional' hinsichtlich bestimmter Gegenstände oder Rollen; Idealtypus sowohl der Gemeinschaft als auch der Gruppe), (2) die rein persönliche Gemeinschaft (Freundschaft, Ehe), (3) die abstrakte Gruppe (z.B. Stamm oder Nation, die für den einzelnen nicht mehr als Ganzes anschaulich sind), (4) die 'außermenschliche oder unpersönliche Gemeinschaft' (d.i. der Bezug auf ein Werk, eine Idee etc.). Seelische Verbundenheit, die für die Gemeinschaft maßgebend ist, geht mit der Anerkennung gemeinsamer Ordnungen zusammen. Letztere können sich verselbständigen und damit zur Grundlage gesellschaftlicher Verbindungen werden. Das »Anerkennungs-«, das »geregelte Kampf-« und das »geregelte Machtverhältnis« stellen die drei wichtigsten dieser sozialen Ordnungen dar.

Vierkandts phänomenologische Differenzierungen zeigen besonders deutlich einen generellen Zug der Wirkungsgeschichte des Gemeinschaftsbegriffes in der Soziologie während der Weimarer Republik: Der deduktive Zusammenhang zwischen soziologischen und psychologischen Begriffen, den Tönnies in seinem System mit großer Energie aufrechterhalten hat, geht verloren. Herman Schmalenbach opponiert diesem Zusammenhang geradezu, wie Carsten Schlüter (1990) anhand des ungedruckt gebliebenen Teils der Schmalenbachschen »Soziologie der Sachverhältnisse« jüngst vermerkt hat. Wenn diese Verwendungsweise angesichts des größeren Freiheitsspielraums, den sie der soziologischen

---

[2] 1913 verwendet Max Weber (1913/1968, S. 441 ff.) den Terminus 'Gemeinschaftshandeln' noch als Oberbegriff für soziales Handeln schlechthin.

Theoriebildung eröffnet, eine Modernisierung darstellen sollte, dann darf man nicht übersehen, daß der Gemeinschaftsbegriff auf diese Weise seine gesellschaftskritische Schärfe, die Tönnies ihm gegeben hat, verliert.

3. Vergleich zwischen Tönnies und Plessner

Der kritisch-rationale Grundzug des Gemeinschaftsbegriffes bewährt sich auch bei einem Vergleich mit Plessners Gemeinschaftskritik (Helmut Plessner, 1924) aus den zwanziger Jahren. Tönnies hat seinerzeit ausdrücklich seine Zustimmung zu Plessners Kritik am Gemeinschaftsradikalismus der Weimarer Zeit geäußert (Ferdinand Tönnies, 1929b, S. 369 ff.). Plessner dagegen hat im Rückblick (1955) das Mißverständliche der Tönniesschen Dichotomie kritisiert (im Sinne einer Bevorzugung der Gemeinschaft vor der gesellschaftlichen Moderne). Andererseits aber hat er die kulturanthropologische Komponente von Tönnies erwähnt, womit auch von ihm immerhin ein positives Anknüpfungsmoment für die weitere Entwicklung der Soziologie bezeichnet wird. Schließlich hat er die unzeitgemäße philosophische Orientierung von Tönnies hervorgehoben, die keinen Bezug zu den produktiven philosophischen Richtungen der zwanziger Jahre, besonders zur Phänomenologie, erlaubt hätte. Angesichts dieses Ungleichgewichts der wechselseitigen Äußerungen übereinander, die allerdings durch drei Jahrzehnte voneinander getrennt sind, ist es um so interessanter, die immanenten Bezüge von Tönnies' und Plessners Gemeinschaftsanalyse zu betrachten.

Beide entwickeln ihre Gedanken aus dem umgreifenden Zusammenhang einer grundsätzlichen Kritik der jeweiligen politisch-gesellschaftlichen Situation in der Gegenwart. Tönnies wendet sich 1887 mit »Gemeinschaft und Gesellschaft« gegen den zunehmenden Verlust des kritischen Potentials in der Philosophie des 19. Jahrhunderts, sofern ihre gesellschaftskritische Rolle betroffen ist. Er sieht diese Entwicklung als Teil des geistigen Verfallsprozesses, der seiner Einschätzung nach mit dem Niedergang des Liberalismus in Deutschland verbunden ist.

Plessner wendet sich 1924 - unter anderen Voraussetzungen und Bedingungen - seinerseits gegen den Verfall des Liberalismus in Deutschland. Das Ziel seiner Polemik wird nun nicht mehr, wie in den 80er Jahren für Tönnies, durch apologetische Tendenzen im politisch-gesellschaftlichen Denken der preußisch-deutschen Monarchie bestimmt. Er wendet sich mit seinem Buch vielmehr gegen die Strömungen des Neukonservativismus der Weimarer Zeit. Die These einer speziellen Affinität zur Kultur, damit auch zur Gemeinschaft im Sinne einer rückhaltlosen Verbundenheit gegenüber der auf Egoismus und Utilitarismus beruhenden Gesellschaft, steht auf diese Weise im Mittelpunkt seiner Kritik.

Plessner wählt nun den Weg, daß er die zeitgenössische Zivilisationskritik mit ihren 'eigenen Waffen' zu schlagen versucht. Er führt die typischen Merkmale des Lebens unter den Bedingungen der 'Gesellschaft' wie Distanz und Rollenspiel ihrerseits auf anthropologische Bedürfnisse zurück. Gesellschaftliche Distanz ist demnach - je nach Situation - nicht weniger ein Seelenbedürfnis als persönliche Nähe. Damit wird das Prädikat der anthropologischen Verwurzelung auch *der* Seite zuerkannt, die von den Zivilisationskritikern stets als *künstlich* eingeschätzt wurde.

Im Licht dieser von Plessner vorgetragenen Kritik der zeitgenössischen Gemeinschaftsideologie erscheint der kritische Gehalt des Tönniesschen Gemeinschaftsbegriffes im Unterschied zu den von der konservativen Zivilisationskritik verwendeten Gemeinschaftsgedanken in zweifacher Weise: Ex negativo, weil Tönnies' Gemeinschaftsbegriff gerade nicht die Merkmale aufweist, gegen die sich Plessners Kritik wendet. Positiv dagegen, weil beide Autoren sich übereinstimmend mit ihren gesellschaftstheoretischen Überlegungen gegen den politischen Irrationalismus in Deutschland wandten. Plessner opponierte gegen die antidemokratischen Konsequenzen aus der Entgegensetzung von Kultur und Zivilisation - Tönnies gegen sozialharmonistische Ansichten, die den krisenhaften Charakter der (kapitalistischen) Gesellschaft nicht wahrhaben wollten, das heißt, sowohl gegen eine Verschleierung sozialer Konflikte durch Gemeinschaftsideologien wie auch gegen eine Hypostasierung der 'gesellschaftlichen' zur 'natürlichen' Lebensform. Unter dieser Perspektive wird es deutlich, daß sich Tönnies' Gemeinschaftsbegriff gerade nicht für eine konservative Zivilisationskritik eignet. Die Aufklärungskritik dieser Richtung, die in der Ratio nur einen hilflosen Doktrinarismus vor den Lebensmächten sehen konnte, stellt genau den Gegensatz zur Tönniesschen Konzeption dar. Tönnies will dagegen durch seine skeptische Relativierung der Wirkungsmöglichkeit der analytischen Rationalität die verbliebene Einflußmöglichkeit der Ratio in Politik und Gesellschaft stärken.

4. Streiflicht auf die außerdeutsche Soziologie -
Parsons als Mittler zwischen Tönnies und der modernen Soziologie

Außerhalb Deutschlands zeigt Durkheims Gegensatz von organischer und mechanischer Solidarität die stärksten Berührungspunkte zu Tönnies' Dichotomie (Émile Durkheim, 1893). Durkheim verwendet die Begriffe aber, verglichen mit dem deutschen Sprachgebrauch, genau im entgegengesetzten Sinn. Der soziale Zusammenhang in traditionalen Gesellschaften ist demnach 'mechanisch'. (Individuen und Bewußtseinszustände in segmentären Gesellschaften sind demnach einander äußerlich ähnlich durch schematische Unterwerfung unter die Gruppenmoral.) Dagegen wird in Durkheims Verständnis gerade die moderne arbeitsteilige Gesellschaft von 'organischer' Solidarität bestimmt. Deutlicher als in dem gegensätzlichen Verständnis scheinbar identischer Begriffe konnte der unterschiedliche philosophische Hintergrund kaum zum Ausdruck kommen.

In der zeitgenössischen amerikanischen Soziologie dagegen finden sich starke Berührungspunkte mit Tönnies' Konzeption. Übereinstimmung besteht hinsichtlich der psychologischen Grundlegung der sozialen Wirklichkeit und bezüglich einer Dichotomisierung nach den Kriterien 'traditional-modern'. In diesen Zusammenhang gehören Gegensatzpaare wie »folk-urban societies« (Robert Redfield, 1956) oder »sacred-secular societies« (Howard Becker, 1950).

Bei den Soziologen in Amerika spielt die philosophische Problematik, die dieser Dichotomie ursprünglich zugrundegelegen hat, keine Rolle. Hier wird gleichsam der phänomenologische Befund von Tönnies' Dichotomie übernommen und als plausible begriffliche Fassung der soziologischen und historischen Erfahrung verstanden. Die gesellschaftskritische Funktion des Gemeinschaftsbegriffes kann auf diese Weise nicht zum Ausdruck kommen.

Tönnies scheint durch die Betonung des Systemcharakters seiner Konzeption den Systemkonstrukteuren des früheren 19. Jahrhunderts noch näher zu stehen als anderen zeitgenössischen Pionieren der modernen Soziologie wie dem fast gleichaltrigen Simmel oder dem um mehr als ein Jahrzehnt jüngeren Max Weber. Diese Konstellation wirkt paradox angesichts der modernen Konsequenzen, die Tönnies aus seiner zunächst altertümlich anmutenden philosophischen Orientierung an der Frühaufklärung des 17. Jahrhunderts gewinnt: Er erreicht damit wissenschaftstheoretische Positionen, die ihn in die Nähe des zeitgenössischen Neopositivismus rücken lassen (vgl. Cornelius Bickel, 1981).

Von daher gesehen, erscheint auch die moderne Kritik am Tönniesschen Gemeinschaftsbegriff in einem besonderen Licht. Es lassen sich folgende Haupttendenzen dieser Kritik zusammenfassen:

1. werden die geschichtsphilosophischen und kulturkritischen Beiklänge als störende Relikte einer vorwissenschaftlichen Phase kritisiert;
2. wird die mangelnde Genauigkeit und Operationalisierbarkeit der Begriffe Gemeinschaft und Gesellschaft moniert;
3. wird schließlich die Dichotomie als solche zurückgewiesen. Nicht um kategoriale Entgegensetzung, sondern um eine stets im Fluß sich befindende Mixtur der verschiedenen Sozialformen könne es sich hierbei nur handeln, lautet der Tenor der Kritiker.

Kritik, die sich entlang dieser Linien gegen Tönnies richtet, verkennt aber wichtige Voraussetzungen seines Denkens. Zunächst einmal wird meistens irrtümlich angenommen, daß Tönnies seine Grundbegriffe substantialisiert oder gar ontologisiert habe. Ganz im Gegenteil löst Tönnies die konkreten sozialen Gebilde in ein Geflecht von Willensakten auf. Auf diese Weise kann er seine Behauptung, daß Gemeinschaft und Gesellschaft in der sozialen Wirklichkeit stets gleichzeitig und dabei in verschiedenen Mischungsverhältnissen auftreten, in die Forschungspraxis umsetzen.

In dieser Hinsicht steht Tönnies seinen späteren Kritikern näher als diese es vermuten. Angesichts dieser Auflösung eines Tönnies irrtümlich unterstellten - vorwissenschaftlichen - Verhaftetseins an die anschaulichen Objekte wird auch die Frage der Operationalisierbarkeit der Grundbegriffe mit Tönnies' eigenen Mitteln prinzipiell lösbar.

Bezeichnenderweise wird eine der Brücken, über die Tönnies mit der modernen soziologischen Theoriebildung in Verbindung steht, über Parsons pattern variables (Talcott Parsons, 1951, S. 46 ff.; S. 58 ff., S. 101 ff.; vgl. auch 1973b) hergestellt. Es handelt sich daher um fünf notwendige Alternativen für die Orientierung eines jeden Handelnden, die Parsons, durch Tönnies angeregt, formuliert hat. Die erste Komponente bezeichnet dabei jeweils (wesenhaft-ganzheitlich vorgegebene Qualitäten enthaltend) die Handlungsdisposition der Gemeinschaft, die zweite (in verschiedener Weise analytisch, instrumental und universal orientiert) die der Gesellschaft. Aus den Kombinationsmöglichkeiten dieser Handlungsmuster ergibt sich eine differenziertere Auffassung von den Typen der Wert- und Zweckrationalität als es durch eine Konzeption von Gemeinschaft und Gesellschaft im Sinne gestalthafter Entitäten möglich gewesen wäre. Diese Sichtweise wird, wie bereits erwähnt, von Tönnies selbst eingenommen. Seine Willenstheorie, die soziale Zusammenhänge, Objektivationen und Institutionen in Prozesse auflöst, weist genau in diese Richtung.

II. Stellung und Funktion des Gemeinschaftsbegriffes in Tönnies' Theoriebildung

1. Die kritische Funktion des Gemeinschaftsbegriffes

Im Vergleich mit zeitgenössischen Soziologen wurde deutlich, daß Tönnies' Gemeinschaftsbegriff seinen spezifischen Sinn aus der systematischen Stellung bezieht, die er im Aufbau der gesamten Theorie einnimmt. Diese systematischen Zusammenhänge können ihn vor Mißverständnissen bewahren, die sich immer dann leicht einstellen, wenn man sich von der lebensweltlichen Plausibilität der Tönniesschen Begriffe gefangennehmen läßt und sie in einem relativ 'beliebigen' umgangssprachlichen Sinn verwendet.

Der Gemeinschaftsbegriff erfüllt nun aber in Tönnies' Theorieaufbau bestimmte zentrale Funktionen, die alle seine kritische Rolle belegen:[3] (1) Erkenntnislogisch lenkt er die Aufmerksamkeit auf die begriffliche Erfassung des geschichtlich gewachsenen Bereiches der sozialen Wirklichkeit im Gegensatz zu den zweckrational konstruierten Systemen des sozialen Handelns. (2) Unter gesellschaftstheoretischem und geschichtsphilosophischem Aspekt bildet der Gemeinschaftsbegriff die Grundlage für Tönnies' kritische Gegenwartsanalyse. Er kann damit eine dramatische Spannung in seine Geschichtsbetrachtung bringen, die alle Kontinuitätsvorstellungen und Fortschrittserwartungen bezüglich der humanisierenden Wirkungen des Modernisierungsprozesses auflöst. Tönnies kennt wirkliche historische Zäsuren mit endgültigen Untergängen und Verlusten. Es gibt demnach keinen Anlaß, auf die harmonisierenden Wirkungen neuer Gemeinschaftsbildungen in der Gegenwart zu hoffen, sofern die Entwicklungstendenzen der gesamten Gesellschaft betroffen sind. Mit seinem Wesenwillensbegriff kann Tönnies darauf verweisen, daß es noch einen anderen Vernunftbegriff gibt als den der analytisch verfahrenden und zweckrational-instrumental operierenden Ratio, die mit dem Kürwillen und der 'Gesellschaft' verbunden ist. Es handelt sich dabei um die ganzheitliche, in die Lebenszusammenhänge integrierte Vernunft, wie sie mit dem Wesenwillen gegeben ist.

---

[3] Daß dem Gemeinschaftsbegriff bei Tönnies kritische Funktionen zukommen, ist unter verschiedenen Aspekten immer wieder einmal zum Thema gemacht worden. Vom Verfasser selbst ist der ideologiekritische Aspekt schon öfter bemerkt worden (vgl. z.B. Cornelius Bickel, 1987a, 1987b, 1988a, 1988b).
1966 hat Günther Rudolph bereits in tief gehenden, vergleichenden Analysen »Die Kategorie 'Gemeinschaft'« als »ein in vermittelter Weise von der klassenlosen Gentilverfassung eidetisch abstrahiertes Strukturmodell« bestimmt (Günther Rudolph, 1966, S. 188). Er fährt fort: »Die der Kategorie Gemeinschaft immanenten polemischen Energien nähren sich zu einem beträchtlichen Teil aus diesem Bezug auf die *urkommunistische* Struktur.«
Aus dieser Einschätzung gewinnt Rudolph die interessante Nachzeichnung der ideengeschichtlichen Bezüge zwischen Tönnies und Marx bzw. Engels, die durch die jeweilige Morgan- und Maurer-Rezeption vermittelt sind. Gegen sozialromantische Fehldeutungen von Tönnies setzt Rudolph das Resultat seiner Analysen zur kritischen Funktion des Gemeinschaftsbegriffes: »... die polemische Konfrontierung dieser agrarkommunistischen markgenossenschaftlichen Struktur mit der Struktur der kapitalistischen Klassengesellschaft (kann) nicht als 'romantische', d.h. feudalsozialistische Kritik von 'rechts' angesehen werden.« (S. 193).
Die kritisch-rationale Grundstruktur von Tönnies' Werk hat Eduard Georg Jacoby in seiner bedeutenden Tönnies-Biographie von 1971 insgesamt dargestellt und damit für die weitere Tönnies-Forschung wesentliche Fundamente gelegt.
Jüngst hat Carsten Schlüter (1988) seinerseits auf den kritischen Charakter der Gemeinschaftskategorie in erhellenden Überlegungen verwiesen. Er nähert sich dieser Frage u.a. auf dem Wege der Zurückweisung biologischer Fehldeutungen von Tönnies' Begriffen. Schlüter betont die Tatsache, daß für Tönnies die soziale Wirklichkeit in *allen* ihren Formen durch soziales Handeln gebildet wird, das jeweils an historisch und kulturell bedingten Rationalitätskriterien orientiert ist. Gemeinschaft kann also nicht als Naturtatsache legitimiert werden, vielmehr ist ein Vergleich zwischen der logisch rekonstruierten Idee der Gemeinschaft (im idealtypischen Sinne) mit den realen Gemeinschaften nicht nur im Sinne einer wissenschaftstheoretischen Operation, sondern - in anderem Argumentationszusammenhang - auch in politischem Sinne möglich.
»Diese reine Soziologie ist auch insofern kritisch, als die antithetische Trennung der sich logisch negierenden Grundbegriffe es erlaubt, Erschleichungen von Vorteilen durch die Inanspruchnahme einer mit Gemeinschaft immanent verbundenen Solidarität zu erkennen.« (Carsten Schlüter, 1988, S. 394).

Durch den Gegentypus des Menschen in der Gemeinschaft kann Tönnies gegen die beherrschende Stellung der modernen, an den Wissenschaften orientierten Rationalität die Variabilität von möglichen 'Bewußtseinsstellungen zur Welt' hervorheben. Er hat damit zugleich den Entwurf für eine historische Anthropologie geschaffen. Mit dieser Konzeption ist nicht nur eine klassifizierende und relativierende Möglichkeit zur Unterscheidung historischer Typen gegeben. Es wird damit auch eine Entwicklungstendenz bezeichnet, die von anthropologischen Grundbedürfnissen nach Anschaulichkeit der Lebensverhältnisse, sinngebenden Traditionen etc. fortführt. Die Pathologien des neuzeitlichen Rationalisierungsprozesses werden damit als unvermeidliche Konsequenzen der historischen Entwicklung angesehen, ohne daß daraus ein Gegenargument gegen die Moderne gemacht werden könnte. Durch seine philosophische Anthropologie kann er die Unvermeidbarkeit dieses Prozesses erfassen, dessen positive Konsequenzen - wie Erkenntnisgewinn und intellektuelle Befreiung von dogmatischen Bindungen - ihm andererseits im Rahmen seines Programms zur Fortsetzung der Aufklärungstradition ebenfalls wesentlich sind.

Gemeinschaft ist also ein Oppositionsbegriff gegen eine von liberaler »Kulturfreudigkeit« (Ferdinand Tönnies, 1908, S. 86) getragene Auffassung der 'Gesellschaft'. Es handelt sich dabei um einen negativen Oppositionsbegriff, der zwar auf die Verluste und Zerstörungen, die durch den modernen Gesellschaftsprozeß entstehen, aufmerksam macht, selbst aber keine positiven Lösungen in Aussicht stellen kann. Positive Möglichkeiten lassen sich aus der Gemeinschaftskonzeption nur durch Analogiebildung zu früheren, inzwischen außer Kraft gesetzten historischen Möglichkeiten gewinnen: in Form von modernen Varianten des Gemeinschaftsgedankens, wie sie nach Tönnies besonders in der Genossenschaftsbewegung (vgl. z.B. 1979, S. 174, Zusatz von 1912) zu beobachten sind (für die reiche Genossenschafts-Publizistik von Tönnies vgl. Rolf Fechner, 1985). Für Tönnies steht aber außer Frage, daß damit die Generaltendenz des modernen Gesellschaftsprozesses nicht entscheidend beeinflußt werden kann. Die dadurch heraufbeschworene Tragik des modernen Rationalisierungsprozesses hat Tönnies immer wieder zum Ausdruck gebracht (vgl. z.B. 1922, S. 232).

Die kritische Rolle des Gemeinschaftsbegriffes wird, abgesehen von seinen systematischen Funktionen, auch durch seine Entstehungsgeschichte beglaubigt. Er war das Instrument, mit dem Tönnies die Aufklärungstradition des modernen Naturrechtsdenkens bewahren und fortsetzen wollte, indem er die historische und kulturpsychologische Kritik am rationalen Naturrecht in sein eigenes Denken integrierte. Tönnies hat seinen Gemeinschaftsbegriff im Zuge seiner Hobbes-Rezeption (Ferdinand Tönnies, 1879, 1880, 1896) entwickelt, um den Bereich der historisch gewachsenen Zusammenhänge erfassen zu können, der unter Hobbesschen Prämissen gar nicht wahrnehmbar ist.

Die Hobbes-Studien waren für Tönnies' Grundlegung der Soziologie entscheidend. Aus den Modellkonstruktionen des Hobbesschen Naturrechts hat er die ersten Impulse gewonnen für seine Konzeption einer begrifflich-konstruktiven, d.h. mit heuristisch konzipierten Typen arbeitenden Soziologie (vgl. dazu auch Eduard Georg Jacoby, 1971, S. 28 ff., S. 52 ff.). Dabei war ihm die Notwendigkeit klar geworden, das moderne Naturrecht sowohl offensiv wie auch defensiv zu verteidigen. Offensiv galt es, den philosophischen Gehalt der Naturrechtstradition gegen den zeitgenössischen Historismus mit seinen politisch konservativen Konsequenzen zur Geltung zu bringen. Defensiv mußte der philosophische und wissenschaftliche Gehalt des rationalen Naturrechts besser als es bisher möglich war gegen die Kritik von seiten des historischen Denkens und der Erfahrungswissenschaften überhaupt verteidigt werden. Dazu war es nötig, den eingeschränkten interessenpsychologischen Willensbegriff des Naturrechtsdenkens der Aufklärungszeit um einen anthropologisch reicheren, Motive aus historisch gewachsenen Lebenszusammenhängen mit umfassenden Willensbegriff zu erweitern. Diese Aufgabe soll der Begriff des Wesenwillens gegenüber dem Kürwillen erfüllen. Der Gemeinschaftsbegriff zur Bezeichnung der sozialen Erscheinungsform des Wesenwillens ist also aus der kritischen Auseinandersetzung mit der Naturrechtstradition entstanden. Er ist aber kein Gegenbegriff gegen die Aufklärung, sondern soll im Gegenteil ihre Fortsetzung im sozialwissenschaftlichen Denken unter modernen Bedingungen sichern, indem die Verkürzungen eines dogmatischen Rationalitätsbegriffes aufgehoben werden.

2. Tönnies' wissenschaftstheoretische Orientierung als Indikator für die kritische Funktion seines Gemeinschaftsbegriffes

Ein weiterer Beleg für das kritische Potential des Gemeinschaftsbegriffes ist seine wissenschaftstheoretische Fundierung, die sich in Übereinstimmung mit den 'progressiven' philosophischen Strömungen der Zeit befindet. Tönnies bewegt sich gedanklich in der Nähe des zeitgenössischen Positivismus (Cornelius Bickel, 1981, 1988a). Ein Vergleich mit Harald Höffding (vgl. Ferdinand Tönnies/Harald Höffding, 1989) kann diese Voraussetzungen besonders gut beleuchten.

Der dänische Philosoph Harald Höffding, der seit den 80er Jahren des letzten Jahrhunderts in der akademischen Philosophie seines Landes eine führende Stellung einnahm, war nächst Paulsen der erste bedeutende Leser von 'Gemeinschaft und Gesellschaft', der sich Tönnies gegenüber in zustimmendem Sinne darüber äußerte (Höffding an Tönnies, Kopenhagen, den 2.7.1888, in: Ferdinand Tönnies/Harald Höffding, 1989, S. 31 ff.) Daraus entwickelte sich eine Korrespondenz, die mehr als vier Jahrzehnte bis zu Höffdings Tod im Jahre 1931 andauerte.

Tönnies und Höffding gingen von ähnlichen philosophischen Voraussetzungen aus. Beide gehören in die Strömung der Erneuerung der 'wissenschaftlichen Philosophie', die sich seit den 80er Jahren des letzten Jahrhunderts in engerer und weiterer Berührung mit dem Neukantianismus (vgl. Christian Köhnke, 1986) entwickelt hatte, dem gegenüber sich übrigens Höffding wie Tönnies im schulmäßigen Sinn unabhängig hielten. Beide, Tönnies und Höffding, widmeten sich den begrifflichen Bedingungen der Erfahrung, ohne daß sie deshalb Empiristen waren. Der instrumentale Aspekt von Hobbes' Kategorienlehre in Verbindung mit Spinozas Monismus bildete für Tönnies den spezifischen Blickwinkel, unter dem er sich moderne wissenschaftstheoretische und erkenntnistheoretische Fragen aneignete. Diese philosophie-historische Orientierung, die zugleich die Basis für das eigene systematische Denken bot, teilte Höffding mit Tönnies. Die Rezeption der Wissenschaftsphilosophie der Frühaufklärung sollte der eigenen, dem philosophischen Positivismus nahe stehenden philosophischen Position die historische Tiefenschärfe geben. Durch diese Rückbesinnung wurde das kritische Potential des Positivismus gewahrt. Tönnies wie Höffding beschäftigten sich mit der Evolution des Bewußtseins und seiner Formen. Die Analyse der Kontinuität dieses Prozesses durch alle Entwicklungsstufen hindurch hindert beide Autoren aber nicht an einem besonders wachen Sinn für die historische Wandelbarkeit des begrifflichen und welterschließenden Hintergrundes der einzelnen geistesgeschichtlichen Epochen. Auf diese Weise verbinden beide eine evolutionstheoretisch inspirierte Kategorienlehre mit einem besonders entwickelten Blick für die welterschließende Rolle der jeweiligen Kulturkörper. Das Verhältnis zwischen Höffding und Tönnies läßt sich in einer gewissen, wenn auch sehr entfernten Hinsicht mit dem Verhältnis Rickert - Max Weber vergleichen. Es ist in *der* Hinsicht vergleichbar, daß in beiden Fällen der Philosoph dem Soziologen vor Augen führt, welche spezifisch philosophischen Konsequenzen sich aus den Prämissen ergeben, die der Soziologe jeweils instrumental für seine speziellen Forschungsprobleme verwendet. Während Max Weber die erkenntnislogischen Ansätze von Rickert übernommen hat, haben Tönnies und Höffding ihre jeweiligen philosopischen Positionen ganz unabhängig voneinander entwickelt, bevor sie die große Nähe ihrer beiderseitigen Konzeptionen entdecken konnten. Tönnies hat sich jedoch spätestens seit der Jahrhundertwende immer stärker aus der Philosophie zurückgezogen. Er zollte damit dem überindividuellen Ausdifferenzierungsprozeß der Soziologie als Einzelwissenschaft, der sich um diese Zeit immer stärker durchsetzte, seinen Tribut.

Tönnies befand sich also in Übereinstimmung mit dem Positivismus im weiteren Sinne und damit mit einer der großen philosophischen Strömungen seiner Zeit, die sich selbst in der Nachfolge der Aufklärungsepoche sah. Diese Position in der damaligen wissenschaftstheoretischen Debatte muß Konsequenzen für die

Einschätzung des Gemeinschafts-Gesellschafts-Theorems von Tönnies haben. Man muß sich klarmachen, daß Tönnies seine Theorie auf der Höhe der philosophischen und wissenschaftstheoretischen Debatte seiner Zeit entwickelt hat. Das gilt auch im Hinblick auf die Nachbarwissenschaften, die für Tönnies wichtig waren. Besonders hinsichtlich der Psychologie muß man bedenken, daß Tönnies die modernen Strömungen seiner Zeit rezipiert hat. Auch hier kreuzen sich wieder Tönnies' und Höffdings Gedankenlinien. Beide beschäftigten sich mit William James und Wilhelm Wundt. Tönnies wie Höffding befinden sich mit ihren Ansichten über die Evolution von Erkenntnisvoraussetzungen und -kategorien in einer gewissen Nähe zum amerikanischen Pragmatismus. Beide verfolgen immer wieder die Frage nach der Entstehung erkenntniserschließender Kategorien aus den Handlungszusammenhängen, wie sie sich im Zuge der Evolution der Gattung entfaltet haben.[4]

Vor dem Hintergrund einer Orientierung an wichtigen Strömungen der damaligen Wissenschaftsphilosophie kann es nicht mehr überraschen, daß sich immer wieder immanente Bezüge zwischen Tönnies und einer Reihe von Repräsentanten der zeitgenössischen Philosophie aufdecken lassen. Besonders interessant dabei ist das Verhältnis zu Dilthey und zu Mead. In beiden Fällen handelt es sich um Bezüge, die sich aus dem Verhältnis der auf beiden Seiten in Anspruch genommenen Denkvoraussetzungen ergeben, nicht aber um direkte persönliche Beziehungen.

Tönnies hat nun auf der Grundlage seiner Theorie vom Wesenwillen den besonderen erkenntnislogischen Status der Kulturwissenschaften nicht transzendentallogisch wie z.B. Heinrich Rickert (1921) begründet. Er bewegt sich bei diesem Unternehmen vielmehr auf dem Boden symboltheoretischer Überlegungen, die ihrerseits in den Zusammenhang einer Evolution der Bewußtseins- und Denkformen einbezogen bleiben. Die Fähigkeit zum Gebrauch von Sprache und Symbolen als Erfahrungstatsache ist für Tönnies das Kriterium zur Abgrenzung von Natur und Kultur. Mit dieser Kombination aus Symboltheorie und Anklängen an eine 'verstehende' Psychologie (Wilhelm Dilthey, 1894) befindet er sich in geistiger Nähe einerseits zu Dilthey (Cornelius Bickel, 1987b, S. 63 ff.) und andererseits zu Mead (George Herbert Mead, 1934). Es handelt sich in beiden Fällen um immanente Bezüge. Ein tatsächlicher Gedankenaustausch zwischen den genannten Autoren hat nicht stattgefunden.

Dilthey und Tönnies haben sich zwar, vermittelt durch Paulsen, Tönnies' Gewährsmann in Berlin, gekannt, aber kaum intellektuellen Austausch über Fragen der Geschichte oder der Sozialwissenschaften geführt. Immerhin schätzte Dilthey Tönnies' Buch über Hobbes. Tönnies seinerseits konnte offenbar seine Reservation, die er mit Paulsen teilte, gegenüber Diltheys philosophi-

---

[4] Zu Tönnies' Theorie der Rationalität im Vergleich mit Dilthey (vgl. Cornelius Bickel, 1987b, S. 70 ff.); zu Höffding (vgl. Harald Höffding, 1887; Ferdinand Tönnies/Harald Höffding, 1989, S. 254 ff.).

scher Grundlegung der Geisteswissenschaften nicht überwinden und hat wohl grundsätzlich Diltheys philosophische Fragen nicht verstanden.[5]

Zu Mead hatte Tönnies dagegen überhaupt keine persönliche Beziehung, obwohl sich beide vorübergehend und in zeitlicher Nähe studienhalber in Leipzig aufgehalten haben (zu Mead vgl. Hans Joas, 1980, S. 24 ff.).[6] Wundt stellte ihren gemeinsamen Bezugspunkt dar. Für Mead war er die akademische Attraktion der Leipziger Universität. Tönnies stand zu Wundt in einem ganz anderen, nämlich verwandtschaftlichen Verhältnis. Seine Cousine war Wundts Frau. Tönnies legte eben deshalb, um nicht in den Verdacht zu geraten, Vorteile aus dieser Situation ziehen zu wollen, Wert auf Distanz, die sich übrigens auch später in deutlichen wissenschaftlichen Vorbehalten gegenüber Wundt ausdrückte.[7]

Ungeachtet der äußeren Beziehungslosigkeit zwischen Tönnies und Mead fallen doch gewisse Gemeinsamkeiten zwischen den Arbeiten der beiden Autoren auf. Sie konzentrieren sich um die Analogien zwischen Tönnies' Auflösung der sozialen Wirklichkeit in ein Geflecht von 'Willensakten' und Meads Ver-

---

[5] Vgl. zum Verhältnis zwischen Tönnies und Dilthey: Tönnies' Brief an Paulsen, Eutin, den 23.11.1903 (Ferdinand Tönnies/Friedrich Paulsen, 1961, S. 373).
Wenn man dagegen nach objektiven Entsprechungen zwischen Tönnies' und Diltheys Konzeptionen fragt, ergeben sich folgende Grundzüge: Diltheys Interesse an einer Kombinierung des westeuropäischen Positivismus mit der hermeneutischen Grundlegung der philologischen und der historischen Wissenschaften findet ihre Entsprechung in Tönnies' Versuch, Historismus und Rationalismus zu einer Synthese zu bringen. Bei beiden wird die Psychologie als Grundwissenschaft in Anspruch genommen, nachdem sie zuvor für die Zwecke des »seelischen Stukturzusammenhanges« (Dilthey) und des »Willens« (Tönnies) neu aufgebaut worden ist. Dabei findet Diltheys Ansatz einer 'beschreibenden Psychologie' ihr Pendant in Tönnies' Konzeption des 'Wesenwillens'. In beiden Fällen wird der Lebenszusammenhang, die ganzheitlich integrierte Vernunft, hervorgehoben. Wenn Tönnies' Aufgabenstellung ihrer Struktur nach eine Analogie zu Diltheys Problematik aufweist, dann hat das relativierende Konsequenzen für Tönnies' programmatischen Positivismus, der angesichts der Nähe zu Dilthey seinen wesentlich deklamatorischen Status zu erkennen gibt. Die Analogien in der Nachzeichnung der intellektuellen Grundbedingungen des neuzeitlichen Menschentyps (die sich besonders im Hinblick auf die ähnlich orientierten Analysen von Dilthey und Tönnies zum »natürlichen System der Wissenschaften vom Menschen« in der Frühaufklärung zeigen) lenken den Blick darauf, wie Tönnies' Theorie von Gemeinschaft und Gesellschaft, ungeachtet ihrer scheinbar so simplen Alltagsplausibilität, die sie auf den ersten Blick haben mag, in Wahrheit die Kurzformel für eine philosophisch und anthropologisch orientierte Strukturgeschichte und -theorie ist (siehe dazu auch Cornelius Bickel, 1988b).

[6] Zum allgemeinen wissenschaftsgeschichtlichen Hintergrund der Beziehungen zwischen amerikanischem Pragmatismus und deutscher Philosophie und Psychologie (besonders im Hinblick auf Wundt) vgl. Edgar Weiß (1988).

[7] Tönnies schreibt an Höffding, Eutin, den 24.12.1902 (Ferdinand Tönnies/Harald Höffding, 1989, S. 93): »Ich erwarte nicht sehr viel von Wundts sociologischer Religionsphilosophie. Ich verehre Wundt sehr; aber seine Stellung zu den historischen Dingen hat etwas von der Naivität mit der regelmässig die Naturforscher sich dazu verhalten, wenn auch lange nicht in dem schrecklichen Maasse wie Häckel.«
Ferner: Tönnies' Brief an Paulsen vom 30.10.1879 (Ferdinand Tönnies/Friedrich Paulsen, 1961, S. 63): »In mir ist eine große Scheu, den Schein zu erwecken, als wollte ich durch die Vetternschaft etwas erreichen.«

such, die soziale Realität als Geflecht ineinander verschränkter symbolischer Interaktionen aufzufassen.

Darüber hinaus gibt es aber noch, über Mead vermittelt, einen weiteren Bezugspunkt zwischen Tönnies und der amerikanischen Philosophie des späten 19. Jahrhunderts. Es ist Charles Sanders Peirces Begriff der 'community of investigators' (1967), der einen direkten terminologischen Anklang an Tönnies' Gemeinschaftsbegriff aufweist, ohne daß es freilich irgendeine Form des intellektuellen oder persönlichen Kontakts zwischen Peirce und Tönnies gegeben hätte. Damit wird der Blick auf eine moderne Adaption von Tönnies' Gemeinschaftsbegriff gelenkt. Auch Tönnies spricht von Gelehrten- oder von Weltanschauungs*gemeinschaften*. Er verwendet diesen Begriff aber im soziologisch-empirischen Sinne und nicht in dem quasi-transzendentalen Sinne, in dem Peirce die 'community of investigators' in seiner semiotischen Erkenntnistheorie als apriorische Voraussetzung von Erkenntnis annimmt, wobei er die Spannung zwischen der idealen und der realen Dimension stets aufrechterhält (vgl. Karl-Otto Apel, 1967).

In Peirces Begriff der 'community' tauchen aber deutliche Analogien zu Tönnies' Gemeinschaftsbegriff auf, wie z.B.: solidarische Verbundenheit um des gemeinsamen Zieles der Erkenntnis willen; Anerkennung des jeweils Anderen als argumentierendes Co-Subjekt und nicht als zu manipulierendes Objekt. Die kritische Komponente des community-Begriffs von Peirce, der natürlich (kontrafaktisch) gegen Behinderungen und Störungen des Erkenntnisprozesses durch externe Faktoren, besonders solche, die durch Macht bestimmt werden, gerichtet ist, verbindet ihn ebenfalls mit Tönnies' Gemeinschaftsbegriff, dessen kritische Funktion bereits erläutert worden ist. Auf diese Weise teilt Tönnies' Gemeinschaftsbegriff auf der epistemologischen Ebene einschlägige kritische Komponenten mit einem der folgenreichen Begriffe der modernen Wissenschaftsphilosophie.

Die modernen Bezugspunkte des Gemeinschaftsbegriffes (im Hinblick auf theoretisch-philosophische Fragen) werden noch weiter verstärkt durch die Frage des Symbolgebrauchs, den Tönnies ausdrücklich mit der psychischen Disposition des Wesenwillens verbindet (Ferdinand Tönnies, 1931, S. 173 ff.). Damit lassen sich mit Tönnies' Theorem Fragen stellen und behandeln wie die nach dem Verhältnis von fortschreitendem Rationalisierungsprozeß und anhaltendem Bedürfnis nach Symbolen, besonders augenfällig im staatlich-politischen Bereich. Aber auch hier wie in anderen Fällen, in denen es um die Kontinuität kultureller Phänomene geht, kommt Tönnies' Fähigkeit zur Identifizierung von spezifischen Unterschieden bei Phänomenen, die mit gleichen Begriffen bezeichnet werden, zum Tragen. Bewußt geschaffene Symbole sind demnach (ähnlich wie bewußt in Szene gesetzte neue Gemeinschaftsbildungen) eben etwas anderes als tatsächlich historisch gewachsene Phänomene dieser Art. Identifizierung der Fortdauer sozialer und kultureller Bedürfnisse bei gleichzeitiger Feststellung der kategorialen Differenz ihres Status, ihrer Funktion und der Lösungen, die für sie gefunden werden, sind also mit Tönnies' Gemeinschafts-Gesellschafts-Theorem gleichzeitig möglich.

3. Sozialpessimismus als Ausdruck der Gesellschaftskritik bei Tönnies

Die kritischen Komponenten des Tönniesschen Gemeinschaftsbegriffes (Ausgrenzung von Pseudo-Gemeinschaften; Kritik geschichtsphilosophisch oder politisch garantierter Fortschrittsannahmen) werden in dem Leitmotiv des 'Sozialpessimismus' gleichsam gebündelt, das immer wieder zur Kennzeichnung von Tönnies' Position verwendet wurde. Bei Betrachtung der soeben skizzierten Zusammenhänge wird sehr schnell verständlich, warum Tönnies diese Charakterisierung für sein Denken nur mit Vorbehalten und allenfalls mit stark einschränkenden Zusatzklauseln gelten lassen wollte. Höffding war der Erste, der ihn mit einer solchen Charakterisierung konfrontierte, sowohl brieflich als auch in einer Rezension.[8] Später nahm er dann Tönnies' praktisches sozialethisches und -politisches Engagement ausdrücklich von dieser Einschätzung aus.[9] Er er-

---

[8] Sinngemäß und ohne Verwendung des Terminus gilt das schon für den Brief vom 2. Juli 1888 aus Kopenhagen an Tönnies (Ferdinand Tönnies/Harald Höffding, 1989, S. 31 ff.); bereits zuvor hebt Höffding, an Paulsen gerichtet (Brief Höffdings an Paulsen, Kopenhagen, den 30.1.1888, Kgl. Bibliothek zu Kopenhagen Ny Samling 3815-4), ausdrücklich den pessimistischen Charakter des Buches hervor.

[9] Höffding gelangt im Laufe des Briefwechsels zur Einsicht, daß Tönnies' sozialethischer und -reformerischer Aktivismus mit dem Prädikat des Sozialpessimismus nicht erfaßt werden kann. Er beschränkt diese Charakteristik nach einigen Jahren folgerichtig nur auf das Buch »Gemeinschaft und Gesellschaft«. Tönnies' Hinweise zum Verständnis seines Standpunktes haben also zum Teil Erfolg gehabt, wenn auch zum anderen Teil die Ambivalenz seiner Theorie, die sowohl Parteinahme für die neuzeitliche Aufklärung als auch geschichtstheoretische Untergangsprognosen für die europäische Zivilisation verbindet, von Höffding wohl nicht deutlich genug gesehen worden ist.
Vgl. dazu die folgenden brieflichen Stationen dieses Gedankenaustausches: Tönnies bemerkt am 26.7.1890 aus Husum (Ferdinand Tönnies/Harald Höffding, 1989, S. 44 f.): »Dem socialen Pessimismus huldige ich nicht sofern dies eine praktische Richtung bedeuten kann - vielmehr bin ich geneigt, alle Gattungen der Reform mit Hoffnungen zu betrachten!« Neun Jahre später bestätigt Höffding, daß seine Sozialpessimismus-Charakterisierung nur noch für das Buch, nicht mehr für die Person Tönnies' gelte (Kopenhagen, den 10.5.1899, Ferdinand Tönnies/Harald Höffding, 1989, S. 63). Zuvor hatte ihn Tönnies noch einmal ausführlich über den Zusammenhang seiner Gedanken informiert (Altona, den 7.5.1899, Ferdinand Tönnies/Harald Höffding, 1989, S. 61 f.). Am 24.7.1925 erreicht Höffding (Ferdinand Tönnies/Harald Höffding, 1989, S. 170) eine für ihn endgültige Formulierung in dieser Angelegenheit: Tönnies' praktischer Aktivismus bleibe unangefochten von seinem theoretischen Pessimismus. Tönnies' soziales Engagement gelte es zu würdigen.
Die Passage aus Tönnies' zuvor erwähntem Brief vom 7.5.1899 enthält aus der Distanz des freien Rückblickes einen wie beiläufig skizzierten, dabei aber besonders gelungenen Grundriß seiner Konzeption: »Ich kann eigentlich diesen Charakterzug [den des socialen Pessimismus; C.B.] nicht als ein wesentliches Merkmal der Schrift ['Gemeinschaft und Gesellschaft'; C.B.] gelten lassen. Zu tun war mir nur um die Statuirung der Begriffe von zwei ganz verschiedenen, wenn auch in einander übergehenden Gattungen socialer Verbindung und socialen Wesens überhaupt; und um die Parallelisierung mit den Arten des Wollens, die jenen socialen Begriffen zu Grunde

kannte damit die Möglichkeit einer »pessimistischen Handlungsfähigkeit« (Formulierung von Lars Clausen, Januar 1989) an und hatte sowohl einen individuellen Wesenszug von Tönnies getroffen als auch eine Möglichkeit der philosophisch-theoretischen Orientierung, die in der allgemeinen geistigen Situation der Zeit begründet war. Das Pessimismus-Problem spielte im letzten Drittel des 19. Jahrhunderts in den Kulturwissenschaften in Deutschland eine wichtige Rolle. Im Zuge der Abkehr von geschichtsphilosophischen Entwürfen, die eine sichere Prognostizierbarkeit der historischen und gesellschaftlichen Entwicklung garantierten, war der Pessimismus Ausdruck einer skeptisch-realistischen Einstellung. Folgerichtig war mit der Pessimismus-Problematik in Deutschland auch die Entstehung der Soziologie als empirischer Einzelwissenschaft verbunden.[10] Die Hinwendung zur Empirie wurde von einem Verzicht auf geschichtsphilosophische Garantien für einen Gesamtsinn der Geschichte begleitet.

In diesem Zusammenhang muß man auch Tönnies' 'Pessimismus' sehen. Er hat mehrere Aspekte. Er ist einerseits philosophisch-anthropologisch in Tönnies' Willenstheorie begründet. Andererseits ist er Konsequenz und Ausdruck von Tönnies' Kritik der Gegenwartsgesellschaft, die ihrerseits auf einer Rezeption von Marx' »Kritik der Politischen Ökonomie« beruht.

Tönnies' Willenstheorie hat pessimistische Komponenten, weil sie mit der Annahme einer Entwicklung von einer vorwiegend 'wesenwilligen' zu einer vorwiegend 'kürwilligen' Bewußtseinsdisposition das Problem der Ablösung von den ursprünglichen Lebensbedürfnissen zum Thema hat. Es handelt sich dabei um die Abstraktion von den leibhaft anschaulichen Lebensbedürfnissen, also von den Kriterien einer ganzheitlichen Weltorientierung, wozu der Rationalisierungsprozeß die Menschen nötigt.

Von diesen Prämissen her gesehen, ist der Rationalisierungsprozeß notwendigerweise mit einer pathologischen Komponente verbunden, die schließlich den Zusammenbruch der zivilisatorischen Entwicklung überhaupt herbeiführt.

---

liegen, oder doch als ihnen immanent gedacht werden dürfen. Den Widerstreit zwischen Historismus und Rationalismus, zwischen dem 'Werden' und dem 'Machen' wollte ich lösen, indem ich das angeblich blos 'Gewordene' auch als Gebilde menschlichen Wollens auffasse, und zugleich mit der schroffen Darstellung des Gegensatzes den Uebergang in der Wirklichkeit als einen unmerklichen betrachte: alle Produktion menschl. Wollens setzt Zweck und Mittel, die rein rationalistische aber isolirt Zweck und Mittel gegeneinander und macht das Mittel zum blossen, nackten, rein mechanischen Mittel, den Zweck zu einem rein äusserlichen, logisch scharf begrenzten u.s.w. So werden - in meinem Begriffe von 'Gesellschaft' - die Individuen selber gegenseitig zu Nichts=als-Mitteln, in der 'wirklichen' Gesellschaft - soweit denn so etwas verwirklicht ist - insbesondere die dienende oder arbeitende Klasse zum Mittel für die Kapital-besitzende Klasse. Ich habe in den 12 Jahren, seit mein Buch erschien, mich nicht überzeugen können, dass diese einfachen und doch ziemlich schwierigen Begriffe zum Verständnisse der socialen und historischen Processe unnütz, oder dass sie fehlerhaft seien. Auch beginnen sie in der sociologischen Literatur, wenn gleich in verzerrter Gestalt, Einfluss zu gewinnen ...«

[10] Zum Bedingungsverhältnis zwischen der Entstehung der modernen Soziologie im letzten Drittel des 19. Jahrhunderts und dem gleichzeitigen Abschied vom Fortschrittsdenken vgl. Hans-Jürgen Dahme/Otthein Rammstedt (1983); ferner Hans-Jürgen Dahme (1988); Werner J. Cahnman (1981a).

Diese Einsicht hindert Tönnies aber nicht daran - in Übereinstimmung mit seinem Programm einer Fortsetzung der Aufklärungstradition unter den Bedingungen des späten 19. Jahrhundert - die befreiende Wirkung des modernen Rationalisierungsprozesses hervorzuheben. Der in ungefähr 500 Jahren zu erwartende 'Untergang' der europäischen Zivilisation kann kein Argument gegen das Experiment der Moderne sein (vgl. z.B. Tönnies an Höffding, Altona, den 29.6.1899,[11] in: Ferdinand Tönnies/Harald Höffding, 1989, S. 68).

Die pessimistische Komponente seiner *soziologisch*-politischen Gesellschaftskritik ist dagegen nur eine Konsequenz seines Beharrens auf dem transitorischen Charakter der Gesellschaft. Tönnies wurde es als Pessimismus ausgelegt, wenn er, auf dem kategorialen Unterschied von Gemeinschaft und Gesellschaft bestehend, darauf hinwies, daß es unter 'gesellschaftlichen' Verhältnissen keine 'echten' Gemeinschaften als einflußreiche Momente der sozialen Entwicklung mehr geben könne, daß folglich auch alle modernen Tendenzen zur Wiederherstellung gemeinschaftlicher Formen in Wahrheit unter dem dominierenden Einfluß des 'Kürwillens' und der 'Gesellschaft' verharren würden.

Tönnies' Variante des 'Pessimismus' hat weder fatalistische Konsequenzen für die Imperative des sozialreformerischen Handelns noch irrationale Folgen für die Einschätzung der historisch-politischen Entwicklung. Unter diesem Aspekt kann Tönnies' Pessimismus gegen zwei Mißverständnisse abgegrenzt werden: (1) gegen eine romantisierende Kritik der Moderne, die historisch abgelebte Zustände als Maßstab der Gegenwartskritik in Anspruch nehmen würde und (2) gegen die neukonservative Zivilisationskritik der Weimarer Zeit, die auf die Krisen der Moderne mit vernunftfeindlichem Irrationalismus antwortete.

Wenn sich Tönnies' Gemeinschaftsbegriff gegen romantisierende Fehldeutungen abgrenzen läßt, so dient er auch als Instrument gegen eine unhistorische Verabsolutierung der Gesellschaft zu der schlechthin rationalen und in diesem Sinn 'natürlichen' Form des sozialen Zusammenhanges.

Die kritische Funktion, die der Gemeinschaftsbegriff in Tönnies' Theorie hat, zeigt, daß er stets auf seinen Gegenbegriff, nämlich den Gesellschaftsbegriff bezogen bleibt. Tönnies' Gemeinschaftskonzeption bleibt also Teil einer Theorie der Gesellschaft. Es war der Gesellschaftskritiker Tönnies, der auf diese Weise als Pessimist eingeschätzt wurde. Von einem Romantiker Tönnies, der sich aus der anstößigen Wirklichkeit in eine verklärte Vormoderne geflüchtet hätte, kann dagegen keine Rede sein.

---

[11] "Ich möchte noch bemerken, dass mir immer das Hinscheiden der antiken Kultur im römischen Reiche vorschwebt und das grosse Vermächtniss das sie dem Germanismus hinterliess. Ich meine: wir müssen unser Haus bestellen und der Kultur, die nach uns kommen wird, ein so sehr als möglich gut gehaltenes Erbe hinterlassen. Wann, wo und wie diese kommen wird, weiss ich nicht. Aber ich denke mir allerdings, dass ein Niedergang, der noch etwa 500 Jahre dauern möchte, vorausgehen wird, und dass sie - auf Grund des fortschreitenden modernen Processes - den ganzen Erdball umfassen wird."

Das kritische Potential des Gemeinschafts- und Wesenwillensbegriffes dient, wie gezeigt, einer in sich skeptisch reflektierten Aufklärungsrezeption, die gerade auf dem Wege über eine immanente Selbstkritik der Vernunft in Geschichte und Gesellschaft die Sache der Ratio - durch Selbstbeschränkung - stärken sollte.

In Tönnies' Gemeinschaftsbegriff sind die Grundzüge seines philosophischen und gesellschaftstheoretischen Denkens überhaupt verdichtet. Es wird deutlich, wie Tönnies mit seinem gesamten Denken an dem großen Projekt einer immanenten Selbstkritik der neuzeitlichen Rationalität mitwirkt, einer Selbstkritik, die erzwungen wird durch die historisch-politischen Krisen und durch die Einsicht in die partielle Abhängigkeit der Ratio von den kontingenten Fakten der Geschichte.

Der Gemeinschaftsbegriff erweist sich somit auch als Bestandteil einer Liberalismus-Kritik.[12] Mit seiner Hilfe entzieht Tönnies liberalen Philosophemen, die mit der Ideologie von gesichertem Fortschritt und gesellschaftlicher Harmonie verbunden sind, den Boden. Dabei befindet sich das liberale Grundmotiv der 'invisible hand' im Visier dieser Kritik. Die Gemeinschafts-Gesellschafts-Dichotomie hebt Kontinuitätsvorstellungen bezüglich der gesellschaftlichen Entwicklung auf. Sie bietet zugleich die Grundlage für eine bestimmte Art der Sinnkritik. Unter der Dominanz des Kürwillens- und 'Gesellschafts'-Paradigmas bekommen alle Phänomene einen spezifischen Sinn, der sie mit den analogen Erscheinungen der Gemeinschaftsepoche nicht wirklich vergleichbar macht. Religion ist unter 'gesellschaftlichen' Bedingungen etwas anderes als unter gemeinschaftlichen. Daraus folgen unmittelbare Konsequenzen für die Einschätzung der Entwicklungen der Gegenwart. Während Höffding in seiner Religionstheorie insofern keinen kategorialen Bruch zwischen den Epochen sieht, als er eine religiöse Erneuerung jederzeit für möglich hält, weist Tönnies auf den grundsätzlichen Wandel hin, den die Religion in ihrem Wesen durchgemacht hat. Aus einer Äußerungsform des Wesenwillens ist sie zu einer philosophisch begründeten Weltanschauung geworden.

Es ist ein historischer Relativismus, der in eine philosophisch begründete Theorie der kulturpsychologischen Signatur ganzer Epochen eingebunden ist. Der historische Relativismus bei Tönnies ist gegen den Vorwurf immun, daß er in ein Chaos der Beliebigkeit führe. Vielmehr ist er zielgerichtet und dient der Kritik an Tendenzen zur Verabsolutierung von Werten und Maßstäben der Gegenwart.

---

[12] Vgl. dazu die Vorrede zur zweiten Auflage 1912 von »Gemeinschaft und Gesellschaft«, wo der Verfall der Philosophie mit dem Niedergang des Liberalismus in Beziehung gesetzt wird (Ferdinand Tönnies, 1979, S. XXVII).
Zur Verbindung von Liberalismus und Sozialdemokratie als Postulat und als Möglichkeit siehe z.B. Tönnies' Brief an Paulsen, Husum, den 1.4.1897 (Ferdinand Tönnies/Friedrich Paulsen, 1961, S. 321 f.).

Tönnies nimmt mit seiner Liberalismus-Kritik auf diese Weise einen Topos der politisch-theoretischen Debatte auf - die Kritik daran, daß der nachrevolutionäre Liberalismus mit dem Erlahmen des Reform-Impetus auch die historische Dimension vernachlässige und schließlich ausblende.

4. Tönnies und Höffding: Pessimismus oder Ironie bei der Betrachtung der Modernen Gesellschaft?

In der Debatte mit Höffding (vgl. Cornelius Bickel/Rolf Fechner, 1989, S. 195 ff.), die auf der freundschaftlichen Basis gemeinsam geteilter Überzeugungen geführt wird, kommen die erwähnten Komponenten von Tönnies' Denken, wie sie an der gesellschaftskritischen Funktion des Gemeinschaftsbegriffes erläutert worden sind, besonders deutlich zum Ausdruck. Auch hier wird, wie schon zuvor in dem summarischen Vergleich mit den zeitgenössischen Soziologen der Weimarer Zeit, der notwendige Zusammenhang zwischen der kritischen Funktion des Gemeinschaftsbegriffs bei Tönnies und seinen systematischen Voraussetzungen und Bezügen deutlich. Ohne diese Abhängigkeitsbeziehungen würde Tönnies' Gemeinschaftsbegriff entweder in den Bereich einer relativ unspezifischen Bezeichnung für soziale Verhältnisse auf Vertrauens- und Traditionsbasis abgleiten - oder in die Region eines neoromantischen Begriffs, der z.B. dem Weimarer Neukonservativismus die Stichworte hätte geben können.

Am Beispiel der Religion wird die Differenz zwischen Tönnies' 'Pessimismus' und einem liberalen 'Optimismus', auf dem Höffding besteht, deutlich. Höffding nimmt die Möglichkeit einer Höher- und Weiterentwicklung religiöser Formen an.[13] Tönnies hält dem entgegen, daß Höffding aufgrund unscharfer Begriffsbildung einer Äquivokation zum Opfer gefallen sei. Er spräche in Wahrheit gar nicht von Religion, sondern vielmehr von philosophischer Weltanschauung (vgl. besonders Tönnies an Höffding, Eutin, den 15.6.1901, in: Ferdinand Tönnies/Harald Höffding, 1989, S. 84 f.; Ferdinand Tönnies, 1902, S. 729). Damit aber ließe sich, anders als Höffding es annehme, keine tragfähige Grundlage für die Welt- und Lebensorientierung des modernen Menschen schaffen.

Höffding hat seine Kulturtheorie auf die Kategorie der Ironie begründet, indem er den 'Humor' als Weltanschauungstypus der Moderne mit der Ironie verbindet (Harald Höffding, 1918; Cornelius Bickel/Rolf Fechner, 1989,

---

[13] Höffding betont öfter einmal das schöpferische Potential, das die gegenwärtige Zivilisation in nicht geringem Maße als frühere Epochen habe: »Es läßt sich kein Beweis führen, daß die Zeiten solcher geistigen Konzentration vorbei sein sollen, wenn wir vorläufig auch in der Zeit der Kritik und der Analyse leben.« (Harald Höffding, 1901, S. 227).

S. 261 ff.).¹⁴ Anlaß zur ironischen Betrachtung gibt der Widerspruch zwischen der Anmaßung der jeweils gegenwärtigen Verhältnisse, die sich den Zeitgenossen schlechthin als *die* Wirklichkeit aufdrängten, und dem stets fließenden historischen Prozeß, der diese Verkrustungen wie erkaltete Lavabrocken wieder forttragen würde. Neue Epochen schüfen neue Zusammenhänge, in denen scheinbar gescheiterte Entwicklungen auf unvorhergesehene Weise fortgesetzt werden könnten.

Höffding hat also aus dem Konflikt zwischen Epochenschicksal und fortlaufender historischer Entwicklung eine Lösung gefunden, die absolute Zäsuren und Brüche nicht anerkennen will. Die produktiven Möglichkeiten zur Bildung neuer kultureller und sozialer Formen sind für Höffding stets präsent und können prinzipiell in jeder Phase der Entwicklung aktiviert werden. Wenn es keine Abbrüche und tiefen Zäsuren in der Geschichte gibt, so ist das Neue in der historischen Entwicklung für Höffding auch prinzipiell nur eine Steigerung, Umbildung oder Neugruppierung stets wirksam gewesener (psychischer und intellektueller) Komponenten. Aus dem Zusammenspiel (zusammenfassend: Harald Höffding, 1911; vgl. auch Cornelius Bickel/Rolf Fechner, 1989, S. 249 ff.) der Kategorien Kontinuität (der historischen Entwicklung über alle Brüche hinweg durch immer wieder neu herzustellende Zusammenhänge), Relativität (jede Epoche hat ihr Zentrum in sich) und Individualität (von Höffding mit besonderem Akzent als subjektive Voraussetzung objektiver Bildungen zum Thema gemacht), kann Höffding eine elastische, für Tragik und Hoffnung gegenüber der Geschichte gleichermaßen aufgeschlossene Haltung gewinnen. Unter dieser Perspektive konzipiert Höffding nun die Grundoperation, die eine positive Theorie der Gegenwart gelöst haben muß, bevor sie ihre Ideen entfalten kann: Höffding deutet die neuralgischen Kategorien der Moderne in Indikatoren für positive Entwicklungsmomente um.

Dazu kann er auf Theoreme seiner Psychologie (vgl. Harald Höffding, 1887; Cornelius Bickel/Rolf Fechner, 1989, S. 246 ff.) zurückgreifen, besonders auf das Theorem der Motivverschiebung und der Analogiebildung. Er kann damit zentrale Begriffe des Liberalismus, die in der Vorstellung der 'invisible hand' sich zusammenschließen, mit Vorgriffen auf eine strukturell-funktionale Gesellschaftsbetrachtung verbinden. Das zentrale Motiv dieser Betrachtungsweise zielt immer darauf, den Prozeß der Moderne als Humanisierungsprozeß aufzufassen. Die realistische Komponente seiner Deutungen hebt Höffding dadurch hervor, daß er auch die Rolle unbeabsichtigter Wirkungen immer wieder zum Thema seiner Betrachtungen macht. Die psychologische Raffinesse des Egoisten, der die Anderen aus Eigeninteresse möglichst differenziert auffassen können muß, würde schließlich auf dem Wege der Motivverschiebung eine Haltung hervorbringen, die den Anderen als Selbstzweck anerkenne. Höffding

---

¹⁴ Für eine jüngste Variante in der erkenntniskritischen und kulturtheoretischen Verwendung der Kategorie 'Ironie' vgl. Richard Rorty (1989).

glaubt, daß die gesellschaftliche Entwicklung dem Persönlichkeitsprinzip eine immer größere Rolle einräumen wird. In Kombination mit seinen anderen theoretischen Gesichtspunkten, die in seiner Analyse sich auf allen Gebieten der intellektuellen und kulturellen Entwicklung bewähren, kommt Höffding im Hinblick auf die Frage religiöser Neubildungen zu folgendem Ergebnis: Gerade durch eine immer reichere und differenziertere Persönlichkeitsentwicklung vergrößerten sich nicht nur die Chancen für die Bildung neuer religiöser Gemeinschaften, sondern auch das schöpferische Potential für Ansätze zur sozialen Erneuerung insgesamt. Im Vergleich mit dieser grundsätzlich positiven Einschätzung der Gegenwart werden die Voraussetzungen und Zusammenhänge von Tönnies' skeptisch-pessimistischer Ansicht der modernen Entwicklung noch einmal besonders deutlich. Die Konsequenzen, die sich aus dem systematischen Aufbau einer soziologischen Theorie auf eine psychologische Grundlagentheorie ergeben, kommen dabei erneut zum Vorschein (wie zuvor schon beim Vergleich mit den Gemeinschaftsauffassungen der zeitgenössischen Soziologen).

Die Moderne ist für Tönnies ein riskantes, extremes und einmaliges Experiment der europäischen Geschichte. Die Analogie mit der Spätantike wird zwar gelegentlich gezogen, und die Möglichkeit künftiger Durchgänge durch gemeinschaftliche und gesellschaftliche Epochen ist in Tönnies' Denkprämissen angelegt. Der isolierte Status der Moderne gegenüber den früheren Epochen der europäischen Geschichte ergibt sich jedoch zwingend aus Tönnies' Willenstheorie in ihrer Eigenschaft als historische Anthropologie und als Weltanschauungstypologie (vgl. Cornelius Bickel, 1988a).

Sowohl im Falle neuer religiöser Gemeinschaftsbildungen als auch bei anderen Ansätzen für neue Gemeinschaften handele es sich vielmehr um den Ausdruck des mit der 'Gesellschaft' gegebenen rationalen Denktypus, der auf bewußt kalkulierenden begrifflichen Leistungen beruhe. Moderne Religionsgemeinschaften sind für Tönnies nur Surrogate 'echter' Gemeinschaften. Diese Ersatzbildungen durchbrächen in Wahrheit nicht die begrifflich-rationale Kürwillenshaltung. Sie bestätigten sie vielmehr.

Im Vergleich mit Höffding wird deutlich, wie Tönnies' Dichotomie entweder Ausdruck oder Voraussetzung eines viel schärferen Blickes für die soziale Wirklichkeit ist. Tönnies kann mit seiner Dichotomie von Gemeinschaft und Gesellschaft die Individualität der Moderne als historisches Phänomen genauer erfassen. Er bewahrt damit wissenschaftliche Tugenden, die ursprünglich in der Historischen Schule entwickelt worden sind. Auch kann er so die historischen Zäsuren und Differenzen besonders deutlich herausstellen. Er bewahrt damit auch die Erkenntnisleistung des bewußt verfremdenden Blickes.

Während in Höffdings Sicht der Dinge ein relativ entspanntes Wiederbeleben und Neuanknüpfen an frühere Entwicklungstendenzen möglich ist, gibt es in Tönnies' Einschätzung keine begehbare Brücke zwischen den Epochen mehr.

Die Konstruktionsprinzipien der Neuzeit seit dem 17. Jahrhundert sind grundsätzlich andere als die früherer oder - außerhalb Europas - gleichzeitiger Epochen der Gemeinschaft (wobei Tönnies aufgrund der für ihn sehr wichtigen Lektüre (1979, S. XXIII) des englischen Rechtsethnologen Henry S. Maine (1861) besonders an Indien gedacht haben mag).

Von diesen Voraussetzungen aus mußte Tönnies den Eindruck gewinnen, daß Höffding und Paulsen mit ihren gesellschaftstheoretischen Deutungen das Opfer von Äquivokationen (Ferdinand Tönnies, 1907a, S. 586 ff.) geworden sind. Sie lassen sich dazu verleiten, Kompromißlösungen im Interessenkampf als Symptome für neue gemeinschaftliche Tendenzen zu deuten. Tönnies kann dagegen in solchen Fällen ein ideologiekritisches Potential ausspielen, das der umgangssprachliche, theoretisch nicht unterbaute Gebrauch des Gemeinschaftsbegriffes bei seinen liberalen Philosophenfreunden und -kollegen nicht bietet.

III. Gemeinschaft als Kritische Kategorie in der Auseinandersetzung mit Zeitfragen

1. Der Gemeinschaftsbegriff in Tönnies' Analyse des Hamburger Hafenarbeiterstreiks von 1896/97

Die kritische Funktion von Tönnies' Gemeinschaftsbegriff zeigt sich nicht allein in seinen systematischen theoretischen Bezügen, sondern auch in der praktischen Anwendung. Außerhalb des engeren Bereiches der theoretischen Soziologie verwendet Tönnies seine speziellen Begriffe nur mit Zurückhaltung, um den Leser seiner Kommentare zu intellektuellen und politischen Zeitfragen nicht von vornherein mit einer besonderen Terminologie zu belasten. Der Einfluß der Grundbegriffe Gemeinschaft und Gesellschaft ist in Tönnies' publizistischer und essayistischer Produktion aber stets präsent, so daß man gut beobachten kann, wie sich der Gemeinschaftsbegriff als kritische Kategorie in Tönnies' intellektueller und politischer Auseinandersetzung mit den Fragen seiner Zeit praktisch bewährt. Eine hervorgehobene Stellung nimmt in diesem Zusammenhang seine wissenschaftliche und publizistische Stellungnahme zum Hamburger Hafenarbeiterstreik von 1896/97 ein, ferner seine Kritik des Sozialdarwinismus anläßlich der Krupp-Preisfrage von 1900, schließlich seine Kritik der neukantianischen Sozialethik zwischen 1907 und 1909.

In Tönnies' Analysen des Hamburger Hafenarbeiterstreiks von 1896/97 (vgl. 1897a, 1897d und 1898; ferner Cornelius Bickel, 1988b) übernimmt der Gemeinschaftsbegriff vor allem die Rolle eines ideologiekritischen Moments zur Auflösung von pseudogemeinschaftlichen Parolen. Bereits in seiner Stellung zur allgemeinen politischen Situation der Zeit hatte Tönnies seine Immunität gegen die politische Verwendung von Gemeinschaftsvorstellungen gezeigt. Die Kritik des Parlamentarismus mit dem Fokus ständestaatlicher Vorstellungen fand bei ihm keine Resonanz. Versuche zur Verdeckung der Konfliktherde der modernen Gesellschaft mit Gemeinschaftsvorstellungen konnten vor dem Forum seiner Theorie gerade keine Billigung finden.

In seinen Untersuchungen zum Hafenstreik identifizierte Tönnies mit seinem Gemeinschaftsbegriff ehemals gemeinschaftlich gewesene Arbeitsverhältnisse, die nun unter dem Druck der fortschreitenden Industrialisierung der (kapitalistischen) 'Gesellschaft' angepaßt worden sind. So verfolgt er z.B. den Wandel in der Stellung von Zwischenunternehmern im Hamburger Hafen (der sog. 'Baase'), die aus wirklichen Genossen der Hafenarbeiter zu wirklichen Unternehmern geworden seien (Ferdinand Tönnies, 1897d, S. 183 f., S. 194, S. 208, S. 229). Die kulturanthropologische Seite seines Gemeinschaftsbegriffes verwendet er dazu, durch Kontrastierung der traditionalen mit den modernen Zügen charakteristische Momente der modernen Weltorientierung in den gewandelten Arbeitsverhältnissen aufzuweisen. So z.B. hinsichtlich der Zunahme von Tempo, Intensität und Fragmentierung der Arbeitsabläufe (1897d, S. 178, S. 192, S. 203). Versuche zur Proklamierung gemeinschaftlicher Verhältnisse zwischen Arbeitern und Unternehmern unter kapitalistischen Bedingungen weist Tönnies unter ideologiekritischem Aspekt zurück (S. 237). Nicht der vergebliche Versuch zur Restauration von Verhältnissen, deren Voraussetzungen verschwunden sind (wie z.B. in der zeitgenössischen Bewegung der sog. 'Werkgemeinschaft'), sondern vielmehr die begriffliche Schärfe eines rationalen Arbeitsrechts sei jetzt gefordert. In diesem Zusammenhang kommt nun aber schließlich doch noch der Gemeinschaftsbegriff in einem positiven Sinne zur Geltung.

Damit ein modernes Arbeitsrecht, das notwendigerweise formal sein muß, nicht gegen die Interessen der Arbeiter eingesetzt werden kann, muß es auf die Grundlage eines 'gemeinschaftlichen' Naturrechts bezogen werden (Ferdinand Tönnies, 1897a, S. 718). Mit seiner Idee eines anzustrebenden 'gemeinschaftlichen Naturrechts' (1979, 3. Buch, S. 147 ff.; 1931, S. 217 ff.; vgl. auch 1932) will Tönnies - analog zum Gegensatz Gemeinschaft — Gesellschaft - dem rationalen Naturrecht einen Gegentypus teils ergänzend, teils korrigierend, teils kontrastierend hinzufügen. Es sollte nicht auf dem Interessenkalkül der isolierten Subjekte beruhen, wie es das rationale Naturrecht voraussetzt, sondern vielmehr auf dem gemeinschaftlichen Prinzip der Solidarität. Das Gemeinschaft-Gesellschafts-Theorem zeigt hier wieder seine kritisch relativierende Funktion gegenüber der Hypostasierung von anthropologisch und historisch bedingten Begriffen zu festen 'naturhaften' Größen. Was 'natürlich' ist, das hängt danach jeweils von der grundsätzlichen Bewußtseins- und Willensdisposition ab: Anders als beim rationalen Naturrecht geht das gemeinschaftliche Naturrecht von einer in die ganzheitlichen Lebenszusammenhänge integrierten Ratio als 'natürlich' aus.

Der Gemeinschaftsbegriff zeigt in Tönnies' Hamburger Untersuchungen die drei Dimensionen, die er für ihn in der sozial-politischen Debatte grundsätzlich hat: Kritik, Abgrenzung und Impuls zur positiven Sozialreform im Sinne einer dem Sozialismus nahestehenden Sozialethik.

2. Die Rolle des Gemeinschaftsbegriffes in Tönnies' Kritik des Sozialdarwinismus

Das kritische Potential des Gemeinschaftsbegriffes bewährt sich in ähnlicher Weise auch in der Auseinandersetzung mit den zeitgenössischen Sozialdarwinisten (Ferdinand Tönnies, 1905 ff.; vgl. Cornelius Bickel, 1987a). Auch hier dient der Gemeinschaftsbegriff vor allem dazu, den historisch variablen, vorübergehenden Status der 'Gesellschaft' zu erfassen. Diese Leistung war für Tönnies in diesem Zusammenhang besonders wichtig, weil er die Hypostasierung von historisch bedingten Werten in 'natürliche' aufdecken mußte. Dadurch konnte er die Ansprüche der Sozialdarwinisten auf naturwissenschaftlich gesicherte Prognosen und Programme zurückweisen. Die Funktion des Gemeinschaftsbegriffes zeigt in dieser Kontroverse eine ähnliche Struktur wie in der späteren Debatte mit den Ethikern, ungeachtet der ganz anderen Problemkonstellation in beiden Fällen: Er dient dazu, den 'transitorischen' Charakter der Gesellschaft mitsamt ihren Wertmaßstäben hervorzuheben. Durch diese kritische Auflösung von Verabsolutierungen historisch variabler Prinzipien zu Naturkonstanten entzieht Tönnies den eugenischen Programmen ihre Legitimation.

Diese kritisch relativierenden Leistungen, die Tönnies dem Gemeinschafts- und Wesenwillensbegriff abgewinnen kann, werden unterstützt durch die Funktion beider Begriffe bei der Festlegung des Gegenstandsbereiches der Soziologie gegenüber dem Bereich bloß naturhafter Abläufe. Das Gemeinschafts-Gesellschafts-Theorem bei Tönnies beruht auf der Bestimmung der sozialen Wirklichkeit als eines Zusammenhanges von 'bejahten' (1979, 1. Buch, S.3; 1907b, S. 350 f.; 1915/1916, S. 241; 1919, S. 269; 1924, S. 433 u. S. 435), also wechselseitig als geltend anerkannten sozialen Regeln. Es handelt sich dabei um ein Geflecht von Willensakten, die sich ihrerseits stets an Rationalitätskriterien orientieren. Durch die damit gegebene Grenzziehung zwischen Kultur und Natur konnte Tönnies den Sozialdarwinisten nachweisen, daß sie sich bei ihren Programmen nach bestimmten politisch motivierten Wertgesichtspunkten richteten, nicht aber, wie sie behaupteten, an überhistorischen Naturkausalitäten orientierten.

3. Der Gemeinschaftsbegriff in Tönnies' Kritik der zeitgenössischen Sozialethik

In der Debatte mit der zeitgenössischen Sozialethik spielt der Gemeinschaftsbegriff auf mehrfache Weise eine charakteristische Rolle. Durch die Unterscheidung von Gemeinschaft und Gesellschaft kann Tönnies seinen soziologischen 'Realismus' gegen das illusionäre Bild der sozialen Wirklichkeit, dem die Ethiker seiner Ansicht nach zum Opfer fallen, zur Geltung bringen. Mit dem Gemeinschafts- und Wesenwillen-Begriff hat Tönnies sich eine externe Position gegenüber der 'Gesellschaft' gesichert, von der aus die Grundprinzipien der Moderne im Licht einer relativierenden Kritik betrachtet werden können. In dieser Debatte zeigt es sich besonders deutlich, wie Tönnies den Gemeinschaftsbegriff, den damit gegebenen Wesenwillen mit seinem Typus einer ganzheitlich orientierten Ratio und seinen sog. Sozialpessimismus verbindet. Er hat damit ein Instrument zur Kritik von harmonistischen und illusionären Ansichten über den Prozeß der Moderne konstruiert.

Mit seinem Gemeinschaftsbegriff hat Tönnies aber auch noch ein Mittel zur immanenten Kritik der ethischen Argumentation zur Hand. Er kann damit 'wahre' von Pseudo-Ethik unterscheiden. Der Gemeinschaftsbegriff dient hier also wieder in einem speziellen Sinne der Ideologiekritik und zwar auf folgende Weise: Nach Tönnies' soziologischen und psychologischen Voraussetzungen ist ernsthaftes ethisches Denken und Handeln an die Dispositionen des Wesenwillens gebunden. Die absolute Dominanz des Prinzips der Zweckrationalität in der 'Gesellschaft', derzufolge der Andere instrumental als zu manipulierendes Objekt und nicht als argumentierendes Kosubjekt gesehen wird, macht ethisches Denken unmöglich. Im Gegensatz dazu schaffen Gemeinschaft und Wesenwillen mit ihrer Integration von Zweck und Mittel in einen übergeordneten Zusammenhang, aus dem dann das Solidaritätsprinzip erwachsen kann, die Voraussetzungen für eine ursprüngliche ethische Einstellung.

Mit dieser Entgegensetzung hat auch die Differenz von Recht und Moral bei Tönnies einen anthropologischen und soziologischen Hintergrund bekommen. Von dieser Basis aus kann Tönnies seine Kritik in zwei Richtungen vortragen: (1) gegen die Vorstellung, daß eine immer weiter fortschreitende Evolution des formal-rationalen Rechts mit einem allgemeinen Humanisierungsprozeß verbunden sei, und (2) gegen Versuche, den prinzipiell moralfernen Status des am Paradigma der Zweckrationalität orientierten Handelns zu ignorieren.

Nun zeigt sich auch, wie der Gemeinschaftsbegriff hinter der Grundtendenz von Tönnies' Kritik der zeitgenössischen Sozialethik steht. Tönnies fordert eine Art kopernikanischer Wende (1908, S. 80; 1909b, S. 929) der Ethik von der Individual- zur Sozialethik, die die reale Tendenz zum Sozialismus sowohl erkennt als auch anerkennt und zum Prinzip ihrer Überlegungen macht. Dieses

Kriterium liegt seinen Einschätzungen der aktuellen ethischen Denkrichtungen zugrunde.

Die liberalen Ethiker können hiervor deutlich schlechter bestehen als die Marburger Neukantianer (Ferdinand Tönnies, 1909b, S. 898 ff.), denen sich Tönnies in der gemeinsamen Bejahung der realen Tendenzen zu einer sozialistischen Umwandlung der modernen 'Gesellschaft' verbunden fühlt. Aber auch im Verhältnis zu dieser Philosophengruppe kommt die im Gemeinschaftsbegriff angelegte skeptische Komponente zur Geltung. Sie richtet sich gegen Kontinuitätsvorstellungen, die im modernen Rationalisierungsprozeß zugleich einen Humanisierungsprozeß sehen. Darüber hinaus kommt der soziologische Realismus, den Tönnies sich mit dieser Begriffsdichotomie erschließt, ins Spiel.

Besonders in seinem Kommentar zu Hermann Cohen (Ferdinand Tönnies, 1909b, S. 901 ff., bes. S. 911 f.) führt er dem Leser vor Augen, welche illusionären Konsequenzen ein soziologisch uninformierter Gemeinschaftsbegriff hat. Durch die mangelnde Differenzierung zwischen Gemeinschaft und Gesellschaft werden dem Staat sittliche Qualitäten zuerkannt, die ihm nach Tönnies' Theorie a priori nicht zukommen können. Tönnies sieht den Staat als Ausdrucksform der 'Gesellschaft' und damit als Institution, die ausschließlich am Prinzip der Zweckrationalität orientiert ist, damit als Instanz für sozialethisch orientiertes Handeln aber grundsätzlich nicht in Frage kommt. Tönnies' Gemeinschaftsbegriff - in seiner Eigenschaft als Kontrastbegriff zur Gesellschaft - hat also eine Staatsauffassung zur Folge, deren Kriterien sich am angelsächsischen Utilitarismus orientieren. Der Utilitarismus fungiert dabei als Mittel der Analyse, nicht aber als Grundlage für eine positive Bewertung.

IV. Aktuelle Bezüge des Gemeinschaftsbegriffes zur gegenwärtigen theoretischen und philosophischen Debatte

Die Resultate, die sich aus dem vielschichtigen Gemeinschafts-/Wesenwillensbegriff gewinnen lassen, sind soziologischer und philosophischer Art. Unter soziologischem Aspekt sind die kritischen Funktionen des Gemeinschaftsbegriffes interessant, die es erlauben, zunächst einmal die Grenze gegenüber den Mißbräuchen dieses Begriffes zu ziehen. Nachdem das aber geleistet ist, bleibt die Frage nach den Möglichkeiten einer positiven Anwendung. Die Antwort ist in Tönnies' Gedanken zur Reaktivierung des Gemeinschaftsprinzips im modernen Genossenschaftswesen entwickelt. Die negativen, eingrenzenden Gesichtspunkte sind dabei aber noch weiterhin von großer Bedeutung. Tönnies warnt nämlich vor der Verkennung des fragilen Status von Gemeinschaftsbildungen unter modernen Bedingungen. Hinter dem Genosenschaftsgedanken steht eine gesellschaftskritische Sozialethik, die ihrerseits das Gemeinschaftsprinzip in

Anspruch nehmen muß. In Übereinstimmung mit dem grundsätzlichen anthropologischen Status seiner Gemeinschafts-Gesellschafts-Dichotomie will Tönnies das rationale Naturrecht, die rechtstheoretische Legitimation der 'Gesellschaft', durch ein gemeinschaftliches Naturrecht ergänzen. Diese rechtstheoretische Problematik, auf dem Boden des Solidaritätsprinzips eine spiegelbildliche Gegenkonstruktion zum rationalen, am individuellen Nutzenkalkül orientierten Naturrecht zu konzipieren, könnte auch für heutige rechtsphilosophische Überlegungen weiterhin interessant sein (vgl. Sibylle Tönnies, 1987).

Neben der soziologischen Komponente enthält der Gemeinschaftsbegriff auch eine philosophische, die für die gegenwärtige Debatte aufschlußreich ist. Mit seiner psychologischen Theorie gibt Tönnies eine Theorie zur Entstehung der Rationalität, die zugleich deren Grenzen mitbedenkt. Die mit dem Kürwillen verbundene Form der Ratio kann z.B. nur innerhalb des Kontexts von zweckrationalem und technischem Handeln angewendet werden. Damit ist der Geltungssinn ihrer Resultate festgelegt und begrenzt. Durch die Verbindung zwischen Typen der Rationalität, Formen der Willensdisposition und damit der grundsätzlichen Bewußtseinsstellung zur Welt ist in Tönnies' Denken ein starker Bezug zu gegenwärtigen Fragen der Transzendentalpragmatik (Karl-Otto Apel, 1973) angelegt. Es zeigt sich, daß Tönnies' Auffassung der Rationalität sowohl im Sinne einer Strukturgeschichte der Rationalität gelesen werden kann als auch im Sinne einer erkenntniskritisch gewendeten Untersuchung der Rationalität, ihrer Entstehungs- und ihrer Geltungsgründe. Diese Ansätze verbinden sich nun mit den Komponenten einer philosophischen und schließlich einer historischen Anthropologie, die in Tönnies' Willenstheorie angelegt ist. In diesem Zusammenhang spielt der Gemeinschaftsbegriff in seiner Eigenschaft als Bezeichnung für die Einheit von psychischer Disposition und sozialer Form eine besondere Rolle. Die Spannung zwischen den gegensätzlichen Grundtypen sozialer Organisation kehrt nun auf der Ebene einer Theorie der Rationalität wieder. Auch hier spielt die im Wesenwillen inkorporierte Ratio nicht nur die Rolle einer historisch beschreibenden Kategorie für vormoderne Denk- und Bewußtseinsformen. Sie nimmt unter dem Aspekt der Gegenwartsanalyse auch die Funktion einer Oppositionskategorie ein. Ebenso 'transitorisch' wie die neuzeitliche 'Gesellschaft' ist konsequenterweise auch der mit ihr verbundene Typus der analytischen Rationalität. Die Kategorie des Wesenwillens hält aber bereits während der scheinbar absoluten Dominanz gesellschaftlicher Formen die Erinnerung an den historisch kontingenten Charakter des 'Gehäuses' der modernen wissenschaftlich-technischen Zivilisation (also der 'Gesellschaft' im Tönniesschen Sinne) wach. Damit liefert Tönnies ein Präludium für die gegenwärtige Form einer Geschichte der wissenschaftlichen Rationalität, die zugleich in erkenntniskritischer Absicht unternommen wird (vgl. z.B. Kurt Hübner, 1978).

Nicht nur die philosophisch inspirierte Auffassung der Wissenschaftsgeschichte findet Anklänge in Tönnies' Denken. Auch das Problem der Kritik 'gesellschaftlicher' Rationalitätskriterien von einem Punkt außerhalb der eingespielten und institutionalisierten Denkweisen wird von Tönnies' Konzeption berücksichtigt.

Der Versuch, vom Boden des Gemeinschafts-/Wesenwillensbegriffes aus ergänzende Entwürfe zur gesellschaftlich dominierenden Zweckrationalität zu entwickeln, wie z.B. im Falle des 'gemeinschaftlichen' Naturrechts, ist heute noch ebenso 'exzentrisch' zu den geltenden Denkweisen in der 'Gesellschaft' wie Tönnies' Ablehnung 'eingleisiger' Kontinuitäts- und Fortschrittserwartungen bezüglich der gesellschaftlichen Entwicklung schon während des Übergangs zum 20. Jahrhundert 'exzentrisch' war zur allgemein herrschenden Ansicht unter seinen liberalen Professorenkollegen.

In der Auseinandersetzung mit den intellektuellen Fronten seiner Zeit und unter Verwendung der Denkmittel seiner Zeit hat Tönnies Probleme einer sowohl erkenntniskritisch wie auch gesellschaftskritisch angelegten Theorie der Rationalität durchdacht. Die kritische Funktion des Gemeinschaftsbegriffes, die sich bereits in der soziologischen Argumentation bewährt hatte, zeigt sich auch nach wie vor in der wissenschaftskritischen und der philosophischen Auseinandersetzung.

Dieser Beitrag zu einer skeptisch reflektierten Fortsetzung der Aufklärung durch eine immanente Selbstkritik und Selbstbeschränkung der Ratio angesichts ihrer Verflochtenheit mit anthropologischen, soziologischen und historischen Voraussetzungen ist vielleicht das bedeutendste Resultat, das man aus Tönnies' Gemeinschafts/Wesenwillensbegriff gewinnen kann.

Die Entstehung der sozialen Gemeinschaft als Entnaturisierung der Natur - ein Aspekt der Begriffstheorie von Ferdinand Tönnies

Von Peter-Ulrich Merz-Benz

Vorspann

Die Epoche des Mittelalters muß nach Auffassung von Tönnies als Epoche der »Gemeinschaft« begriffen werden. Sie »war ... die Wachstums- und die Blütezeit unseres Volkes« (Ferdinand Tönnies/Friedrich Paulsen, 1961, S. 61), und in ihren Horizont fällt auch der Entstehungsgrund der Gegenwart. Insbesondere umfaßt sie die Herkunft und die Ausbildung des Sozialen, so daß auf sie, als den 'natur'-haften Keim des menschlichen Zusammenlebens, all unser Miteinanderhandeln und -Wirken letztlich zurückzuführen ist. Und wie sich das in einem Keim Angelegte in dem aus ihm Hervorgewachsenen erhält, so trifft dies auch für die »Gemeinschaft« zu. Still wirken ihre Kräfte fort als Fundament unseres Zusammenlebens; und ihr entsprungen zu sein ist eine Tatsache, die wir bei all den Sozialgebilden, die wir in der Zwischenzeit zusätzlich errichtet haben, daher niemals zu leugnen vermögen. Das gemeinschaftliche Verbundensein gehört vielmehr unmittelbar zu unserer Sozialwelt und mithin zum Gegenstandsbereich der Soziologie, weshalb es nur folgerichtig erscheint, daß Tönnies den Prozeß des Hervorkommens und der Ausfaltung des Sozialen im Rahmen seiner Sozialtheorie begrifflich zu fassen versucht hat. Unter systematischen Gesichtspunkten betrachtet stellen seine diesbezüglichen Bemühungen den ersten Teil der Entstehungsgeschichte des Theorems von »Gemeinschaft und Gesellschaft« dar, weshalb sie auch für die Entwicklung und den Aufbau seines gesamten Werks von hervorragender Bedeutung sind. Und dementsprechend gestaltet sich der Gegenstand der vorliegenden Arbeit: es gilt darzutun, welche Schritte Tönnies zur Realisierung seiner Erkenntnisabsicht unternommen hat bzw. welches die

Argumente sind, aus denen seine Theorie der Gemeinschaft im einzelnen zusammengesetzt ist. Dabei konzentriert sich die Aufmerksamkeit auf die folgenden vier Themenbereiche: auf die Zuordnung des Begriffs der »Gemeinschaft« zu demjenigen der »Gesellschaft« als Ausdruck von Tönnies' aufklärerischem Impetus (1), auf die Darstellung der Stufen der Gemeinschaft (2), auf die Übergänge vom naturhaften zum sozialen Verbundensein (3) sowie auf das Verhältnis von organischer und autonomer Vernunft (4).

1. Die begriffliche Konstitution der Sozialwelt: Die Zuordnung von »Gemeinschaft« zu »Gesellschaft« als Ausdruck von Tönnies' aufklärerischem Impetus

Ferdinand Tönnies' Erkenntnisabsicht ist die Durchschaubarmachung der Sozialwelt. Sowohl die Prinzipien ihres Aufbaus als auch die die Entstehung der einzelnen Sozialformen beherrschende Dynamik gilt es auf den Begriff zu bringen, auf daß zur »Abmessung« der sozialen Wirklichkeit eindeutig bestimmte Maßstäbe zur Verfügung stehen und sich das Auge des Betrachters nicht länger in der Mannigfaltigkeit der realen Dinge und Vorgänge verliert. In ihrer Gesamtheit, gefügt zu einem geschlossenen Gebäude, sollen die Begriffe nichts geringeres als die »ideell-typischen« Stadien in der Genesis des menschlichen Zusammenlebens darstellen, also einen Prozeß begrifflich faßbar machen, wie er nach Ansicht von Tönnies im Hervorgehen der Sozialformen aus den wirtschaftlichen und sozialen Zuständen des Mittelalters, ihrem Sich-Wandeln zu Gebilden des rationalen Zusammenwirkens sowie ihrer anschließenden Aufstufung zur modernen Industriegesellschaft verkörpert ist. Mithin sieht Tönnies in diesen Begriffen gleichsam das »a priori konstruierte Knochengerüst der Geschichte« (vgl. Ferdinand Tönnies/Friedrich Paulsen, 1961, S. 146), und indem gerade in ihnen die Wesenskonstanten, sprich: die durchgehenden Allgemeinheiten im Wachstum des Sozialen festgelegt sind, bilden sie auch das allein taugliche »Werkzeug« zur Erfassung der sich ständig wandelnden Sinnenwelt.

Dabei vertritt Tönnies einen transzendentalen Begründungsansatz, der wesentlich durch die Kant-Auffassung seines Freundes Friedrich Paulsen geprägt ist - eine Auffassung, der er durch ihre Anreicherung mit Elementen des Spinozismus, der Begriffstheorie von Hobbes und der Philosophie Schopenhauers einerseits sowie der biologischen Deszendenztheorie andererseits freilich eine höchst eigenständige Gestalt verleiht. Gemäß den »ewigen«, selbst aber einem Wachstumsprozeß entsprungenen »Functionen unseres Verstandes« soll die Sozialwelt demnach *aus einem Punkt* begreifbar werden, mithin aus der auch für ihre Konstitution verantwortlichen causa, gemäß der sich uns »alles Leben (als) Entwicklung des Allgemeinen zum Besonderen« zeigt (Ferdinand Tönnies,

1979, S. XX). Denn als »Erkenntnisgrund« *und* »'Ursache' aller ... Erscheinungen« ist die causa *die* »notwendige Form des Denkens« - eines Denkens, das »allgemeine Begriffe bildet, in denen besondere Begriffe enthalten sind und daraus folgen« (1906, S. 62). Im »allgemeinsten Begriff« als dem Begriff des Wirkens, näherhin des willentlich bedingten Wirkens, sind das Erkennen und das Erkennbare konfundiert, und daß wir »notwendig« »ein Seiendes nicht anders denn als wirkend, und Geschehendes nicht anders denn als bewirkt denken *können*«, ist ebensowohl dessen Folge wie dessen Wirkung (1979, S. XVII). Nur in der causa besitzt die Welt als Inbegriff des Zu-Erkennenden ihre Einheit, und nur als »Klärung« und »Verdeutlichung« dieser Einheit, dargestellt in Form von stets differenzierter sich gestaltender Kausalverhältnisse, ist das Konkrete, Einzelne selbst aufzufassen. Keineswegs verbindet sich indes mit dieser Fassung der causa - von Tönnies auch »Natur« oder »Substanz« genannt - ein Rückfall in eine vorkritische Metaphysik - dem entgegen steht nicht nur die erkenntniskritische Brechung der causa, sondern insbesondere auch ihre Übertragung aus der Philosophie Spinozas in einen argumentativen Kontext, der ausschließlich am Übergang von Hume zu Kant orientiert ist -, wohl aber vertritt Tönnies auf diese Weise eine Erkenntnisbegründung, in der die logischen Bestandteile gleichsam mit metaphysischen Spuren durchsetzt sind (für eine detailliertere Darstellung der Tönniesschen Erkenntnistheorie vgl. Peter-Ulrich Merz-Benz, 1990c).

Die Begrifflichkeiten, welche uns die Sozialwelt »denkbar und darstellbar« machen sollen, sind diejenigen der »Gemeinschaft« und der »Gesellschaft«. Jede von ihnen steht für ein Kontinuum weiterer, ihr untergeordneter Begriffe, wobei indes die Gesellschaft logisch (und historisch) der Gemeinschaft nicht neben-, sondern nachgeordnet ist; denn mit dieser zusammen kommt ihr die Aufgabe zu, die gesamte Entwicklung der »Grundbegriffe der reinen Soziologie« abzudecken. Gemeinschaft ist dabei zu denken als die allgemeinere Begrifflichkeit und auch als die vorwiegende 'Tatsächlichkeit', mithin als die Erscheinungsursache, welche die Gesellschaft erst aus sich entläßt. Nur auf der Basis von Gemeinschaft ist Gesellschaft überhaupt möglich, und den Bestimmungen der Gemeinschaft - sei es auch in negativer oder kompensatorischer Einstellung - bleibt sie stets verpflichtet. Erst durch ihre »Emanzipation ... von allen Banden der Familie, des Landes und der Stadt, des Aberglaubens und Glaubens, der angeerbten überlieferten Formen, der Gewohnheit und Pflicht« (Ferdinand Tönnies, 1979, S. 182), sind die »Individuen« in der Lage, als freie, allein der Vernunft gehorchende Wesen »miteinander (zu) handeln und [soziale; P.-U. M.-B.] Verhältnisse (zu) bilden« (S. 178; die Hervorh. wurden weggelassen, P.-U. M.-B.) - und erst mit diesem Übergang wird das Zusammenleben in Gemeinschaft durch dasjenige in Gesellschaft gleichsam abgelöst. »Gemeinschaft« erscheint näherhin prinzipiell als »Einheit des Differenten«, als Inbegriff einer Sozialform, bei deren Ausgestaltung die sie konstituierenden Wirkungsverhältnisse sich selbst in all ihren Differenzierungen unmittelbar darstellen als

Bejahungen des vorgegebenen Ganzen; und die Wahrung der jeweiligen Sozialform in ihrem modus existendi bezeichnet das Erfordernis, dem die »Reziprozität« von Wirkung und Gegenwirkung durch alle Herrschafts- und Ordnungsverhältnisse hindurch stets primär gehorcht. »Gesellschaft« erscheint demgegenüber prinzipiell als 'Vereinheitlichung des Differenten', als Inbegriff einer Sozialform, bei deren Ausgestaltung die sie konstituierenden Wirkungsverhältnisse in all ihren Differenzierungen nichts anderes leisten sollen als die künstliche 'Wiederherstellung' des mit dem Übergang von Gemeinschaft zu Gesellschaft verlorengegangenen ursprünglichen Verbundenseins; und die Einheit der Gesellschaft ist daher primär ein Zu-Erreichendes, ausgedrückt in einem Zweck, den es in arbeitsteiligem Zusammenwirken zu erfüllen gilt. *Daß* solch ein Übergang von Gemeinschaft zu Gesellschaft indes überhaupt möglich ist, beruht auf der Entwicklungsfähigkeit des die Wirkungen bedingenden Willens; erst die Ausdifferenzierung der Willenskräfte macht ein entsprechend differenziertes Wirken möglich. Entsprechend dem Schopenhauerschen Begriff der »Natur« als eines Stufenreichs von Manifestationen des all-einen Willens werden die Sozialverhältnisse gedacht als zustandegekommen und aufrechterhalten durch die Verfolgung von bewußt (Handlungs-)bestimmenden Motiven; die als Motivation sich äußernde Willenskraft ist allein verantwortlich für das Bestehen von Sozialverhältnissen, welche sich mithin erweisen als »Thatsachen der generellen Psychologie« (vgl. Ferdinand Tönnies, 1979, S. XX; sowie Peter-Ulrich Merz-Benz, 1990c). Jede soziale Verbindung ist letztlich eine Bewußtseinstatsache, vorgestellt als Ursache willentlicher Wirkungen; und was sich mit dem Übergang von Gemeinschaft zu Gesellschaft verändert, ist allein die Gestalt des Willens, respektive die daraufhin mögliche Willensorientierung. So steht denn am Anfang der Wille als *Wesenwille*: der Wille, dessen Kräfte, und unter ihnen auch das Denken, stets ausschließlich Teile der Willensgesamtheit sind; auf ihn folgt sodann der Wille als *Kürwille*: der Wille, dessen Kräfte sich vereinzelt haben und erst wieder gebündelt werden durch das nun freigesetzte, autonom agierende Denken. Damit einhergehend wandelt sich die Willensorientierung vom Vollzug des selbstverständlich Vor-Gegebenen, der Gemeinschaft, zum Streben nach dem erst noch Zu-Schaffenden, der Gesellschaft, wobei diese in ihrer Entwicklung ausgerichtet ist auf das Zukünftige, jene dagegen allein dem Verpflichtungsbezug zum Vergangenen unterliegt; und ihrer beider Entwicklungen sind dabei ebenso unumkehrbar wie ihr Aufeinanderfolgen.

Die Reichweite der Begrifflichkeiten »Gemeinschaft« und »Gesellschaft« entspringt schließlich dem speziell für Tönnies maßgeblichen aufklärerischen Impetus - einem Impetus, in dem gleichzeitig auch das zentrale Wesensmerkmal seiner Sozialtheorie aufgehoben ist. Denn explizit zielt Tönnies darauf ab, die rationalistische Auffassung von sozialen Verbindungen, wie er sie »ideelltypisch«[1] verkörpert sieht im Naturrechtsdenken und insbesondere den im Kon-

---

[1] Als »ideell-typisch« bestimmt Tönnies reale Allgemeinheiten, die gleichzeitig den Wesenszug einer bestimmten Klasse von Objekten bezeichnen sollen. Bei diesen realen Allgemeinheiten

trakt ihren Inbegriff besitzenden Rechtsverhältnissen, gleichsam 'nach unten' zu ergänzen, d.h., auch diejenigen sozialen Verbindungen auf den Begriff zu bringen, welche als historisch »ursprüngliche, immer fortwirkende« familien- oder sippenhafte Bande das selbständig denkende und handelnde Individuum, mithin das beim Kontrakt vorauszusetzende freie Subjekt, erst aus sich entlassen. Die sozialen Verbindungen der zweiten Art sieht Tönnies - wiederum »ideell-typisch« - verkörpert in den besonders durch die historische Rechtsschule beschriebenen Verhältnissen des Gewohnheitsrechts; und diese, als der Beschlußfähigkeit der Individuen entzogene, allein den in der Geschichte »still wirkenden Kräfte(n) des Volksgeistes« (Ferdinand Tönnies, 1979, S. XXXII) unterworfene, werden von ihm folgerichtig auch explizit als »historisch« qualifiziert. *Nur zusammen* vermögen Tönnies zufolge die beiden Arten sozialer Verhältnisse die Konstitution des menschlichen Zusammenlebens in seiner ganzen Breite und Tiefe zu umfassen, und dementsprechend muß auch das Spektrum der soziologischen Grundbegriffe angelegt sein. Die mit den rationalistisch ebenso wie mit den gewohnheitsrechtlich begründeten sozialen Verbindungen befaßten Ansichten zusammenzufügen zu einer Gesamtsicht, steht daher als der entscheidende Programmpunkt seiner gesamten wissenschafts- und insbesondere begriffstheoretischen Bemühungen, eben seiner Theorie von »Gemeinschaft *und* Gesellschaft«. Und dabei sollen die geschichtlich gewachsenen Sozialformen gerade erfaßt werden mittels der Begrifflichkeit der »Gemeinschaft«, die kontraktuell begründeten dagegen mittels derjenigen der »Gesellschaft«. Mit dieser Zielsetzung gilt Tönnies' aufklärerischer Impetus letztlich insofern der Selbstaufklärung der Aufklärung, als mit der Gemeinschaft auch die Rückbindung der Vernunft in die Geschichte, und mithin in die Wirklichkeit, selbst zum Thema wird. Denn wird im rationalen Naturrechtsdenken gleichsam 'von oben' über die einzurichtenden Rechts- bzw. Sozialverhältnisse entschieden, und steht die Vernunft so explizit in Distanz zum Wirklichen, so repräsentiert das gewohnheitsmäßige, durch familien- und sippenhafte Bande begründete Zusammenleben gerade die Vernunft in ihrer Abkünftigkeit aus dem Wirklichen selbst, also dem Fundament *allen*, auch des aufklärerischen Denkens. Mit dem Aufzeigen der Ergänzungsbedürftigkeit der von aller Tradition und Überlieferung, von allen ursprünglichen Lebensformen und der mit ihnen gegebenen Erfahrung losgelösten, rein rationalistischen Wirklichkeitsauffassung sowie der daraufhin vorgenommenen Vermittlung der beiden ideell-typischen Ansichten der Rechts- und Sozialverhältnisse in einer Gesamtsicht führt Tönnies letztlich auch die Intention der von Hamann und Herder eingeleiteten historistischen Aufklärung

---

handelt es sich um vernunftmäßig erdachte Wirklichkeitszustände, die als Abstraktionen stehen, so daß wie beim Weberschen »Idealtypus« auch bei der Tönniesschen Begrifflichkeit das durchgängig empirisch Vorhandene und die Typizität nicht zusammenfallen. Tönnies hat allerdings sein Verständnis von »ideell-typisch« nie einer logischen Klärung unterzogen (für den logischen Gehalt des Weberschen »Idealtypus« vgl. Peter-Ulrich Merz, 1990, §§ 15ba.-15bc.).

weiter. Und bezeichnenderweise kann erst durch das Wissen der Vernunft um sich selbst, um ihre Herkunft ebenso wie um ihre Möglichkeiten, sich dennoch zu befreien und auf sich selbst stellen zu können, das Unternehmen der Aufklärung zu seinem konsequenten Abschluß gelangen (vgl. hierzu auch Peter-Ulrich Merz-Benz, 1990a, 1990b; sowie zum Thema der »historistischen Aufklärung« Herbert Schnädelbach, 1974, S. 22 ff., bes. S. 28; Herbert Schnädelbach, 1987, S. 23 ff.).

2. Die Stufen der Gemeinschaft

Die Ausdifferenzierung der »ideell-typischen« Formen von Gemeinschaft erstreckt sich über drei Stufen hinweg, von denen jede noch zusätzlich in drei Bestehensformen gegliedert ist. Der Ausdifferenzierungs*prozeß* gehorcht dabei in all seinen Dimensionen dem Vorbild, wie es durch die Besonderung der Kräfte des Wesenwillens verkörpert wird, d.h., jede dieser Dimensionen ist in Analogie zum Übergang des Wesenwillens vom vegetativen ins animalische und schließlich ins mentale Stadium gestaltet. Im vegetativen Stadium ist der Wesenwille undifferenzierte Ganzheit, wonach im animalischen Stadium zunächst diejenigen Kräfte hervortreten, welche das sich gewohnheitsmäßig Wiederholende bedingen, bis schließlich im mentalen Stadium auch die Möglichkeit der Erinnerung sich herausbildet, sprich: die Möglichkeit des sprach- und zeichenvermittelten Umgangs mit dem bislang Erfahrenen und mithin des Stattfindens von *Denk*vorgängen. Und dementsprechend beruht der die Gemeinschaft tragende Zusammenhalt stets auf dem Fortgang vom unmittelbaren, unspezifizierten »Gefallen« zur »Gewöhnung« und zum »Gedächtnis«, wobei jeweils das höchstentwickelte Stadium einer Stufe/Dimension gleichsam zum Keim für die Entwicklung der nächstfolgenden wird. So besondert sich die »Gemeinschaft des Blutes«, die unterste, primär leiblich-organisch definierte Stufe von Gemeinschaft, von der Mutter-Kind-Beziehung zur Beziehung zwischen Ehegatten und der Beziehung zwischen Geschwistern; und es ist sodann die Vater-Kind-Beziehung, in der die Grundkonstituenzien der bisherigen Beziehungen zusammenfließen, ihre »Einheit und Vollendung« finden, auf daß vom Vatertum aus die Konstitution, näherhin die Ausfaltung, der nächsthöheren Gemeinschaftsstufe erfolgen kann. Diese Stufe, dargestellt durch die »Gemeinschaft des Ortes«, besondert sich ihrerseits von der Verwandtschaft zur Nachbarschaft und zur Freundschaft - Beziehungsformen, welche je im häuslichen, im dörflichen sowie im städtischen Zusammenleben ihren adäquatesten Ausdruck besitzen -; und es ist sodann die im Übergang von den Zusammenhaltsformen des Vatertums, des Fürstentums und des Meistertums zu denjenigen des Richtertums, des Herzogtums und des Priestertums sich vollziehende Ausdifferenzierung der Beziehungsform der Eintracht, mit der die Gemeinschaft des Ortes sich wandelt zur »Gemeinschaft des Geistes«. Fortan ist es allein die »Gesinnung«, welche die Glieder einer sozialen Gemeinschaft vereint - eine Gesinnung, welche von der unspezifizierten Eintracht ihrerseits noch übergeht ins Bestimmtsein durch den Brauch und schließlich durch den Glauben. Die einzig im Glauben begründete religiöse Gemeinde ist »zugleich der letzte und höchste Ausdruck, dessen die Idee der Gemeinschaft fähig ist« (Ferdinand Tönnies, 1979, S. 20; für die detaillierte Erläuterung der Ausdifferenzierung der Sozialform der Gemeinschaft vgl. Peter-Ulrich Merz-Benz, 1990a).

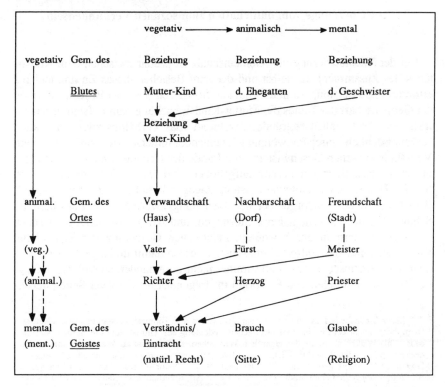

Abbildung: Die Sozialform der Gemeinschaft - Stufen und Dimensionen ihrer Ausdifferenzierung

Von besonderer Bedeutung sind innerhalb dieses Ausdifferenzierungsprozesses die zwischen den einzelnen Stufen liegenden Übergänge; denn gerade dort erfährt die Form des gemeinschaftlichen Zusammenhalts ihre wesentliche Ausgestaltung, und nur aus diesen Übergängen wird daher verständlich, wie sich das eigentlich »Soziale« herausbildet. Zwei Übergänge gilt es im folgenden näher zu betrachten: den von der Gemeinschaft des Blutes zur Gemeinschaft des Ortes, sowie den von der Gemeinschaft des Ortes zur Gemeinschaft des Geistes. Im ersten Fall konzentriert sich die Aufmerksamkeit auf die Ausdifferenzierung des Vatertums als des Keims aller Herrschafts- und Ordnungsverhältnisse, mit hin die Ausdifferenzierung dessen, was an einer leiblich-organischen Beziehung überhaupt zur Sozialität befähigt ist. Im zweiten Fall steht dagegen die weitere Differenzierung des für das Vatertum kennzeichnenden Verhältnisses von Würde und Dienstbarkeit im Vordergrund, mithin das über die Entpersonifizierung, Formalisierung, Funktionalisierung sowie Verinnerlichung dieses Verhältnisses stattfindende Hervortreten des »Sozialen«.[2]

3. Die Übergänge vom naturhaften zum sozialen Verbundensein

Bei der Thematisierung von Gemeinschaft ist primär zwischen dem Konstituens des Zusammenhalts selbst und der zum Bestehen dieses Zusammenhalts erforderlichen Leistung zu unterscheiden. So ist von den drei Bestehensformen der Gemeinschaft des Blutes die Mutter-Kind-Beziehung »am tiefsten in reinem Instinkte oder Gefallen begründet«, während »das Verhältnis zwischen Gatten ... hauptsächlich durch Gewöhnung aneinander unterstützt« wird, und beim Verhältnis zwischen Geschwistern »die Bande der Herzen« am ausgeprägtesten in der gegenseitigen Erinnerung aufgehoben sind (Ferdinand Tönnies, 1979, S. 7 f.). Die bestandserhaltende Leistung dagegen besteht bei der Mutter-Kind-Beziehung in der Fürsorge, bei der Beziehung zwischen den Ehegatten im Schutz, d.h. der Abwehr äußerer Störungen, und bei der Beziehung zwischen den Geschwistern in der bewußten, inhaltlichen Gestaltung der Erinnerung. Konstituens und Bestandserhaltungsleistung treten damit im Zuge der Entwicklung der Gemeinschaft des Blutes immer mehr auseinander, so daß das anfänglich Vereinte (Gefallen und Fürsorge) im folgenden als die zwei Seiten dersel-

---

[2] An dieser Stelle bedarf es eines klärenden Hinweises auf Tönnies' Verständnis von »Natur«. Denn diese taucht bei ihm in einer zweifachen Bedeutung auf: einmal steht die Natur - oder die causa - als Wirken im Sinne des eigentlich Wirklichen, als das, was als Wesenszug alle Stufen der sich entfaltenden Welt durchzieht; das andere Mal, wenn es um die inhaltliche Festlegung der Grundbegriffe selbst geht, spricht Tönnies dagegen von Natur im real-physiologischen Sinne. Allein die naturhaften Zusammenhalte der letzteren Art, unmittelbar verstanden als Blutsbande, werden im Zuge der Entwicklung von Gemeinschaft durch soziale Bindungen ersetzt, doch von der Entfaltung naturhaften Wirkens - im Sinne dessen, was die causa selbst ausmacht - ist in beiden Fällen zu sprechen (vgl. Peter-Ulrich Merz-Benz, 1990c). Besonders ist indes zu betonen, daß Tönnies auch bei der inhaltlichen Festlegung der Grundbegriffe - und insbesondere der Entfaltung der Gemeinschaft aus dem Urzustand des vegetativen Zusammenwirkens - der Soziologie keine Biologie beimischt (damit greife ich die Fragestellung auf, die Lars Clausen zum Gegenstand seines auf dem »Dritten Tönnies-Symposion« 1987 in Kiel gehaltenen Hauptreferats gewählt hat; vgl. Lars Clausen, 1990). Die Natur als Realgrund des Sozialen ist für Tönnies *kein* Thema, vielmehr handelt es sich bei der von ihm in seinen Grundbegriffen vorgezeichneten Entfaltung der Gemeinschaft allein um die vom Vegetativen ins Mentale reichende Weiterführung des *Prinzips* des organischen Zusammenhalts, mithin um die Weiterführung eines Prinzips, das zwar realiter 'in' der Natur steckt, selber aber nicht als etwas genuin Naturhaftes zu verstehen ist. Was wechselt, sind gleichsam die Sphären, in denen dieses Prinzip seinen Ausdruck erhält; und dementsprechend erscheint der Entfaltungsprozeß der Gemeinschaft sowohl als Hervortreten des immer schon sozialen Organischen als auch gleichzeitig als zunehmende gedankliche, im Endeffekt »begriffliche« Fixierung des nach organischem Vorbild zu verstehenden Sozialen.

ben Sache (Gewöhnung und Schutz, sprich: Bewahrung des Gewohnten, und noch mithin Selbstverständlichen, vor dem nicht zu ihm Gehörenden und es daher als solches Aufhebenden) erscheint, um schließlich in das Verhältnis von Gegenstand und diesem zugeordneter Aktivität (Erinnerung und Gestaltung des Zu-Erinnernden) überzugehen. Offensichtlich wird das Konstituens des Zusammenhalts in Form der Bestandserhaltungsleistung gleichzeitig zur Ursache seines eigenen Vorkommens, was aber mitnichten einen Mangel des Tönniesschen Denkens bezeichnet als vielmehr eines seiner maßgeblichsten Charakteristika. Denn gerade als Besonderungen einer anfänglich undifferenzierten Einheit besitzen sämtliche Konstituenzien von Gemeinschaft allein in dieser Einheit ihre Ursache bzw. sind - entsprechend dem Verständnis der die Auffassung der Sozialwelt bedingenden causa - die zur Erhaltung der Gemeinschaft notwendigen Ursache-Wirkungs-Beziehungen *selbst* nichts anderes als Emanationen *des einen* Anfangs. Über differenzierte Ursache-Wirkungs-Beziehungen erhält sich, was in der causa noch eins ist, und in all den einzelnen Kausalverhältnissen pulsiert, sich darin selbst verdeutlichend, die in der causa beschlossene Kraft, oder besser: Willens-Kraft (an dieser Stelle verschmilzt denn auch der Einfluß des Spinozismus mit demjenigen Schopenhauers; vgl. hierzu Peter-Ulrich Merz-Benz, 1990c). Als reale, sich stets in derselben Gestalt wiederholende Allgemeinheiten besitzen die bestandserhaltenden Leistungen die logische Struktur von Kausalgesetzen, wobei sie - als Besonderheit - im Verhältnis der Personifikationen der Leistungsträger das Moment der »Ungleichheit« enthalten. Denn sowohl bei der Hinwendung der Mutter zum Kind, als auch beim Bemühen des Mannes um die Gatten-Beziehung und schließlich - am wenigsten ausgeprägt - bei der Pflege der Geschwister-Beziehung durch eines ihrer Glieder verläuft die Kraftwirkung unmittelbar vom Überlegenen zum Unterlegenen, und daher »begründet« das Vatertum, in welchem alle drei bestandserhaltenden Leistungen zusammenfließen, »am reinsten die Idee der Herrschaft im gemeinschaftlichen Sinne«. Diese Herrschaft »bedeutet« charakteristischerweise »*nicht* Gebrauch und Verfügung zum Nutzen des Herrn ..., sondern Erziehung und Lehre als Vollendung der Erzeugung; Mitteilung aus der Fülle des eigenen Lebens, welche erst in allmählich zunehmender Weise durch die Heranwachsenden erwidert werden und so ein wirklich gegenseitiges Verhältnis begründen kann« (Ferdinand Tönnies, 1979, S. 9; Hervorh. P.-U. M.-B.). Das Vatertum enthält damit in sich insofern auch den Anstoß zur Überwindung der »Ungleichheit«, als es in seinem Wirken auf die Übertragung des eigenen Vermögens auf sein Gegenüber angelegt ist. Das dabei bestehende Herrschafts-Verhältnis zeichnet sich gerade dadurch aus, daß aus der Sicht des »Vaters« oder »Herrn« das Gegenüber stets als Vorstadium der eigenen Entwicklung erscheint, prinzipiell als die unmittelbare Entsprechung zum eigenen Förderungswillen. Mithin wird aus dem Vatertum die besondere Form eines »Reziprozitäts«-Verhältnisses nachgerade 'erzeugt', als die in jenem sich ausdrückende Herrschafts-Beziehung auf einer »überlegenen Kraft« beruht, »die zum Wohle des Untergebenen oder seinem Willen gemäß ausgeübt« wird und durch ihre Wohltätigkeit bei diesem den

»Willen zum Ehren (*hervorruft*)« (1979, S. 11 f.; Hervorh. P.-U. M.-B.). So kommt es zur Gegenüberstellung von »Würde und Autorität« auf der einen und »Ehrfurcht« auf der anderen Seite, oder »in schwächeren Graden«: von »Wohlwollen und Achtung ..., als, bei entschiedener Differenz der Macht, (den) beiden Grenzbestimmungen der Gemeinschaft begründenden *Gesinnung*« (1979, S. 11 f.). Dem Bestreben, zum Wohle eines anderen zu wirken, muß indes beim Adressaten das Vermögen entsprechen, die an ihm geübte Förderung auch als solche erkennen und würdigen zu können; denn anders ist die Ausbildung von »Ehrfurcht« nicht denkbar. Und es ist diese Voraussetzung, mit der in der Entwicklung der soziologischen Grundbegriffe die objektiven Bedingungen des Zusammenhalts von Gemeinschaften, ja - aufgrund des Hervorgehens von Gesellschaft aus Gemeinschaft - von Sozialformen überhaupt, erstmals durch subjektive Bedingungen ergänzt werden. Neben die rein naturhaft bestimmten Konstituenzien des »Instinkts« (Fürsorge) und der Gewöhnung sowie das für sich zumindest nicht interpretationsbedürftige Konstituens der gegenseitigen Erinnerung tritt schließlich das Konstituens der *Einsicht*, begleitet von der bestandserhaltenden Leistung des Be-Denkens der mit der Herrschafts-Beziehung verbundenen Wirkungen durch die Beteiligten. Überlegener und Unterlegener müssen sich der Bedeutung ihres Tuns respektive Geschehenlassens gewahr sein und diese realiter auch einzuschätzen wissen, ansonsten die Herrschafts-Beziehung ihren gemeinschaftlichen Sinn verliert und umschlägt in ihr Gegenteil, in reine Ausnutzung, unbesehen des herzustellenden Zusammenhalts: Denn tatsächlich »(hängt) aller Überlegenheit ... die Gefahr des Hochmuts und der Grausamkeit und somit einer feindseligen, nötigenden Behandlung an«, während »das Gefährliche solcher Macht bei den Schwächeren *Furcht* (erzeugt), und diese würde allein fast nur Verneinung, Ablehnung bedeuten« (1979, S. 11). Entsprechend der Herkunft alles gemeinschaftlichen Wirkens aus der Einheit der Mutter-Kind-Beziehung kommt zwar auch das Bestreben, Herrschaft *zugunsten* eines Untergebenen auszuüben, allein aus der den »leiblich-organischen Beziehungen« eigenen »instinktive(n) und naive(n) *Zärtlichkeit* des Starken zu den Schwachen, (als) eine(r) Lust zu helfen und zu beschützen, die mit der Freude des Besitzes und dem Genuß der eigenen Macht innig verwachsen ist« (S. 11); doch muß eben diese Lust, anders als die mütterliche Fürsorge, explizit erst erkannt und in die ihrer Bestimmung gemäßen Bahnen gelenkt werden. Mithin hat sich in der Vater-Kind-Beziehung die bestandserhaltende Leistung des Schützens, Förderns und Leitens bereits soweit ausdifferenziert, sprich: verselbständigt, daß es zu ihrer Erfüllung der Mitwirkung des individuellen Bewußtseins bedarf, das sich interpretierend auf den gemeinschaftlichen Zusammenhalt zurückbezieht. Beurteilt nach ihrem Stellenwert im Prozeß der Ausdifferenzierung der soziologischen Grundbegriffe erscheinen - zusammenfassend gesagt - das »Bestimmen« und das »Dienen« zwar prinzipiell als der Stabilität des Zusammenlebens verpflichtet, und ihr Vorbild ist dabei die »leiblich-organische Beziehung«, innerhalb derer jeder Teil seinen Sinn nur in bezug auf das zu erhaltende Ganze gewinnt. Damit jedoch im Wirken der beiden ungleichgewichtigen Größen »Würde« und »Ehrfurcht« das zwischen ihnen bestehende Reziprozitäts-Verhältnis tatsächlich seiner »natürlichen« Bestimmung gemäß aufrechterhalten werden kann, bedürfen die mit der Herrschafts-Beziehung insgesamt verbundenen Wirkungen darüber hinaus der bewußten Lenkung durch die Beteiligten. Die Gesinnungen, wie sie als Würde und Ehrfurcht vorliegen, müssen im Hinblick auf ihre konkrete Rolle im Zusammenleben der Menschen selbst interpretierend erfaßt und operationalisiert werden, und im so erschlossenen Gestaltungsspielraum hat nunmehr das eigentliche 'Soziale' seinen Grund. Immer mehr Bestimmungen des naturhaften Zusammenwirkens gehen fortan, in sublimierter Form, in diesen Gestaltungsspielraum ein, auf daß das Soziale sich weiter ausbildet, als Fortsetzung des Naturhaften, jedoch mit eigenen Mitteln.

Das Vatertum ist für Tönnies' Begriffs-Gebäude indes nicht nur deshalb so wichtig, weil in ihm die Grenzbestimmungen der die Gemeinschaft begründenden Gesinnung enthalten sind, sondern weil es gleichzeitig auch bereits die drei »*Arten*« von Würde in sich schließt, aus denen im folgenden die Konstituenzien der Bestehensformen der Gemeinschaft des Ortes hervorgehen: »die Würde des Alters, die Würde der Stärke und die Würde der Weisheit oder des Geistes« (1979, S. 11). Für das familiäre Zusammenleben im »Hause«, welches, wie die übrigen Bestehensformen der Gemeinschaft des Ortes, prinzipiell »als Zusammenhang des animalischen Lebens« zu begreifen ist, als eine Lebensform, die primär getragen ist durch die gegenseitige Gewöhnung der Beteiligten, liegt der Grund des Zusammenhalts vorrangig in der Würde des Haus-»Vaters« - einer Würde, deren besondere Bedingtheiten »Alter und Erzeugung« sind. Demgegenüber hat das verwandtschaftliche Zusammenleben im »Dorfe« seinen Grund in erster Linie in der Würde des »Fürsten«, welche ihrerseits auf »Macht und Stärke« zurückgeht und sich »am unmittelbarsten in dem Einflusse eines Herrn auf seine Leute, des Grundherrn auf seine Hintersassen, des Patrons auf seine Hörigen (darstellt). Endlich: innerhalb der Freundschaft«, der Ausdrucksform des städtischen Zusammenlebens, »sofern diese als gemeinschaftliche Hingabe an denselben Beruf, dieselbe Kunst erscheint, macht ... Würde als die des Meisters gegen Jünger, Schüler, Lehrlinge sich geltend« - oder beziehungsreicher gesagt: als eine Zusammenhalt stiftende Kraft, welche auf Weisheit beruht und hinter der das Alter und die Stärke an Einfluß zurückstehen (1979, S. 14). In der Reihe Richter - Herzog - Priester - den drei Symbolfiguren für die Weiterentwicklung der Gemeinschaft des Ortes - besondert sich die bislang - trotz unterschiedlicher interner Gewichtungen unter den drei Arten - noch als Einheit anzusehende, und von Tönnies daher »natürlich« genannte Würde sodann in »verschiedene waltende, führende Tätigkeiten und Tugenden«: Aus der Würde des Alters entspringt das Vermögen des »ruhigen Beobachtens« sowie des distanzierten und »ausgeglichenen« Urteilens, weshalb dieser Würde »die richterliche Tätigkeit und der Charakter der Gerechtigkeit vorzüglich angemessen« erscheinen; die Würde der Stärke hat »ihre Vollendung als herzogliche Würde: welcher die streitbaren Kräfte zu sammeln, zu ordnen, dem Zuge wider den Feind voranzugehen, und für die Gesamtwirkung alles Nützlichen zu gebieten, das Schädliche zu verwehren geziemt«; und die Würde der Weisheit erhebt sich über alle anderen als »priesterliche Würde«, als Vermögen, den »von Gefahren und Todesangst« umgebenen Lebenden auch das »Unsterblich-Ewige ... zu offenbaren und mitzuteilen«: denn »wenn ... in den meisten [für die Herstellung und Aufrechterhaltung des menschlichen Zusammenlebens notwendigen; P.-U. M.-B.] Entscheidungen und Maßregeln das Richtige und Heilsame mehr zu erraten und zu ahnen dem Kundigen gegeben, als mit Gewißheit zu sehen einem jeden möglich ist; und wenn das Zukünftige verborgen, oft drohend und fürchterlich vor uns steht: so scheint unter allen Künsten jener Vorrang zuzukommen, welche den Willen der Unsichtbaren zu erkennen, zu deuten oder zu bewegen weiß« (1979, S. 15). Über die Tätigkeit des Priesters sucht Tönnies noch das Verwurzeltsein der Gemeinschaft im Überwirklichen, welches als Gegenstand der Furcht, aber auch der Verehrung, das Miteinander-Leben und -Wirken gleichsam indirekt, doch deshalb nicht weniger wirkungsvoll, erhält, auf den Begriff zu bringen. Denn daß die »unwissenschaftliche, ... eigentlich abergläubische Religion ... das Leben der Völker«, solange es noch überwiegend in einem »gesunden«, natürlichen Zustand sich befand, »begleitet hat und mit (ihm) auch untergegangen ist«, und daher »in der Geschichte der Gemeinschaften in der Tat der Glaube höher (war) als die Vernunft« (Ferdinand Tönnies/Friedrich Paulsen, 1961, S. 61 f.), steht für eine Einsicht, die Tönnies bereits lange vor der Ausarbeitung von »Gemeinschaft und Gesellschaft« gewonnen hat, um sie fortan, gleichsam in ihrer enthistorisierten, prinzipiellen Fassung, auf den Konstitutionsprozeß der Gemeinschaft zu übertragen. Was es im einzelnen zu zeigen gilt, ist der Prozeß, durch den die Verwurzelung im Überwirklichen sich durch die Entfaltung der Gemeinschaft hindurch erhält, sich im Ausdruck zwar wandelnd, von ihrem Charakter aber nichts einbüßend. Vom diffusen Totenkult im Hause über die Heilighaltung von Bräuchen im dörflichen Kontext bis hin zur städtisch-freundschaftlichen Feier einer Gottheit, wobei letztere als Inbegriff des die Religions-, aber auch die Kunst- und Standesgenossen einenden Werks zu verstehen ist, vollzieht sich demnach die Ausbildung des Meister- und schließlich des Priestertums als des Trägers einer Gemeinschaft, welche mithin von einer realen mehr und mehr zu einer »Art von unsichtbarer Ortschaft« gerät (1979, S. 12 f.). Die Gottheit, die dem Bande zwischen ihren Verehrern »allein oder doch vorzugsweise ... eine lebendige und bleibende Gestalt gibt«, »haftet« nicht mehr an einer bestimmten »Stelle, sondern wohnt im Gewissen seiner Verehrer und begleitet ihre Wanderungen in fremde Lande«; und es ist allein die Tätigkeit des Meisters oder Priesters, durch die die »künstlerische Intuition« respektive der »schöpferische Wille« fortwährend in die Gemeinschaft hineingetragen wird. Gerade die Loslösung des gemeinschaftlichen Verbundenseins von bestimmten Örtlichkeiten, und damit einhergehend die Loslösung der Gemeinschafts-erhaltenden Tätigkeiten von den für diese Örtlichkeiten repräsentativen Persönlichkeiten, bezeichnet aber auch den Prozeß, als dessen Ergebnis die explizite Ausprägung des Sozialen steht. Die Würde als Inbegriff der Zusammenhalt-stiftenden Kraft verliert gleichsam ihre physische Präsenz, und mithin verlagert sich der Gegenstand der Gesinnung *in* die Gesinnung selbst: nicht mehr eine Person oder das eigens durch sie verkörperte Tun gilt es zu ehren, sondern das Ehren als solches gerät zu einer »waltenden, führenden Tätigkeit und Tugend«, die, was ihre Realisierung angeht, mittelbar zwar an besondere Rollen gebunden ist, die aber ihre Bestimmung ausschließlich in sich trägt und sich damit als selbständig erweist. Was schließlich entsteht, ist eine »gegenseitig-gemeinsame, verbindende Gesinnung, als eigener Wille einer Gemeinschaft« - eine Gesinnung, die, als *Norm* des Zusammenhandelns, das Soziale in seiner reinsten Form repräsentiert, oder wie Tönnies sich ausdrückt: »die besondere soziale Kraft und Sympathie, die Menschen als Glieder eines Ganzen zusammenhält« (1979, S. 17). Was einst nichts war als ein Ausfluß der Gewalt der Natur, aufgehoben in der Oligonymität der 'natürlichen' Lebenserhaltung, gewinnt nunmehr ein Eigenleben, indem es den Charakter des Nötigens zwar behält, doch darin niemandem verpflichtet ist, außer sich selbst. Keineswegs verleugnet es dabei seine Herkunft, nur steht seine Geschichte nicht als seine Relativierung, als hätte es der Dynamik dieser Geschichte je angelegen sein können, über sein Hervorkommen und seine Gestalt zu 'befinden', sondern in ihm wird die diese Geschichte durchherrschende Tendenz überhaupt erst zu ihrem Abschluß gebracht. Und insofern, als es sich aus den 'natur'-haften Frühformen des Zusammenlebens - in denen es noch unmittelbar im Gewand des Organischen erscheint - gleichsam 'entbirgt', sieht Tönnies in ihm auch den »einfachsten« und unmittelbarsten »Ausdruck für das innere Wesen und die Wahrheit alles echten [d.h. naturhaft gegebenen, und nicht - wie bei der Gesellschaft - erst vernunftmäßig zu schaffenden; P.-U. M.-B.] Zusammenlebens, Zusammenwohnens und -wirkens« (1979, S. 18). Daß das Soziale gleichzeitig in einem erfüllenden *und* verpflichtenden Bezug zum Naturhaften steht, zeigt sich am klarsten an seiner kompensatorischen Bestimmung. Denn wird mit der Entwicklung zur Gemeinschaft des Geistes das Verhältnis von Würde und Dienstbarkeit seiner Orts- und Personengebundenheit enthoben, so muß mit dem Wegfall der durch das Gefallen und die Gewöhnung unterstützten Zusammenhalte unmittelbar ein Ausbau und mithin ein Gewichts- und Komplexitätszuwachs der rein »geistigen Bande« einhergehen; was mit jenen verlorengeht, gilt es durch diese zu kompensieren. Nur durch die Stärkung der gegenseitig-gemeinsamen Gesinnung kann Gemeinschaft auch als mentale aufrechterhalten werden, denn »je weniger ... Menschen, die miteinander in Berührung stehen oder kommen, miteinander verbunden sind in bezug auf dieselbe [durch materielle Gegebenheiten bedingte; P.-U. M.-B.] Gemeinschaft, desto mehr stehen sie einander als freie Subjekte ihres Wollens und Könnens gegenüber« (1979, S. 16). Damit indes durch die Zunahme der Freiheit nicht auch »das Wesen der Gemeinschaft«, d.h. »die Einheit des Differenten (mit) aufgehoben wird«, »bestehen und entstehen, sowohl durch vermehrte als durch verminderte Pflichten und Gerechtsame, reale Ungleichheiten innerhalb der Gemeinschaft durch ihren Willen«, mit anderen Worten: geht das Verhältnis von Würde und Dienstbarkeit über in Ordnungsverhältnisse, in strukturierte Komplexe funktionaler Leistungen, die als hervorgegangen aus der Notwendigkeit der Einheit selbst zu begreifen sind. In ihrer diesbezüglichen Bedingtheit ist die »gemeinschaftliche Willenssphäre« nichts anderes als »eine Masse von determinierender Kraft«, ein sozialer Inbegriff des »Müssens und Sollens«, dem auch das »Wesen und der Inhalt aller abgeleiteten [insbesondere der einzelnen, subjektiven; P.-U. M.-B.] Willenssphären« unterworfen ist (1979, S. 16). Erst auf diesem Hintergrund werden die beiden von Tönnies unterschiedenen Teil-Aspekte des Sozialen in ihrer Bestimmung vollends einsehbar: das »Verständnis« als Begriff des gemeinschaftlichen Willens »in seinen *einzelnen* [durch die Subjekte getragenen; P.-U. M.-B.] Beziehungen und Wirkungen«; die »Eintracht« dagegen als Begriff des gemeinschaftlichen Willens »in seiner *gesamten* [objektiven, überindividuellen; P.-U. M.-B.] Kraft und Natur« (1979, S. 18). Anders als beim Verhältnis von Würde und Dienstbarkeit ist das Verständnis indes *der einzige Ort*, an dem nunmehr das Konstituens des gemeinschaftlichen Zusammenhalts, und das ist eben das Soziale, seinen Platz findet. Denn nichts ist dem Verständnis mehr vor-gegeben, was ihm als solchem fremd ist. Und wiederum steht dabei das subjektive Moment der Einsicht im Vordergrund, doch nicht mehr nur als Be-Denken behufs der Lenkung naturhafter Kräfte, sondern als Inbegriff und Erfüllung des Zusammenhaltens insgesamt. Mithin treten das Konstituens des Zusammenhalts und die bestandserhaltende Leistung soweit in ein gegenseitiges Bedingungs-Verhältnis, als einerseits nur im subjektiven Verstehen das Soziale sich realisieren kann und andererseits nur das durch die Individuen aufgebrachte Verständnis dem Sozialen den benötigten Halt gibt. Konsequent zu Ende gedacht ist der Begriff des Sozialen damit aber noch keineswegs erschöpft. Denn auch in seinem Kontext besitzt das Verwurzeltsein der Gemeinschaft im Überwirklichen seinen spezifischen Ausdruck. Zwar entfällt die Annahme eines Meisters oder Priesters, durch den die »künstlerische Intuition« respektive der »schöpferische Wille«, und das muß heißen: die Kraft, auf die hin sich die Individuen einen, in die Gemeinschaft hineingetragen wird - denn diese Leistung obliegt nunmehr dem subjektiven Verstehen -, doch die als 'theologisch' zu qualifizierende Denkfigur selbst bleibt auch für das Konstituens der sozialen Gemeinschaft bestimmend. Wie Weber verfällt auch Tönnies mitnichten der durch die Sprache vermittelten Suggestion, höherstufige Sozialformen gleichsam als metaphysische Entitäten anzusehen, doch auf die Entität der »Eintracht«, als der logischen und wirklichkeitsstiftenden Voraussetzung von Gemeinschaft, vermag er zumindest in bezug auf die Entwicklung eines Systems soziologischer Grundbegriffe nicht zu verzichten. Dies liegt im wesentlichen daran, daß Tönnies - sich zu Weber ausdrücklich in Gegensatz stellend - in seiner Soziologie 'hinter' den handlungstheoretischen Ansatz auf eine die Sozialformen als Formen des Zusammenhandelns selbst noch begründende Willenstheorie zurückgreift, gleichsam das 'Wie', den modus vivendi der sozialen Verhältnisse in ihrem modus existendi aufhebend, womit bei ihm ein Problem der Fundierung sozialer

Kategorien explizit wird, welches bei Weber, ja der Handlungstheorie überhaupt, nur implizit bleibt, nämlich dasjenige, die Freiheit, soziale Verhältnisse überhaupt eingehen zu können, selbst noch zu begründen (vgl. hierzu des näheren Peter-Ulrich Merz, 1987, S. 153-156 sowie 161 f.). Deshalb ist es im Grunde auch keine Zwei-, sondern eine Dreistufigkeit, die Tönnies' Begriff des Sozialen als eines geistigen Bandes prägt: denn nur in der 'intentio' der Individuen vermag sich das Soziale zu konstituieren (1), und zwar als 'intentum' jedes einzelnen Willens, als »Verständnis« (2), wobei aber das, was die 'intenta' in ihrer Gesamtheit ausmacht, die »Eintracht«, in diesen selbst nicht aufgeht (3). Was in Tönnies' erkenntnistheoretischem Ansatz, näherhin im Verhältnis von causa und Erscheinung, in nuce festgelegt ist, findet damit in der Fassung der soziologischen Grundbegriffe einmal mehr seine Entsprechung. Es ist der allgemeinste Begriff des Sozialen, der Begriff des mütterlichen Instinkts, der die übrigen, besonderen Begriffe aus sich entläßt - Begriffe, die indes nichts anderes sind als »Verdeutlichungen«, »Klärungen« des im Anfang diffus Angelegten und die dabei den Anfang stets 'in sich' tragen, als unbefragte, uneingeschränkte Bedingung ihrer inhaltlichen Ausfaltung(en). Denn ebensowenig wie die causa, von Tönnies mit verstanden als Inbegriff der sich erhaltenden Willenskraft (vgl. Ferdinand Tönnies, 1906, S. 62; sowie Peter-Ulrich Merz-Benz, 1990c), seitens der durch sie verursachten *und* logisch begründeten Erscheinungen in ihrer Geltung die geringste Beeinträchtigung erfährt, oder sich in ihnen gar aufhebt, so vermag die »Eintracht« durch das von ihr begründete *und* gestiftete »Verständnis« relativiert zu werden. Dem Verständnis obliegt es lediglich, die Eintracht zur Anwesenheit zu bringen, doch bleibt der Bedingungscharakter der Eintracht davon unberührt. Daß dieser Sachverhalt gerade am Verhältnis von Verständnis und Eintracht so klar hervortritt, ist darauf zurückzuführen, daß mit dem Übergang zur Gemeinschaft des Geistes Bedingung und Bedingtes letztlich in dieselbe Sphäre einrücken; nicht länger stehen die Bedingungen - und mithin die Konstituenzien - von Gemeinschaft auf der einen - die Blutsbande und später die Örtlichkeiten - und die bestandserhaltenden Leistungen auf der anderen Seite einander in verschiedenen konkreten Verkörperungen gegenüber, sondern als Eintracht und Verständnis sind sie nunmehr beide von 'geistiger Art', bilden sie *zusammen* den Horizont für das uneingeschränkte Hervortreten des Sozialen.

Und gerade dies weist schließlich auf das letzte, im vorliegenden Kontext zu nennende Charakteristikum der Tönniesschen Sozialtheorie: denn der Begriff des Sozialen steht auch in unmittelbarer Entsprechung zum Ausbildungsstand des das Bewußtsein der Individuen tragenden (Wesen-)Willens. Zwar bleibt selbst auf der höchsten Entwicklungsstufe dieser Willensform das Denken in die Gesamtheit der übrigen Willenskräfte eingebunden, doch reichen seine Befähigungen immerhin soweit, diese Gesamtheit auch in all ihren Wirkungen zu repräsentieren, d.h., aus sich heraus zu leisten, was die Aufgabe des Willens überhaupt ist. Mitnichten sieht sich das Denken mehr vor-gegebenen, naturhaften

Wirkungszusammenhängen gegenüber, die es nur zu be-denken, sprich: zu lenken gilt, sondern es selbst vermag dem willentlich Zu-Bewirkenden, eben dem Sozialen, seinen Ausdruck zu geben. Und aufgrund dieses Identifiziertseins mit dem Denken bezeichnet Tönnies das Soziale auch als den »Sinn und die Vernunft« eines gemeinschaftlichen Verhältnisses, als erst in ihm kritisierbar wird, was ansonsten bloß geschieht (vgl. Ferdinand Tönnies, 1979, S. 17).

4. Organische Vernunft und Gewissen -
autonome Vernunft und Zweckrationalität

Zu beachten ist indes, worin das Denken seine Grenze findet. Denn vermag es auch das Soziale willentlich in sich aufzunehmen und als solches zur Darstellung zu bringen, so ist der soziale Zusammenhalt selbst doch kein ausgedachter im Sinne eines rational Konstruierten. Verständnis und Eintracht stehen als Kräfte zur Herstellung des gemeinschaftlichen Zusammenhalts vielmehr noch immer unter der Maxime der Gewährleistung der Einheit des Differenten. Mit anderen Worten: auch beim sozialen Zusammenhalt sind die einzelnen Kräfte letztlich 'Erfüllungshilfen' zum Bestand des Ganzen. Zwar steht dem Denken die kritische Frage, d.h. die Frage nach den Bedingungen der Möglichkeit des gemeinschaftlichen Zusammenhalts, durchaus offen, nur ist die dabei anzurufende Vernunft als solche vorgeprägt. Denn sie repräsentiert, eingedenk ihrer Herkunft, ausschließlich die Prinzipien des Organischen, und ihre höchste Erscheinung ist das »Gewissen«, mithin die Instanz, die über die Entsprechung der Willenskräfte gegenüber dem Ganzen wacht. Der der Vernunft offenstehende Reflexionshorizont findet seine Grenze in der Gestaltung sowie der Variation der zum Bestand des Ganzen notwendigen, und in diesem Sinne funktionalen Leistungen. Die Bestimmung dessen, woran sich die Funktionalität der Leistungen selbst bemißt, ist der Vernunft dagegen entzogen. Dies ändert sich logisch (und historisch) gesehen erst im Bereich der Gesellschaft, wenn die Vernunft dann autonom wird und es ihre Aufgabe ist, soziale Verhältnisse als allein rational bestimmte überhaupt erst zu schaffen, sprich: die vereinzelten Individuen unter einem vorgestellten Zweck, den es in arbeitsteiligem Zusammenwirken zu erfüllen gilt, zu vereinen: Daß letztlich sogar in der »Gelehrtenrepublik« ein soziales Ganzes bestehen muß, bleibt zwar auch jetzt noch unbefragt, doch zumindest nach ihrem Wozu, dem Zweck des Zusammenlebens, sind die einzelnen Leistungen für die Vernunft nunmehr ein Thema. Der die Bewußtseinsorientierung der Individuen tragende Wille befindet sich gemäß seiner Entwicklung dann im Stadium des Kürwillens - einem Stadium, in dem das Denken von den übrigen Willenskräften abgelöst ist und diesen selbsttätig, rein aus sich heraus über sie gebietend, das Ziel und damit die Richtung des Wirkens vorgibt. Seiner Gestalt nach ist der Kürwille damit »ein Gebilde des Denkens selber, welchem daher nur in Beziehung auf seinen Urheber - das Subjekt des Denkens - eigentliche Wirklichkeit zukommt; wenn auch diese von anderen erkannt und als solche anerkannt werden kann« (Ferdinand Tönnies, 1979, S. 73). Und genau in diesem Sinne ist die Gesellschaft zu begreifen als Gegenstand rationaler Übereinkünfte, als Vorstellung dessen, was für die einzelnen Individuen Wirklichkeit haben und als solches gelten soll (vgl. 1981, S. 9 ff.). Als »Thatsachen der generellen Psychologie« sind selbstverständlich auch die Gemeinschaften vorgestellte, nur sind diese Vorstellungen selbst von a-rationaler Art, als das Denken in die Gesamtheit der Willenskräfte eingebunden bleibt und von ihr her auch seine Bestimmung erfährt. Der Wille als Wesenwille, wie er die Gemeinschaft aus sich hervortreibt, »ist das psychologische Äquivalent des menschlichen Leibes, oder das Prinzip der Einheit des Lebens, sofern dieses unter derjenigen Form der Wirklichkeit gedacht wird, welcher das Denken selbst angehört ... Er involviert das Denken, wie der Organismus diejenigen Zellen des großen Gehirns enthält, deren Erregungen als dem Denken entsprechende physiologische Tätigkeiten vorgestellt werden müssen ...« (1979, S. 73). Gerade aus diesem Grund erscheint die Gemeinschaft letztlich als Analogon der das Denken in sich schließenden Leiblichkeit, wobei diese ihre ideell-typische Verkörperung bekanntermaßen in der Blutsverbindung, der Örtlichkeit und schließlich der Eintracht findet.

Hält man die Begriffe von Gemeinschaft und Gesellschaft schließlich gegeneinander, so zeigt sich, daß Tönnies, entsprechend seiner Aufklärungsabsicht, im Begriff von Gemeinschaft nichts geringeres zu leisten versucht als die Erfassung der sozialen Vernunft nach ihrer eigenen Genesis. Nicht nur soll gezeigt werden, wo diese Vernunft herkommt, sondern in die Darstellung sollen auch diejenigen ideell-typischen Stadien ihrer Entäußerung eingehen, welche den Weg von ihrem naturhaften Ursprung bis ins Vorstadium ihrer Autonomisierung beschreiben. Mithin fungiert der Begriff der Gemeinschaft gleichsam als ein Bindeglied, mit dem die Kluft zwischen der rein naturhaften und der rein vernunftmäßigen Bestimmung des menschlichen Zusammenlebens in ihrer für die Betrachtung der Sozialwelt verhängnisvollen Polarität überwunden werden soll. Der Übergang von den a-rationalen zu den rationalen Formen menschlichen Zusammenlebens gerät zu einem Kontinuum - einem Kontinuum, mit dem die soziale Vernunft nicht nur in den Blick kommt nach ihrer Abkünftigkeit aus der Wirklichkeit, sondern auch nach ihrer Entbergung aus der Natur. Soll gemäß dem zentralen Postulat der postmodernen Vernunftkritik die ausgeprägte soziale Vernunft daher im Hinblick auf ihre Unabgeschlossenheit reflektiert werden, auf ihr höchsteigenes Gewordensein, das selbst auch den Weg zum Ausbruch aus ihrer Autonomisierung - sprich: ihrer Verfestigung zur reinen Zweckrationalität - öffnet, so hat Tönnies dies im Begriff der Gemeinschaft exemplarisch vorgedacht.

Das Ende der Gemeinschaft?

Von Per Otnes

Scheinbar schlägt die Überschrift dieses Beitrags einen ominösen Ton an. Das ist - um vorweg keine Zweifel aufkommen zu lassen - nicht beabsichtigt, denn eschatologische Erwartungen und Haltungen will ich weder in der Soziologie noch sonst bestärken.

Die These, die ich verteidigen möchte, heißt schlechthin: *Das Ende der Gemeinschaft ist - nicht nahe. Die These soll noch zugespitzt werden: Es ist weder näher noch ferner als das Ende der Gesellschaft.* Die verschiedenen Prädiktionen eines solchen Endes, die offenbar fast zyklisch wiederkehren, sind kaum oder gar nicht gut fundiert.

Ich werde meine Argumente in zwei Gruppen anordnen: die einen stammen zumal aus meiner Spezialdisziplin, der Stadtsoziologie (älter: Raumforschung); die anderen aber kommen aus einem mir beruflich fremden Fach: aus der Sprachsoziologie und der komparativen Linguistik.

I.

Die folgende Argumentation ist *zunächst* ideengeschichtlich angelegt. Mein Gedanke ist einfach und eher generell und rationalistisch als empirisch zu verstehen. Wenn es nach Ferdinand Tönnies wahrscheinlich ist, daß die »Gemeinschaft« grundsätzlich nie mehr und nie weniger als die »Gesellschaft« von der sozialgeschichtlichen Entwicklung überholt werden kann (was allerdings eine Entwicklung und eine Variation der gemeinschaftlichen und gesellschaftlichen Tendenzen in den gemischten Verhältnissen der sozialen Realität keineswegs ausschließt), so ist dies als eine begriffsstrategische Konzeption identifizierbar, die dialektische und nicht evolutionistische Fundamente hat. Schon der theoretische Kontext, das Klima, in dem Tönnies' Grundgedanke sich bildete, verweist auf die Bedeutung der Dialektik. Tönnies' großes Jugendwerk "Gemeinschaft und Gesellschaft" entstand in den achtziger Jahren des neunzehnten Jahrhunderts - als der Hegelianismus die philosophischen Debatten noch entscheidend prägte. Hegel und die Hegelschen Schulen, Marx und der sich auf ihn berufende Materialismus, die Spätromantik und auch die Frühschriften Nietzsches standen schließlich im Zentrum der für Tönnies damals relevanten Diskurse.

Sicher ist jedoch, daß der Neukantianismus - der sowohl Weber als auch Simmel und Durkheim, so verschieden deren wissenschaftliche Auffassungen in fast jeder anderen Beziehung sind, in den neunziger Jahren des neunzehnten Jahrhunderts nachhaltig beeinflußt hat - auf den jungen Tönnies allein aus dem Grund keine Wirkung gehabt haben konnte, weil diese Lehre in seinen Lehrjahren noch gar nicht existierte - jedenfalls nicht in der so wirkungsmächtig gewordenen Gestalt nach ihrer sog. »idealistischen Wende«, die der konservativen Neugründung des Deutschen Reiches korrespondierte. Tönnies' Jugendwerk, vielleicht auch der Grundton seines Gesamtwerkes, wurzelt also in der Zeit vor der breiten Strömung der idealistisch gewendeten neukantianischen Bewegung. Tönnies war jedoch damals ein Hobbes-Spezialist, mit der Lehre Kants sicher auch wohlvertraut, aber weder Kantianer noch Neu-Kantianer; eher noch könnte er, ideengeschichtlich betrachtet, als Hegelianer angesehen werden.[1]

Juristische Deduktion und nicht genetische Betrachtung prägt zudem die Grundhaltung der gesamten Philosophie des Kantianismus, sozusagen ihre geistige Physiognomie. Dem entspricht auch auf anderem als erkenntnistheoretischen, nämlich geschichtsphilosophischen Feld eine Konzeption der Entwicklung als eher ruhig und kontinuierlich, nicht als transzendierend, sich selber überschreitend. Ruhe und Wachstum, nicht Umwälzung und qualitative Veränderungen wie bei Hegel (und auch Marx) wären die leitenden Aspekte.

Wenn man nun die Grundbegriffe Tönnies' eher in einem hegelianischen Rahmen zu denken versucht, so wird klar, daß man »Gemeinschaft« und »Gesellschaft« nicht notwendigerweise - wie öfter und unreflektiert - als die sukzessiven Stadien einer Entwicklung, sondern eher in dialektischer Logik gleichzeitig: als These und Antithese ein und derselben Synthese konstruieren muß. Tönnies' Dichotomie unterscheidet dann eben nicht primär Perioden, sondern vielmehr Seiten eines Widerspruches. »Gesellschaft« ist nicht neuer, nicht moderner als »Gemeinschaft«; die beiden sind untrennbar vereint, sind These und An-

---

[1] Im genuinen Kantianismus, kurz zusammengefaßt, gibt es Transzendentales im System als System der »Transzendental-Philosophie«, aber fast nie Transzendenz in der Geschichte. Kants transzendentale Elementarlehre der "Kritik der reinen Vernunft" konzipiert systematisch die Bedingungen der Möglichkeit - und damit auch die Grenzen - von Erfahrung und Erkenntnis. Die gegenstandskonstituierenden Funktionen sind bei ihm als 'reine' vorausgesetzt und a priori. Diese Deskription folgt zwar Kants Selbstverständnis, um die begriffliche Distinktion für eine angemessene Tönnies-Darstellung bereitzustellen. Gleichwohl ist aber der sachliche Gehalt Kantischer Erkenntnislogik auch materialistisch dechiffrierbar. Denn wenn man sie sich letztlich doch am faktischen Subjekt festgemacht denkt - wogegen Kant allerdings in seiner Auseinandersetzung mit Descartes opponiert -, so erscheint sie als Analyse subjektiven Bewußtseins in der Art einer Phänomenologie der Verstandeskategorien.

tithese desselben Widerspruches. Solange die eine vorhanden ist, genau solange muß die andere dann anwesend sein, auch in der Gegenwart; vielleicht variiert das Ausmaß ihrer jeweiligen Präsenz, keine kann aber so aufgefaßt ganz abwesend sein. Die Aufhebung *beider* ist demgemäß nur in einer *Synthese* beider - die zuvor noch unbekannt bleibt - möglich.

Unter der Voraussetzung dieser theoretischen Annahmen wollen wir in der Geschichte der Stadtsoziologie drei Perioden einer »Gemeinschaftseschatologie« unterscheiden, die sich ganz offenbar zyklisch wiederholt:

1. Die Simmelsche kurz nach der Jahrhundertwende, die behauptet, daß anstatt der »Laune« der Verstand die Lebensweise in den Großstädten dominiere (Georg Simmel, 1903, S. 185-188) - und die die kleinen Reste der »Gemeinschaft« nur ins enge, innere Leben der Bildungsbürger-Stuben verweisen wollte. Simmels Ruhm möchte ich hiermit auf keine Weise zu mindern versuchen; er bleibt gewiß einer der größten Soziologen; doch sind diese Passagen seiner frühen Arbeit über die Großstädte möglicherweise selbst soziologisch problematisch.

2. Die der Chicagoer Schule Louis Wirths: Als Schüler Georg Simmels haben Louis Wirth und seine Kollegen - viel stärker als ihr Lehrer auf der Grundlage zahlreicher empirischer Studien - mühsam ihre eigene, ähnliche Lehre aufgebaut. Als Wirths berühmter Essai "Urbanism as a way of life" 1938 schließlich erschien, war diese Lehre nicht nur schon etabliert, sondern sogar fast ablösereif, wie "Street corner society" zeigt, die nur fünf Jahre später erscheinende Arbeit William Foote Whytes (1943). Kurz gesagt setzt Whyte - wie später auch Gans (1962), Young und Willmott (1957) u. a. - der These Wirths, daß die Elendsviertel *desorganisiert* seien, seine eigene These entgegen. Sie besagt, daß derartige Viertel im Gegenteil sehr gut organisiert seien, indem sie aus einander ähnlichen dichtverknüpften *Netzen* von Familien, Freunden, Kollegen, Landsleuten usw. bestünden. Man hat also sowohl die »Gemeinschaft« - sogar mitten in den Großstädten, mitten in der »Gesellschaft«[2] - als auch die Primärgruppen wiederentdeckt. Die »Gemeinschaft« hatte nicht nur überlebt, sie blühte sogar.

3. Und 1971, 30 Jahre nach Wirths Arbeit, folgte der Beginn der bisher letzten anti-gemeinschaftlichen Periode durch ein Werk, das, so scheint es, mit dem Odium "bitterer" Medizin versehen, "grausam" von den offenbar als illusionär empfundenen Gemeinschaftsauffassungen kurieren will: Colin Bells und Howard Newbys Buch: "Community studies, An introduction to the sociology of the local community". Dieses kritische Werk, in dessen

---

[2] Wenn Sie mir einen kleinen Spaß vergeben wollen: "mitten im Whisky" [vgl. Bertolt Brechts und Kurt Weills Oper "Aufstieg und Fall der Stadt Mahagonny". Mahagonny ist "die Netzestadt". Auch Fangnetze sind soziale Netz(werk)e. Vgl. auch Pekka Sulkunen (i. E.)].

Nachfolge etwa Margaret Staceys (1975) Banbury-Neustudie erschien,[3] hat bedeutende Folgewirkungen gezeitigt, und es ist eine eigenartige Nachwirkung der Studentenbewegung der 60er Jahre,[4] daß dasjenige, was man heute unter Kollegen mit dem Werk Bells und Newbys verbindet, kurz gefaßt die Sentenz ist: "... they killed the community study" (so Ray Pahl kürzlich zur Wirkungsgeschichte - in einem Gespräch mit dem Autor). Bei näherer Betrachtung ist das Buch jedoch sehr nuanciert. So spricht es sich einleitend z. B. für das Werk von Tönnies aus. Die auf einem gründlichen analysierenden Durchgang von 16 der berühmtesten soziologischen Gemeindestudien beruhende Konklusion ist nichtsdestoweniger wissenschaftlich vernichtend: Diese Gemeindestudien und Studien über Gemeinschaft seien nämlich entweder

a) meistens auf Ideologie und nicht auf Theorie gegründet, oder sie seien

b) eher durch ähnliche Methoden (»Community *study*«) als durch eine ähnliche Substanz (»Community«, s. u.) verbunden.

Den schmalen Grat zwischen diesen Polen betreten nach Bell und Newby nur wenige reflektiert um Wertfreiheit bemühte, also nicht-präskriptive Analysen, die den heuristischen Fokus ihrer Untersuchungen mit diesen selbst nicht verwechseln. Die Zugehörigkeit ihrer Konklusionen in unserer Sache zum Geist der 68er Jahre verrät aber nur ihr Radikalismus, ihre entschiedene Ablehnung der untersuchten Studien; vom 68er Anti-Positivismus ist andererseits, atypisch, nichts oder doch nur sehr wenig zu spüren.

In späteren Werken hat Newby seinen Schluß von 1971 etwas modifiziert. So diskutiert Newby (1979, 1985, S. 190) Robert A. Nisbets These (1964) vom "loss of community" und betont nun, daß die ländliche Gemeinschaft nicht ganz verschwunden, aber heute nicht mehr auf die Institutionen des Ackerbaus gegründet sei. In der Hauptsache aber bleibt sein Argument ebenso wie auch in seinem jüngsten Buch von 1987 noch agnostisch und unentschieden: "... any overall conclusion about a »loss of community« in rural society is impossible: it all depends on what is meant by »community«" (Howard Newby, 1987, S. 225).

Auch spätere Werke von anderen, namentlich von Pahl (1984), haben dazu beigetragen, die Berechtigung des Ansatzes der 1971 von Bell und Newby vernichtend angegriffenen Gemeindestudien und ihres wissenschaftlichen Wertes wieder sichtbar werden zu lassen, obgleich Gestalt und Verfahren neuerer Studien (ebenso wie die Bewertung der Arbeiten des großen Vorbildes: Ferdinand

---

[3] Das Buch von Margaret Stacey nimmt das Thema ihrer eigenen Gemeindestudie von 1960 wieder auf. *Beide* Arbeiten gehören gleichwohl in eine holistisch-ethnographische Tradition (vgl. Margaret Stacey, 1960; Colin Bell/Howard Newby, 1977).

[4] Das Buch von Bell und Newby (1971) muß im Rahmen des damals doch mehr abstrakten Aufruhrs gegen die sogenannten Autoritäten verstanden werden - und führte ironischerweise zu einem Übermaß an gleichfalls »abstract British empiricism«.

Tönnies) an solcher Kritik nicht einfach vorbei-, sondern durch sie hindurchgehen mußten und verbessert bzw. abgeändert wurden. Und heute (zur Jahreswende 1987/88), hundert Jahre nach dem erstmaligen Erscheinen des Hauptwerkes von Tönnies und etwa 20 Jahre nach der Studentenbewegung von 1968,[5] ist es hohe Zeit zu versuchen, diese Renaissance der Gemeinschafts- und Gemeindeanalysen klarer und prinzipieller zu verfolgen. Auf Bells und Newbys rhetorische Devise von 1971: "Wer liest heute Ferdinand Tönnies?!", antworten wir nun: "Es ist heute zwingend erforderlich, auf Tönnies' Arbeiten zurückzugreifen!". Wenn man nämlich Tönnies' Gemeinschafts- und Gesellschafts-Theorem auf der Grundlage einer dialektischen, nicht einer evolutionistischen Lesart versteht, dann leuchtet es ein, daß die Existenz der Gemeinschaft nicht mehr oder weniger bedroht, daß Gemeinschaft nicht mehr oder weniger von Dauer ist als Gesellschaft. Schon dem ersten Blick auf den Titel des Tönniesschen Jugend- und Hauptwerkes erschließt sich ohne weiteres, daß Tönnies keine Theorie nur der Gemeinschaft vorlegt, sondern stets eine Doppeltheorie von Gemeinschaft und Gesellschaft.

Die größte Schwäche des Buches von Bell und Newby liegt eben dann auch hierin: Als Kritik nur der einen Hälfte einer Doppeltheorie bleibt es einseitig, fast fragmentarisch. Ist aber das mit wissenschaftlichem Anspruch vorgetragene Nachdenken über *Gesellschaft* nicht auch öfter Ideologie und Apologie ihrer Voraussetzungen als Theorie? - Ist solche Wissenschaft wirklich "wertfrei" (wenn das Werturteilsfreiheitspostulat jetzt einmal auf diejenigen, die es für sich selbst *emphatisch* beanspruchen, kritisch als Maßstab angewandt werden soll)? - Ist sie nicht eher die unbewußt prolongierte Methode, die gesellschaftliches Handeln als solches kennzeichnet, als substantiell Wissenschaft, die ihre eigenen Grundlagen immer wieder selbstkritisch reflektiert? Viele Fragen wären noch anzuführen. Man erinnere sich nur an die vielen Studien etwa der heutigen Arbeits- und Industriesoziologen, die allzuhäufig ein Bild der Gesellschaft geben, das diese hauptsächlich als *reinen* Fortschritt, *reine* Rationalität u. ä. auszeichnet, d. h. sie nur als den Inbegriff von Fortschritt und Rationalität in ihre Darstellungen projiziert.[6] Die bereits in den methodischen Hypostasen auch hier zu findende Ideologie wird aber selten kritisiert, und wenn, dann bei weitem nicht so vernichtend, wie das "Community studies" mit der anderen Hälfte der Tönniesschen Theorie wagt.

Auch die "Gesellschafts-Soziologen" sind nun in der Tat - aber nicht derart radikal, wie Bell und Newby mit den "Community studies" verfahren - seit län-

---

[5] Mit der ich übrigens damals und heute sehr sympathisier(t)e: Dennoch wünsche ich nicht, daß alle ihre Einsichten, Intuitionen und Idiosynkrasien nach nun zwanzig Jahren unverändert und ungetrübt von der Einsicht um auch ihre Bedingtheit dogmatisch vorgetragen und aufrechterhalten werden.

[6] Darüber z. B., daß - und wie - man gerne "Markt" auch dort sieht (oder sehen will), wo weder Markt noch marktmäßiges Verhalten empirisch aufzuspüren ist, habe ich ein Buch geschrieben (Per Otnes, 1987).

gerer Zeit zu einem entscheidenden Ergebnis gekommen, das sich zu den oben angezogenen Einseitigkeiten und Projektionen auch kritisch verhält. Die Wiederentdeckung der Gemeinschaft, mitten in der Gesellschaft, bedeutet nämlich folgendes: Die "Gemeinschaft der Gesellschaften" ist - wieder einmal kurz gesagt - nichts anderes als das, was man spätestens seit den Hawthorne-Studien *informelle Organisation* zu nennen pflegt (vgl. Wolfram Burisch, 1969, S. 48 ff. u.a.m.). Unter den Namen "Betriebs-", "Unternehmens-" oder "Organisations-Kultur" sucht man heutzutage, wie auch früher, ähnliche Phänomene teils zu studieren, teils zu kontrollieren.

Hier erlaube ich mir einen sehr kurzen Exkurs über eine Idee David Silvermans (1979). Er schreibt: "The formal/informal dichotomy is now largely discredited among contemporary organization theorists" (S. 7). Er ersetzt augenscheinlich nicht wie gewöhnlich - und von mir oben kritisiert - die Dichotomie durch ein Kontinuum, sondern er plädiert sogar dafür, mehr als nur *eine einzige* (nämlich die offiziell-formelle) Auffassung der Organisation als *die* formelle anzusehen und theoretisch zu setzen. Vielmehr gebe es mehrerlei Formales, wie auch mehrerlei Informales; beide Elemente der Organisation werden somit fast kaleidoskopartig variabel.

Hier liegt der Keim der Entwicklung einer neuen pluralen Theorie, nicht von "Gemeinschaft und Gesellschaft", sondern von ganzen Familien, ganzen Mengen; von etwas unterschiedlich Gemeinschaftsähnlichem auf der einen Seite, und unter dem Aspekt der Verschiedenartigkeit entsprechendem Gesellschaftsähnlichen auf der anderen. Vielleicht korrespondiert die hier skizzierte Theorie zum Teil mit denjenigen Modellen, die die sogenannten Mülleimer-Theorien der Organisationen ["garbage can organization theory" (so z. B. James G. March/Johan P. Olsen, 1976)][7] auf ihrem Gebiet vorzulegen versucht haben. Und auch Jean-Francois Lyotard (1979) und die »décomposition des grands récits« wären hiermit eventuell sinnvoll zu verbinden.

Im Hinblick auf Newby und Newbys Lehrer Pahl u. a. müssen wir allerdings festhalten, daß sie erstens zu einer auch selbstkritischen Reflexion ihrer oben vorgestellten Auffassung imstande waren und als hervorragende Wissenschaftler ihre Meinungen in dieser Sache mit der Zeit geändert haben; und zweitens, daß ihre Theorie auch vordem mehr eine jeweils raumbezogen lokale als eine *generelle* Gemeinschafts-Kritik enthielt. Ihre Kritik galt so eher der traditionellen Auffassung von *Nachbarschaft* bzw. deren anhaltender Vereinnahmung für die Theorie der Gemeinschaft als der Gemeinschaft schlechthin. Die lokalen Voraussetzungen, die die Gedanken einer solchen Kritik nahelegen, sind rasch benannt. In Ländern, in denen es fast überall Personenkraftwagen gibt (was etwa in Norwegen in 70 % aller Haushalte der Fall ist), ist die geographische Nähe keine Grundbasis der Gemeinschaft mehr; enge Bindungen und (räumlich)

---

[7] Organisation ist ein großes Durcheinander in einem stabilen Eimer.

nahe Lage sind nicht, wie im früheren Verständnis, gleichbedeutend; die durch enge Bande Verbundenen können sich heute auch oft räumlich ferner sein. Dennoch kann man nicht von einem "Verlust der Gemeinschaft" sprechen; vielmehr vom bloßen "Verlust oder auch nur einer Schwächung der Nachbarschaft" als einer ihrer bisherigen Hauptgrundlagen. Die Gemeinschaft des *Ortes* ist nicht bedroht, sondern sie ist sehr verändert (vgl. Per Morten Schiefloe, 1985); noch weniger so die zwei anderen Hauptarten der Gemeinschaften: die des *Blutes* und des *Geistes* (vgl. hierzu insgesamt Ferdinand Tönnies, 1979, S. 12).

Lassen Sie mich abschließend das Hauptthema wieder aufnehmen, nämlich die Dialektik zwischen Gemeinschaft und Gesellschaft. Nimmt man sie ernst, ist es kaum ratsam, voreilig vom "Verlust der Gemeinschaft (*oder* der Gesellschaft)" zu sprechen. Wenn nun Beobachtungen zu derartigen Schlußfolgerungen verlocken oder ähnliche Phänomene auftreten, so wäre es zunächst doch viel besser zu versuchen, unsere Observationen und auch unsere Begriffe beträchtlich zu schärfen, um *neue Formen* der Gemeinschaft zu entdecken, anstatt ihren totalen Untergang zu prophezeien. Die Gemeinschaften der Freundschaft, der Liebe, der informellen Organisation usw., sie leben fort, wie trotz anderslautender Behauptungen inzwischen auf breiter Front eingesehen wurde. Im Hinblick auf Nachbarschaften, Gemeinden, kleine Dörfer und Städte aber sollte man heute vielleicht eher von ortsungebundener (von *post-lokaler?*) *Gemeinschaft* sprechen, weil derzeit auch nicht-örtliche Nah-Kontakte sehr häufig sind.

Der von ihrem zyklischen Auftreten geprägte, mehr einseitigen geistigen Konjunkturen folgende Charakter der Voraussagen eines "Endes der Gemeinschaft" bewirkt letztlich auch deren offenkundige Schwäche, indem sie, wie wir gezeigt haben, doch außerordentlich vordergründig bleiben - ihre theoretische und empirische Basis läßt sehr zu wünschen übrig.

II.

An diesem Punkt angekommen, scheint mir, daß ich einem Einwand etwa der folgenden Art begegnen muß:

> Mein Argument sei überspannt: Zwar möge die Beziehung zwischen Gemeinschaft und Gesellschaft durchaus eher dialektisch als evolutionistisch aufzufassen sein; das schlösse aber nicht aus, daß Gemeinschaft und Gesellschaft als mehr oder weniger separate Stadien einander ablösen oder nachfolgen könnten, wie es viele historische Beispiele zeigen. Hierbei wäre, um wiederum eine bekannte Theorie anzuführen, etwa an Marx und die von ihm geschichtsphilosophisch knapp umrissene Dialektik von Feudalismus und Kapitalismus und später zwischen Kapitalismus und Kommunismus zu denken; dialektische Logik der Begriffsbildung wäre mit Geschichtsphilosophie, also auch mit Epochen-Abfolge, also mit einer totalen Ablösung beider Seiten des Widerspruches durchaus vereinbar.

Einem solchen Einwand muß durchaus einiges konzediert werden: Weitgehend trifft er zu. Es kann noch soviel darüber geredet werden, daß die neue Gesellschaft mit dem Muttermal der alten zur Welt komme; die Widersprüche währen zwar immer lange; sie lösen sich jedoch am Ende in der Synthese auf bzw. werden in ihr aufgehoben; aber auch vermöge Sukzession, Nachfolge, Ablösung.

Es gibt aber im Werk Marxens auch eine tiefere, basalere Stufe oder Schicht der Dialektik. Ich denke vor allem an einige seiner ersten Grundbegriffe: Die Gegenüberstellung von *Gebrauchswert* und *Tauschwert*. Diese sind Real- oder Essential- und keineswegs Ideal-Typen und geben die Tiefenstruktur des Marxschen Systems; und ihrem Anspruch gemäß berühren sie damit zugleich die Tiefenstruktur der menschlichen Gesellschaften überhaupt. Es ist schwer zu sehen, wie sich solche Gegensätze je in eine Synthese aufheben könnten. Beide Seiten sind uralt. Daß die Sachen, die Produkte sowohl direkt nützlich als auch Objekte eines Tausches sein können, ist ja bereits vor aller Theorie eine grundlegende, fast allgemein verbreitete *Erfahrung*.

In der Sprachsoziologie und in der komparativen Linguistik ist die Hypothese wohletabliert, daß manche der sozialen Tiefenstrukturen sich in der Grundstruktur der Sprachen spiegeln. Gewisse Grundzüge der Sprachen meint man 4.000 Jahre zurückverfolgen zu können (bis hin zu einer indo-europäischen "Ursprache"). Grundzüge und die Grund-Institutionen, die sich in der Grundstruktur der Sprachen niedergeschlagen haben, sind zwar *nicht* grundsätzlich unveränderlich; - es wäre sehr interessant, systematische Überlegungen darüber anzustellen, wie wohl anders strukturierte Gesellschaften aussehen könnten, und vielleicht kann die Geschichte und die heutige Situation der nicht-indo-europäischen Völker uns einen Fingerzeig geben, darüber hinaus aber die soziologische Phantasie. Diese Grundzüge sind jedoch sehr fest mit unserer Denkweise, unserem Weltbild verflochten.

Wenn wir die Wörter *community* und *Gemeinschaft* sprachgeschichtlich betrachten (was ich hier ohne Rücksicht auf die etablierten Fachgrenzen kurz wage, wobei ich aber eingestehen muß, kein dafür ausgebildeter Spezialist zu sein), so müssen wir zuerst beachten, daß *community* (lat. *communitas*) nicht etwa als

comm-unitas

oder gemeine Einheit (*shared unity*) getrennt werden sollte (Sverre Holm, 1985, S. 265). Die richtige Unterteilung ist dagegen

com-munus,

womit der gemeine Vorrat (*shared munition*) gemeint ist. Die Sache ist jedoch noch etwas komplizierter: *munus* (älter: *moenus*) bedeutet erstens Dienst, Stellung oder Pflicht eines Beamten; in zweiter Linie aber auch die (Tausch-)

Gabe oder Spende, die ein Beamter (bes. ein Ädil) *seinem* Volk, d.h. dem "populus", schuldig ist.[8]

Außerordentlich interessant ist es nun weiterhin zu erfahren, daß das Wort Gemeinschaft (gotisch: *gamains*) auch entsprechend getrennt werden muß:

Ge-mein(schaft),

und daß *moenia, mein* und *mains* aus derselben indo-europäischen Wurzel **mei* herkommen (vgl. Sverre Holm, 1985; Emile Benveniste, 1969). Die Silbe **mei*, die unseren beiden Wörtern gemeinsam zugrundeliegt, bedeutet, so meint man - obgleich sie mehrdeutig ist -, Tausch, zu tauschen oder zu kontrahieren - das Getauschte ebenso wie den Tausch, die Gabe ebenso wie das Geben.[9]

Ich vermute deshalb, daß die Etymologie ein Anzeichen dafür bereitstellt, daß die Wurzel des Wortes *Gemeinschaft*, damit also auch dieser Begriff, sehr intim, vielleicht "tiefeninstitutionell", mit unseren uralten Haltungen *zu den Produkten menschlicher Arbeit überhaupt* verknüpft ist - und zwar genau auf zwei, immer entgegengesetzte, aber auch immer vereinte Weisen: daß das Produkt

1. als Gabe, Nutzen - Gebrauchswert, und

2. als kontrahiertes und weiterkontrahierbares Tauschobjekt (d. h. als eine Weitergabe) - Tauschwert aufzufassen ist.

Marshall Sahlins geht hierin noch weiter: "Sinn" und "Materie" unserer Gaben (Produkte) sind zwar gedanklich - abstrakt - voneinander absonderbar, nie jedoch konkret in empirischen Analysen.[10]

Insgesamt können wir vielleicht am Ende dieser Skizze Tönnies' Begriffe als einen sehr bedeutungsvollen Versuch ansehen, den erwähnten Grund-Gegensatz Marxens noch weiter *zu generalisieren*; so liegt einerseits durchaus ein *Anschluß* an den Marxismus vor, insofern Tönnies diese zwei Grundbegriffe beibehält; andererseits aber muß ein *Vorbehalt* nachdrücklich vermerkt werden, weil die Tönniessche Generalisierung weit über die Politische Ökonomie hinausgeht: Die These, daß die Ökonomie Basis sei und alles Sonstige weniger wichtiger Überbau, wird im Werk Tönnies' tatsächlich verworfen. Er hat seinen

---

[8] Vgl. hierzu Paul Veyne (1976; 1989).

[9] Man vergleiche hierzu z. B. die Arbeiten Marshall Sahlins' (1972) über den Sinn der Gabe (hau) bei den Maori. Er ist offenbar - obwohl mit anderer Bedeutung als Marcel Mauss (1923 - 1924) es angenommen hat - dem Sinn dieses Begriffes bei den indo-europäisch sprechenden Völkern sehr ähnlich.
Die Gabe ist als Materialisation des Produzenten und seiner Sippe auch seine Objektivation als sozialer Gebrauchswert des Produkts; sie zu geben, reißt eine Lücke, die durch die Gegengabe gefüllt werden muß. Mauss, der die Theorie von der Gegengabe begründete, wollte ihren Sinn aber eher im sakralen Bereich sehen (Marshall Sahlins, 1972, S. 157).

[10] Hierin zeigt Sahlins sich also als ein undogmatischer Marxist - aus diesem Grunde freilich ist er noch *kein* Materialist.

Beitrag daraufhin angelegt, den Gegenstand der Soziologie als sozial und nicht nur ökonomisch-rational zu fassen, demgemäß die Wissenschaft Soziologie zu gestalten und sie mit adäquaten begrifflichen Instrumenten auszustatten: eine wahrlich dauernde Leistung. Gemeinschaft ist bei ihm im Grunde als (Für-)Sorge und Teilen zu verstehen, Gesellschaft aber als Berechnung und Tausch. Gemeinschaft und Gesellschaft - Teilen und Tausch: Diesen Gegensatz werden wir - wenn je - nicht leicht los. Jeder "Kolonialisierung der Lebenswelt" entspricht in Tönniesscher Dialektik dann also auch eine adäquate Aushöhlung des Systeminneren (des "Kolonialismus") durch die herausgeforderte Lebenswelt.

Gemischte Verhältnisse

Anzeichen einer Balance von »Gemeinschaft« und »Gesellschaft«

Von Heinz Strang

Vorbemerkung

Der langfristig über Jahrhunderte, gegenwärtig aber anscheinend beschleunigt sich vollziehende Vergesellschaftungsprozeß der sozialen Verhältnisse zeigt ambivalenten Charakter: Einerseits erscheint er als ein geradezu zielstrebiger Weg zur Modernität des sozialen Lebens, andererseits produziert er in wachsendem Maße Sozialpathologien, die sich u.a. als Desorganisation und Desintegration sozialer Zusammenhänge kennzeichnen lassen.[1]

Es liegt daher nahe, grundsätzlich zu fragen, ob nicht gegenläufig auch Ansätze einer mehr oder weniger weitreichenden, vielleicht zukunftsweisenden Vergemeinschaftung von Gesellschaft konstatierbar sind. Ganz ins Praktische gewandt ließe sich sogar die Frage aufwerfen, inwiefern eventuelle Vergemeinschaftungstendenzen als Strategie zur Anomie- und Devianzreduktion hilfreich und gezielt nutzbar wären. Ausgangs- und Angelpunkt unserer allgemeinen Betrachtung ist die theoretische Soziologie von Ferdinand Tönnies.[2]

---

[1] Vergesellschaftung als Modernisierungsprozeß ist - im Zuge von Industrialisierung, internationaler Handels- und Informationsverflechtung sowie kultureller Assimilation - weltweit zu beobachten, wenn auch zwischenzeitlich und regional religiös-fundamentalistische Gegenbewegungen (z. B. Islamisierung) oder politisch-ideologische Beharrungskräfte dagegen stehen (hier sei z. B. mit Mária Huber (1987) der gegenwärtig in der UdSSR in Gang gesetzte Versucht erwähnt, vom "bürokratischen Paternalismus zu einem begrenzten Interessenpluralismus" (S. 362) zu gelangen, und zwar vor dem Hintergrund "einer kleinen kommerzialisierten und einer großen gemeinschaftlich orientierten Sphäre der Gesellschaft" (S. 354) mit einem "ausgeprägten (konservativen) Sinn für Gleichheit" (S. 355).

[2] Unser Beitrag ist tendenziell im Kontext dessen, was Tönnies "Angewandte Soziologie" nennt, angesiedelt. Sie wird vor dem Hintergrund seiner "Reinen Soziologie" verständlich, die der Tra-

I. Begriffe im Bedeutungswandel

Erstmals 1887 konstruierte Ferdinand Tönnies mit den Termini "Gemeinschaft" und "Gesellschaft" für die sozialen "Verhältnisse gegenseitiger Bejahung" (Ferdinand Tönnies, 1972, S. 3), die als reale Möglichkeiten immer auch Störungen, also gegenseitige Hemmung und Verneinung bis hin zu Kampf, Auflösung und Zerstörung, implizieren (vgl. S. 16 f. und 1965b, S. 74), zwei Grundformen gesellschaftlichen Lebens. Mit diesen beiden - in der Konstruktion seiner angewandten Soziologie - elementaren Strukturtypen menschlicher Beziehungen bzw. sozialer Gebilde ging Tönnies über seinen bis heute fortwirkenden Beitrag zur Konstituierung der sog. reinen bzw. formalen Soziologie hinaus, wobei seine Lehre von den sozialen Beziehungen trotz ihrer konstruktiv-heuristischen Grundlegung weithin einer substantiellen (teils organizistischen, teils historisch-konkretistischen) Betrachtungsweise verhaftet blieb. Allerdings ist die konkrete Ausgestaltung seiner Konstruktion gerade ein Merkmal seiner methodisch reflektierten Begriffsbildung.[3] Immerhin bezeichnen beide Grundbegriffe seiner Soziologie Soziales als Struktur *und* Prozeß, Form *und* Bewegung bzw. Veränderung.

---

dition des Nominalismus sowie der Hobbesschen Naturrechtslehre und Staatstheorie verpflichtet ist. Mannigfache Mißverständnisse und polemische Kritiken in der Tönnies-Rezeption haben im Ignorieren dieser Unterscheidung ihren Ursprung, wobei - wie Rudolf Heberle eingestehen muß (1965, S. XVII) - auch Tönnies die Grenze zwischen Reiner Soziologie (Konstruktion idealer Typen und Schemata, Modelle als Allgemein-Vorstellungen, "Normalbegriffe" als "Gedankendinge") und angewandter nicht selten durch seine veranschaulichenden, mit bildlichen Elementen ausgestatteten entwicklungsgeschichtlichen Exkurse verwischt. Doch gerade über die "Ursachen der Unklarheit und Verwirrung in ... philosophischer Terminologie" (Ferdinand Tönnies, 1906a, S. 46) hat er preisgekrönt nachgedacht. Zur Kennzeichnung seiner Methodologie, die in seinen Schriften wiederholt deutlich gemacht wird, stellt Tönnies u. a. fest: "Strenge ... Wissenschaft bezieht sich nur auf Begriffe und auf deren Verhältnis zueinander. Die Begriffe bilden wir selber nach unserem Gutdünken ..., sie sind unsere Werkzeuge, durch deren Anwendung wir uns ein Bild von der Wirklichkeit und ihren Zusammenhängen gestalten" (1901, S. 38). Carsten Schlüter macht darauf aufmerksam, daß "auch die angewandte Soziologie ... eine theoretische Soziologie (bleibt), d. h. sie konstruiert den Geschichtsverlauf, den sie so nie empirisch fassen kann, um eine rational beurteilende wissenschaftliche Ansicht der Geschichte vom gegenwärtigen Zeitpunkt aus entwickeln zu können" (1988, S. 395). *Angewandt*, d. h. also, Begriffe konkretisieren, verflüssigen, auswerten, zur dialektischen, prozeßhaft-dynamischen, deduktiven, historischen (struktur) typologisierenden Deutung der Wirklichkeit verwenden; die "Untersuchung des gegenwärtigen, fortlaufenden, in unablässiger Veränderung begriffenen gesellschaftlichen Lebens" (Ferdinand Tönnies, 1965b, S. 320), auch mit prognostischer Perspektive (fortschreibende Geschichtsphilosophie).

[3] Tönnies weist seit etwa 1925 wiederholt darauf hin, daß der Vorwurf des Substantialismus, Organizismus, Biologismus, Historismus und Romantizismus seine Reine Soziologie nicht wirklich treffen kann, denn es liegt in der Konstruktionslogik seines zentralen Begriffspaares, daß es nur als vollkommener Widerspruch gedacht und dementsprechend gegensätzlich sinnlich veranschaulicht werden kann. Gerade die pointierte Antithetik der inhaltlichen Ausgestaltung der Begriffe verleiht ihnen eine aufklärerische, ideologiekritische Funktion. Der in seiner angewandten Soziologie methodisch dann vorherrschende Konkretismus mündet angesichts der pragmatisch-engagierten Grundhaltung von Tönnies sozusagen in "praktische Soziologie", d. h., "sozialwissenschaftliche Erkenntnis (ist) nicht nur Selbstzweck, sondern zugleich Voraussetzung und Mittel für soziale Reform" (Rudolf Heberle, 1965, S. XVIII).

"Gemeinschaft" stellt Tönnies metaphorisch als organisch gedacht - aber in solchem Denken von vornherein durch das Soziale charakterisiert - vor Augen, als "natürliche" Antithese zu "Gesellschaft" und ursprünglich-real (sozusagen konstruktiv-anthropologisches Erbgut); als Einheit menschlicher Willen ("Wesenwille"), Leben, Ganzheit,[4] als totale Identität von individuellem Sein *und* sozialer Funktion ("Selbst"); als Gemeinschaft des Blutes, Ortes, Geistes, d. h. Familie, Nachbarschaft, Freundschaft bzw. Haus, Dorf und Stadt; als vertrautes Zusammenleben, Gefühl, gegenseitige Hilfe, Gewissen; als Dominanz des Ackerbaus, als Kultur und Volkstum usw.

Demgegenüber wird "Gesellschaft" u. a. wie folgt gekennzeichnet: als mechanisches Aggregat, künstlich-gemacht; als Prozeß der Individuation mit der Folge eines Nebeneinanders weitgehend unabhängiger Elemente ("Person" als Konstrukt und Fiktion des Verstandes, als beliebiger Akteur in einem vielfältig partialisierten Rollenspiel); als Öffentlichkeit und Markt, Großstadt und Welt; als Vorherrschaft egoistischen Denkens und Vorteilsinteresses, von Bewußtheit und Bestrebung ("Kürwille"); als Dominanz von Industrie, wissenschaftlicher Zivilisation und Staatstum usw.

Tönnies versteht das Begriffspaar, belegt durch eine Fülle historisch-konkretistischer Veranschaulichungen, als vorrangig gegensätzlich und sieht geschichtsphilosophisch im "Progreß der Gesellschaft" ein sozusagen deterministisches Nacheinander zuerst vorwiegend gemeinschaftlicher und dann dominant gesellschaftlicher Verhältnisse mit einem schließlich epochalen Endpunkt der Entwicklung und - zyklisch gedeutet - abermaligem Neubeginn.[5]

Doch trotz der Dominanz der (sich zunehmend verstärkenden und einander ausschließenden) Polarität und prozessualen Abfolge von "Gemeinschaft" und "Gesellschaft" verkennt Tönnies nicht völlig den Zusammenhang beider Begriffe im Sinne auch eines Neben- und Miteinanders. Als *Nebeneinander* sieht er die Gleichzeitigkeit des historisch letztlich Ungleichzeitigen, das Fortdauern gemeinschaftlicher Lebensweisen innerhalb der gesellschaftlichen Sozialverhältnisse, "wenn auch verkümmernd, ja absterbend" (Ferdinand Tönnies, 1972, S. 246). Das *Miteinander* beider Komponenten des Sozialen meint das Sich-Bedingende und -Verstärkende, die Komplementarität sozialer Wirklichkeit, die selbst noch im *Widereinander* des Sich-Hemmens und -Verdrängens durchscheint (S. 243).

---

[4] Theodor Geiger spricht in diesem Zusammenhang von der "Seinsform", darin ich mich mit anderen ungesondert eins weiß" (René König, 1967, Stichwort "Gemeinschaft").

[5] Entgegen der historisch-zeitlichen und substantiell-werthaften Priorität von "Gemeinschaft" vor "Gesellschaft" im Blickfeld der angewandten Soziologie, ist anzunehmen, daß in der begriffskonstruktiven Reinen Soziologie "Gemeinschaft" erst sekundär, in Antithese zu "Gesellschaft", gebildet worden ist, gemäß der Tönniesschen Ausrichtung an Thomas Hobbes' Naturrechtslehre. Dennoch spielt Tönnies die These eines primär "gemeinschaftlichen Naturrechts" wiederholt durch.

Erst die neuere, begriffskritische Aufarbeitung und Rezeption der Tönniesschen Strukturtypen hat jedoch den Blick auf das *Ineinander* gemeinschaftlicher und gesellschaftlicher Strukturmerkmale oder Beziehungselemente gelenkt, indem der bis dahin jeweils ganzheitlich gemeinte Begriffskosmos zunehmend in analytisch frei verfügbare Bausteine zerlegt wurde. Denn trotz ihrer dynamischprozessualen Komponente bewirkten der Organizismus, Geschichtsdeterminismus und soziale Konkretismus in der Rezeption der Tönniesschen Grundbegriffe ein Übergewicht an deskriptiver Zuständlichkeit und Fixierung, soziologischer Verallgemeinerung sowie analytischer Starrheit und Undifferenziertheit.

Insofern bedeutet die Art und Weise, wie schon Max Weber die Begriffe münzt, eine Flexibilisierung und Abkehr von wesenhaft-substantieller zu analytisch-funktionalisierender Betrachtung der sozialen Wirklichkeit.[6] Die Begriffe verstehen sich zunehmend relativ und miteinander korrespondierend; sie bezeichnen Grade wechselseitiger Verflochtenheit bzw. unterschiedliche Anteile von Intimität/Emotionalität einerseits und Interessenhaftigkeit/Zweckrationalität andererseits. Auch sprachlich erscheinen sie gewissermaßen dynamisiert. "»*Vergemeinschaftung*« soll eine soziale Beziehung heißen, wenn und soweit die Einstellung des sozialen Handelns ... auf subjektiv gefühlter ... Zusammengehörigkeit der Beteiligten beruht" (Max Weber, 1981, S. 69).

Im Unterschied dazu soll *Vergesellschaftung* "eine soziale Beziehung heißen, wenn und soweit die Einstellung des sozialen Handelns auf rational ... motiviertem Interessenausgleich oder auf ebenso motivierter Interessenverbindung beruht" (Max Weber, 1985, S. 21). Tradition und/oder Emotionalität einerseits und Zweckrationalität andererseits stehen sich als zentrale konstitutive Begriffsinhalte gegenüber.

Gleichzeitig leistet Max Weber einen an Deutlichkeit nicht zu übertreffenden Beitrag zur Entmythologisierung eines unverhältnismäßig idealisierten Gemeinschaftsbegriffs. Denn obwohl Vergemeinschaftung "normalerweise der radikalste Gegensatz gegen »Kampf« [ist, darf] dies ... nicht darüber täuschen, daß ... Vergewaltigung jeder Art innerhalb auch der intimsten Vergemeinschaftungen ... durchaus normal ist" (Max Weber, 1981, S. 70). Dieser Gesichtspunkt findet sich bei Tönnies, der der Verklärung des Gemeinschaftsbegriffs zweifellos Vorschub geleistet hat, eher am Rande und beinahe versteckt, indem er dazu von "Wahrscheinlichkeiten eines gewissen Grades" (Ferdinand Tönnies, 1972, S. 17) spricht.[7] Während die Reine Soziologie, deren soziale Wesenheiten aus

---

[6] Ähnliche Begriffsdeutungen finden sich gleichzeitig u. a. bei Alfred Vierkandt und Theodor Geiger.

[7] Empirische Forschungen u. a. zur bäuerlichen Familie, zu sozialen Manifestationen des Landlebens und zur Realität des Dorfes haben z.T. auf drastische Weise bestimmte Aspekte des Gemeinschaftsmythos ad absurdum geführt. So zeigen z. B. Beate Brüggemann und Rainer Riehle (1986, S. 145 f., 162 f., 226 f.), daß in der traditionellen bäuerlichen Familie "die Beziehungen aller zueinander ... kaum emotional, sondern instrumental geprägt" waren. Für die Ausbildung individueller Bedürfnisse war kaum Raum; zugunsten der Überlebensfähigkeit aller muß der ein-

der gegenseitigen Bejahung ihrer Elemente resultieren, eine Beschäftigung mit Konflikten verweigert, gehört für Tönnies die Behandlung feindlicher Beziehungen in die Angewandte Soziologie, die Krieg und Streit durchaus apostrophiert. Schließlich implizieren die potentiellen Widersprüche in gemeinschaftlichen Verhältnissen die Möglichkeit des individuellen Sich-Herausnehmens, der Zweckorientierung, die eine Vielzahl miteinander konfligierender empirischer oder historischer gesellschaftlicher Typen und Situationen produziert, ja sogar - entwicklungsgeschichtlich gesehen - der eigentlichen Konstitution von Gesellschaft.[8]

Dennoch muß die Webersche Kritik einschränkend berücksichtigen, daß es eine Innen- *und* Außenansicht sozialer Verhältnisse, subjektives Erleben *und* objektive Analyse, ja unterschiedlich individualisierte Maßstäbe des Empfindens und Bewertens gibt. So bedeutet die starke soziale Kontrolle in gemeinschaftlichen Lebensformen - sieht man einmal von potentiellen Perversionen der Verhältnisse ab - für den außenstehenden Betrachter Einschränkung von Verhalten und kognitiver Wahrnehmung, "für den, der drinsteckt, ist (sie aber) sehr stabilisierend" (Beate Brüggemann/Rainer Riehle, 1986, S. 187); denn der Zwang wird als Normalität begriffen, deren schönem Schein auch der Außenstehende durchaus erliegen kann. "Gesellschaftliche Lebensordnung" (auch als Warte der Beurteilung) setzt "Individuation als Prozeß der Herauslösung aus primären Bindungen, in denen man sich nur »in irgendeiner Form des Allgemeinen« (Jacob Burckhardt) wußte", voraus (Ronald Wiegand, 1986, S. 70). Sie stellt mit ihrer Hypothesenhaftigkeit der je individuellen Lebensgestaltung zugleich einen hohen, nicht selten auch überfordernden und angstmachenden Anspruch dar.

Von zentraler Bedeutung aber für die Relativierung, Funktionalisierung und Weiterentwicklung der Tönniesschen Grundbegriffe ist vor allem die Erkenntnis Max Webers, daß "die große Mehrzahl sozialer Beziehungen ... *teils* den Charakter der Vergemeinschaftung, *teils* den der Vergesellschaftung" hat. "Jede noch so zweckrationale und nüchtern geschaffene und abgezweckte soziale Be-

---

zelne in den Hintergrund treten. Nicht zuletzt wird immer wieder kritisch das übermächtige Verhaltensregulativ der häufig unmittelbaren und allgegenwärtigen sozialen Kontrolle genannt.

[8] Insofern trifft die drastische Kritik Ralf Dahrendorfs, der sich als Konflikttheoretiker versteht und Opfer seiner fehlerhaften Tönnies-Rezeption wird, völlig daneben, wenn er Tönnies als Künder der romantischen "deutschen Ideologie" interpretiert und seine Grundbegriffe der Reinen Soziologie als "mißliche Dichotomie deutschen Denkens", "schreckliche Einfachheit", "perfide Gegenüberstellung" und "Folklore" abqualifiziert (1968, S. 151 ff.). Er faßt sein Vorurteil in dem Satz zusammen, "daß die Dichotomie von Tönnies historisch irreführend, soziologisch uniformiert und politisch illiberal ist" (1968, S. 154). Demgegenüber weist Tönnies, der das Sozialphänomen Streit in einer Generellen Soziologie abhandeln wollte, auch in seinen sog. Speziellen Soziologien (z. B. Reine und Angewandte Soziologie) immer wieder auf die Bedeutung des Konflikts hin (z. B. Ferdinand Tönnies, 1925a, S. 64; 1935, S. 21; 1965b, S. 74 u. 218; 1972, S. 16 f., 119 u. 168). Einseitige oder gegenseitige Verneinung, Erwachen der Individualität, ungleiche Weiterentwicklung der Lebensbedingungen markieren das konfliktträchtige Hervorgehen gesellschaftlicher aus gemeinschaftlichen Verhältnissen.

ziehung ... kann Gefühlswerte stiften, welche über den gewillkürten Zweck hinausgreifen" (Max Weber, 1981, S. 70).

In der methodologischen Rezeption und Modifizierung der Tönniesschen Grundbegriffe hat u. a. Gerhard Wurzbacher in einem beachtenswerten, aber zumeist übersehenen, weil wenig augenfällig plazierten Buchbeitrag Grundsätzliches zur gegenwartsrelevanten Begriffskritik von "Gemeinschaft" und "Gesellschaft" (allerdings ohne klare Unterscheidung von Reiner und Angewandter Soziologie) vorgetragen (Gerhard Wurzbacher, 1961, S. 9 ff.). Darin eliminiert er zunächst die aufgrund von Konkretismen, Organizismen und Wertbesetzungen mit den Tönniesschen Grundbegriffen verbundenen Erkenntnisbehinderungen, indem er sie auf eine "bereinigte", jedoch nur noch bedingt polar angelegte Merkmalsreihung zurückstutzt, die gegensätzliche elementare Qualitäten menschlicher Interaktion einander gegenüberstellt. Weitergehend schlägt er dann zur angemesseneren Erfassung komplexer sozialer Wirklichkeit ein Abgehen von nach Ganzheitlichkeit tendierenden Strukturtypisierungen zugunsten von partieller ausgerichteten, frei kombinierbaren Strukturfaktoren vor (Organisations-, Solidarisations- und Individualfaktor). Damit eröffnet sich die Möglichkeit zu einer wirklichkeitsadäquateren Sozialanalyse, jenseits antithetischer Fixiertheit und Ausschließlichkeit. Dieser nicht mehr von zwei polaren Global-, sondern von nunmehr drei interdependenten Partialtypen ausgehende Ansatz eignet sich zur Erfassung "gemischter Verhältnisse". Er bietet eine Chance, über den Stellenwert intermediärer Beziehungsgefüge nachzudenken. Nicht zuletzt fördert er eine Sichtweise, in der das personalisierte Individuum zum Maßstab für die Befindlichkeit sozialer Verhältnisse wird, wobei die Person idealiter als autonomer Akteur gedacht ist, der unterschiedliche Rollenerwartungen, abgefedert durch ausgebildete Selbstdeutungsfähigkeit, ausbalanciert.[9]

II. Sozialer Wandel als Vergesellschaftungsprozeß

Es gehört schon zu den Allgemeinplätzen sozialwissenschaftlicher Basisliteratur und kulturkritischer Abhandlungen unterschiedlicher Provenienz, die vielfältigen und tiefgreifenden Veränderungen darzustellen, die seit etwa 150 Jahren durch die Industrialisierung sowie ihre verschiedenartigen Voraussetzungen, Begleit- und Folgeerscheinungen in den sozialen Verhältnissen stattgefunden haben. So läßt sich - durchaus im Einklang mit Tönniesschen Analysen und Prognosen - ein noch andauernder und nachhaltig um sich greifender sozialer Wandel beobachten, der als Vergesellschaftung der sozialen Beziehungen im großen

---

[9] Die neuere Rollentheorie hat den philosophisch fundierten Personbegriff weitgehend durch den der Sozialpsychologie entlehnten, aber nicht unbedingt weniger beliebigen Identitätsbegriff ersetzt.

begriffen werden kann, eine umfassende Vergesellschaftung also, von der auch die primär gemeinschaftlichen Lebensformen erfaßt worden sind.

Die den globalen sozialen Wandel vollziehenden Prozesse werden im einzelnen u. a. durch folgende Begriffe bezeichnet: Säkularisierung, Universalisierung, Demokratisierung, Bürokratisierung, Zentralisierung, Verstädterung, Anonymisierung, Segmentalisierung, Pluralisierung, Monetarisierung, Verrechtlichung, Rationalisierung, Verwissenschaftlichung usw.

Unübersehbares Resultat der genannten sozialen Veränderungen ist die geradezu sprunghafte Expansion gesellschaftlich organisierter Sozialverhältnisse hinsichtlich Anzahl, Größe und Stellenwert. Auch die traditionellen gemeinschaftlichen Lebensformen haben sich dem sozialen Wandel nicht entziehen können: die Vergesellschaftung von "Gemeinschaft" ist schon weit fortgeschritten. Dort schließlich, wo der Vergesellschaftungsprozeß nicht bei der Strukturveränderung herkömmlicher Gemeinschaftsformen und -beziehungen haltmacht, droht gar eine Kolonalisierung privater Lebenswelten, die Vergesellschaftung der Familie im Wohlfahrtsstaat. Doch das Leben insgesamt läßt sich nicht vergesellschaften.

Als folgenreichste Wirkung des Vergesellschaftungsprozesses erweist sich die *Individualisierung*[10] des Menschen, d. h. u. a. seine Ablösung von überkommenen Bindungen und Sozialformen, das Durchbrechen traditioneller Verhaltenskontrollen und sozialer Zwänge, eine Ausdifferenzierung von Lebensstilen, der Gewinn von Autonomie und Subjekthaftigkeit, die Kultivierung von Privatheit und die Befähigung zum Rollenpluralismus. Das Individuum tritt sozusagen als Balance-Akteur gegenüber "Gemeinschaft" und "Gesellschaft" in Erscheinung.

Damit produziert und potenziert der Vergesellschaftungsprozeß jedoch gleichzeitig die *Ambivalenz* gemeinschaftlicher und gesellschaftlicher Sozialverhältnisse. Chancen und Risiken für das Individuum liegen nahe beieinander; es gibt jeweils ein "Sowohl - Als auch" der sozialen Entwicklung und ihrer Bewertung. Während "Gemeinschaft" einerseits als Ort der Geborgenheit und emotionalen Zuwendung, andererseits aber als Institution mit umfassender Vereinnahmung und Kontrolle erscheint, wird in gesellschaftlichen Sozialverhältnissen der Zwiespalt von Individualität und Entfremdung, Freiheit/Autonomie und Anomie offenbar.

Der Vergesellschaftungsprozeß der Sozialverhältnisse zeitigt Modernität, d.h. Aufklärung, Offenheit, Mobilität, Emanzipation, Wahlfreiheit des Verhaltens einschließlich individueller Verantwortlichkeit, Toleranz gegenüber partieller

---

[10] Schon Tönnies hat - lange bevor es heute die Spatzen als Binsenweisheit von den Dächern pfeifen - die Entwicklung zur "Gesellschaft" als "Tendenz zur Besonderung, zur Differenzierung und Individualisierung, die notwendig aus der Anpassung des ursprünglich Gleichen und Allgemeinen an verschiedene Lebensbedingungen sich ergibt", interpretiert (1913, S. 38; 1935, S. 21).

Nonkonformität, Selbstbewußtheit und Rationalität. Umgekehrt kann das aber auch bedeuten: Vereinzelung, Orientierungslosigkeit, Außenlenkung durch Massenmedien, Flucht in einen Vulgärhedonismus, Privatismus, Frustrationsaggressivität, bloße "Oberflächendifferenzierung" (David Riesmann u. a., 1958, S. 61) als Schein-Individualisierung.

Das Ambivalenzphänomen sozialer Prozesse wird durch ein zweites Moment ergänzt und überlagert: die *Dialektik* sozialen Wandels. Denn der Vergesellschaftungsprozeß provoziert Tendenzen der Vergemeinschaftung der sozialen Beziehungen. Indem gesellschaftliche Verhältnisse sich emotionalisieren und gemeinschaftliche Verhältnisse sich rationalisieren, konvergieren die Gegensätze von "Gemeinschaft" und "Gesellschaft" zu einer Mischung der Strukturmerkmale, deren Ferment das Individuum ist. Das freigesetzte Individuum als potentiell autonomes Subjekt sozialen Handelns mit seinem Bedürfnis nach Emotionalität *und* seiner Fähigkeit zur Rationalität balanciert und verbindet gemeinschaftliche und gesellschaftliche Faktoren der sozialen Realität, wobei die individuelle Selbstverwirklichung Maßstab des Handelns wird. Je mehr aber der Vergesellschaftungsprozeß eine Funktionalisierung und Atomisierung der sozialen Beziehungen bewirken sollte, desto stärker wird sich auch das Bedürfnis nach Beseitigung des entstehenden emotionalen Vakuums Geltung verschaffen. Dabei zeigt sich, daß das Individuum nun auch zum Subjekt seiner gemeinschaftlichen Sozialbeziehungen geworden ist; das macht ihre neue Qualität, aber auch ihre Brüchigkeit aus.

Das dialektische Prinzip im sozialen Wandel heißt, daß ein Entwicklungsextrem sein gegenteiliges Moment auf den Plan ruft, ja daß die soziale Wirklichkeit anscheinend nach Komplementarität ihrer Elemente verlangt: Modernisierung provoziert Entmodernisierung, Aufklärung - Romantik, Rationalität - Emotionalität, Individualisierung - Verschmelzung, Öffentlichkeit - Privatheit, Pluralismus - Uniformität usw. Diese Dialektik gesellschaftlicher Verhältnisse findet gewissermaßen ihre Entsprechung in der Widersprüchlichkeit der Bedürfnisstruktur des Individuums.

III. Vergemeinschaftung der Gesellschaft?

Der allgemeine Vergesellschaftungsprozeß hat - wie schon oben skizziert - eine Individualisierung der menschlichen Existenz bewirkt, als deren Ergebnis dem einzelnen die Chance relativer Autonomie und Identitätsfindung zuwächst, d. h., daß das Individuum mehr oder weniger zum Subjekt des sozialen Handelns wird. Denn "erst das Heraustreten des Individuums aus den Bindungen ... der Familie und der Tradition bringt die biographische Herausforderung mit sich, das eigene Leben in relativer Selbstbestimmung zu gestalten und die Folgen des Scheiterns ebenso selbst tragen zu sollen wie des Erfolgs" (Ronald Wiegand, 1986, S. 120).

Dieses Individuum kann gegenüber "Gemeinschaft" und "Gesellschaft" gewissermaßen zu einer Instanz heranwachsen, in der gemeinschaftliche und gesellschaftliche Elemente sozialer Beziehungen konvergieren. Es kann darüber hinaus in unterschiedlichem Maße die Qualität sozialer Beziehungen, d. h. das Mischungsverhältnis gemeinschaftlicher und gesellschaftlicher Strukturelemente akzentuieren, wobei das Niveau seiner sozialen Kompetenz *und* das Bestreben nach hinreichender Befriedigung seiner sozialen Grundbedürfnisse die entscheidenen Regulative sind.

Die gewissermaßen immanente Ambivalenz und Dialektik des sozialen Wandels einerseits, die neue Individualität andererseits bewirken, daß der Vergesellschaftungsprozeß zunehmend Tendenzen der Vergemeinschaftung auf den Plan ruft, eine Rekonstitution von "Gesellschaft" zu "Gemeinschaft" sich andeutet. Dabei können wir u. a. echte und falsche, progressive und regressive, vermittelnde und ausgrenzende, person-funktionale und -dysfunktionale, intentional inszenierte und reflexartig-instinkthafte Erscheinungsformen von Vergemeinschaftung unterscheiden. Jan Spurk z. B., der die Modernisierung der Betriebe in Frankreich als "Vergemeinschaftung" interpretiert, sieht darin einen "Konstitutionsprozeß, in dem Individuen affektuelle und traditionelle Gemeinschaftsgefühle in der Aktion entwickeln, sich aneinander orientieren und damit zu Akteuren werden. Das Resultat ist eine soziale Beziehung zwischen den Akteuren selbst und zwischen ihnen als Kollektiv und der Umwelt" (1988, S. 271).

Bei Tönnies findet sich dazu keine direkte Entsprechung. Für ihn ist der Vergesellschaftungsprozeß - wie er ihn versteht - so übermächtig, daß er sich zunächst mit dem Hinweis begnügt, daß sich "die Kraft der Gemeinschaft auch innerhalb des gesellschaftlichen Zeitalters, wenn auch abnehmend, ... erhält und die Realität des sozialen Lebens bleibt-" (1972, S. 252).[11] Denn schließlich wird "Gemeinschaft" auch weiterhin gewollt, weil der Mensch zur "Bejahung des Menschen und also zur Verbindung mit ihm von Natur »geneigt« (ist): nicht bloß durch »Instinkte«, wenn sie auch die stärksten Antriebe ergeben, sondern auch durch »edlere« Gefühle und ein vernünftiges Bewußtsein" (Ferdinand Tönnies, 1925b, S. 352). Erst ab etwa 1912 (Erscheinen der 2. Auflage seines Hauptwerkes) gibt Tönnies wiederholte, teils euphorisch anmutende, teils verhalten klingende Hinweise auf eine für möglich gehaltene umfassende Rekonstitution von "Gemeinschaft", wobei die Entwicklung des Genossenschaftswe-

---

[11] Nur einmal erwähnt Tönnies ausdrücklich ein (sprachgeschichtliches) Beispiel für eine Umkehr der allgemeinen Entwicklung: "Ebenso wie regelmäßig die Entwicklung gemeinschaftlicher zu gesellschaftlichen Verhältnissen, so bemerken wir zuweilen eine bedeutsame Entwicklung in der Aneignung eines ... seiner Natur nach ... gesellschaftlichen Verhältnisses durch den gemeinschaftlichen Geist" (1965b, S. 72).

sens sein größter Hoffnungsträger ist, während er in der Beurteilung des zukünftigen Staates zwischen Skepsis und Zuversicht schwankt.

Wir nehmen folgende typisierende Differenzierung der gegenwärtig konstatierbaren Vergemeinschaftungstendenzen vor:

1. Pseudo-Vergemeinschaftung

Der Begriff "Pseudo-Vergemeinschaftung" steht im Zusammenhang mit einer entsprechenden Vorgabe von Ralph Segalman, der von "Pseudo-Gemeinschaft" und "pseudo-gemeinschaftism" spricht.[12] Segalman unterscheidet zwei Formen der Pseudo-Gemeinschaft, deren erste er als "cosmetic humanism" (1981, S. 46) charakterisiert, d. h. Vortäuschen eines gemeinschaftlichen Interesses, Zuwendung signalisierend, um erfolgreicher übervorteilende Geschäfte machen zu können. Die zweite Variante von Pseudo-Gemeinschaft besteht in der diskriminierenden Vorurteilsfiktion, nach der die Angehörigen einer ethnischen, rassischen oder religiösen Minderheit sozusagen eine undifferenzierte organische Einheit bilden (S. 46 f.).

Trotz beträchtlicher Übereinstimmung unterscheidet sich unsere Begriffsausdeutung in dreifacher Hinsicht von der Ralph Segalmans. Erstens sehen wir die Möglichkeit, weitere Varianten von "Pseudo-Vergemeinschaftung" auszudifferenzieren. Zweitens sehen wir die vorgeblich Nähe demonstrierenden Interaktionsrituale in ökonomischen Beziehungen nicht nur abwertend, sondern - ein Bewußtsein der Spielregeln vorausgesetzt - als potentiellen Ansatz einer Kultivierung der Tausch-Gesellschaft. Drittens vertreten wir nicht einen Standpunkt des Entweder-Oder, sondern des Sowohl-Als auch, d. h., im Unterschied zur Antithetik des Theoriekonzeptes akzeptieren wir für die soziale Wirklichkeit die Funktionalität "gemischter Verhältnisse".

Wir unterscheiden eine *taktische* und eine *affektuelle* Grundform der Pseudo-Vergemeinschaftung, die jeweils verschiedene Ausprägungen bzw. Intensitätsgrade umfaßt. Die im weitesten Sinne als *taktisch* verstandene Grundform läßt sich in eine demonstrativ-interaktionale, eine tausch-orientierte (sozial-atmosphärisch konsum-stimulierend bis konsumenten-täuschend), eine integrationsideologische und schließlich eine ausgrenzend-diskriminierende Erscheinungsform ausdifferenzieren. Dabei besteht zwischen den beiden erstgenannten Varianten angesichts des zunehmenden "Warencharakters zwischenmenschlicher

---

[12] Ralph Segalmans von einer radikal-puristischen Pro-"Gesellschaft"-Position her argumentierender Beitrag ist anregend und Widerspruch provozierend, wenn der Autor z. B. engagiert gegen Quotenregelungen ("affirmative action") als illiberal-regressive Maßnahme polemisiert (S. 51).

Beziehungen" (Karl Marx) ein gleitender Übergang, ja teilweise ein Mischungsverhältnis. Zudem darf nicht übersehen werden, daß die demonstrativ-interaktionale Variante taktischer Pseudo-Vergemeinschaftung durchaus ambivalent wirksam sein kann, indem sie auch ein eine reale Vergemeinschaftung begünstigendes Sozialklima zu konstituieren vermag.

Die *affektuelle* Grundform von Pseudo-Vergemeinschaftung beinhaltet ein spezifisch sozialisationsbedingtes, auf Massensuggestivität basierendes, abgestuftes individuelles Verhaltensspektrum.

Die *taktische* Vergemeinschaftung in ihrer demonstrativ-interaktionalen und in ihrer tauschorientierten Ausprägung meint eine situationsspezifisch gesteuerte Intimisierung gesellschaftlicher Sozialverhältnisse, eine zweckrationale Emotionalisierung von Umgangsformen. Dabei wird das menschliche Bedürfnis nach Zuwendung ins Kalkül zweckdienlicher Tauschbeziehungen genommen.[13] Hierher gehört die "Smiling"-Attitüde im Dienstleistungsgeschäft, in der Unterhaltungsindustrie und in der Politik. Kennzeichnend dafür sind z. B. jene "think positive"-Floskeln, die den amerikanischen Alltag dominieren: Take it easy / relax / enjoy yourself / have fun / keep smiling / don't worry / be happy / hello guys / hello folks usw. In Restaurants benutzt die verführerische Maske der Zuwendung u. a. folgende Floskeln: Have a nice day / how do you feel today / enjoy your meal / is all okay with you today usw.

Dazu passen auch die unvermittelte Kontaktfreudigkeit, die ohne Umschweife in Gang kommende Konversation, wo immer sich Menschen begegnen, der durchweg folgenlose Austausch von Adressen und Telefonnummern.[14] Flexibilität, Mobilität und Anpassungsbereitschaft sind der Hintergrund solcher unverbindlichen Verhaltensweisen.[15] Dennoch steht auch außer Frage, daß gemeinschaftliche Attitüden in zweckrationalen Beziehungen (z. B. beim Verkauf von Waren und Dienstleistungen) Behagen und Nähe herstellen, deren potentiell fortwirkender Gefühlswert nicht unterschätzt werden sollte.

Hierher gehören auch das Vertraulichkeit vorgebende, sich anbiedernde Sprechen (vom generellen "Tschüß" bis zum ungenierten Duzen), dessen sich Moderatoren in den Massenmedien bedienen, nicht zuletzt auch die willfährige

---

[13] Tönnies beschreibt das Phänomen am Beispiel der Großstadt (1972, S. 246), in der sich "lauter freie Personen ... im Verkehre ... fortwährend berühren, miteinander tauschen und zusammenwirken, ohne daß Gemeinschaft und gemeinschaftlicher Wille zwischen ihnen entstünde: anders als sporadisch oder als Überbleibsel der früheren und noch zugrunde liegenden Zustände. Vielmehr werden durch diese zahlreichen äußeren Beziehungen ... ebenso viele innere Feindseligkeiten und antagonistische Interessen nur überdeckt".

[14] Nur am Rande sei vermerkt, daß das Telefon über nahezu unbegrenzte räumliche Distanzen hinweg weitgehend unsichtbare Interaktionen gemeinschaftlicher Art ermöglicht.

[15] Diese Schein-Intimität erleichtert einen Lebensstil, den Unsicherheit und Unbeständigkeit kennzeichnen, andererseits aber auch der Vorzug, nicht in Fallen des Lebens dauerhaft gefangen zu sein. Es gehört offensichtlich zum Erfahrungshintergrund eines solchen Lebens, daß (Ehe-) Partner, Familie, Arbeitsstelle, Beruf, Haus und Wohnort nicht selten mehrmals gewechselt werden.

Prostitution des Privaten in den so beliebten Talk-Shows. Hier gehören auch bestimmte modische Grußfloskeln und -rituale (Umarmung, Wangenkuß, Gebrauch des Vornamens, Hallo-Zuruf), die Nähe und Vertrautheit demonstrieren sollen, ferner massenmedial genormte Verhaltensweisen für alle Standardsituationen einer reduzierten Lebenswelt, die gleichzeitig "Echtheit" für sich beansprucht. Hierher gehört die demonstrative Darbietung privaten Verhaltens im öffentlichen Raum. Auch das sogenannte Arbeitsessen als zeitweilige Minderung der Kluft zwischen Arbeiten und Leben, Geschäft und Genuß wäre hier zu nennen.[16]

Begünstigt werden diese Erscheinungsformen von Pseudo-Vergemeinschaftung des gesellschaftlichen Lebens durch die mit wachsender Freizeit in den Vordergrund tretenden Werte wie Lebensfreude, Heiterkeit, Unbeschwertheit, Kontaktfähigkeit, hedonistische Glücksansprüche ganz allgemein.

Integrationsideologisch, die sozio-ökonomischen Interessen und politischen Herrschaftsverhältnisse vernebelnd ist jene Spielart von Pseudo-Vergemeinschaftung, die zugunsten des Erhalts des gesellschaftlichen Status-quo die Antinomien der sozialen Wirklichkeit leugnet. Dazu gehören jene "Wir-sitzen-alle-in-einem-Boot"-Harmoniemodelle vom Betrieb.[17] Noch gravierender und folgenreicher in diesem Zusammenhang ist das vielfach analysierte und angeprangerte politisch-gesamtgesellschaftliche Phänomen der "deutschen Ideologie" (Ralf Dahrendorf, 1968, S. 156 u. 231).

Die ausgrenzende, Minderheiten diskriminierende Pseudo-Vergemeinschaftung als sozusagen taktisches soziales Vorurteil wurde - bezogen zumindest auf die rassistische Variante - schon von Max Weber beschrieben: "Keineswegs jede Gemeinsamkeit der Qualitäten, der Situation ... ist eine Vergemeinschaftung. Z. B. bedeutet die Gemeinsamkeit von solchem biologischen Erbgut, welches als »Rassen«-Merkmal angesehen wird, an sich ... noch keinerlei Vergemeinschaftung der dadurch Ausgezeichneten ... Erst wenn sie aufgrund dieses Gefühls (für die gemeinsame Lage und deren Folgen) ihr Verhalten irgendwie aneinander orientieren, entsteht eine soziale Beziehung zwischen ihnen ... und erst, soweit dies eine gefühlte Zusammengehörigkeit dokumentiert, »Gemeinschaft«" (Max Weber, 1981, S. 71).

Im Unterschied zu den Erscheinungsformen taktischer Vergemeinschaftung meint die *affektuelle* Grundform der Pseudo-Vergemeinschaftung eine massensuggestiv und auf Zeit hergestellte Gleichschaltung des Empfindens und Wollens eigentlich vereinzelter, d. h. isolierter und oft auch alleingelassener Indivi-

---

[16] Während diese Interaktionsformen in "Gemeinschaft" ihrem Wesen nach natürlich und echt sind, haben sie in "Gesellschaft" eher eine beschwichtigende Funktion oder gar kaschierenden Charakter.

[17] Vgl. dazu kritisch die ambivalenten Ausführungen von Jan Spurk (1988, bes. S. 262, 270 u. 275), in denen "Betriebs-Gemeinschaft" als modernes und zukunftsweisendes Partizipationsmodell vorgestellt wird.

duen. Hierher gehört die durch diffuse Zirkularstimulation situativ sich vielerorts formierende "gleichgestimmte Menge" (Gerhard Wurzbacher), sei es auf politischen, musikalisch-theatralischen oder sportlichen Massenveranstaltungen, sei es als manipulierter Verbraucher bestimmter Bekleidungs-, Ernährungs- oder Aktivitätsmoden.[18] Wir denken dabei an den Sozialisationstyp des "außengeleiteten" Menschen als Abfolge von Rollen und Interaktionen ohne eigene Identität, voller Angst, durch Non-Konformismus, der tiefer geht als effektheischende Oberflächendifferenzierung ("marginal differentiation"), aufzufallen (David Riesmann u. a., 1958, S. 61 f., 94 f. u. 152 ff.).

Hierher gehört letztlich und übersteigert auch jener von Thomas Ziehe beschriebene Sozialisationstyp mit narzistisch-infantiler Bedürfnisstruktur, quasi-symbiotisch der peer-group verbunden, für den nicht selten der Genuß von Rauschmitteln als Vehikel zur Gemeinschaftsekstase dient (Karl-Werner Brand, 1982, S. 105).

2. Die Gegen-Vergemeinschaftung

Wir unterscheiden eine *romantisch-regressive* und eine *alternativ-progressive* Variante. Beide sind im Ansatz *reaktiv*, eine Antwort auf dominant "gesellschaftliche" Verhältnisse. Allerdings kann die zweite Variante sekundär durchaus als Instrument bewußt inszenierter, aktiver Vergemeinschaftung eingesetzt und interpretiert werden.

Die romantisch-regressive Vergemeinschaftung ist im Grunde antimodernistisch, irrational und außerdem sektiererisch. Sie ist Ausdruck einer aversiv-aggressiven Ablehnung von Gesellschaft und Zeichen eines mit Ressentiment beladenen Fluchtaffekts, ein angstbesetzter Reflex gegen Ungeborgenheit. Zu nennen wären die vielen politischen und religiösen Ideologen einer heilen Provinz-Welt und klein-bescheidenen Idylle, die verschiedenen Stadtfluchtbewegungen, ein affekthafter Antiinstitutionalismus und nicht zuletzt alle Schattierungen der sogenannten New-Age-Bewegung mit ihrem Streben nach Totalität des Lebens, Ganzheitlichkeit der sozialen Beziehungen, unmittelbar-sinnlicher Erfahrung mit den anderen, vorbehaltloser Offenheit, Dominanz eines Prinzips "Weiblichkeit" usw.[19]

---

[18] Hierher scheint uns auch die Reduktion von Liebe auf Sexualität und deren psycho-hygienische Verzweckung zu gehören, der Schritt vom "post coitum animal triste" *zum* "do you also feel better now?".

[19] Vgl. dazu den verfänglichen Hinweis von Ferdinand Tönnies auf "eine starke Analogie des Verhältnisses von weiblichem und männlichem Geist zum Verhältnis Gemeinschaft - Gesellschaft" (1965b, S. 266).

Im krassen Unterschied dazu meint die *alternativ-progressive* Variante der reaktiven Vergemeinschaftungen verschiedene neue soziale Bewegungen, die sich als mannigfache Alternativen des Wohnens und Arbeitens, als unkontraktliche gemischtgeschlechtliche Lebensformen usw. darstellen. Besonders bedeutsam erscheinen in diesem Zusammenhang die zahlreichen Selbsthilfegruppen als sozialer Reflex auf im Vergesellschaftungsprozeß vernachlässigte Bedürfnisse, öffentliche Leistungsdefizite und Beschädigungen des Individuums durch Singularisierung, Entfremdung und Außenlenkung.[20] Diese Variante der Gegen-Vergemeinschaftung grenzt sich nicht aversiv aus der Gesellschaft aus, sondern versucht, mittels zur Zeit eher noch kleiner Formen, aber expandierender Ideen vorbildhaft Wege zu ihrer Humanisierung einschließlich der ökologischen Dimension zu beschreiten. Sie beinhaltet ein beträchtliches Maß an vorgelebter Verhaltensrationalität.

Rückblickend auf Ferdinand Tönnies sei an dieser Stelle angemerkt, daß er zu seiner Zeit im Genossenschaftswesen als ökonomische Selbstorganisation der Arbeiterbewegung das bedeutendste zukunftsweisende Element einer neuen Vergemeinschaftung der (kapitalistischen) Gesellschaft gesehen hat. Wie für ihn "die Idee der Arbeiterbewegung Wiederherstellung der Gemeinschaft ist" (Ferdinand Tönnies, 1925a, S. 60), so hofft er zuversichtlich auf die "Selbstorganisation der Arbeiter in Gewerkschaften ... und vollends in Genossenschaften" (S. 61) als wesentliche Voraussetzung eines "neuen Zeitalters höherer menschlicher Gemeinschaft" (S. 64). Dabei betrachtet Tönnies die Genossenschaften - er spricht von Konsumvereinen, Großeinkaufsgesellschaften und Produktivgenossenschaften zwecks Eigenversorgung - nicht so sehr als eine bloße reaktive, sozusagen historisch zwangsläufige Form von Vergemeinschaftung, sondern eher als ein bewußt einsetzbares Instrument einer umfassend gestaltenden Sozialreform.[21] Relativierend fügt er aber hinzu, daß der "genossenschaftliche Geist ... vielleicht die aussichtsreichste Gegenströmung gemeinschaftlichen Inhalts gegen die gesellschaftliche Entwicklung (ist), die der gesamten neueren Volks-

---

[20] Fritz Vilmar und Brigitte Runge registrieren allein schon für den Bereich der *Sozialen* Selbsthilfegruppen eine sprunghafte Zunahme in den 80er Jahren und gehen gegenwärtig von mehr als 40.000 solcher Gruppen mit annähernd einer Million Mitgliedern aus (1986, S. 27).

[21] Ferdinand Tönnies' große Hoffnung auf die gesellschaftsverändernde Kraft des Genossenschaftswesens der Arbeiterbewegung, am nachdrücklichsten und geradezu emphatisch in der Vorrede zur 3. Auflage von "Gemeinschaft und Gesellschaft" (1920) vorgetragen, findet sich seit 1912 (2. Auflage des Hauptwerkes) in seinen Schriften immer wieder, allerdings auch ab und an mit weniger optimistischem Unterton. So gibt er z. B. dem Aufbau von Produktionsgenossenschaften nur eine Chance als "ökonomische Randerscheinung" (1918, S. 37; 1922, S. 455 ff.). Dennoch bedeuten ihm die Genossenschaften das "Gebiet der Freiheit und Selbsthilfe" (1965b, S. 236), und wiederholt ist die Rede vom "genossenschaftlichen Geist" (z. B. 1965b, S. 301). Sein im großen und ganzen unbeirrter Glaube an die gesamtgesellschaftlich-vergemeinschaftende Kraft genossenschaftlicher Verbände der Arbeiterschaft - als "den Elementen des Volkes, die am meisten Gemeinschaft in sich pflegen" (1925a, S. 61) - bleibt ihm von der zweiten Auflage von "Gemeinschaft und Gesellschaft" mit der damals geäußerten Zuversicht, daß das "Prinzip der Gemeinschaftsökonomie neues Leben gewinnt (und) einer höchst bedeutenden Entwicklung fähig ist" (1972, S. 203) bis zur "Einführung in die Soziologie" (1931) nachweislich erhalten.

wirtschaft und Weltwirtschaft ihren mächtigen aber nicht allmächtigen Stempel aufgedrückt hat" (1965b, S. 55).

Bilanzierend muß man heute feststellen, daß sich Tönnies' Erwartungen hinsichtlich der Arbeiterbewegung im allgemeinen und des Genossenschaftswesens im besonderen nicht erfüllt haben. Der Vergemeinschaftungsprozeß, im Spätwerk "Geist der Neuzeit" von 1935 dargestellt, hat sich zwischenzeitlich als stärker erwiesen, aber auch neue Formen der Vergemeinschaftung durch (zum Teil staatlich geförderte) Selbsthilfe auf den Plan gerufen.

3. Komplementär-Vergemeinschaftung

Mit diesem Begriff charakterisieren wir jene die gesellschaftlichen (Groß-) Organisationen vielfältig durchsetzenden kleinen Formen gemeinschaftlicher Sozialbeziehungen sowohl in der Arbeitswelt als auch im weitgehend institutionalisierten Freizeitbereich. Diese relativ beständigen "informellen Gruppen" (z. B. im Industriebetrieb) oder "Teams" (z. B. in der Administration) entlasten vom Druck zweckrationaler Funktionalisierung, ohne allerdings die bindende Emotionalität elementarer gemeinschaftlicher Lebensformen zu erreichen. Insgesamt sind sie jedoch ein ausgleichendes Moment gegen die Übermacht gesellschaftlicher Strukturen, wobei sie ihre Existenz dem Zusammenspiel von sozialen Grundbedürfnissen des Menschen, geringer räumlicher Distanz und interaktiv resultierenden Sympathieaffekten verdanken.

In der Freundschaft (Ferdinand Tönnies: "Gemeinschaft des Geistes") als relativ zweckfreier Beziehung zwischen Nicht-Verwandten kann der situationsspezifische Rahmen der informellen Gruppe gesprengt und in eine Elementarform von "Gemeinschaft" überführt werden. Es ist ein Kennzeichen gegenwärtiger gesellschaftlicher Entwicklung, daß zunehmend Freundschafts- an die Stelle von Verwandtschaftsverhältnissen treten. Diese "wahlverwandtschaftliche" Komplementär-Vergemeinschaftung charakterisiert Tönnies wie folgt:

> "Der Wesenwille waltet ... im gesamten täglichen Leben und seinen Gewohnheiten, seiner Arbeit, seinem Vergnügen: daher in allen einfachen sozialen Verhältnissen ... im Verhältnis von Nachbarn und Freunden ... überall, wo dem Leitgedanken gemäß die Berechnung - das ist der ausschließende strenge Egoismus und Individualismus - ausgeschlossen ist ... Denn dies ist der Grundgedanke einer Theorie, die begrifflich ein zweifaches soziales Leben setzt ..." (1965b, S. 155 f.).

4. Die arrangierte Vergemeinschaftung

Damit bezeichnen wir solche sozialen Beziehungen, in denen gemeinschaftliche *und* gesellschaftliche Strukturelemente zusammentreffen, ja strategisch-planvoll zu Lernfeldern für soziale Kompetenz zusammengeführt werden können. Gemeint sind vorrangig die sog. *intermediären* Gruppen, unter dem Strukturaspekt "soziale Zwitter", unter dem Funktionsaspekt Vermittlungsinstanzen mit Brückenfunktion zwischen dominant gemeinschaftlichen und dominant gesellschaftlichen sozialen Gebilden. Sie stellen die eigentlichen *gemischten* Sozialverhältnisse dar.

Zu den intermediären Formen der Vergemeinschaftung, die immer auch planvoll arrangiert werden können, zählen z. B.: Vereine unterschiedlicher Art; die vielfachen Realisierungen genossenschaftlicher Selbsthilfe und kleiner sozialer Netzwerke; diverse situative, potentiell interaktionsstiftende Bedingungen im Freizeit- und Wohnbereich;[22] alle Manifestationen lokaler Kulturarbeit (vom Seniorentreff über das Kommunikationszentrum bis zum Stadtteilfest); schließlich auch die kommunitären Wohn-, Interaktions- und Kommunikationsformen neuer Art (einschließlich der Revitalisierung von Dialekten, der Hinwendung zur "Alltagsorientierung" als aufklärerisches Potential) usw.

Der Gedanke an ein planvolles Arrangieren von Vergemeinschaftung findet sich schon, wenn auch voller Skepsis, ja Pessimismus hinsichtlich des letztendlichen Erfolgs, in Tönnies' Staatsethik und zahlreichen entsprechenden teils sehr praktisch-gesellschaftspolitischen, teils mehr geschichtsphilosophisch-prognostischen Reflexionen. Der Staat - so bilanziert er vor dem Hintergrund seiner Sozialtheorie eher resignierend -

> "wird endlich wohl zur Einsicht gelangen, daß nicht irgendwelche vermehrte Erkenntnis und Bildung allein die Menschen freundlicher, unegoistischer, genügsamer mache; daß ebenso aber auch abgestorbene Sitte und Religion nicht durch irgendwelchen Zwang oder Unterricht ins Leben zurückgerufen werden könne, sondern daß er, um sittliche Mächte und sittliche Menschen zu machen oder wachsen zu lassen, die Bedingungen und den Boden dafür schaffen, oder zum wenigsten die entgegengesetzten Kräfte aufheben müsse. Der Staat ... müßte sich entschließen, die Gesellschaft zu vernichten, oder doch umgestaltend zu erneuern" (1972, S. 249).

Dennoch unterwirft sich Tönnies einem standhaften Handlungsimperativ, voller Zuversicht in Möglichkeiten und Notwendigkeiten politisch-sozialreformerischen Gestaltens. Cornelius Bickel hat diese Haltung als tragische Trias aus geschichtsphilosophischem Pessimismus, wissenschaftlichem Erkenntnisoptimismus und sozialethischem Pragmatismus gekennzeichnet (1988c, S. 124). Eine "Erneuerung der gemeinschaftlichen Elemente des sozialen Lebens" er-

---

[22] Siehe dazu die "naturgesetzliche" Planbarkeit von Gruppenbildungsprozessen nach George Caspar Homans, im Ansatz schon von Tönnies (1906, S. 18) dargestellt.

hoffte Tönnies vor allem aus einer "Verbindung von genossenschaftlichem mit staatlichem Sozialismus" (Rudolf Heberle, 1965, S. XVIII) oder - gegenwartsbezogen gesprochen - aus einer Verknüpfung von Selbsthilfeinitiativen und Sozialstaat. Damit es aber dazu kommt, "bedürfen wir der bewußten Ethik, ... (die) zu freudigem Schaffen der Gemeinschaft" sich entwickelt (Ferdinand Tönnies, 1909a, S. 94 f.). "Gemeinschaftliches könnte ... erst wieder auf einer neuen Stufe entstehen, nämlich der höchster Bewußtheit" (Carsten Schlüter, 1988, S. 394), als "Produkt von (fortgeschrittener) Sozialvernunft" (S. 392). Diese Bewußtheit verhindert Regression und ermöglicht sozusagen "sekundäre Gemeinschaft" als Fortschrittsprodukt der gesellschaftlichen Entwicklung.

Hoffnung und Zuversicht dokumentieren u. a. folgende Überlegungen in Tönnies' Schriften: Forderung einer "Staatspädagogik" gegen den sittlichen Verfall (1901, S. 28); Glaube an "ein gewisses Wiederaufleben der Sitte" als Ergebnis eines Reifungsprozesses des Volkes (1909a, S. 91); Erreichen größerer Gleichheit des Fühlens und Denkens durch verbesserte Erziehung und Bildung (1935, S. 111; 1965b, S. 300); zunehmende Einmischung des Staates in die Produktionsverhältnisse (1935, S. 104); forcierte Sozialpädagogik, Sozialpolitik und Aufbau eines Arbeitsrechts (1965b, S. 234 ff.); starker "gemeinschaftlicher Mitsinn" im deutschen Staatsgedanken infolge von allgemeiner Wehrpflicht, Schulpflicht und Versicherungspflicht (1925a, S. 62); Forderung nach gemeindenaher politischer Dezentralisierung der Verwaltung (1918, S. 31 f.); Entwicklung einer "gemeinschaftlich orientierten Öffentlichen Meinung" (1965b, S. 224); Ausweitung des Vereinswesens mit gemeinschaftlicher Akzentuierung (1965b, S. 100 ff.); Bedeutung der Gewerkschaften, Wirtschaftsgenossenschaften und des Versicherungswesens als "Synthese der soziologischen Begriffe Gemeinschaft und Gesellschaft" (z. B. 1926b, S. 264 f.); Glaube an die Entwicklung zur Weltgesellschaft; Vertrauen darauf, daß Gesellschaft "in ihrer höchsten Entfaltung Gemeinschaft ähnlicher werden (kann) ... je allgemeiner sie ist" (1972, S. 196).

Exkurs: Symbol-zentrierte Vergemeinschaftung

Symbole in diesem Sinne sind soziale Zeichen mit ideellem Gehalt. Wenn sie verblassen, können sie allenfalls kurzlebige Pseudo-Vergemeinschaftung auslösen. Doch so lange sie kraftvoll gültig sind, können sie Prozesse arrangierter Vergemeinschaftung gezielt verstärken, indem sie Emotionen aktualisieren und soziale Kohäsion begünstigen. Nicht zuletzt sind soziale Symbole integrations- und identitätsfördernd.

Die pluralistische und individualisierte Gesellschaft der Gegenwart ist tendenziell durch ein Symbolvakuum bzw. durch geringe Symbolverbindlichkeit gekennzeichnet. Fahne, Hymne, Heimat, Vaterland, Sprache, (Familien-)Feste, Sitte, Glaube, Mythen usw. als sozial bindende Zeichen oder Ideen sind stark relativiert oder bedeutungslos geworden; stattdessen haben bestimmte soziale Werte und menschheitsbedeutsame Bedrohungsfanale angesichts sich zuspitzender Überlebensprobleme große mobilisierende Ausstrahlungskraft gewonnen.

Der gegenwärtige Zustand der Gesellschaft macht nachdenklich, und die Notwendigkeit *arrangierter* Vergemeinschaftung dokumentiert sich in lauter werdenden Forderungen nach Veränderung der "Gesellschaft". Daß eine von einem autonomen und mit Selbstrespekt ausgestatteten Individuum ausbalancierte Gesellschaft zustandekommt, soll nicht nur der Lernfähigkeit des Menschen und seiner Zivilisierung durch den Vergesellschaftungsprozeß anvertraut werden. "Erforderlich ist", so meint James Samuel Coleman, "eine Institution - oder ein Gefüge von Institutionen -", die die asymmetrische Gesellschaft "korrigieren" (Hermann Glaser, 1987, Die Zeit, Nr. 44). Andere fordern Hilfestellung durch "Öffentlichkeiten mittlerer Reichweite" (Mathias Greffrath, 1988, Die Zeit, Nr. 12), damit die immer größer erscheinende Kluft zwischen dem einzelnen und dem Ganzen überbrückt werden kann.[23] Gesucht sind neue und lebensfähige Institutionen zwischen Familie und Staat. Gefragt ist die Ausbildung eines sozialen Gewissens, einer Personalität, die das "Prinzip Verantwortung" (Hans Jonas) fürs Ganze wahrnehmen kann.

Die hier angedeuteten Sozialarrangements sind geradezu notwendiger Bestandteil einer modernen Gesellschaft, unabdingbar für die Sozialisation von subjekthaften und verantwortlichen Balance-Akteuren, die zur fortlaufend aktualisierten Synthese von "Gemeinschaft" und "Gesellschaft" befähigt sind.[24]

---

[23] Hier ist auch das allerdings romantisch-regressive Plädoyer von Gordon Rattray Taylor für die kleine Gemeinde als "ein System gegenseitiger Verpflichtungen, Einschätzungen und emotioneller Bindungen" (1973, S. 172) zu erwähnen. Taylor fordert den Aufbau einer "paraprimitiven Gesellschaft, die die Vorteile der primitiven Gruppenstruktur mit den Befriedigungen der Technologie kombiniert" (S. 235). Zur Verhinderung des "sozialen Selbstmords" soll man (nach Taylor) "zur Wiederherstellung der Gemeinde und zur Heilung der Anomie das Tempo des gesellschaftlichen und des technologischen Wandels reduzieren, die Mobilität des Individuums herabsetzen und vielleicht sogar die Kommunikationsmöglichkeiten einschränken ...; wir sollten den Zustrom neuer Mitglieder in Gemeinden beschränken, und wir sollten das »Einzigartige« in solchen kulturellen Untereinheiten erhalten; wir sollten lieber eine kulturelle Verschiedenheit als eine Standardisierung und eine Gemeinschaftskultur als Ziel akzeptieren" (S. 202).

[24] Einige gesellschaftliche Anzeichen stimmen positiv: z. B. die Tendenzen eines Wertewandels hin zur nachindustriellen Gesellschaft; der Ausbau des Erziehungssystems und Informationsnetzes; die neuen Muster der Selbsthilfe und der Initiativen von unten; die Chancen für soziale Innovationen angesichts sozialstaatlicher Entlastung des Sicherheitsbedürfnisses; das Zusammenspiel von Solidarität, Subsidiarität, Sozialstaatlichkeit und personaler Verantwortlichkeit (vgl. Wolfgang Zapf, 1987, S. 140).

Das Drei-Stadien-Denken,
ein Grundmuster von Sozialtheorien,
und seine Elemente bei Ferdinand Tönnies

Von Bálint Balla

I. Triaden als strukturelle und prozessuale Ordnungsrahmen der Soziologie und das dialektische Drei-Zustands-Modell gesellschaftlicher Entwicklung

Der Zahl Drei kommt in den verschiedensten kulturellen Systemen eine hervorragende Bedeutung zu, die jedoch mit moderner Rationalität oft kaum zu vereinbaren oder nur schwer zu begründen ist. Die Drei ist sowohl für die Fassung der Göttlichkeit in vielen Religionen als auch für die Konzeption von Kardinaltugenden ethischer Systeme sehr wichtig. In den Märchen ist sie die Zahl der mythischen Schicksalsprüfungen, aber auch der Glückwünsche; für die Astrologie, für okkulte Lehren wie Alchemie und Freimaurertum ist sie von fundamentaler Bedeutung.[1]# Nicht minder grundlegend ist die Zahl Drei in der Soziologie. Die soziologische Bedeutung der Zahl Drei ist ein Thema, das meines Wissens bisher einer seiner Tragweite entsprechenden Untersuchung nicht unterzogen wurde. An dieser Stelle können aber nur einige, zu unserem Hauptgegenstand unmittelbar hinführende Gedanken knapp umrissen werden. - Es ist eine erstaunliche Paradoxie, wie wenig systematisch und grundsätzlich über die Bedeutung des Numerischen als grundlegender kategorialer Rahmen für den Prozeß des "*denkenden Ordnens*" der "unendlichen Fülle des Geschehens" (Max Weber, 1964, S. 260) in der Soziologie nachgedacht wird, obwohl sie doch als Kind eines Zeitalters insbesondere quantifizierender Rationalität entsteht und der Webersche Schlüsselbegriff dieser Epoche - "durch *Berechnen beherrschen*"

---

[1] Vgl. hierzu mit besonderer Rücksicht auf den Pythagoreismus mein Vortragsmanuskript (Bálint Balla; 1990; i.E.): "Il significato del numero 3 nella teoria sociale: con o contro Pitagora?" - Das gesamte Tagungsmaterial (u. a. über die fundamentale Rolle der Drei in der pythagoreischen Tradition) findet sich, auch mit englischen Übersetzungen, im Sammelband "Pitagora 2000 - L'uomo, la scienza, le dinamiche del potere".

(S. 317) - von ihr zum Grundprinzip empirischer Verfahrensweisen und auch zum Königsweg mancher ihrer theoretischen Ansätze erhoben wurde. Die uns interessierende Drei, die zusammen mit der Zwei und vor der Vier wichtigste Zahl, stellt hierbei mehrfach entscheidende numerische Ordnungsrahmen sowohl für eine denkend ordnende Erfassung der gesellschaftlichen Wirklichkeit im allgemeinen, als auch für die Klassifizierung von gesellschaftlichen Tatsachen und Prozessen im besonderen bereit. Im Hinblick auf das Allgemeine kennt die Philosophie *drei grundlegende*, gleichsam a priorische *kategoriale Rahmen des Denkens* und somit auch des denkenden Ordnens der Wirklichkeit, die auch in der Soziologie verwandt werden, nämlich: *Kausalität, Raum und Zeit*. Dabei unterscheidet etwa die Philosophie einerseits drei Arten des Glaubens an die Kausalität, andererseits drei ihrer möglichen Formen.[2] Für die Soziologie ist es noch wichtiger, daß sowohl der *Raum* als auch die *Zeit* ihrerseits *ebenfalls in drei Formen* differenziert werden können. Somit sind jeder raumorientierten (z. B. räumliche Mobilität) und jeder zeitbezogenen (dynamischen) soziologischen Betrachtungsweise Dreiersysteme als numerische Rahmen der Zuordnung vorgegeben. Auch in thematischer Hinsicht ist die Drei für eine grundlegende Einteilung der Soziologie bestimmend, insofern bekannterweise zwischen theoretischer, empirischer und praxisbezogener Orientierung unterschieden wird (so z. B. Helmut Schelsky, 1959).

Noch augenfälliger ist die *Dominanz des Triadischen als Klassifikationsrahmen der gesellschaftlichen Wirklichkeit selbst*. Dies beginnt bei der trivialen Tatsache, daß die Drei die konstitutive Zahl für Gesellschaft überhaupt ist, insofern die Gruppe, und damit in nuce die Gesellschaft, durch das Hinzutreten eines Dritten erst anfängt und mithin das Arbeitsfeld der Soziologie gegeben ist. Die Drei bringt somit auch qualitativ Neues. Steht die Zwei für das philosophisch grundlegende Prinzip der Unterscheidung, das Anderssein, und für das entsprechende soziologische Prinzip, die durch die Dualität auch gegebene Gegensätzlichkeit und Konfliktualität, so eröffnet das Hinzutreten eines Dritten neue und einander entgegengesetzte Perspektiven real für die Gesellschaft und theoretisch für die Soziologie: Einerseits vermag nämlich der Dritte zur vielfältigen Modifizierung und Variierung oppositioneller dyadischer Beziehungen beizutragen, andererseits eröffnen sich so die Chancen der Versöhnung und Schlichtung[3] und schließlich auch der Gründung einer neuen triadischen Einheit. Simmel (1968, S. 32 ff.) hat sich als einer der wenigen, die sich dieser Problematik zuwandten, zwar nicht mit der Bedeutung und der Systematik numeri-

---

[2] Die drei Arten des Glaubens an Kausalität beruhen David Hume (1967) zufolge auf Assoziation, Erwartung, Gewohnheit. - Schopenhauer unterscheidet - nach Heinrich Schmidt und Georgi Schischkoff - als drei mögliche Formen: "die Ursache im eigentlichen Sinn (im Anorganischen), den Reiz (im organisch-vegetativen Leben) und das Motiv (in den Handlungen aller bewußten Wesen)" (Heinrich Schmidt, 1969, S. 316).

[3] Zur Rolle des zwei Kontrahenten bedrohenden oder versuchenden und sie damit zum Burgfrieden, zur Vereinbarung von Spielregeln, veranlassenden Dritten s. Lars Clausen (1972, S. 14 f.).

scher Klassifikationsschemata, wohl aber mit dem Thema "Die quantitative Bestimmtheit der Gruppe" befaßt. Im Zuge seiner Ausführungen über die eminente Bedeutung der Zahl Drei für Gruppen- und Gesellschaftsbildung hat er auch auf jene beiden gegensätzlichen Funktionen des Dritten im Hinblick auf eine zwischen zwei Partnern bestehende soziale Beziehung hingewiesen. Gegenüber den Zweien, die "die erste Synthese und Vereinheitlichung", aber auch "die erste Scheidung und Antithese" bilden, bedeutet "das Auftreten des Dritten ... Übergang, Versöhnung, Verlassen des absoluten Gegensatzes - freilich gelegentlich auch die Stiftung eines solchen" (S. 75). Der Dritte kann - fährt Simmel fort - im Konflikt zweier Personen oder Parteien teils als Unparteiischer, Vermittler und Schiedsrichter, teils aber auch als "tertius gaudens" auftreten oder sogar als einer, der den Streit bewußt für seine eigenen Zwecke ausnutzt (divide et impera) (S. 76 ff.). - Von diesen zwei entgegengesetzten "Rollentypen" des Dritten scheint uns aber der konstruktive von prinzipiellerer und weiterreichender Bedeutung zu sein als der negative. Im letzteren Fall wird nämlich nur ein bestehendes Verhältnis - eine Tauschbeziehung, ein Konflikt - verändert; demgegenüber kann der erstere in der Gestalt von Vermittlung und Versöhnung unter Umständen die Rettung von Gesellschaft vor der Zerstörung bedeuten und - in der Form der Gruppenbildung durch den Dritten oder die Dritte - sogar die Gründung von Gesellschaft überhaupt. Die Fortpflanzung ist die idealtypische Demonstration eines vereinten Wirkens dieser beiden Rollentypen des oder der Dritten. Das Kind als Drittes ist ein mögliches Ergebnis der Vermittlung, der Versöhnung und der Synthese in der nicht nur geschlechtsspezifisch begründeten oppositionellen Beziehung zwischen Weib und Mann; aber es sorgt auch für die Ausweitung der Zweierbeziehung zu einer Gruppe und sichert sodann den biologischen Erhalt und die Fortführung von Gesellschaft.

Diese sozusagen *kraft des Prinzips "Drei" überhaupt konstituierte Gesellschaft* wird nun *als Objekt* sozialwissenschaftlicher Untersuchungen von der Soziologie in vielfältiger Hinsicht *durch Dreiersysteme klassifiziert*. Die Bandbreite solcher Dreierschemata reicht von triadischen Einteilungen, die sich mehr oder weniger zwingend aus objektiven empirischen Eigenschaften des Sozialen ergeben, bis zu solchen, die auf Überlieferungen beruhen oder aber aufgrund empirisch fundierter beziehungsweise rationaler Entscheidungen von Soziologen konzipiert worden sind oder werden. Dabei ist vor allem zwischen *strukturellen*, d. h. zeitneutralen, und *prozessualen*, d. h. zeitbezogenen, *triadischen Schemata* zu unterscheiden. Als weitverbreitete Zuordnungssysteme *struktureller* Art seien genannt: Die vertikale Gliederung von Gesellschaften in drei große Gesellschaftsschichten (Ober-, Mittel- und Unterschicht); die horizontale Einteilung der Produktions- und Berufssphäre in den primären, den sekundären und den tertiären Sektor; - das von Pitirim Sorokin (1947) in der Soziologie erstmals vorgelegte und von Talcott Parsons und dem Struktur-Funktionalismus verallgemeinerte Dreiermodell "Person - Gesellschaft - Kultur" bzw. Persönlichkeits-,

Gesellschafts- und kulturelles System. Von den Klassikern der Soziologie mit einer Vorliebe für triadische Typologien soll zumindest Émile Durkheim (1967/68, 1977; 1973) erwähnt werden: Bei ihm haben sowohl die anormale Arbeitsteilung als auch der Selbstmord drei typische Formen. Und auch Charles P. Snow (1967, S. 16) spricht - Kultur nach Wissenschaftsdisziplinen und geistigem Habitus differenzierend - gelegentlich von drei und nicht von "zwei Kulturen"[4]. Lepenies (1985) untersucht dann neuerlich ganz entschieden "die drei Kulturen".

Von den *prozessualen* Triaden gehören zu den bekanntesten und zugleich plausibelsten jene, die mit den *drei großen Phasen existentieller Entwicklung* - sowohl des Individuums als auch der Gesellschaft - zusammenhängen: Kindheit (einschließlich Jugend), Erwachsenenzeit und Alter. Die Bedeutung dieser Triade der Lebensabschnitte wird durch ihre Verbindung mit anderen Triaden erhöht: Sie ist nämlich gleichsam "isomorph" mit der für die allgemeinen Kategorien des Denkens und der menschlichen Erfahrung konstitutiven Triade (*Anfang, Mitte und Ende* als logische und chronologische Struktur), steht in engster Übereinstimmung mit elementaren *Naturtatsachen* (Keimen, Reife, Welken und Absterben) und hat schließlich eine innige Beziehung auch zu den drei Dimensionen der Zeit. Auf dieses Dreiermuster gründen unter anderem:

- die prozessuale Perspektive des Evolutionismus der klassischen Soziologie (Entwicklungsmuster des großen Organismus "Gesellschaft", modelliert nach den Abschnitten der Lebensexistenz des Einzelmenschen: Jugend, Reifezeit und Alter),

- sowie die üblichen strukturtriadischen Altersgliederungen von Soziologie und Demographie. Von großer, auch aktueller und praktischer Bedeutung für die Soziologie ist auch die durch die triadische Lebensphaseneinteilung inspirierte, ebenfalls triadische Einteilung des Sozialisationsprozesses (primäre, sekundäre, tertiäre Sozialisation). Im übrigen wird Sozialisation auch in struktureller Hinsicht meist triadisch gegliedert, nämlich - unter Nutzung eines der bereits erwähnten Dreiermodelle - in ihrer Interdependenz und Verbundenheit mit Enkulturation und Personalisation.

Des weiteren gibt es eine kaum übersehbare Anzahl prozessualer Triadensysteme in Soziologie und Sozialwissenschaften, die nur einen entfernteren symbolischen oder auch gar keinen Bezug zu der Drei-Phasen-Einteilung des menschlichen Lebens haben. Lewis Henry Morgan (1969, dtsch. 1891) teilt so 1877 die Entwicklung der Menschheit folgenreich in drei Stufen ein. Der französische Ethnologe van Gennep (1986) unterscheidet eine Drei-Phasen-Struktur der Übergangsriten zwecks Sicherung und Kontrolle des Wechsels von Indivi-

---

[4] Bemerkenswert ist, daß Snow (1967, S. 16) bei der Begründung seiner Distinktion von "zwei Kulturen" zugibt, die Zwei sei - wie auch der dialektische Prozeß - gefährlich. "Gegenüber jedem Versuch, irgend etwas in zwei Teile zu zerlegen, ist stärkstes Mißtrauen am Platze."

duen und Gruppen zu neuen Positionen (Trennungs-, Schwellen- bzw. Umwandlungsphase und schließlich Angliederungsphase - auch gibt es drei Übergänge: räumliche, soziale und zeitliche). Ein Drei-Zustands-Modell liegt dem bedeutendsten der zyklisch konzipierten Modelle gesellschaftlicher Entwicklungsdynamik zugrunde, demjenigen von Vico (1946, bes. S. 135 ff.). Wird die Dynamik des Gesellschaftswandels aus der Perspektive sozialer Bewegungen untersucht, so werden als Entwicklungsetappen oft Drei-Phasen-Modelle mit unterschiedlicher inhaltlicher Charakterisierung präsentiert (Rosa Mayreder, 1925; Norbert F. Schneider, 1987). Für kulturelle Systeme hat Sorokin (1947, S. 537) ein Drei-Phasen-Gesetz der Entstehung und Entfaltung vorgelegt. Aber auch bei der historischen Darstellung der Entwicklung der Technik und des techno-kulturellen Entwicklungszustandes der Menschheit dominieren triadische Modelle.[5] Erwähnenswert ist schließlich ein neuerlich festgestellter (Regina Noack, 1986, S. 77 ff.) latenter Zusammenhang im Werk Max Webers zwischen den von ihm entwickelten Idealtypen des Handelns und den drei Zeithorizonten: Traditionales Handeln ist an der Vergangenheit, affektuelles an der Gegenwart und zweckrationales an der Zukunft orientiert; wertrationales Handeln basiert demgegenüber auf einer die Zeitläufte überdauernden oder überspannenden Grundhaltung. Dieser triadische Aspekt in Webers Handlungstheorie verweist übrigens auch auf seine Herrschaftssoziologie, die ebenfalls auf einem Dreiermuster gegründet ist (die drei Formen legitimer Herrschaft bilden eine strukturelle Triade, die jedoch auch prozessuale Bedeutung hat: so kann die historische Grundtendenz hin zur zweckrational fundierten legalen Herrschaft mit bürokratischem Verwaltungsstab ebenfalls verstanden werden).

Eine Sensibilisierung für die Schlüsselfunktionen triadischer Kategoriensysteme in der Soziologie fördert nun auch die Einsicht in die grundlegende Bedeutung unseres Themas, des *soziologischen Drei-Stadien-Denkens*, das durch eine besondere inhaltliche Ausgestaltung der Stadien gekennzeichnet ist sowie durch die Komplexität seines symbolischen Hintergrundes und seine Perseveranz in der Zeit. In diesem Denken geht es um ein Urthema der Menschheit; es trägt die Gestalt einer prozessualen Triade besonderer Art, in deren Strukturform und Inhalt mehrere grundlegende Denkfiguren verflochten sind. Dieses Urthema durchläuft, beginnend mit seinen mythisch-religiösen Grundformen, einen langen und verschlungenen Entwicklungsgang und verwandelt sich im Zuge des allgemeinen Prozesses von Verweltlichung und Rationalisierung in eine Leitidee von Geschichtsphilosophie, Fortschrittsdenken und alsdann auch von Sozialtheorie. In alledem ist das triadische Denkmuster - mutatis mutandis - tragendes Gerüst zunächst der mythisch-religiösen Urformen, alsdann der allmählich säkularisierten und soziologisierten Varianten des Grundthemas.

---

[5] Zum Zwecke einer Übersicht über triadische Phasenmodelle von Technikgeschichte und -soziologie s. Balla (1982a).

In Mythen, Sagen und Religionen verschiedener Kulturen kehrt ein Urthema der Menschheit in zahlreichen Variationen wieder: Der Mensch lebte einst im Paradies bzw. im Goldenen Zeitalter; - infolge des Sündenfalls bzw. eines schrittweisen Verfalls hat er das Elend und die Not der gegenwärtigen, wirklichen Welt zu erleiden; - er erhofft aber in der Zukunft Erlösung zum Heil, Aufstieg zum Glück (Mircea Eliade, 1976a, 1976b; Wilhelm E. Mühlmann, 1964). Ein entsprechendes triadisches Strukturmuster liegt auch jener religiösen Idee zugrunde, deren Perspektive nicht der sich nach Paradiesischem, Göttlichem sehnende Mensch, sondern das Leiden des zum Menschen gewordenen Gottes ist: Gott wurde zum "elenden" Menschen, - aber um erlöst und wieder Gott zu werden (Mircea Eliade, 1976a, bes. S. 109 ff., 303 ff., 370 ff.). Beide Fälle geben ein triadisches Muster der prozessualen Art, eine quasi-zeitliche Entwicklung in drei Zuständen.[6] Jeder der Zustände repräsentiert je eine Form der Zeit, aber auch je ein Glied der Sequenz "Anfang - Mitte - Ende". Der Mythos wirkt auch in unvollständigen, nur dyadischen Variationen, d. h., als gegenwärtige Sehnsucht sei es nur nach der glücklichen Vergangenheit, sei es nur nach der verheißenden vollkommenen Zukunft.[7] Max Weber erinnert (1964, S. 405) in einer knappen, aber um so deutlicheren Aussage nicht nur an die triadische Struktur dieses mythisch-religiösen Themas, sondern deutet auch den Grund von dessen historischer Perseveranz an. Er spricht nämlich von den "... Mythen vom leidenden, sterbenden, wiederauferstehenden Gott, welcher nun auch den Menschen in der Not die Wiederkehr diesseitigen oder die Sicherheit jenseitigen Glückes verbürgte". In dieser triadischen Idee verknüpft sich mit dem Thema der Gotteserlösung das Sehnen des Menschen nach einem Leben ohne Leiden, nach Glück. Da nun aber Not und Leiden nach wie vor ständige Begleiter menschlichen Daseins sind, vermag auch das mythische Urthema mit seinem Heilsangebot in neuen, rationalen Gestalten wiederzukehren. In diesem Zusammenhang nennt Weber bereits die "Heilands"-Religiösität und den zugehörigen "Erlöser-Mythos" "eine (mindestens: relativ) *rationale* Weltbetrachtung" zur Leidbewältigung (S. 405). Daher ist die Auseinandersetzung mit dem quälenden Problem der existentiellen Hinfälligkeit des Menschen und seines Strebens nach ihrer Überwindung - wie Kolakowski (1977, S. 25 ff.) feststellt - ein aus alten Mythenbeständen tradiertes, zentrales und bleibendes Thema auch der Philosophie. Hiermit ist gleichfalls der wohl wichtigste Grund für die nachhaltige *Ausstrahlungskraft dieses Drei-Zustands-Denkens*, seiner epochenübergreifenden Überlieferung in Geschichtsphilosophien, weltlich-politischen Heilsleh-

---

[6] Außer den angeführten Autorinnen und Autoren vgl. für einen kultur- und epochenübergreifend vergleichenden Ansatz Vittorio Lanternari (1960). - Zu den sog. Wiedergeburtsreligionen in ihrer matriarchalen Variante (Geburt und Heirat, Opfertod und Wiedergeburt des der dominanten Mondkönigin untergeordneten Sonnenkönigs) vgl. das Stichwort "Matriarchat" von Heide Göttner-Abendroth (1983, S. 184 ff.).

[7] So unterscheidet Bruce Lincoln (1983, S. 16) zwischen kosmogonischen Mythen, die "einen Zustand der Vollkommenheit in die uranfängliche Vergangenheit ... verlagern", die "rekonstruiert werden muß", und eschatologischen Mythen, die "die Vollkommenheit der unmittelbaren Zukunft" zuweisen.

ren und auch Fortschrittstheorien angedeutet. Sehr oft ist sein gemeinsames, freilich vielfach nicht manifest werdendes Grundthema aufgrund eines *auf der Erinnerung an die Vergangenheit* beruhenden Vergleiches die fiktionale Konstituierung einer *vollkommenen Zukunft* anstelle des *gegenwärtigen Leidens*. Religiös-mythische Erlebnisse und (quasi-)geschichtliche Erfahrungen einerseits verbinden sich mit anthropologischen Grundmerkmalen des Menschseins und archetypischen psychischen Erlebnissen andererseits, so daß im Drei-Zustands-Denken ein zeitloses Problem des Menschseins schlechthin kondensiert ist und sein mythischer Urstoff auch in rationalisierter, säkularisierter Gestalt sich tradiert.

So wird insbesondere in der Philosophischen Anthropologie[8] hervorgehoben, daß das "Mängelwesen" Mensch zwar einerseits organminderwertig, unvollendet, bedürftig und auf sich gestellt lebensuntauglich sei, andererseits jedoch über geistige, technische und soziale Fähigkeiten und Mittel verfüge, mittels derer es sich in der Kultur eine künstliche Natur zu schaffen, Ideale der Vollendung und Vollkommenheit zu entwerfen und eine bessere Zukunft nicht nur zu erträumen, sondern auch zu erbauen vermöge. "Die Idee des Paradieses, des Standes der Unschuld, des Goldenen Zeitalters, ohne die noch keine menschliche Generation gelebt hat, ist der Beweis für das, was dem Menschen fehlt," sagt Plessner (1965, S. 309). Daher neigt der Mensch schon aus einem konstitutiven anthropologischen Grund dazu, seinen - jeweils gegenwärtigen - Zustand dem mythisch-religiösen Sinn gemäß als Zustand von Not und Leiden aufzufassen; doch mit seinen über sich hinausweisenden Ideen und Kräften ist der Mensch auch in der Lage, dieser Jetztzeit einerseits die schon durch die zeitliche Distanz verklärte Vergangenheit, ein Paradies, von dem auch die Psychoanalyse spricht - andererseits eine vermöge seiner Schaffenskraft, Zielsetzungsfähigkeit, seines Vollkommenheitsdranges entworfene idealisierte Zukunft entgegenzusetzen. Von solchen, anthropologisch-psychisch fundierten und durch eine lange Kette von Erfahrungen bestätigten, in Zeitfolge aufgefaßten drei Zuständen spricht auch Machiavelli, freilich aus der eher pejorativen Position eines Zynikers:

> "Wo sich der Mensch also über sein Urteil beklagen sollte, schiebt er die Schuld auf die Zeiten. Überdies sind die menschlichen Wünsche unersättlich, da die menschliche Natur alles begehrt und alles will, das Schicksal uns aber nur wenig gewähren kann. Hieraus entsteht im menschlichen Herzen *ewige Unzufriedenheit* und Überdruß an allem, was man besitzt. So wird *die Gegenwart getadelt, die Vergangenheit gelobt und die Zukunft herbeigesehnt*, obwohl man keinen vernünftigen Grund dazu hat." (Niccolo Machiavelli, 1977; Zweites Buch, Vorwort; S. 163; Hervorh. B.B.; vgl. Frederick J. Teggart, 1949, S. 130).

Im Drei-Zustands-Muster sind somit gleich mehrere triadische Schemata kondensiert, deren jedes schon für sich genommen bedeutungsvoll ist. In der

---

[8] Zu soziologischen Folgen der Grundpositionen der Philosophischen Anthropologie s. Balla (1978).

Symbolik der Triade sind die Formen der Zeit und die menschlichen Altersphasen genauso aufgehoben wie die Sequenz "Anfang - Mitte - Ende" jedes Geschehens überhaupt. Ein mythisch-religiöses Urthema ist mit anthropologischen, aber auch mit (quasi-)biographischen und (quasi-)geschichtlichen Existenzproblemen verwoben - und all dies zudem in einer besonderen Weise, da das zweite, mittlere Glied der Triade mit seinem negativen Gehalt ein Abfallen, gleichsam einen Knick darstellt. Last but not least *verbindet sich* hier den Menschen als *Einzelwesen* in psychischer Hinsicht Kennzeichnendes mit seiner externen, *gesellschaftlichen Perspektive*. In seinem persönlichen Mikrokosmos spiegelt sich sein sozialer Makrokosmos wider. Bei der negativen Beurteilung der Gegenwart spielt nämlich die Kritik am jeweiligen Zustand der Gesellschaft eine wesentliche Rolle, da das Leben des Menschen - des "Zoon politikon" - immer auch gesellschaftliche Existenz und als solche durch Knappheit und Mängel gekennzeichnet, also kritikanfällig und krisenträchtig ist.[9] Daher wird im Lob der Vergangenheit in der Regel ein gemeinschaftlicher Zustand unterstellt, und daher finden Erwartungen zukünftigen Glücks ihren Ausdruck in Visionen eines glücklichen Lebens in der Form einer den Mitmenschen verbundenen, wirklich sozialen, in diesem Sinne "gesellschaftlichen" Existenzweise. Im Drei-Stadien-Thema ist insofern auch eine gesellschaftliche und somit soziologische Perspektive mit Variationen des Leitmotivs angesiedelt (primäre Glücksgemeinschaft - unzulängliche Gegenwartsgesellschaft - glücklicher kollektiver Endzustand). Schon jetzt, vor der Erörterung der auf dieses Leitmotiv verweisenden konkreten inhaltlichen Variationen in der Soziologie, soll auf jene typisch soziologische (ja soziologistische) Argumentationsweise hingewiesen werden, mit der Maurice Halbwachs den allgemeinen Funktionsmechanismus derartiger Vergleiche zwischen abgelehnten und bejahten Gesellschaftszuständen erklärt hat. Auch Halbwachs kontrastiert das seinerseits reichlich belegte "Heimweh nach der Vergangenheit" (1985, S. 154) mit den Zwängen der gegenwärtigen Gesellschaft und erblickt hierin einen wichtigen Nachweis seiner allgemeinen Theorie der "gesellschaftlichen Rahmen des Gedächtnisses".[10] In unseren Erinnerungen und Träumereien zum Thema "glückliche, vergangene Gesellschaft" ist Halbwachs zufolge letztlich eine kollektiv gesteuerte Rekonstruktion von positiven Erlebnissen als Ausdruck der Gesellschaft zu erblicken. Diese Rekonstruktion hat die gesellschaftliche Funktion, mit Hilfe der Retuschierung vergangener gesellschaftlicher Wirklichkeit außer den Härten und Zwängen der Gegenwart auch die positiven Züge der Gesellschaft "erkennen" zu können und dergestalt uns besser für unsere gegenwärtigen gesellschaftlichen Aufgaben zu motivieren (S. 153-162).

---

[9] Für eine Übersicht über die grundsätzlichen Formen "gesellschaftlicher" Mangelhaftigkeit s. Balla (1987).

[10] Der deutsche Titel der von mir zitierten Übersetzung von "Les cadres sociaux de la mémoire" ist nicht präzise.

Alle diese (quasi-)prozessualen Triaden verweisen schließlich in ihrer Isomorphie auf das *Prinzip der Dialektik*, die seit Pythagoras, Heraklit und Laotse eine der wichtigsten Denkweisen der Philosophie ist und für viele sogar die Strukturform jeder gesetzmäßigen Bewegung alles Seienden, jeder Entwicklung in Natur und Gesellschaft überhaupt bereitstellt. In diesem Prinzip manifestiert sich nun aber die Schlüsselbedeutung der Zahl Drei in denkbar deutlicher und konzentrierter Weise: Auf die These folgt mit der Zwei, der Zahl des Andersseins und des Gegensatzes, ihre Negation in der Antithese, die dann aber in der Synthese kraft der Drei, der Zahl der versöhnenden Einheit und der Neugründung, aufgehoben wird. Alle von uns erwähnten Gestaltungen des Drei-Stadien-Denkens sind zugleich Manifestationen von Dialektik; und umgekehrt verweist jede inhaltlich mit dem Themenkomplex Mensch und Gesellschaft befaßte Dialektik auf die gezeigten Merkmale prozessualer Triaden. So wird auch Kolakowskis Entwicklungsgeschichte der Dialektik durch das angeführte Problem der physischen Hinfälligkeit des Menschen eingeleitet. Der symbolische Weg von Mensch und Gesellschaft ist dabei ein einziger Dreischritt der Dialektik. Auf den primären Glückszustand (These) folgt der Not- und Krisenzustand der Gegenwartswirklichkeit (Antithese), aufgehoben durch den zukünftigen Dritten Zustand von Glück und Vollkommenheit (Synthese). Ist fortan von *triadischem Denken prozessualer Art* die Rede, so ist damit stets das *dialektisch-triadische Grundmuster* gemeint, dessen zweite Stufe - anders als bei den eingangs genannten sonstigen Prozeßtriaden - eine Antithese mit implizitem negativen Werturteil ist.

Zur soziologischen Dimension des Themas führt nun der konstruierende Nachvollzug des erwähnten Prozesses der Verweltlichung und Rationalisierung des dialektischen Drei-Zustands-Modells. Dieser besteht in der allgemeinen Umgestaltung der ursprünglich mythisch-religiösen Erlösungsthematik in säkularisierte und d.h. gesellschaftliche Formen. Aus der Auseinandersetzung des hinfälligen Mängelwesens mit dem Problem der mangellosen Vollkommenheit und Absolutheit des Göttlichen wird die quasi-historische Thematik der Konfrontation defizitärer Gesellschaftswirklichkeit mit zwei vollendeten Gesellschaftszuständen.[11] Dergestalt bildet das dialektische Drei-Zustands-Muster in seinen je nach dem sozio-ökonomischen und kulturell-intellektuellen Entwicklungsstand der Epoche variierten Ausprägungen eine - freilich schwer erkennbare und dann auch zunehmend brüchige - Brücke vom Mythos über die Heilsgeschichte der Hochreligionen bis hin zu Fortschrittsdenken, klassischer Sozialtheorie und auch zu Ferdinand Tönnies. Angelpunkt der Entwicklung ist der "zweite Zustand" als Gegenwart des Betrachters, denn hierüber erfolgt die epochenbestimmte Veränderung der jeweiligen Inhalte der Kritik und der Ablehnung von Gesellschaft, und diese Krisendiagnose ist es auch, durch die die

---

[11] S. hierzu Balla (1982b). - Zum Prozeß der Entwicklung des Dialektischen Materialismus aus religiösen Grundlagen vgl. Hans Köhler (1961).

ebenfalls zeitgemäße Ausprägung der Konzeptionen der Vergangenheit und insbesondere der Zukunft als Entgegnung auf die Gegenwartskrise bestimmt ist. Wichtig ist in diesem Zusammenhang, daß unlängst Reinhart Koselleck (1986) den starken Einfluß des christlichen, eschatologisch-heilsgeschichtlichen Gedankengutes auf den neuzeitlichen Krisenbegriff und insbesondere auf den der klassischen Soziologie gezeigt hat. Auch hat Koselleck darauf hingewiesen, daß oft in der eigenen Zeit die große entscheidende Krise schlechthin gesehen und sie als solche auch empfunden wird, die aber zur Endlösung, zum Endzustand überleiten soll. "Der absolute Tiefpunkt der Geschichte verbürgt den Umschlag zur Erlösung." (Reinhart Koselleck, 1986, S. 72).

Im langen Prozeß der *Umgestaltung der Heilsthematik zum Drei-Stadien-Gesetz der klassischen Soziologie* lassen sich (auch hier!) *drei Etappen der Säkularisierung* mit je einer kennzeichnenden Entwicklungsvariante des triadischen Modells aufzeigen. Dabei signalisiert bezeichnenderweise jede dieser drei Etappen zugleich jeweils eine der drei in der Soziologiegeschichte zur Debatte stehenden Zeiten für die Datierung des Beginns der Soziologie. Für die "Soziologie" am großzügigsten definierenden Vertreter der ersten Position ist *der Anfang soziologischen Denkens* bereits in der *Sozialphilosophie der Antike* anzusetzen. Der einflußreichste Sozialtheoretiker dieser Ära, Platon, umreißt aber in dem für soziologisches Denken maßgeblichen "Staat" - er scheint auch diesbezüglich durch altägyptische, orphische und pythagoreische Traditionen beeinflußt zu sein -, wie die Gesellschaft von der göttlichen Idee des Staates bis zu den verderbten griechischen Gemeinwesen seiner Zeit schrittweise verfällt und leitet den Gedankengang dann wiederum zurück ins Transzendente, in die Welt der vollkommenen Ideen. Im Mittelalter wirkt das dialektisch-triadische Gedankengut auch im Zusammenhang mit dem Einfluß des orientalischen und des jüdischen Denkens[12] und der unser Thema auf universal-gemeinschaftliche Maßstäbe projizierenden Heilslehre des Christentums, die wiederum vom Beginn der Neuzeit an auch in verweltlichten Formen, in chiliastisch-eschatologischen Revolutionsbewegungen weiterwirkt.[13] - Die *zweite* in Frage kommende Alternative zur Markierung des Anfanges der Soziologie ist das *16. - 17. Jahrhundert*, das Zeitalter Machiavellis und Bodins (Staat und Gesellschaft: nicht mehr göttliche Schöpfung, sondern von Menschen planbare, in gesellschaftlichen Prozessen gestaltbare Konstrukte), die Ära zunehmender Säkularisierung, der Anfänge der Verwissenschaftlichung und eines nunmehr weltlichen Fortschrittsdenkens. Das triadische Entwicklungsdenken läßt sich entsprechend in

---

[12] Zur alttestamentarischen Leidens- und Erlösungsproblematik des Judentums, auch mit Bezug auf die drei Zustände in der Zeit, s. Max Weber (1963, bes. S. 249, 337 f., 391 ff.).

[13] S. hierzu Norman Cohn (1970), zu Weiterungen bis in die Neuzeit vgl. Igor R. Schafarewitsch (1980). - Revolutionärer Millenarismus und Heilsprophetie wirken auch im neueren Denken außereuropäischer Völker weiter, vgl. die bereits zitierten Werke von Vittorio Lantemari (1960) und Wilhelm E. Mühlmann (1964). - Auch für unser Thema ist das Standardwerk von Karl Löwith (1957) von großer Bedeutung.

der Gestalt von Sozialutopien aufspüren. Ihr innovatorischer Beitrag im Prozeß der umgestaltenden Fortführung des Drei-Zustands-Denkens liegt vor allem darin, daß aus einer selbst als transzendent überhöhten Bewegung mit dem Ziel eines transzendenten Endzustandes nunmehr die Konfrontation mit einer als existent dargestellten Glücksgesellschaft zum Zweck der Erhärtung der Kritik an der abgelehnten Gegenwartsgesellschaft geworden ist. Hier liegt zugleich auch die soziologische Bedeutung von Sozialutopikern wie Morus, Campanella und Francis Bacon, die als bedeutende Vorläufer der modernen Soziologie zitiert werden. Neu ist bei ihnen auch das Versetzen der (quasi-)zeitlichen Entwicklung des Denkmodells ins Räumliche: "Utopia", "Der Sonnenstaat" und "Nova Atlantis" sind vorerst unerreichbare, jedoch durchaus real anmutende Antizipationen zukünftiger Glücksgesellschaft und Urmodelle verlorenen paradiesischen Glücks zugleich.[14]

Mit fortschreitender Säkularisierung und infolge der Aufklärungsbewegung nimmt dann die Gesellschaftskritik immer deutlichere und konkretere Züge an, und dementsprechend wird aus der utopischen Zukunft einer entlegenen Insel immer mehr eine für die unmittelbare Zukunft erwartbare wirkliche Gesellschaft. An die Stelle paradiesischer Inseln treten die zahlreichen Variationen quasi-empirischer Reiseberichte von Guten Wilden, die jetzt die Funktion der immer deutlicheren und konkreteren Kritik an der Krisenträchtigkeit der Gegenwartsgesellschaft übernehmen, und auch die kommende Glücksgesellschaft erscheint als absehbares Endziel eines gesetzmäßigen Fortschrittsprozesses. Die sozio-ökonomischen Verhältnisse und das intellektuelle Klima der zweiten Hälfte des 18. Jahrhunderts bringen dann die unmittelbare Vorbereitung der eigentlichen Soziologie als Wissenschaft der Naturgesetzmäßigkeiten des Fortschritts der Gesellschaft. Der Optimismus des Aufklärungszeitalters generiert und fördert auch *ein nicht-dialektisches Denkmuster*, das sich als *quasi-lineares Fortschrittsmodell* bezeichnen läßt. Seine Vertreter sehen die Gegenwart nicht als Not- und Krisenzustand, der einen Verfall oder Bruch in der geschichtlichen Entwicklung darstellen würde, sondern als ein Glied in der Kette des Fortschrittsprozesses - dafür stehen etwa Turgots allgemeines Fortschrittsgesetz, Condorcets quasi-linear erscheinendes Modell des menschlichen Fortschritts oder das schottische Evolutionsdenken (z. B. Adam Smith, Adam Ferguson). *Die unmittelbaren Vorläufer der Gründer der Soziologie* aber sind Krisendenker, die die Gegenwart radikal kritisieren und ablehnen, die für eine revolutionäre Neukonstruktion der Gesellschaft einstehen[15] und so *die Tradition des*

---

[14] Die Identität von Erstem und Drittem Zustand gibt Francis Bacon (1968, S. 175 ff.) am offensten kund: Sein Neu-Atlantis ist bekannterweise eine vollkommen entwickelte wissenschaftlich-technische Gesellschaft, die aber auf der Insel Bensalem (eine Anspielung auf Jerusalem) liegt und zugleich eine uralte Gemeinschaft mit biblisch-urchristlichen Fundamenten ist.

[15] So ist Frankreich, das Land der bedeutendsten Vorläufer und Gründer der Soziologie, zugleich seit der Aufklärung bis heute das Land der Intellektuellen, für die Gesellschaftskrise und -revolution zentrale Denkkategorien darstellen. Vgl. hierzu den Abschnitt "Die Krise" in Richard Münch (1986, S. 530 ff.).

Drei-Zustands-Denkens fortführen. Rousseau stellt sich zwar in entscheidender Hinsicht dem aufklärerischen Denken seiner Zeit entgegen, indem er nicht für die Herrschaft der Kalkulation, sondern der moralischen Emotion plädiert (insofern setzt er 'sentiment' vs. 'réflexion') und statt des Fortschritts den Verfall der Kulturen beschreibt. Doch gerade als Kulturkritiker und Verfallstheoretiker weist er einerseits zurück auf das primäre Glück des Naturzustandes, andererseits zeigt er im "Contrat Social" den Weg zur idealen Zukunftsgesellschaft, der auf neuer Stufe zu erlangenden, nun natürlich-geistigen, sittlichen Verbundenheit. Saint-Simon entwickelt die dialektische Bewegung der Gesellschaft über kritische und organische Phasen und verdammt den tiefen Klassengegensatz der Gegenwart, um dann das Goldene Zeitalter, jedoch nicht als Vergangenheit, sondern als Zukunft aufzuzeigen. Fourier wiederum beschreibt die Gesetzmäßigkeiten der Bewegung, die aus urgeschichtlichem Glückszustand über Phasen des Chaos zum Endzustand freier gemeinschaftlicher Assoziation führen sollen. Diese Denker stehen unmittelbar an der Schwelle zur Gründerzeit der - offiziellen - Soziologie.

Die dritte und eigentliche Gründerzeit der Soziologie ist die erste Hälfte des 19. Jahrhunderts; die vorangegangenen Anfangsperioden können gegen sie eigentlich nur als Vorlauf- und Vorbereitungszeiten gelten. Denn jetzt erst werden die als Teil allgemeiner naturgesetzlicher Ordnung vorgestellten angeblichen Gesetzmäßigkeiten der Gesellschaft in umfassenden Theoriegebäuden dargestellt. Die Soziologie entsteht als Ergebnis des Entwerfens zweier Denksysteme, die zwar hinsichtlich entscheidender inhaltlicher Aussagen und anderer Merkmale einander diametral entgegengesetzt sind, deren gemeinsames Strukturmuster jedoch die dialektische Prozeßtriade ist. Voraussetzungen der Gründung der Soziologie sind besonders ungünstige wissenschaftlich-gesellschaftliche Gegenwartserfahrungen und -urteile und das daraus resultierende Bewußtsein einer tiefen Krise, das in einem scharfen Widerspruch zum Fortschrittsoptimismus steht. Wird die entstehende Soziologie bis heute immer wieder als Krisenwissenschaft bezeichnet, so ist dieses Attribut zugleich ein bedeutungsvoller Hinweis auf ihren dialektisch-triadischen Ansatz und auf die Wahrscheinlichkeit der Wiederkehr der diesen Ansatz charakterisierenden Inhalte. Und hieraus ergibt sich auch die morphologische Verwandtschaft der *zwei antagonistischen Gründungstheorien der Soziologie*, der von *Comte* und der von *Marx*. In beiden Theorien geht es um die Bewältigung einer als zutiefst mangelhaft erlebten Gegenwart - der Negativität eines Zweiten Zustandes - mittels des Vergleichsmaßstabes der Vergangenheit, vor allem durch Prognostizieren und Planen der den Entwicklungsgang abschließenden vollkommenen Zukunft. Die Unterschiede zwischen den Theorien wurzeln weitgehend in der Unterschiedlichkeit der Art des jeweiligen konkreten Erlebens und Begründens des Widerspruches zwischen dem allgemeinen Fortschrittsoptimismus und dem Vormarsch der Naturwissenschaften einerseits und der Natur der erlebten Krise andererseits. Für Comte liegt der Grund des Widerspruches in der Dimension der Kultur, seine

Krise ist die der intellektuellen Desorganisation; demgegenüber definiert Marx die Krise durch den sich verschärfenden Antagonismus in der materiellen Sphäre, im Bereich von Arbeit, Produktion und Eigentum. Dies begründet die einander stark widersprechenden Zustandsbeschreibungen und Bewegungsabläufe; die durch das dialektisch-triadische Denken gegebene Isomorphie der Struktur der beiden Theorien wird hierdurch jedoch nicht berührt.

Für *Comte*, den offiziellen Gründer und Namensgeber der Soziologie, ist die Hervorhebung der triadischen Grundstruktur seines Denkens so wichtig, daß er den von ihm deterministisch konzipierten Ablauf des Prozesses wissenschaftlich-kultureller und gesellschaftlicher Entwicklung als *"Drei-Stadien-Gesetz"* bezeichnet. Die Menschheitsgeschichte durchläuft demzufolge einen einzigen dialektischen Dreischritt. Der erste, im Grunde genommen sympathisch beurteilte "Theologische Zustand" und seine primäre organische Solidarität werden im "Metaphysischen Zustand" - den Comte in seiner eigenen Zeit am Kulminations-, aber auch am Endpunkt sieht - durch übertriebene Kritik und Opposition zerstört, die in ihrer Negativität schließlich zu chaotischen und zersetzenden geistigen und sozialen Verhältnissen führen. Diese Verwirrungen werden aber kraft des unausweichlichen Prozesses von "Ordnung und Fortschritt", dank der Entfaltung der Wissenschaften durch den Zustand des Positivismus - "die vollständige und dauerhafte Herstellung der geistigen Harmonie" (Auguste Comte, 1956, S. 40) - abgelöst. Die durch diese intellektuelle Harmonie gewährleistete Einsicht in die universellen Systemzusammenhänge garantiert auch die nunmehr weltweite, voll entfaltete organisch-positive Solidarität in der Gesellschaft. - *Marx*, der "Antisoziologe", stellt zwar seiner Überzeugung nach die Hegelsche - und wir können hinzufügen: auch die Comtesche - Dialektik durch die Verlagerung der Bewegungsgesetze der Gesellschaft aus der Dimension der Ideen in diejenige des Materiellen, der Produktivkräfte vom Kopf auf die Füße; doch dessen ungeachtet ist auch diese Theorie durch einen einzigen dialektischen Dreischritt, eine konfliktträchtige Abfolge dreier übergreifender Gesellschaftszustände charakterisiert. Die idyllische vorgeschichtliche Einheit von Mensch, Menschengemeinschaft und Natur, der Urkommunismus, wird durch Prozesse der Teilung von Eigentum und Arbeit, durch die Heranbildung antagonistischer Klassen zersetzt. Die geschichtlichen Einzelheiten des Verfallsprozesses der Menschheit - die Marxschen Gesellschaftsformationen - bilden nicht den unmittelbaren Gegenstand der Theorie. Für diese kommt es auf den Tiefpunkt dieses Verfalls an; auch für Marx ist dieser Tiefpunkt seine eigene Zeit als Krisengegenwart, die aber - in einer Comte ganz konträren Wahrnehmung und Auffassung - als Kapitalismus und bürgerliche Gesellschaft vornehmlich durch erbitterte Klassenkämpfe, Güterknappheit, Elend und Entfremdung gekennzeichnet sei. Von diesem dialektischen Wendepunkt der Menschheitsgeschichte führt sodann die proletarische Revolution zu Sozialismus und Kommunismus. Der aus antagonistischen Teilungen und Entfremdung zu sich und seiner gemeinschaftlichen Natur zurückfindende Mensch erreicht das Ende der Geschichte, den Abschluß des dialektischen Prozesses in der Synthese "Glücklichen Gesellschaft", im Zustand allseitiger Entfaltung, Fülle und Vollendung.

Das dialektisch-historische Triadendenken wird in der Soziologie in der Folgezeit nun in dem Maße tradiert, in dem die antagonistisch-gemeinsame Bemühung der Gründer, die wissenschaftliche Bewältigung der Widersprüchlichkeit von Fortschrittsoptimismus und Krisenerleben, nach wie vor eine wichtige Antriebskraft bleibt. Allerdings schwächt sich im Laufe der Zeit der Impetus von Comte und Marx ab, so daß auch die Konturen des Drei-Stadien-Denkens undeutlicher werden, ihre Abfolge weniger zwingend - oder sogar eines der drei Stadien nur undeutlich oder gar nicht dargestellt ist. Dennoch bleibt das Denken in Gesellschaftszuständen mit ihrer Abfolge nach wie vor ein zentrales Merkmal soziologischer Theorie. Es handelt sich um Begleiterscheinungen und Folgen dieses Denkens, wenn Philip Abrams (1981) ihr in seiner ausführlichen kritischen Darstellung der Charakteristika auch der modernen Soziologie folgende typische Schwächen vorhält: Die Suche nach großen Transformationsprozessen in der Geschichte, die Bemühungen, die Vergangenheit in gekünstelte Strukturen zu pressen, das Aufstellen von Gesetzmäßigkeiten von Wandel und Entwicklung zwecks ihrer Verwendung zur Gegenwartsanalyse und zur Zukunftsdeutung. Allerdings geht Abrams in einem seiner Urteile entschieden zu weit: "... ein hoher Anteil der soziologischen Forschung (ist) in Wirklichkeit Forschung über Mythen ..., die die Soziologen selbst erfunden haben" (1981, S. 89). Wird die Soziologie schon mit Mythen in Beziehung gebracht, so dürften diese aber nicht einfach als selbsterfunden hingestellt werden, denn es handelt sich um ideengeschichtliche Archetypen und um deren Umwandlung zu Themen und Gegenständen wissenschaftlicher Bemühungen - allerdings auch kulturkritischer und politischer Anstrengungen im neuen Zeitalter der Industrialisierung, das durch Verunsicherung, kulturelle Verwerfungen gekennzeichnet ist. - Das Denken in drei Zuständen hinterläßt seine Spuren auch in drei häufig zitierten *Denkrichtungen und Grundfunktionen der Soziologie*. So wird sie nämlich (bzw. je eine ihrer maßgeblichen Orientierungen) einmal als *konservativ, rückwärtsgewandt* - dann aber wiederum als *Krisenwissenschaft* aufgefaßt, die *Gegenwartskritik* und *Krisendiagnose* betreibt und auch eine zu den bestehenden gesellschaftlichen Zuständen oppositionelle Wissenschaft ist, oder sie wird schließlich so charakterisiert, daß sie angesichts der Krise *prognostisch* und *planerisch* nach *neuen Ordnungen*, nach *neuer Sicherheit und Gewißheit* sucht, *Sinngebung* vermittelt oder gar *Heilserwartungen* ausstrahlt: diese drei typischen Charakterisierungen lassen eine Art Arbeitsteilung erkennen, durch die sich das Drei-Stadien-Denken der Gründer in drei mögliche Alternativen soziologischer Sichtweise aufgelöst hat.

II. Ferdinand Tönnies: Zwei Gesellschaftszustände und der Verfallsprozeß

Betrachten wir nun das Werk von Ferdinand Tönnies mit einer Sensibilisierung für das triadische Denken und seinen ideengeschichtlich-wissenssoziologischen Hintergrund! Zunächst läßt sich eine überaus deutliche *Präferenz* von Tönnies *für* das Anwenden *triadischer Kategorienschemata struktureller* Art feststellen. In den verschiedensten Klassifikationsdimensionen werden systematisch und konsequent Dreiergliederungen eingesetzt. Tönnies erweist sich dabei übrigen einmal mehr als akribischer Philologe und Germanist, als feinsinniger Sprachpsychologe und als brillanter Stilist, dessen Texte bei der Lektüre auch ästhetischen Genuß spenden. - Es beginnt damit, daß Tönnies drei Hauptströme des deutschen Geisteslebens als Quellen der Beeinflussung der Soziologie benennt: philosophische, historische und naturwissenschaftliche Denkungsart (Ferdinand Tönnies, 1926b, S. 63). Dann folgt die Tönniessche Dreiteilung der Soziologie selbst: die eigentliche, die Spezielle Soziologie (die Generelle Soziologie betrifft die sozialen Aspekte der menschlichen Biologie und die Sozialpsychologie) wird in die drei großen Bereiche Reine und Angewandte (d. h. in beiden Fällen Theoretische) sowie Empirische Soziologie eingeteilt (S. 432 ff.). In der für uns wichtigsten, der Theoretischen Soziologie kommt es wiederum mehrfach zur Verwendung fundamentaler triadischer Einteilungen. Ihre inhaltliche Ausführung erfährt allerdings im Laufe der Jahrzehnte, wie so manches bei Tönnies, leichte Variationen, und es gibt auch Zweier- sowie gelegentlich auch Vierer- und Fünfersysteme, ohne daß jedoch die Dominanz triadischer Strukturen tangiert wäre. Grundlegend ist zum Beispiel die Einteilung der sozialen Wesenheiten oder Gestalten in soziale Verhältnisse, soziale Samtschaften und soziale Verbände (1965b, S. XX ff.).[16] Die sozialen Samtschaften werden ihrerseits in Ökonomische, Politische und Geistig-Moralische Samtschaften eingeteilt (S. 81 ff.). Auch die gesondert abgehandelte Sphäre der sozialen Werte wird in Ökonomische, Politische und Ethisch-Soziale Werte untergliedert (S. 135 ff.). Dem darauffolgenden Bereich der sozialen Normen liegt das Schema Ordnung - Recht - Moralität zugrunde (S. 187 ff.; desgleichen auch 1969, S. 241 ff.). Auch innerhalb der dyadisch angelegten grundlegenden Tönniesschen Gliederungen - Wesenwille/Kürwille, Gemeinschaft/Gesellschaft - gibt es wichtige triadische Strukturen bei der weiteren Differenzierung. So ist das Kardinalproblem des Wollens: das Verhältnis Mittel/Zweck, Wollen/Wünschen, Denken/Fühlen (vgl. Ferdinand Tönnies, 1982b, S. 67 ff.). Die dreifache Art der Besitztümer des Menschen (sein eigener Leib - seine Güter, seine "Habe" - und die als Ehre zusammengefaßten "inneren oder idealen Güter") begründen drei Machtsphären als Wollensbereiche, nämlich die physische Sphäre, die ökono-

---

[16] Diese Unterteilung kann auch lauten: Verhältnisse, Samtschaften, Körperschaften (Ferdinand Tönnies, 1982a, S. 33).

mische und die der Meinungen und des Wissens (S. 90 ff.). Ferner gibt es drei Dispositionsarten, das Wollen aus einem Gefühl zu einem denkenden Bewußt-Sein sich entfalten zu lassen (Geneigtheit, Glaube, Gewohnheit). An einer ganz anderen Stelle, im Spätwerk, verknüpft Tönnies drei Arten der menschliches Denken und Wollen bedingenden Faktoren (ausgewählte Tätigkeiten, gestellte Aufgaben, Kenntnisse und Wissen) mit drei Arten organischen Lebens (vegetativ, animalisch, mental) und mit drei Gebieten des sozialen menschlichen Lebens (ökonomisch, politisch, moralisch-geistig) (1935, S. 189 ff.). - Die Kultur- und Existenzform "Gemeinschaft" ist dann besonders reich an triadischen Gliederungen. So unterscheidet Tönnies bei dieser organisch-natürlichen Verbindungs- und Gesellungsform drei Arten von Verhältnissen (Mutter - Kind, Mann - Weib, Geschwister), deren jedes je einen entscheidenden Keim zur Gemeinschaftsbildung in sich trägt (Gefallen, Gewöhnung, Gedächtnis). Gemeinschaft selbst gibt es in drei Arten (in der des Blutes, des Ortes und des Geistes), für deren jede je eine soziale Beziehungsart (Verwandtschaft, Nachbarschaft, Freundschaft) sowie je eine räumliche Struktur (Haus, Dorf, Stadt) charakteristisch ist (1969, S. 8 ff.).

Wir wollen auf weitere Beispiele verzichten; ihre Fülle ist ein beredtes Zeugnis der Sensibilität von Tönnies für die Bedeutung struktureller Dreierschemata und ermutigt zur *Suche nach Elementen triadischen Denkens prozessualer Art.*

Auf den ersten Blick scheint das Tönniessche Werk diesbezüglich weitgehend unergiebig zu sein, da ja in seinem Zentrum "Gemeinschaft" und "Gesellschaft" stehen und zwar nicht nur als Thema der bedeutendsten und bekanntesten Einzelarbeit, des Buches "Gemeinschaft und Gesellschaft", sondern auch als wiederkehrende Problematik seiner sonstigen, insbesondere theoretischen Arbeiten. Damit scheint aber doch das Urteil legitimiert zu sein, nach dem Tönnies die soziale Welt als eine Dualität begriffen und analysiert habe - und zwar als eine Dualität abstrakter und zeitlos-unhistorischer Art, handele es sich für ihn doch mit "Gemeinschaft" und "Gesellschaft" um "Grundbegriffe der reinen Soziologie" (so lautet seit der zweiten Auflage von 1912 der Untertitel von "Gemeinschaft und Gesellschaft"), die in den verschiedensten sozialen Verbindungen in ihrer Dualität präsent sind. Konzedieren wir, daß eine solche Festlegung zutreffend ist - besser gesagt: daß auch sie zutreffend ist -, so ist dies ein Nachweis für unsere These über den Rangverlust triadischen Denkens in der Folge der Gründer der Soziologie. Darüber hinaus wollen wir jedoch die gleichwohl unverkennbaren Anzeichen einer fortwirkenden Beeinflussung auch dieser großen und in vieler Hinsicht originell und autonom denkenden Persönlichkeit durch das triadisch-historische Grundthema von Comte und Marx aufzeigen. Wir wollen die vielfältigen Anknüpfungen Tönnies' an das Drei-Zustands-Modell eruieren, zugleich aber auch verdeutlichen, daß diese Anknüpfungen nicht zur Konstruktion eines klaren und konsistenten Systems wie bei den Vorgängern führen, sondern - bereits einige Jahrzehnte nach der Gründung der Soziologie - lediglich latente, abgeschwächte, fragmentarische und vor allem viel weniger optimistische Variationen des großen Themas sind.

Der Darlegung der Ergebnisse unserer Suche nach dialektisch-triadischen Elementen im Werk von Tönnies schicken wir die These voraus, daß es sozusagen *"zweierlei Tönnies"*, zwei ineinander gelagerte, voneinander nicht systematisch getrennte *Grundperspektiven* Tönniesschen Denkens gibt. Es gibt den *zeitlos-statisch, formal und empirisch* vorgehenden und den *prozessual, historisch* denkenden Tönnies. Diese Dualität geht bisweilen bis zur Zweideutigkeit und zur Zwiespältigkeit: Das Hauptwerk "Gemeinschaft und Gesellschaft" behandelt - der Erläuterung durch den Untertitel zufolge - erst seit der zweiten Auflage "Grundbegriffe der reinen Soziologie"; zuvor trägt dasselbe Werk einen anderen, auf Historizität verweisenden Untertitel: "Abhandlung des Kommunismus und des Sozialismus als empirischer Kulturformen" - und der zunächst zur Habilitation eingereichte, bis 1925 ungedruckte Entwurf wurde untertitelt mit "Theorem der Kultur-Philosophie" (Ferdinand Tönnies, 1925b, S. VII). Tönnies denkt und arbeitet in der Tat immer - auch - historisch. Geschichtlich angelegte Studien (Soziologie- und Philosophiegeschichte, Ideen-, Kultur- und Sozialgeschichte) stellen quantitativ einen bedeutenden Anteil am Gesamtwerk, und qualitativ kommt ihnen ein hoher Rang zu. Bereits Hans Freyer stellt fest (1931, S. 99), "Gemeinschaft und Gesellschaft" sei der "letzten Intention nach keineswegs nur formale Soziologie; sie gehört ebensosehr der psychologischen und in gewissem Betracht sogar der historischen Richtung der Soziologie an". Tönnies' Feststellung in seiner Arbeit über Marx, das 19. Jahrhundert denke historisch (vgl. Ferdinand Tönnies, 1921, S. 119), trifft für ihn, selber ein Kind dieses Jahrhunderts, in vollem Maße selbst zu. Eine Darstellung der *geschichtlichen und der formal-ahistorischen Dimension* des Sozialen *in einer Synthese* kann als zentraler Anspruch von Tönnies angesehen werden. So stellt Rudolf Heberle (1965, S. XVII), sein Schüler und ein vertrauter Kenner von Werk und Person Tönnies', im "Geleitwort zur Neuausgabe" der Tönniesschen "Einführung in die Soziologie" zu Recht fest, Tönnies wende in dieser zusammenfassenden Arbeit das entwicklungsgeschichtliche Verfahren an, "das die Erscheinungen der modernen Gesellschaft in der Perspektive von Jahrhunderten und Jahrtausenden betrachtet". Heberle verweist auch auf ein diesbezügliches Charakteristikum im Werk von Tönnies: "Die Verbindung der begrifflich-konstruktiven Methode mit entwicklungsgeschichtlicher Behandlung". In dieselbe Richtung deutet auch Heberles Hinweis über "das geniale Jugendwerk »Gemeinschaft und Gesellschaft«": es "war gedacht als Vorarbeit zu einer historisch-soziologischen Darstellung der Entstehung und Entwicklung der modernen Gesellschaft" (S. XII). Den hohen Rang der geschichtlichen Denkweise für Tönnies bezeugt auch seine deutliche Reverenz für die beiden historisch denkenden Gründer der Soziologie. Comte genießt seinen deutlichen Respekt (z. B. Ferdinand Tönnies, 1926b, S. 86 ff., S. 116 ff.; 1969, S. XXIII, S. XXX); Marx ist unbeschadet seiner kritischen Distanz der von Tönnies (vgl. etwa 1921) am meisten bevorzugte Denker.

Konzentrieren wir uns nun auf *diesen* Tönnies, auf den Autor eines Spätwerkes mit dem bezeichnenden Titel "Fortschritt und soziale Entwicklung, Geschichtsphilosophische Ansichten" (Ferdinand Tönnies, 1926c) und den Verfasser der von Heberle erwähnten Arbeit "Geist der Neuzeit" (Ferdinand Tönnies, 1935). Dann wird es leicht, selbst hinter den formalen, ahistorischen Strukturen der "Grundbegriffe der reinen Soziologie", jenseits der Dualität von "Gemeinschaft und Gesellschaft", den historischen Duktus zu erkennen und die Gegensätzlichkeit dieser beiden Begriffe als Vehikel eines als universal gedachten Geschichtsprozesses wahrzunehmen, der aus einem urtümlich-glücklichen und von Tönnies offenbar bejahten ersten Zustand der Vergangenheit zu einem distanziert analysierten und sogar in seiner präsenten Totalität abgelehnten zweiten, gegenwärtigen Zustand führt. Gewiß finden wir in "Gemeinschaft und Gesellschaft" eine Reihe sachlich-nüchterner, objektiver Charakterisierungen von zwei einander normaltypisch entgegengesetzten Gesellungs- und Lebensformen. Dennoch ergibt diese Analyse in ihrer Gesamtwirkung eine *Gegenüberstellung von positiven und negativen Bewertungen*, die einen *geschichtlichen Abwärtstrend*, eine Dekadenz erkennen lassen, die den Weg vom Vergangenen zum Gegenwärtigen charakterisiert. Tönnies bleibt insofern *in der Tradition der Gründer* der Soziologie, als er von ihnen das Schema zumindest der ersten beiden Zustände des Drei-Stadien-Modells übernimmt. Außerdem finden sich bei ihm manche inhaltlichen Strukturierungsmerkmale der Marxschen Drei-Stadien-Theorie wieder. *Originell* ist Tönnies einerseits durch die Tendenz zur Enthistorisierung des von Comte und Marx anvisierten Geschichtsverlaufes, andererseits durch die Ausweitung und Variierung jener epochenspezifischen soziokulturellen Merkmale, deren Wandel das Gefälle, den Widerspruch zwischen Erstem und Zweitem Zustand bewirkt und kennzeichnet. Die (Mono-)Kausalität des Geistes bei Comte und die der Produktivkräfte bei Marx weicht bei Tönnies thematisch einem facettenreichen Ensemble der den Übergang beeinflussenden gesellschaftlichen, kulturellen und psychischen Bereiche. Doch erlangt in Tönnies' Konzeption dieser Übergang zwischen den beiden historischen Zuständen nicht die deterministische Kraft einer epochalen Zäsur, sondern wird als Weg des allmählichen, sanften Abgleitens gesehen. Die Marxsche epochale Dekadenz: - von Gemeinschaftlichkeit und Gemeineigentum zu entfremdetem Dasein bei Privateigentum - weitet sich bei Tönnies zu einem multifaktoriellen Gegensatz zweier zunächst ahistorisch dargestellter Lebensformen aus. Das qualitativ Neuartige ergibt sich aus der beeindruckenden Vielfalt von - bei Marx gar nicht oder nur unsystematisch und beiläufig erwähnten - Charakterisierungsmerkmalen der beiden Zustandsformen. Tönnies knüpft zwar an Comte an, bringt jedoch auch Comte gegenüber Neuartiges mit seiner differenzierten und komplexen Darstellung des Überganges aus einem eher gemeinschaftlichen in einen desorganisiert-krisenhaften Kulturzustand und des Wandels von primär-urtümlichem zu rational-wissenschaftlichem Denken (z.B. Ferdinand Tönnies, 1969, S. 245).

Doch kommen wir zurück zu Marx als Hauptprotagonisten Tönniesscher Theoriebildung. Beachtenswert ist, wie der *die Dualität der Zustände konstituierende Marxsche Antagonismus* durch eine *ganze Reihe von empirisch gehaltvollen Begriffspaaren umfassend aufgefächert* wird.[17] Walten in "Gemeinschaft" Freundschaft, Nachbarschaft und Verwandtschaft mit Liebe als tragendem Prinzip, so dominieren in "Gesellschaft" Fremdheit, Distanz und Gleichgültigkeit. Sind dort die gemeinschaftliche Verteilung von Arbeit und Gütern, sowie Selbstversorgung, ja Selbstgenügsamkeit kennzeichnend, so herrscht hier das Tauschprinzip in seinen warenmäßigen Formen und seine Do-ut-des-Äquivalenz der formalen Gleichheit sowie das Streben nach eigenem Vorteil. Die ganzheitlich-beharrende Selbstgenügsamkeit der Gemeinschaft steht im Gegensatz zu der Idee nach Unbegrenztheit von Gesellschaft, ihrer potentiellen Feindseligkeit und ihrem latenten Kriegszustand. "Gemeinschaft" bedeutet "gegenseitig-gemeinsame, verbindende Gesinnung", d. h. Verständnis im Sinne von Konsens (Ferdinand Tönnies, 1969, S. 20); demgegenüber bleiben in "Gesellschaft" die zahlreichen Verbindungen "voneinander unabhängig und ohne gegenseitige *innere* Einwirkungen" (S. 52). Außer ganz handfesten Begriffspaaren, die bestimmte Unterschiede zwischen den beiden Zuständen plastisch verdeutlichen - wie: Bauer - Händler, Kaufmann; Volk - Gebildete; Weib - Mann; usw. -, finden wir auch ganz subtile, komplexe und abstrakte Gegensätze: Menschen, die ihr Antlitz "der Gemeinschaft, wozu sie gehören, ... zuwenden" - dagegen stehen nach außen, auf den Markt, letztlich auf den Weltmarkt orientierte Mitglieder der Handelsklasse (S. 55); Schaffen als Kunst, als organische Tätigkeit einer ganzen Gemeinschaft - hingegen Spezialisierung, Technik, Maschinerie (S. 228);[18] Genossenschaft gleichsam als Naturprodukt, als etwas Gewordenes - aber Verein als gedachtes, fingiertes Wesen (S. 228). Beachtenswert ist auch, wie zwei von Marx noch nicht miteinander in Bezug gebrachte Themen - die Aufteilung der Großfamilie, die Herausbildung 'moderner' Kernfamilien und der Stadt-Land-Gegensatz - bei Tönnies in einen entscheidenden Gegensatz polarisiert und zusammengefaßt werden: Ist in der "Gemeinschaft" das Familienleben die Grundlage von Haus, Dorf und Stadt, so verfällt in der "Gesellschaft" die Familie in der zur Weltstadt gewordenen Großstadt unter der Dominanz des Kapitals in Gleichgültigkeit, Fremde und Feindschaft.

Originell ist Tönnies dann insbesondere mit der *Einbeziehung der Bereiche des Wollens, Wünschens, Denkens und Fühlens in den makrosozialen Entwicklungsprozeß*. Durch das Setzen der oppositionellen Begriffe "Wesenwille - Kürwille" und durch ihr konsequentes Verknüpfen mit dem Gegensatz von Ge-

---

[17] Und zwar nicht nur in "Gemeinschaft und Gesellschaft". So führt Tönnies (1926b, S. 274 f.) nicht weniger als 18 Merkmalspaare zur Charakterisierung von "Gemeinschaft" und "Gesellschaft" an.

[18] So kontrastiert Tönnies (1969, S. 136) das Konkrete und Ursprüngliche, das Naturell mit dem Abstrakten, Gemachten, Schablonenhaften, dem Apparat.

meinschaft und Gesellschaft[19] wird der Widerspruch der beiden Zustände bis ins Psychologische und Tiefenpsychologische hinein vertieft und die Comtesche geistig-kulturelle wie auch die Marxsche polit-ökonomische Kausalität erheblich weiter differenziert und verfeinert. Durch die Herausstellung der Allgegenwart beider Willensformen in allen Arten von sozialen Verbindungen wird zwar einerseits der von Tönnies konzipierte bedeutsame Widerspruch wiederum als fundamental und zeitlos vorgestellt, andererseits verweist aber gerade die konsequente Zuordnung von Wesenwillen zu "Gemeinschaft" und von Kürwillen zu "Gesellschaft" auf die historische Bedingtheit der Dualität auch der Willensformen und der psychischen Grundausstattung des Menschen. So kondensiert Tönnies (1969, S. 243) an einer Stelle den *von den Willensformen bis zur Gegensätzlichkeit von "Kultur-Zivilisation" reichenden Geschichtsverlauf* in einem einzigen Satz: "Sowie ein individueller Wesenwille das nackte Denken und den Kürwillen aus sich evolviert, ... so beobachten wir bei den historischen Völkern aus ursprünglichen gemeinschaftlichen Lebensformen und Willensgestalten den Entwicklungsprozeß der Gesellschaft und gesellschaftlichen Kürwillensgebilde, aus der Kultur des Volkstums die Zivilisation des Staatstums." Eine der Tönniesschen Definitionen von Kürwille und Wesenwille enthält zugleich den Hinweis auf den fundamentalen Unterschied zwischen "natürlichem" und "technischem" Zeitalter: "Wie ein künstliches Gerät oder eine Maschine, welche zu bestimmten Zwecken angefertigt werden, zu den Organsystemen und einzelnen Organen eines tierischen Leibes sich verhält" (S. 125). Über die Dualität der beiden Willensformen wird immer wieder auf den Kontrast zwischen zwei typischen epochenbedingten Lebensformen hingewiesen. So werden organische und künstlerische Tätigkeit und künstlerischer Geist des Wesenwillens mit der Rationalität, Intellektualität und Wissenschaftlichkeit des Kürwillens, aber auch mit dessen Pläne- Ränkeschmieden, Machinationen, "Lug und Trug" (S. 140) konfrontiert. Unüberhörbar ist der kulturkritische Ton gegenüber der Gegenwartsgesellschaft: "Aller Kürwille enthält etwas Unnatürliches und Falsches" (S. 114). Auch die Trennung zwischen Weib und Mann hängt für Tönnies letztlich mit der Dualität der Willensformen zusammen; diese Dualität ist wiederum in mehrfacher Hinsicht für die geschichtlich angelegten Unterschiede zwischen Gemeinschaft und Gesellschaft konstitutiv (S. 149 ff.).

Die als formal und ahistorisch eingeführten Dichotomien "Gemeinschaft - Gesellschaft" und "Wesenwille - Kürwille" werden nicht zuletzt durch die Interdependenzen und die Kulminierung der zahlreichen oft wertenden, ja suggestiven Attribute in ihrer Gesamtwirkung zum Trägersystem zweier ausführlich beschriebener Zustände des Sozialen, wobei die Gegensätze auf einen geschichtlichen Übergang zwischen ihnen verweisen. Die meisten der von uns zitierten Begriffspaare verlangen zwingend eine *geschichtliche Auslegung* der je-

---

[19] "... Das oberste Einteilungsprinzip der sozialen Gebilde (muß) in der verschiedenen Beschaffenheit des menschlichen Willens erkannt werden, der gleichsam darin steckt und ihr Lebensprinzip darstellt" - erklärt Tönnies (1926b, S. 269).

weiligen Gegensätze: Ablösung von Gemeineigentum und Gemeinwirtschaft durch den Privatkapitalismus, Auflösung der ländlichen Lebens-Formen in großstädtischen Agglomerationen, Umbruch der Familie, radikale Veränderung der Geschlechter- und Generationenrollen. Last but not least stellt eine knappe kulturkritische Bemerkung von Tönnies den Übergang zum Industriezeitalter als großen Trennungs- und Vereinzelungsprozeß vor Augen: so wie dies im Gegensatz von "Gemeinschaft" und "Gesellschaft" enthalten sei: Die Menschen, die "... dort verbunden (bleiben) trotz aller Trennungen, hier getrennt bleiben trotz aller Verbundenheiten" (S. 40). - Es bleibt ein unaufgelöster Widerspruch von "Gemeinschaft und Gesellschaft", daß trotz aller Bemühungen von Tönnies um eine formelle und ahistorische Darstellung immer wieder der Geschichtsprozeß deutlich zum Vorschein kommt. Und zusätzlich zu einigen im Werk beiläufig verstreuten Bemerkungen über die Historizität seines Stoffes (so z. B. S. 55) kann Tönnies auch nicht umhin, dies zum Schluß seiner Arbeit klar auszusprechen: "Zwei Zeitalter stehen mithin ... in den großen Kulturentwicklungen einander gegenüber: ein Zeitalter der Gesellschaft folgt einem Zeitalter der Gemeinschaft" (S. 251). Daher stellt auch Freyer (1931, S. 126) fest: "Gemeinschaft und Gesellschaft sind für Tönnies zwar zunächst die beiden großen prinzipiell möglichen Grundformen des sozialen Lebens ... Aber diese beiden Strukturen sind außerdem Glieder einer zeitlichen Reihe, und erst dadurch gewinnen sie einen systematischen Ort im System der Soziologie ... Sie sind nicht bloß zwei Möglichkeiten des gesellschaftlichen Zusammenlebens, sondern zwei Etappen des gesellschaftlichen Prozesses. Gemeinschaft kann nur Gesellschaft werden, Gesellschaft geht immer aus Gemeinschaft hervor." Tönnies referiert und zitiert, leicht modifiziert, diese Auffassung Freyers wiederum zustimmend in seiner "Einführung in die Soziologie" (Ferdinand Tönnies, 1965, S. 14).[20]

Eine *ähnliche Ambivalenz* kennzeichnet das Werk hinsichtlich der *Bewertung dieser beiden Zeitalter*. Ausführliche Passagen emotionsloser Distanziertheit wechseln ab mit deutlichen Urteilen und werden resümiert durch sie: positive oder negative Bewertungen. Insgesamt wird dem Leser dadurch mit Nachdruck suggeriert, daß es sich bei dieser historischen Abfolge um einen großen *Dekadenzprozeß*, um die Ablösung der bejahten *vergangenen Kulturform "Gemeinschaft"* durch die deprimierend empfundene, ergo *negative Zivilisation der "Gesellschaft"* handelt (s. hierzu Ferdinand Tönnies, 1969, S. 242 f.). Auf den Verfall vom Zustand "Gemeinschaft" zum Zustand "Gesellschaft" verweist insbesondere die stark an Marx erinnernde Kritik an der warenwirtschaftlichen Tausch- und Arbeitsweise in der "Gesellschaft". So wird zum Beispiel der Vertrag als ein für "Gesellschaft" typisches soziales Verhältnis nachgerade mit Marxschen Worten kritisiert. "Die Vertragschließenden (werden) als getrennte,

---

[20] In Tönniesscher Modifikation sagt Freyer (es folgt nur die Abweichung): "Sie sind nicht bloß zwei Möglichkeiten des Zusammenlebens, sondern zwei Etappen der gesellschaftlichen Wirklichkeit; Gemeinschaft kann nur Gesellschaft werden ..." (Ferdinand Tönnies, 1965b, S. 14).

bisher und sonst voneinander unabhängige, einander fremde, ... feindliche Personen gedacht" (1982a, S. 34). Auch der Kürwille als Willensform von "Gesellschaft" ("Rationales Wollen") wird, wenn die Darstellung aus der psychischen in die historische Dimension übergeht, massiv kritisiert. Diese Willensform - und dadurch ein ganzes Zeitalter - ist insbesondere durch die Trennung von Mittel und Zweck, durch den "*Riß* zwischen Gefühl und Denken" (Ferdinand Tönnies, 1982b, S. 75) gekennzeichnet. Die Arbeit geschieht daher mit "lauter Widerwillen", sie ist "mit Plage und Qual gemengt" (Ferdinand Tönnies, 1969, S. 162). Bei der Darstellung der Folgen des Überganges vom Wesenwillen zum Kürwillen wird - im Zusammenhang mit der Herausarbeitung der geschlechtsspezifischen Bedeutung dieses Wandels - anschließend an das Lob der Vorzüge des Unbewußten des Weibes, der geheimnisvollen Tiefe seines Wesens und Gemütes über die gegenwärtige männliche Welt der "Gesellschaft" erklärt: "Wir ahnen zuweilen, was wir verloren haben, wenn wir kalt und berechnend, flach und aufgeklärt geworden sind" (S. 150). Mit der Polarität "Kürwille, Gemeinschaft" wider "Wesenwille, Gesellschaft" deutet Tönnies, wenngleich in knapper und sibyllinischer Formulierung, auf die große geschichtsträchtige Auseinandersetzung zwischen positiven und verneinenden Kräften hin. So spricht er einerseits von der Wünschbarkeit "der Beförderung eines gemeinschaftlichen Geistes, also mit Einpflanzung sozialer Gesinnung, mit Veredelung des Gemütes und Bildung des Gewissens", andererseits verweist er auf die dem entgegenstehenden "sozialen Mächte", "die vielmehr an der Erhaltung des Widerspruchs zwischen sittlichen Kräften wie geistigen Anschauungen, die einer immer mehr vergehenden gemeinschaftlichen Kultur angehören, ... sich in hohem Maße interessiert wissen" (S. 165). Die Abhandlung über die beiden Willensformen schließt mit folgendem Gedankengang ab: "Gesellschaft" macht den "rücksichtslosen Gebrauch" von Kürwillen "zu einer Bedingung der Erhaltung des Individuums", zerstört daher "die Blüten und Früchte des natürlichen Willens" und somit die in Gemeinschaft gezüchtete "Kunst ... des Zusammenlebens". Kürwille birgt "die Gefahr der Spaltung natürlicher Verhältnisse" in sich, wird von Feindlichem, auch Feindseligkeiten hervorgerufen und ruft Feindliches hervor und zwingt die Unterdrückten, ihre "Vernunft zum Kürwillen als zu Listen des Kampfes auszubilden" (S. 168). Daher ist Kürwille - bezeichnenderweise auch Willkür genannt - das Richtige gegen Feinde: "Gegen *Feinde* wurde von je Kürwille (wie Gewalt) geübt, auch als erlaubt, ja preiswürdig empfunden", Gesellschaft ist aber "die Allgemeinheit und Notwendigkeit solches Gebrauches". In ihren Verhältnissen werden Zwecke gesetzt, "denen alle Mittel recht sind", wodurch diese Verhältnisse "natürliche und nur verhüllte ... Feindseligkeiten" sind (S. 168).

Das Bisherige zusammenfassend läßt sich also sagen, daß die sich auf den ersten Blick als ahistorisch darstellende Struktur von "Gemeinschaft und Gesellschaft" zugleich auch als Gerüst der klar erkennbaren Konstruktion eines Geschichtsprozesses dient, und daß eine genauso vielfältige wie massive *Wirt-*

schafts-, Großstadt-, Zivilisations- und Sittenkritik ganz eindeutig und ebenso klar jenes *Gefälle* sichtbar macht, das für Tönnies *den Zustand idyllischer Vergangenheit von dem der gegenwärtigen Zersetzung trennt.* "Der Begriff »Gesellschaft« bezeichnet also den gesetzmäßig-normalen Prozeß des Verfalles aller »Gemeinschaft«", resümiert Tönnies (1925b, S. 71) in einem späteren Rückblick. Der die Auffassungen von Comte und Marx kennzeichnende Hiatus zwischen erstem und zweitem Geschichtsstadium ergibt sich hier nicht mehr infolge deterministischer Naturgesetzlichkeit, aber er ist deutlich wahrnehmbar. Auch die Behauptung der Negativität des zweiten Zustandes beruht bei Tönnies, wie wir sehen konnten, teilweise auf anderen Symptomen und hat zum Teil andere Ursachen als bei den Gründern der Soziologie, weil eben Tönnies die Realität seiner eigenen Zeit aus einer späteren, teilweise veränderten Sicht auch anders sieht und kritisiert, als seine Vorgänger dies unternehmen. Dennoch ist auch für ihn "Gesellschaft" - als die Gesellschaft seiner eigenen Zeit - höchst defizitär, so wie sich dies aus dem für "Gesellschaft" ungünstigen Vergleich mit "Gemeinschaft" ergibt.

III. Zukunftssynthese: Sozialismus, (Welt-)Staat, "Zusammenleben und -wollen", universale Kultur

Nun aber stellt sich die Frage, ob diese historische und wertende Gedankenführung bei Tönnies auch zu Aussagen über die Zukunft des Sozialen führt. Mit anderen Worten: Folgt auf die Dualität von "Gemeinschaft" und "Gesellschaft" eine Synthese in einem zukünftigen Dritten Zustand? Auf eine bejahende Antwort verweisen mehrere einander bestätigende Indizien. Wir haben Tönnies als Verehrer und Nachfolger von Comte und Marx, als Dialektiker, auch als historisch und geschichtsphilosophisch orientierten Denker und Verfechter der Idee des Fortschritts kennengelernt. Bis in sein hohes Alter hinein bekennt er sich zu dieser Dimension seines Denkens. So schickt er seiner letzten größeren Arbeit eine bis in seine Jugendzeit zurückverweisende Erklärung über sein Interesse an der historischen Entwicklung voraus (Ferdinand Tönnies, 1935, S. III) und beschließt diese Arbeit mit der Kundgabe der Auffassung, "der Abstieg" sei zwar "naturnotwendig, also gesetzlich bedingt", aber zugleich "immer die unerläßliche Bedingung eines neuen Aufstiegs und Fortschritts, also unter Umständen einer neuen großen Kulturepoche" (S. 210). Dasselbe bezeugen Heberles Jahrzehnte nach dem Tod von Tönnies niedergeschriebenen Hinweise im "Geleitwort" zur Neuauflage eines anderen Alterswerkes. Heberle verteidigt die "strenggenommen aus dem Rahmen eines theoretischen Lehrbuches" fallenden "eingestreuten spekulativen Erörterungen und Voraussagen über zukünftige Entwicklungen" wie folgt: "Für Tönnies war sozialwissenschaftliche Erkenntnis nicht Selbstzweck, sondern zugleich Voraussetzung und Mittel für soziale Reform, und er ergreift hier in hohem Alter die Gelegenheit, seine Vorstellungen von einer besseren Ordnung des sozialen Lebens ... mitzuteilen." (Rudolf Heberle, 1965, S. XVIII). Bedeutungsvoll ist es auch, daß Heberle im Anschluß hieran für die Auflösung des typisch Tönniesschen, aber doch merkwürdig erscheinenden Widerspruches zwischen einem "tiefverwurzelten *Glauben an den Fortschritt der Menschheit*" und seiner "kritisch-ablehnenden Einstellung gegenüber den »*gesellschaftlichen*« Tendenzen der *Neuzeit*" folgendes anführt: "Tönnies (hielt) eine *Erneuerung der gemeinschaftlichen Elemente* des sozialen Lebens für möglich" (S. XVIII; Hervorh. B.B.). Der wissenschaftliche Lebensplan von Tönnies wird in diesen knappen, aber klaren Sätzen Heberles durch die zentrale Intention dialektisch-triadischen Denkens charakterisiert: Aus einer Kritik an der Gegenwart soll ein Zukunftsmodell unter Aufhebung positiver Merkmale eines primären Zustandes entwickelt werden. Befragen wir nun das Tönniessche Werk nach Merkmalen dieser "Erneuerung der gemeinschaftlichen Elemente", so ist auch in diesem Zusammenhang zu beachten, was wir oben betont haben: Tönnies lebt bereits in einer anderen Zeit als die Gründer der Soziologie, und dies macht sich in einem Verlust an Eindeutigkeit des triadischen Denkmusters bemerkbar. Daher sollten wir einerseits mit Blick auf das von dem für Dialektik und Fortschrittsdenken engagierten Tönnies Gesagte die Präsenz von Merkmalen der Zukunftscharakterisierung in seinem Werk annehmen, andererseits - im Gegensatz zu den Gründervätern - keine zwingende Kausalkette, keine euphorische Heilsgewißheit und auch keinen, mit festen Konturen umrissenen Dritten Zustand erwarten.

Von diesen beiden Vermutungen geleitet, finden wir im Werk von Tönnies in der Tat eine Reihe von Aussagen, die zwar verstreut und meist knapp formuliert sind, nichtsdestoweniger aber für die Zielsetzung zeugen, als Synthese, als Versöhnung der im Antagonismus "Gemeinschaft - Gesellschaft" gesetzten Widersprüche eine zukünftige glücklichere Gesellschaft zu skizzieren. In diesem Zusammenhang ist es zunächst höchst bedeutsam, daß "Gemeinschaft und Gesellschaft", so der Untertitel der ersten Auflage, als "Abhandlung des Kommunismus und des Sozialismus als empirische(r) Kulturformen" konzipiert (Ferdinand Tönnies, 1925b, S. VII) und erst seit der zweiten Auflage als Werk über "Grundbegriffe der reinen Soziologie" vorgestellt wurde. Tönnies kommt auf diese Veränderung in seiner 1918/19 niedergeschriebenen Vorrede zur dritten Auflage von "Gemeinschaft und Gesellschaft" zurück - die im Jahr 1920 veranstaltet wurde, die Vorrede wurde aber dort nicht veröffentlicht, sondern erschien 1919 als Vorabdruck in der 'Neuen Zeit' und 1925 in Tönnies' Aufsatzsammlung "Soziologische Studien und Kritiken" , und zwar mit einem gewissen Bedauern darüber, daß er auf die für ihn nach wie vor wichtige Bedeutung des zurückgenommenen Untertitels nicht schon seinerzeit hingewiesen habe (vgl. S. 58). Der Sinn dieses Untertitels liegt aber Tönnies zufolge im empirisch-historischen Bezug, der durch die Begriffe "Kommunismus" und "Sozialismus" in "Gemeinschaft und Gesellschaft" hervorgehoben werden sollte, da es sich hierbei um eine historische Abfolge handele, die auf derselben Linie wie diejenige zwischen "Gemeinschaft" und "Gesellschaft" liege. Denn: "Ich wollte *Kommunismus* begreifen als das *Kultursystem der Gemeinschaft. Sozialismus* als das *Kultursystem der Gesellschaft.*" (S. 59; Hervorh. B.B.). Diese beiden Ideen - besser gesagt: Ideenpaare - erstrecken ihre Bedeutung "auf das gesamte wirtschaftliche, politische und geistige Zusammenleben der Menschen" (S.59). Nach dieser Verdeutlichung des umfassenden Charakters der Begriffspaare macht Tönnies noch einmal ihren Sinn zur Charakterisierung von tragenden Kräften zweier historischer Zustände unmißverständlich klar, wenn er an dieser Stelle in der Vorrede zur dritten Auflage aus seiner Vorrede zur ersten Auflage von 1887 den Gedanken zitiert und das Zitat zur Erläuterung obiger Argumentation benutzt, "daß die *natürliche* und (für uns) vergangene, immer aber zugrundeliegende Konstitution der *Kultur kommunistisch* ist, die *aktuelle und werdende sozialistisch*" (S. 59; Hervorh. B.B.).[21] Die Neuausgaben von "Gemeinschaft und Gesellschaft" bringen zwar die Vorrede zur ersten Auflage von 1887 und die anderen Vorreden, teils in Auszügen, aber der erläuternde Kontext aus der Vorrede der dritten Auflage bleibt auch den Lesern neuerer Ausgaben vorenthalten - und damit die für Tönnies bis zu seinem Lebensende geltende grundlegend wichtige dialektisch-historische Verknüpfung der Begriffspaare "Kommunismus und Sozialismus" und "Gemeinschaft und Gesellschaft".

Wenn wir nun versuchen, mit den Begriffen "Kommunismus" und "Sozialismus" im Blickfeld der Analyse, Anhaltspunkte für den bislang nicht deutlich herausgehobenen Dritten Zustand der dialektischen Triade zu finden, so erscheint insbesondere *"Sozialismus"* als der *begriffliche Brennpunkt für die Zukunft*, wenn auch in einer ambivalenten und nicht ausreichend explizierten Weise. Der Ausgangspunkt ist die soeben zitierte These, daß der erste Zustand, "Kommunismus", das Kultursystem der Gemeinschaft, "Sozialismus" aber dasjenige der Gesellschaft sei. Steht in dieser Aussage die Definition des Ersten Zustandes im Einklang mit den Voraussetzungen in "Gemeinschaft und Gesellschaft" (Gemeinschaft = Kommunismus), so scheint dagegen eine Identifizierung von "Sozialismus" mit dem Negativzustand "Gesellschaft" dem allseits bei Tönnies aufweisbaren Gebrauch zu widersprechen, mit dem die durch den Begriff "Sozialismus" angedeuteten Werte sonst bejaht werden. Der Widerspruch läßt sich nur mit der weiter oben zitierten These erklären, die "actuelle und werdende" Kultur sei sozialistisch (Ferdinand Tönnies, 1925a, S. 59). Hier zeigt sich eine eigentümliche und nicht eindeutig formulierte zweispältige *Doppelwertigkeit des spezifischen Tönniesschen Sozialismusbegriffes*. Diesem zufolge ist der Sozialismus zwar tragende Kraft bereits in der gegenwärtigen "Gesellschaft", aber er verweist auch auf die Zukunft, stünde also somit für Werte sowohl des Zweiten als auch eines Dritten Zustandes. Auf diese dialektische Präsenz und Wirkungskraft des "actuellen und werdenden" Sozialismus verweist auch - mit

---

[21] Vgl. Ferdinand Tönnies (1969, S. XXIV) - allerdings hier noch in altertümlicher Orthographie.

einer gewissen Variation - jene Aussage im Alterswerk, der zufolge "allmählich der *Sozialismus* als dialektische und kritische Verneinung der vorwaltenden neuzeitlichen Gesellschaftsordnung mehr und mehr in den Vordergrund der historischen Aktionen getreten" sei (Ferdinand Tönnies, 1935, S. 114).

Der Sozialismus erscheint als begrifflicher Ort des Zukunftszustandes auch in der folgenden Zusammenfassung Tönnies', in der allerdings die Widersprüchlichkeit der Entwicklung weiter gesteigert und auch modifiziert wird: "Die ganze Bewegung kann aber auch ... begriffen werden als Tendenz von ursprünglichem (einfachem, familienhaftem) *Kommunismus* und daraus hervorgehendem, darin beruhendem (dörflich-städtischem) *Individualismus* zum *unabhängigen* (großstädtisch-universellen) *Individualismus* und dadurch gesetzten (staatlichen und internationalen) *Sozialismus.*" (Ferdinand Tönnies, 1969, S. 254 f.). Hier ist es allerdings die Dialektik des "Individualismus", die zwischen einem doppelwertigen Ersten Zustand (Kommunismus, dörflicher Individualismus) und einer dialektischen Verbindung aus Zweitem (großstädtischer Individualismus) und Drittem Zustand (Sozialismus) vermittelt, jedoch dergestalt, daß der Entwicklungsprozeß auch unter der Idee des Sozialismus mit seinem - hier allerdings wieder etwas anders gefaßten - dialektischen Charakter gesehen wird. Eines der großen, durchgehenden Probleme des Geschichts- und Fortschrittsprozesses ist für Tönnies aufgrund dieses wichtigen Zitates - das aber in der gesamten Problematik von "Gemeinschaft und Gesellschaft" durchgehend präsent ist - die Entwicklung des spannungsgeladenen Verhältnisses zwischen *Individuum und Kollektiv*. Hierzu besagt eine weitere, der ersten Auflage von "Gemeinschaft und Gesellschaft" vorangestellte und in der Vorrede zur dritten Auflage wieder zitierte These: "Es gibt keinen *Individualismus* in Geschichte und Cultur, außer wie er *ausfließt aus Gemeinschaft* und dadurch *bedingt bleibt*, oder wie er *Gesellschaft hervorbringt und trägt.* Solches *entgegengesetzte Verhältniß des einzelnen Menschen zur Menschheit ist das reine Problem.*" (S. XXIV, "Individualismus" hervorgehoben von F.T., alle anderen Hervorh. B.B.; vgl. das verkürzte Selbstzitat: 1925a, S. 59). Betrachten wir die *Tönniessche Geschichtsdialektik* aus der Perspektive *"Individualismus-Kollektiv"*, so führt sie *über zwei einander entgegengesetzte historische Lösungsformen dieser Beziehung* (nämlich von, mit "Kommunismus" *und* "Individualismus" verbundener, "Gemeinschaft" über "Gesellschaft") *zum Sozialismus*, der ansatzweise bereits im zweiten Zustand präsent ist, um dann den Weg hin zu einem künftigen (staatlichen und internationalen) Sozialismus als offensichtlichem zukünftigen Ort der Lösung der Beziehungen "Individuum-Kollektiv" zu weisen. Die nicht ausreichend aufeinander abgestimmten Kernaussagen des Werkes lassen nur diesen, sämtliche Grundgedanken vereinigenden, von Tönnies selbst allerdings nicht ausgesprochenen Schluß zu; nur in diesem nicht sehr distinkten, lediglich verschwommen angedeuteten Bereich "Sozialismus" können die Elemente der Tönniesschen Synthese der dialektischen Bewegung gesucht werden. In diese Richtung weist auch Heberle, wenn er - wie oben zitiert - die von Tönnies erwartete

"Erneuerung der gemeinschaftlichen Elemente des sozialen Lebens" als Lösung des Widerspruches im Tönniesschen Werk - Fortschrittsglaube vs. Kritik an der "Gesellschaft" der Neuzeit - anführt. Diese gemeinschaftliche Erneuerung sollte "nämlich durch eine Verbindung von genossenschaftlichem mit staatlichem Sozialismus" (Rudolf Heberle, 1965, S. XVIII) erfolgen. Dieser *Dritte Zustand "Sozialismus"* wird im Werk jedoch nicht - zumindest nicht unter dem Begriff "Sozialismus" - genauer erläutert.

Dennoch erhalten wir wichtige Informationen über Tönnies' Bild einer möglichen und wünschbaren Zukunft in dieser Hinsicht, und zwar vor allem im Zusammenhang mit mehreren, wenngleich kurzen Passagen der Charakterisierung des *Staates*. Ein wichtiger Topos in der Dialektik von "Gemeinschaft" und "Gesellschaft" und deren dialektischer Synthese ist der Staat, dessen Begriff bei Tönnies - ähnlich wie der des Sozialismus' - bereits an sich dialektisch, widerspruchsgeladen angelegt ist. Tönnies (1969, S. 231) spricht selbst vom "zwieschlächtigen Charakter" des Staates. Der Staat ist nämlich einerseits in der individualistischen Dimension gedacht, insofern er dem Schutz von Freiheit, Eigentum und Kontrakt dient (S. 231) und als "allgemeiner gesellschaftlicher Verein", wie der Verein selbst, eine "gesellschaftliche Verbindung" ist - im Gegensatz zur "Genossenschaft", die als eine typisch gemeinschaftliche, auf Wesenwillen beruhende Verbindung aufgefaßt wird (S. 228); andererseits ist der Staat aber "die Gesellschaft selber oder die soziale Vernunft", "die Gesellschaft in ihrer Einheit", "als die absolute Person" (S. 232). Dies bedeutet aber, daß der Staat zugleich Instanz derjenigen sozialen Kräfte ist, die über die durch Individualismus beherrschte "Gesellschaft" hinausweisen. Nur vermittels des Staates wird für die Gesellschaft Recht gesetzt; ohne den Staat ist die Gesellschaft eines allgemeinen Willens nicht fähig. Nur in der Dimension des Staates "ergibt sich als die natürliche Ordnung anstatt der bloß negativen eine positive Bestimmung der Individuen" (S. 232). Der Staat erscheint somit in gewisser Weise als eine noch widersprüchliche, defizitäre Vorstufe einer neuen, zukünftigen Art der Versöhnung des Individualprinzips von "Gesellschaft" und des Gemeinschaftsprinzips. Hierauf verweist auch der folgende Gedanke von Tönnies; er besagt nämlich, daß die Verallgemeinerung des staatlichen Systems der Verwaltung "die gesamte Güterproduktion zu einem Teile der Verwaltung machen" und damit "eine (dem Begriffe nach) mögliche Form des (scheinbaren) *Sozialismus*" darstellen würde (S. 232). Die Einführung des Begriffes "Sozialismus" erinnert an dessen Dialektik und seine Funktion als Hort der Werte eines zukünftigen Zustandes. Der Sozialismus in dem soeben angezogenen Zustande des Staates wäre aber vorerst nur deswegen scheinbar, weil hier weder "die fundamentale Distinktion der gesellschaftlichen Klassen" noch die interne, noch ebenfalls die internationale Konkurrenz der Kapitalisten und der Betrieb der Wirtschaft zu ihrem Nutzen - womit Kritikpunkte an der "Gesellschaft" benannt sind - aufgehoben wären (S. 232 f.). Die den *zukünftigen Gesellschaftszustand* - der die Synthese der bisherigen Stufen erst wäre - fördernden Funktionen könnte der Staat dann vollends *auf der Stufe des Weltstaates*, nach der Aufhebung der nationalen Grenzen, erfüllen, wenn die Warenproduktion aufgehoben sein würde. Dieselbe Widersprüchlichkeit der Tönniesschen Dialektik des Staates, aber auch derselbe Versuch, über diesen Begriff die Vermittlung der möglichen Überleitung des gegenwärtigen in den zukünftigen Zustand darzustellen, läßt sich auch den folgenden Sätzen entnehmen: "Der Staat ist kapitalistische Institution und bleibt es, wenn er sich für identisch mit der Gesellschaft erklärt. Er hört daher auf, wenn die Arbeiterklasse sich zum Subjekte seines Willens macht, um die kapitalistische Produktion zu zerstören." (S. 233). Auch in einer viel später veröffentlichten Arbeit Tönnies' kommt dem Staat eine vereinigende und zukunftsgestaltende Aufgabe zu. Er soll der Versöhnung von bürgerlicher Gesellschaft und Volk dienen - wohl der Gegensatz "Gemeinschaft - Gesellschaft" in anderen Begriffen - und hat die Aufgabe der Lösung der sozialen Frage und der ökonomischen Gegensätze und Mißstände. Es wird eine Art genossenschaftlicher Sozialismus umrissen, wobei der Staat in seiner Eigenschaft als Organ dialektischer Synthesebildung charakterisiert wird: "Die ... zu dauerndem gemeinsamen Gebrauch bestimmten und tauglichen Güter (müssen) im gemeinsamen Eigentum[22] der Gesellschaft, d. h. des Volkes oder seines organisierten Verbandes, des Staates, verbleiben." (1982a, S. 38; Hervorh. B.B.). Dem Staat ist die Aufgabe der Förderung der Einrichtung einer neuen Gesellschaftsordnung auch im Spätwerk von Tönnies zugedacht: "Die Arbeit muß ... auf die von ihr darzustellende Staatsmacht sich stützen und sie für sich fordern, um durch die *Gesetzgebung* ein anderes Recht und also eine andere Gesellschaftsordnung zu schaffen oder wenigstens anzubahnen." (1935, S. 70) - Tönnies stellt den Zusammenhang zwischen dem gegensätzlichen Zwecken dienenden Staat und dem Sozialismus an einer Stelle auch direkt her. Nach einem Abwägen negativer und positiver Funktionen des Staates verweist er nämlich darauf, daß hierdurch "das Problem des *Sozialismus*" berührt werde und resümiert die sich dabei ergebenden Alternativen wie folgt: "Ob das soziale Wollen und Denken in unserer Zeit sich stark genug erweisen werde, den modernen Staat in eine wirkliche, auch das Eigentum[23] umfassende und beherrschende Gemeinschaft *auszubilden* ... -, oder ob die Tendenzen der *Gesellschaft* in diesem sozialen Wollen und Denken das Übergewicht behalten werden." (1925b, S. 367). Bezeichnend ist übrigens, wie Tönnies

---

[22] Die Drei-Stadien-Entwicklung betrifft - auch - bei Tönnies insbesondere die grundlegende Problematik des Eigentums. Für Tönnies ist das Eigentum einst Gemeineigentum gewesen (1926a, bes. S. 16; vgl. auch 1925a, S. 58 f.) und soll - nach Formen des Privateigentums in der "Gesellschaft" - in der Zukunft wieder gemeinwirtschaftlich, vorzugsweise genossenschaftlich genutzt werden. - Insofern als es auch in der Gegenwart kollektive Subjekte des Eigentums gibt (Staat, Gemeinde), ist auch der Sozialismus "nicht ausschließlich ... eine erdachte Zukunftsgesellschaft", sondern bereits in der Gegenwart - als "Staatssozialismus, Gemeindesozialismus" - existent (1925a, S. 59). Dies wäre ein Beispiel mehr für den dialektischen, zwiespältigen Charakter des Sozialismus.

[23] S. Fußnote 22.

auch hier die Dimension des Wollens in die Problematik der Zukunftssynthese einbezieht.

Vom dialektischen Prozeß der Überwindung von national-staatlich organisierter "Gesellschaft" in einer weltgesellschaftlichen Zukunft spricht Tönnies auch im Zusammenhang der Darstellung des stetig wachsenden Einflusses der Presse, der Bildung einer sich immer mehr internationalisierenden öffentlichen Meinung. Die Presse ist eine gefürchtete universale Macht der Kritik der gesellschaftlichen Zustände und der Macht der Staaten vergleichbar, ihr vielleicht sogar überlegen (1969, S. 237).

Mit ihrer internationalen Wirkungskraft gehört die Presse zu jenen Kräften, deren letztes Ziel die Aufhebung der Vielheit der Staaten ist und wiederum deren Ersatz durch "eine einzige *Weltrepublik* von gleicher Ausdehnung mit dem Weltmarkte ..., welche von den Denkenden, Wissenden und Schreibenden dirigiert werde und der Zwangsmittel von anderer als psychologischer Art entbehren könne" (S. 237 f.). Auf die Synthese nationalstaatlich-gesellschaftlicher und gemeinschaftlicher Gestaltungskräfte verweist auch der sich hieran anschließende Gedanke (gemeint ist der "moderne und gesellschaftliche Staat"): "Überhaupt aber gilt die Bemerkung, daß das Künstliche, ja Gewaltsame in diesen Abstraktionen fortwährend in Erinnerung bleiben muß und der tiefe Zusammenhang, in welchem alle diese gesellschaftlichen Mächte mit ihrer gemeinschaftlichen Basis den ursprünglichen und natürlichen, den »*historischen*« Gestaltungen des Zusammenlebens und -wollens, verharren" (S. 238). Wichtig ist hier auch der erneute Hinweis auf die grundlegende Rolle des *"Zusammenwollens"*, also des gemeinschaftlichen Wesenwillens im negativen Zustand von "Gesellschaft". Tönnies erinnert damit nicht nur an seine langen Ausführungen über die gestaltende Kraft der beiden Willensformen für "Gemeinschaft" bzw. "Gesellschaft"; sein Hinweis auf die Bedeutung des Wesenwillens im Kontext der Äußerungen über die zukünftige Weltgesellschaft dient insbesondere dem Zweck, die entscheidende Rolle des gemeinschaftlichen Willens auch bei der synthesebildenden Zukunftsgesellschaft hervorzuheben.[24]

Einerseits war also Tönnies sehr wohl mit der Frage der *zukünftigen Auflösung* der in "Gemeinschaft und Gesellschaft" dargelegten *geschichtlichen Gegensätzlichkeit* befaßt, *andererseits* bleibt aber das skizzierte Bild eines Dritten Zustandes in der Gestalt eines *nationalstaatliche Grenzen sprengenden, gemeinwirtschaftlichen Sozialismus verschwommen und vage*. Dies ist ein Indiz für die erwähnte Abschwächung des an die Grenzen der Heilsgewißheit reichenden Fortschrittsoptimismus der Vorgänger. Dennoch verschwindet dieser Fortschrittsoptimismus nicht; *auch im 20. Jahrhundert* wird - gerade angesichts

---

[24] Vgl. in diesem Zusammenhang auch den Begriff "sozialer Kürwille" - im Unterschied zu "individuelle(m) Kürwille(n)" - und die Ähnlichkeit seiner Gebote mit der Religion, d. h. mit einem Charakteristikum von "Gemeinschaft" (Ferdinand Tönnies, 1969, S. 238).

neuer Krisenerfahrungen - das Nachdenken über eine glücklichere Zukunft als Entgegnung, als Horizont der Synthesebildung gegenüber dem Widerspruch von mangelhafter Gegenwartsgesellschaft und positiven Zukunftserwartungen fortgeführt. Dies gilt für eine Reihe von Sozialtheoretikern im 20. Jahrhundert - und insbesondere für Tönnies. So greift er ein halbes Menschenalter nach dem Erscheinen der ersten Auflage von "Gemeinschaft und Gesellschaft" in seiner 1919 veröffentlichten Vorrede zur dritten Auflage von 1920 die Grundproblematik seines Frühwerkes auf und befaßt sich erneut mit dem Bild eines zukünftigen Sozialismus. Jetzt wird eine Synthese nicht nur der bekannten Widersprüche zwischen "Gemeinschaft" und "Gesellschaft" gesucht, sondern *zugleich auch eine Antwort auf die allerneueste Krise*: den Ersten Weltkrieg, den er anderwärts als "Unheil", als "Selbstmord Europas" bezeichnet (1965b, S. VIII) - und auf den Zusammenbruch Deutschlands. Diese "Vorrede" ist über ihre gesamte Länge ein eindrucksvoller, stark emotionalisierter Versuch, aus den Grundgedanken von "Gemeinschaft und Gesellschaft" auch und gerade unter Berücksichtigung des Leidens Europas und ganz besonders des deutschen Volkes, aber ebenso unter Berücksichtigung der damals unerhört neuen sozialistischen Experimente, ein hoffnungsvolles Zukunftsbild zu entwickeln, wofür es gilt - ganz in der Tradition des Drei-Stadien-Denkens - "für die Deutung des Vergangenen ... wie für die tastende Erkenntnis des Werdenden ... das Dasein der Menschheit als einen Lebensprozeß ..." aufzufassen, "der in naturgesetzlicher Weise sich vollzieht" (1925a, S. 64), d. h., so wie das "»dialektische« Denken" verfährt, wie die sich gegenseitig ergänzenden "empirische und ... dialektische Methode(n)" es verlangen (S. 64). Diese Perspektive ist es, aus der Tönnies seinen nachdrücklich Deutschlands Schicksal und Erfahrungen beachtenden Zukunftssozialismus in knappen aber aussagekräftigen Zügen skizziert. Hierzu lesen wir: "Aber Deutschland legt nicht die Waffen seines Geistes nieder, die es vielmehr verstärken und verfeinern wird, um der Welt das Verständnis eines Gemeinwesens und eines Kulturideals einzuflößen, die den Widerspruch gegen die Weltgesellschaft und ihren Mammonismus in wissenschaftlicher Gestalt darstellen, welche eben dadurch zu einer *ethischen* Macht wird, zur Macht des Gedankens der Gemeinschaft. Diesen *durch* den gegebenen - modernen - Staat in die gegebene - moderne - Gesellschaft hineinzutragen, liegt den Deutschen ob, bei Strafe des Unterganges." (S. 63). Dann folgt mit einem tagespolitisch aktuellen Hinweis auf die Position Deutschlands "zwischen russischem Kommunismus und englisch-amerikanischem »individualistischem Kapitalismus«" (S. 63) die Aufforderung, Deutschland "müsse ... seinen eigenen Weg suchen und finden". Da sich unmittelbar hieran die Aussage anschließt: "Individualismus und Sozialismus sind überall, wenn auch in verschiedenen Phasen der Entwicklung, die leitenden Mächte" (S. 63), wird dem Leser auch unausgesprochen klargemacht, daß *die Suche nach einem dritten, spezifisch deutschen Weg mit der Suche nach der Lösung des dialektischen Widerspruches von "Gemeinschaft und Gesellschaft" aufs engste verknüpft* ist. Dies wird in der Folge der Argumentation dadurch bestätigt, daß nun, nach einer Kritik an den fehlgeschlagenen russischen Versuchen zwischen Kommunismus und individualistischem Kapitalismus, von der Chance Deutschlands die Rede ist, aus der Not der Gegenwart den Weg in eine glückliche Zukunft zu weisen. "Deutschland kann inmitten seiner Not und zur Heilung dieser Not ... einen lebens- und entwicklungsfähigen *Sozialismus* begründen ..." (S. 63 f.). Und nun folgt die Skizze dieses zukünftigen weltweiten Sozialismus, und zwar unter Verwendung der meisten bereits zitierten synthetisierenden Elemente aus "Gemeinschaft und Gesellschaft" mit besonderer Hervorhebung des modernen Genossenschaftsgedankens. Der Abschluß des Gedankenganges ist wiederum eine deutliche Bezugnahme auf das Leitmotiv des Drei-Stadien-Denkens: "Vorbereitung eines nach Jahrhunderten des Unterganges zu erwartenden Aufganges - des neuen Zeitalters höherer menschlicher *Gemeinschaft*, als des Erbteils, das wir unseren späten Nachfahren hinterlassen wollen" (S. 64).

Der *Zukunftszustand* im triadischen Weltprozeß hat aber Tönnies nicht *nur aus sozio-ökonomischer und politischer Sicht* beschäftigt. In seinen "geschichtsphilosophischen Ansichten": "Fortschritt und soziale Entwicklung" (1926c) greift er die *kulturkritische* Perspektive von "Gemeinschaft und Gesellschaft" wieder auf. Tönnies behandelt hier die verschiedenen ideengeschichtlichen Formen des Fortschrittsdenkens, das er mit Blick auf seinen zeitgemäßen rationalen Charakter bejaht und dem zuvor dominierenden mythischen Denken des Abfalls vom Paradies entgegenstellt (1926c, S. 36 ff.). Dennoch hält er es für unhaltbar, in der Entwicklung der letzten Jahrhunderte und insbesondere letzten Jahrzehnte "schlechthin einen Fortschritt *der* Kultur zu erblicken" (S. 41). Man müsse auch die Kehrseite des Fortschritt, die "Erscheinungen der Auflösung und Zerrüttung, ja zum Teil des Verfalles" sehen, so wie dies am Rückgang von Volkstum und Volksleben, großstädtischer Agglomeration, Bevölkerungsrückgang, Übergewicht von Handels- und Kapitalinteressen, Verfall von Kunstsinn und Kunstgeschmack abzulesen sei (S. 41 f.). Unzulänglich sei insbesondere die "Entwicklung in den sozialen und sittlichen Verhältnissen der zusammenlebenden Menschen" (S. 42). "Mit den Fortschritten des Kapitalismus und des friedlichen Verkehrs" wächst nicht der zwischen-staatliche Friede, sondern es häufen sich vielmehr "auch die Ursachen der Konflikte und der Feindseligkeiten ..."; "mit der Zivilisation steigern sich auch die Mittel der Zerstörung und Vernichtung. Dicht neben der Produktionstechnik geht die Destruktionstechnik" (S. 43; zur Zivilisationskritik als Großstadt- und Sittenkritik siehe auch S. 97 f.).

Tönnies hält es nach all diesen Überlegungen für wahrscheinlich, "... daß ein Zeitalter vieler Jahrhunderte" mit dem Übergewicht von "Dissolution über Evolution" bevorstehe, mit dem "Verderben und Tode" der heutigen Kultur Europas (S. 43). Und dennoch prognostiziert Tönnies, dem Geist der Dialektik entsprechend, den zukünftigen Aufstieg aus dem Untergang: "In dem Untergang selbst werden von den unzähligen Keimen, die in den zerfallenden Früchten enthalten sind, einige einen neuen und fruchtbaren Boden finden, innerhalb des Unterganges selbst und darüber hinaus" (S. 43). Schon in "Gemeinschaft und Gesellschaft" verdichtete er diesen Grundgedanken der Drei-Stadien-Entwicklung in einen Satz, mit dem er den Weg von *Kultur über Zivilisation zu zukünftiger Kultur* umriß: "Und da die gesamte Kultur in gesellschaftliche und staatliche Zivilisation umgeschlagen ist, so geht in dieser ihrer verwandelten Gestalt die Kultur selber zu Ende; es sei denn, daß ihre zerstreuten Keime lebendig bleiben, daß Wesen und Ideen der Gemeinschaft wiederum genährt werden und neue Kultur innerhalb der untergehenden heimlich entfalten." (1969, S. 251). - Nun folgt aber vierzig Jahre später eine ausführlichere Darstellung des Dritten Zustandes als einer Synthese aus den Werten der immer schon bejahten Gemeinschaft mit solchen, die Gesellschaft charakterisiert haben, in dieser Synthese aber ebenfalls eine positive Konnotation erhalten. Seine Vermutung ist nämlich: "... daß auf die Zeitalter der immer umfassender gewordenen Volkskulturen eine universale Kultur der Menschheit folgen wird, in der die Menschheit einer gemeinsamen Sprache und anderer gemeinsamer Zeichensysteme sich bedienen, in der sie von einer gemeinsamen Wissenschaft sich wird leiten, in der sie eine wahrhaft platonische Religion der Verehrung des Wahren, Guten und Schönen pflegen wird und gelernt haben wird, ihre echten Güter zu verwalten und im ewigen Frieden nicht mehr ein entferntes Ziel mit unzulänglichen Mitteln zu erstreben, sondern eine unmittelbare und von selbst verständliche Notwendigkeit ihres Daseins zu erkennen" (1926c, S. 43 f.). Und auch in dieser Vision ist eine Synthese der beiden Willensformen notwendiger Bestandteil des Dritten Zustandes. Die *Wirkungen* der *"Gesetze des Fortschrittes"* sind "an sehr besondere Bedingungen gebunden. Diese Wirkungen gehen *um so tiefer*, ihre *Dauer* wird um so wahrscheinlicher, *je weniger* sie in bewußter, neuernder, umwälzender Weise *Mittel und Zwecke unterscheidet und trennt*, die Mittel *mechanisiert* und zu Herren des Geistes werden läßt, anstatt sie durch den Geist zu beherrschen; *je mehr* sie vielmehr *organisch* geworden ist, also in das Fleisch und Blut von Institutionen, Überlieferungen, Sitten, Kunstwerken und als sittlich-ästhetische Gefühle lebendig-fruchtbar gewordenen (sic) Gedanken übergegangen ist ..." (S. 44; Hervorh. B.B.). In dieser Tönniesschen Vision ist die *Ausweitung und Vertiefung der Synthese von* der für "Gemeinschaft und Gesellschaft" konstitutiven *sozio-ökonomischen Dimension auf* die *gesamte Problematik* einer *universalen Kultur* - mit einer Religion des Wahren, Guten und Schönen und mit einer Harmonie, ja Gleichsetzung organischen Willens mit sittlich-ästhetischen Gefühlen - eines der entscheidenden Momente. Verwahrt sich auch Tönnies gelegentlich mit Nachdruck gegen den Vorwurf, "Gemeinschaft" als gut, "Gesellschaft" als böse dargestellt zu haben, so geht es ihm im *Geschichtsprozeß* letztendlich doch - auch - um die *Auseinandersetzung zwischen Gut und Böse*. Seine Dialektik erinnert auch an den Kampf zwischen Licht und Finsternis, und konsequenterweise soll die von ihm vorausgesehene Zukunft durch eine "universale Religion" - eine ethische, atheistische Religion der allgemeinen Menschlichkeit und der Wissenschaftlichkeit - getragen werden (1926c, S. 116).

Hier angelangt, blickt Tönnies zurück auf den langen Vorgang der philosophisch-wissenschaftlichen Durchdringung der monotheistischen Religionen und betont ihren ethischen Charakter: "Menschliche Geschichte und menschliche Geschicke stellen sich dar als Kampf des Guten mit dem Bösen, des Lichtes mit der Finsternis, als Kampf des Guten und des Lichtes, um sein Dasein, um die Macht, dem er endliche Sieg erhofft und verheißen wird" (S. 116). Tönnies sieht in diesem Gedanken aber viel mehr als nur einen Rückblick auf ein altes Thema überholter Religionen. Die Dialektik in der ethischen Dimension mit dem erhofften und verheißenden endlichen Sieg ist auch sein eigenes Thema, denn unmittelbar hierauf wendet er sich erneut der von ihm skizzierten Zukunftsperspektive und ihrer ethisch-atheistischen Religion zu und sagt: "Wenn die Weltmeinung auf dem Grunde des wissenschaftlichen Gedankens sich erheben wird, so wird aus ihr etwas, was die Würde einer Religion in Anspruch nehmen kann, nur erstehen, in ihr nur Wurzel fassen können in dem Maße, als sie eine ethische Vertiefung gewinnt: sie kann es nur, indem sie in die Region des Gefühles und des Willens sich versenkt" (S. 116).

Schließlich verweist im Tönniesschen Lebenswerk die unveröffentlichte Schrift "*Neue Botschaft*" (1920 - 1925) auf die entscheidende Bedeutung der Idee einer die Krisen der Geschichte aufhebenden *ethisch-religiös fundierten Zukunftskultur*. Die Leitidee der Arbeit - und wohl auch ihres Verfassers - kündigt sich bereits im Untertitel an. Nichts Geringeres als "der Wiederaufbau der menschlichen Gesellschaft auf dem Grunde einer geistlich-sittlichen Wiedergeburt" ist das Ziel. Tönnies führt hier den Leser durch die zentralen Gedanken seines Oeuvres - das Drei-Stadien-Denken als Strukturmuster im Hintergrund - zum Schlußgedanken hin: Wir müssen im Lichte der Ewigkeit "... *die gegenwärtige Feuersbrunst*, die den *Tempel der menschlichen Gemeinschaft* ergriffen und beinahe zerstört hat, zu betrachten versuchen; eben darum auch den *Wiederaufbau* auf dem Grunde einer *geistig-sittlichen Wiedergeburt* in dieses Licht stellen ..." (1920 - 1925, S. 38; Hervorh. B.B.). - Und an Wiedergeburt und Wiederaufbau hat Tönnies auch als praktisch Handelnder mitgewirkt, so durch seine Beteiligung an der Gründung (Berlin, 1892) einer Ethischen Gesellschaft, der "Deutschen Gesellschaft für ethische Kultur". Wie Harry Liebersohn (1990) mit Verweis auf die diesbezüglichen Diskussionsbeiträge von Tönnies während der Tagung der Gesellschaft hervorhebt, hoffte Tönnies, "daß diese Organisation zum Kern der wiederbelebten Gemeinschaft werden (würde), von der er lange geträumt hatte". Aufgrund der hier von ihm gehaltenen Reden resümiert Liebersohn das Bild der von Tönnies vorgestellten Gemeinschaft: "... säkularisiert und philosophisch, aber geleitet von einem quasi-religiösem Geist der Zusammenarbeit, auf der Grundlage einer objektiven Wissenschaft der Ethik und der sozialen Gerechtigkeit geweiht".[25]

---

[25] Ich danke Herrn Kollegen Liebersohn an dieser Stelle sowohl für die Gewährung der Einsichtnahme in das Manuskript seines Vortrages vor dem internationalen Dritten Tönnies-Symposion "Hundert Jahre »Gemeinschaft und Gesellschaft«" vom 6. - 8.11.1987 in Kiel und die Genehmi-

IV. Abschluß und Ausblick -
Ferdinand Tönnies: Brücke zwischen drei Zeiten

> "... der Friede ... ist herzustellen nur
> ... durch den Umbau der Gesellschaft in
> eine Gemeinschaft." So Max Frisch
> (1977, S. 93 f.; 1983, S. 336).[26]

Ferdinand Tönnies hat also - können wir resümieren - *eine der zentralen Ideen der Gründerzeit der Soziologie, das Drei-Stadien-Denken*, im theoretisch-geschichtsphilosophisch orientierten Teil seines Gesamtwerkes *auf schöpferische Weise weitergeführt, vertieft und differenziert.* Dieses Denken erfährt bei ihm eine Adaptation an neu aufkommende objektive und denkerische Probleme einer sich wandelnden Ära, so insbesondere durch ein wiederholtes *Neu-Diagnostizieren und Erweitern der Krisenthematik* in Anbetracht sich neu aufdrängender, als negativ wahrgenommener Probleme der Wirklichkeit und durch eine vorsichtige, verschlüsselte, inhaltlich weniger festgelegte Art der *Botschaft einer Zukunftssynthese*, so wie sich dies mit Blick auf das Abebben des Fortschrittsoptimismus ergeben mußte. Doch *die drei entscheidenden Elemente* dieses Denkens - der retrospektive Vergleich, die kritische Distanz zur Gegenwart als Krisenzeit und das Erwarten und Erhoffen einer besseren Zukunft - sind präsent. Wird hundert Jahre nach dem Erscheinen der ersten Auflage von "Gemeinschaft und Gesellschaft" die Frage nach Tönniesschen Einflüssen während dieses Zentenariums und nach den Wirkungschancen seiner Gedanken in den nächsten hundert Jahren gestellt, so ist bei ihrer Beantwortung - auch - diese Perspektive des Werkes zwingend auf die Wagschale zu legen. Eine solche Sichtweise läßt den ohnehin allgemein anerkannten *Tönniesschen Einfluß auf das sozialtheoretische - und allgemeine - Denken in den vergangenen hundert Jahren* noch bedeutsamer erscheinen und unterstützt nachhaltig die Vermutung, daß das Tönniessche Werk *auch im nächsten Jahrhundert* seine Wirkungskraft und sogar seine Aktualität nicht einbüßen wird. Das Allernotwendigste hierzu sollte, wenn auch mit zwangsläufig tentativem Charakter, zum Schluß noch gesagt werden.

---

gung des Zitats aus diesem Manuskript als auch für seinen wichtigen Hinweis auf die mir bis dahin unbekannte "Neue Botschaft". Der für die Veröffentlichung überarbeitete Eröffnungsvortrag des III. Tönnies-Symposions von Harry Liebersohn ist nun veröffentlicht in dem Band Lars Clausen/Carsten Schlüter (1990a).

[26] Zu Max Frischs Rede zur Verleihung des Friedenspreises des deutschen Buchhandels 1976 vgl. auch Fred Silbermann (1987, S. 428 f.). Silbermann hebt in dieser Rezension der Wiederveröffentlichung der "Grundformen sozialer Spielregeln" von Josef Pieper (1987) hervor, wie Pieper durch die - hier nun von Frisch zitierten - Tönniesschen Grundgedanken wieder zur Neubearbeitung seines Themas angeregt wurde. Piepers drei Grundformen menschlicher Gesellung heißen: Gemeinschaft, Gesellschaft, Organisation.

Was *Vergangenes und Bisheriges* angelangt, so ließen sich Tönniessche Einflüsse, die mit seinem dialektisch-triadischen Denkansatz zusammenhängen, auf zumindest zwei Wegen herausarbeiten. *Einerseits* wäre zu fragen, ob und in welcher Weise Autoren, die bereits bisher durch die Fortführung und kritische Weiterentwicklung zentraler Grundgedanken von "Gemeinschaft und Gesellschaft" bekannt sind - Durkheim, Max Weber, Vierkandt, Cooley, Redfield und Werner Stark[27] seien hier genannt - auch als *Nachfolger von Tönnies* hinsichtlich ihrer (kritischen) Aufnahme *nicht nur der dualen Aspekte, sondern auch durch ihre Diskussion der triadischen, d. h. synthetisierenden Elemente* seines Denkens zur Kenntnis genommen und eventuell also unter zusätzlichen neuen Akzenten interpretiert werden sollten. Insbesondere bei Durkheim und Cooley[28] ließen sich vermutlich neue Zusammenhänge erarbeiten. *Andererseits* handelt es sich darum, durch Konzentration auf die noch nicht wahrgenommene und nicht angemessen gewürdigte Bedeutsamkeit des *Drei-Zustands-Denkens* im 20. Jahrhundert *Denkerpersönlichkeiten* wie auch *Denkrichtungen*, die dieses Leitmotiv fortführen, *näher zu untersuchen* oder überhaupt als solche *zu erkennen*, um dann auf solche Weise auch über ihre Beziehungen zum Denken von Tönnies und ihre möglichen Verpflichtungen ihm gegenüber näheres zu erfahren. So wäre es wichtig, nicht nur die "Dialektik der Aufklärung", überhaupt die Kritische Theorie, die dialektische und marxistische Sozialtheorie mit ihrer Funktion der Fortführung des Drei-Stadien-Denkens zu analysieren, sondern z. B. auch Gabriel Tardes und Karl Mannheims Theorien (insbesondere dessen Werk: "Mensch und Gesellschaft im Zeitalter des Umbaus"[29]) als schöpferische Weiterführung dieser Tradition zu untersuchen, und dadurch zugleich auch den Vergleich mit Ferdinand Tönnies anzustellen und die Comtesche Frage der geistigen Sukzession zu überprüfen. - Bei einer Durchleuchtung der Literatur im Licht der Problematik des Drei-Stadien-Musters dürften dann auch weitere bedeutende, dialektisch-triadische Denksysteme unsere Aufmerksamkeit gewin-

---

[27] Zu Robert Redfield s. das Stichwort "Folk Society" von Emerich Francis (1969, S. 294 f.) mit Verweis auf Tönnies. - Einer der zentralen Gedanken von Werner Starks Religionssoziologie ist, daß Katholizismus und Protestantismus als Versuche der Verwirklichung von "Gemeinschaft" bzw. "Gesellschaft" anzusehen sind. S. hierzu in aller Ausführlichkeit Werner Stark (1972) sowie in der deutschsprachigen Zusammenfassung (1974, S. 166 ff.).

[28] So wäre, Émile Durkheim betreffend, herauszuarbeiten, inwiefern er als Theoretiker der - nationalen wie auch sozialen - Krise(n) seiner Zeit wiederholt auf vergangene, gefestigte, solidarische Gemeinschaften - der "mechanischen Solidarität", in seiner Religionssoziologie, in seinem Lob früherer Arbeits- und Berufsorganisation - zurückgreift, um eine, jenseits von Anomie und Krisen angesiedelte Gemeinschaft der "organischen Solidarität" (und auch seinen ethischen Sozialismus) zu entwerfen. - Auch bei Charles Horton Cooley (1967) sind jenseits des, einen Verfallsprozeß signalisierenden, Widerspruches zwischen Primärgruppe und einem Zustand des Formalismus und Desorganisation die Konturen einer zukünftigen besseren, natürliche Tugenden zur Geltung bringenden Welt sichtbar.

[29] Bei Gabriel Tarde ist (1908) die dialektische Abfolge ganz deutlich: Wiederholung, Gegensatz, Anpassung. - Karl Mannheim geht (1935) von drei möglichen Stufen des Denkens und Handels aus (Finden, Erfinden, Planen) und sucht die Antwort auf die gegenwärtige Kultur- und Gesellschaftskrise (Konkurrenz, Kampf, Anarchie, Zersetzung) in einer Gesellschaft der Planung: "Planen ist der Akt des Umbaus einer Gesellschaft in eine immer vollkommenere durch den Menschen regulierte Einheit" (1935, S. 152).

nen, die zwar nicht im Zentrum der herkömmlichen Schwerpunktbildung der soziologischen Theorie stehen und dennoch typisch für das sozialwissenschaftliche - und auch außerwissenschaftliche - Denken unserer Zeit sind. Es soll in diesem Zusammenhang nur an Lewis Mumford (1959) und an Richard Nikolaus Coudenhove-Kalergi (1932) erinnert werden. Der erstere entwirft - außer Technikgeschichten mit Variationen des Drei-Zustands-Denkens - eine historische Darstellung der Degradation der Kunst mit Blick auf eine erhoffte zukünftige Erfüllung; der letztere skizziert eine geraffte Weltgeschichte der Technik mit einer bewußten und deutlichen Orientierung am Drei-Stadien-Denken. Auch hier ist das Suchen nach Elementen einer Tönniesschen Erbschaft legitim, und zwar nicht nur deswegen, weil sowohl der Kunst als auch der Technik ein bedeutender Rang im Tönniesschen Geschichtsprozeß zukommt.

Aus demselben Grunde kann auch die Frage nach einer *zukünftigen und immer neuen Aktualisierung* des Tönniesschen Denkens entschieden positiv beantwortet werden. Die hier beleuchteten komplexen Wirkungskräfte des Drei-Stadien-Denkens werden mit großer Wahrscheinlichkeit auch für eine weitere Ausstrahlung der Problemstellungen, Denkkategorien und des Wissens von Ferdinand Tönnies auf wissenschaftliche und außerwissenschaftliche Diskussionen sorgen. Die sich miteinander verbindenden zeitlosen triadischen Strukturierungsmuster unseres Denkens, bestätigt und in spezifischer Weise geprägt durch die faszinierende und wirkungsträchtige Sichtweise der Geschichtsdialektik, die dann kontinuierlich Gestalt gewinnen nach Maßgabe der jeweiligen zeitspezifischen Bedürfnisse einer Krisenbewältigung kraft positiver Zustandsvergleiche -: Eine solche durch immer wieder erneuerungsfähige Überlieferung geprägte Allianz dieser Denkkategorien dürfte - schon allein aufgrund der hier herausgearbeiteten Züge seines Denkens - ein Garant insbesondere auch für die zukünftige Wirkung von Ferdinand Tönnies sein. Diese Kraft dürfte - wie bisher - in der Zukunft ebenso nur zu einem geringeren Teil direkt und manifest (wie im Falle Max Frischs), zum größeren Teil aber indirekt, latent, "beinahe unterirdisch"[30] wirken und sich dabei - gleichfalls wie bisher - nicht nur auf die soziologisch-sozialwissenschaftliche Sphäre beschränken, sondern auch auf das politische und allgemeine Denken ausstrahlen. Trotz des irreversiblen Unterganges kritikloser Fortschrittsgläubigkeit und trotz des Trends einer weiteren Abschwächung des allgemeinen Fortschrittsdenkens bis hin zu seinen zeitweisen Erschütterungen wird es wohl immer ein menschliches Verlangen - und dessen wissenschaftliche Verarbeitung - nach glücklicheren Alternativen, insofern nach anderen Zeiten geben - und zwar ganz besonders in Not und Krise. Dies betrifft *die Soziologie* vorzüglich in ihrer doppelten Gestalt als *"Krisenwissenschaft"*, als eine Wissenschaft nämlich sowohl der *Untersuchung von Gesellschaftskrisen* als auch mit hochgradiger *eigener Krisenträchtigkeit*. Ferdinand Tönnies wird *auch*

---

[30] Tönnies zitiert (1965, S. 14) Freyer, der der Theorie von "Gemeinschaft und Gesellschaft" das Zeugnis gegeben habe: "ihre Wirkung sei so allgemein, daß sie anonym und beinahe unterirdisch vor sich gehe und eine nachhaltige Wirkung auf alle, die Soziologie treiben, ausübe".

aktuell und zukunftsweisend - um nicht zu sagen: "fortschrittlich" - bleiben, *trotz des Vorwurfes des Konservatismus*' und trotz der Kritiken an seinem angeblichen romantischen Vorurteil zugunsten mittelalterlicher Gemeinschaft. Nicht zuletzt der Hinweis auf das Drei-Stadien-Denken in seiner spezifischen Tönniesschen Gestaltung dient der Verteidigung seiner wissenschaftlichen Anliegen. Durch die Herausarbeitung der Elemente eines Dritten, zukünftigen Zustandes ließ sich zeigen, daß "Gemeinschaft" für Tönnies nicht den verklärten idyllischen Raum für die Hegung von Vergangenheitssehnsüchten bedeutet, sondern für Kräfte steht, die trotz "Gesellschaft" weiterwirken, um in der Zukunft mit Elementen der letzteren sich zu einer glücklichen Synthese zu entwickeln.

Seit dem 19. Jahrhundert, seitdem es technisch-industriellen Fortschritt gibt, gibt es auch dessen Kritik, und zwar in der Gestalt entweder einer einseitig modernisierungsfeindlichen konservativen Zivilisationskritik oder aber als einseitig zukunftsorientierte - jeden neuen Mißstand mit dem Ruf nach noch mehr Fortschritt beantwortende - naiv progressistische Gesellschaftskritik.[31] Insbesondere Deutschland war - und ist wieder - der Schauplatz eines wenig versöhnlichen Streites zwischen zwei Extrempositionen, um nicht zu sagen zweier Varianten des Denkens in jeweils nur zwei Zuständen. Tönnies war ein früher Vertreter derer, die sich mit dieser Einseitigkeit nicht begnügt, sondern in ihrem dialektisch-triadischen Denken - auch - für dieses Problem, das Problem der Versöhnung von Vergangenheit und Zukunft, eine synthetisierende, vereinigende Alternative entworfen haben. Der Konservatismusvorwurf trifft Tönnies übrigens desto weniger, je mehr wir seine Aussagen und seine Botschaft mit denjenigen neuerer und allerneuester sozialtheoretischer Richtungen und sozialer Bewegungen vergleichen. Vielfach kann in allen ihren alternativen, zukunftsweisenden Werten und Zielen nicht Neues und Schöpferisches, sondern lediglich ein Variieren des von Tönnies' thematisierten Zustands der Vergangenheit entdeckt werden.

Wir können *unmittelbar aus Ferdinand Tönnies' Werk* lernen, wie er in seiner Gegenwart nach einer Brücke zwischen den Zeitzuständen Vergangenheit und Zukunft gesucht hat; und wir können *mittelbar* lernen aus der an uns gerichteten *Botschaft* dieses Werkes *als einer "Vergangenheit"* - denn "alte" Weisheit und Schönheit müssen immer wieder neu entdeckt und fortgeführt werden -, wenn *wir selbst* - als Wissenschaftler und als Menschen, die Knappheiten, auch die des Wissens, beheben und Krisen lösen möchten - in unserer Gegenwart eine Brücke zwischen Vergangenheit und Zukunft schlagen wollen. Indem wir bei der Suche nach einer zukünftigen Lösung für ein gegenwärtiges Problem Vergangenes vergegenwärtigen, darauf als Präsentes zurückgreifen, sind wir ohnehin Drei-Zustands-Denker (und -Handelnde), auch wenn eine Drei-Stadien-Theorie als solche nicht unser soziologischer Wegweiser ist.

---

[31] Als einen kritischen historischen Überblick beider Richtungen s. Rolf Peter Sieferle (1984).

'Gemeinschaft', 'Gesellschaft' and the Nature of Law

By Eugene Kamenka/Alice Erh-Soon Tay

I.

The contrast between *Gemeinschaft* and *Gesellschaft* - whether as ideal types or as actual societies - constitutes the main theme of that great sociological classic by Ferdinand Tönnies, the centenary of which we celebrate at this conference. The contrast dominated not only the sociological work of Tönnies, but much of nineteenth- and twentieth-century thought and sensibility. Throughout Europe, or at least throughout modern commercial-industrial Europe, it seemed, customs, traditions, personal relationships, family ties, and communal sentiments and obligations were being swept away by a new commercial individualism that elevated the impersonal, the abstract, the traditionless. The city drove out the country; calculation replaced natural affection, - or that at least is how many social theorists and more novelists saw it. Manchester economists, Whig historians and political liberals celebrated this as part of the march of progress and rationality, of the shift from the authority of origins to the authority of ends, from the tyranny of man to the government of laws, from the dependence of status to the equality and self-determination of contract. Others, including virtually all nineteenth-century socialists, saw the liberation from feudalism as threatening a new and more pervasive alienation and slavery. Money, Marx wrote in 1843-44, is that into which everything can be converted in modern bourgeois society. It makes everything saleable; it enables man to separate from himself as commodities not only his goods and the products of his work but even that very work itself, which he can now sell to another.

> "Money lowers all the gods of mankind and transforms them into a commodity. Money is the universal, self-constituting value of all things. It has therefore robbed the whole world, both the human world and nature, of its own peculiar value. Money is the essence of man's work and existence alienated from man, and this alien essence dominates him and he prays to it." (Karl Marx, 1957, p. 374 f.; translated by the authors).

The capitalist order, Karl Renner (1904, p. 63-192) was writing at the beginning of the twentieth century[1], frees property from feudal restraints and especially from its social role as a continuing fund that constitutes a real and tangible basis of social production and social responsibility. Property becomes capital, an intangible thing, a mere exchange value or bundle of exchange values. All social activities thus come to be separated from each other, become formally and legally separate and distinct. Property becomes fragmented. It no longer holds a social process of production together through being a corporeal object, an item of nature. The household, the Germanic *Gut* held together by the *potestas* of the *Gutsherr* acting as provider of labour, justice and social services is dissolved into a set of commercial relationships. The abstraction of property, its being an aggregate of values, results in the fact that the object, property in the economic sense, acquires many functions, while the subject, the *persona* of law who is the property owner, is deprived of all functions. The share has specific economic functions - the owner of the share has none, except as an appendage of the share. Similarly, the worker, instead of requiring the machine, comes to be required *by* the machine.

The enormous changes that took place in nineteenth-century European society occupied many of its greatest minds - but Tönnies was the first and the most important to develop the distinction between status and contract elevated by Sir Henry Maine and the new sociology of Herbert Spencer into a critical and professional sociology of the modern age, into an attempt to organize and understand the profound conflicts with the past and the new tendencies involved in the burgeoning 'bourgeois' society of contract and exchange, of commerce and commodity production.

Tönnies, it is well known, took his departure from the subtle differences between the two German words. Both can mean a society, an association, a community, or a fellowship. But *Gemeinschaft* tends to be used of an association that is internal, organic, private, spontaneous: its paradigm, for Tönnies, was the *Gemeinschaft* of marriage, the *communio totius vitae,* the total sharing of a life. *Gesellschaft* - comparatively new as a word and as a phenomenon - usually refers to something external, public, mechanical, formal, or legalistic. It is not an organic merger or fusion but a rational coming together for ends that remain individual. The 'secret' of the *Gemeinschaft,* for Tönnies, lay in the household

---

[1] J. Karner [pseud. for Karl Renner] (1904), "Die soziale Funktion der Rechtsinstitute, besonders des Eigentums"; revised ed. as Karl Renner (1929), "Die Rechtsinstitute des Privatrechts und ihre soziale Funktion, Ein Beitrag zur Kritik des bürgerlichen Rechts"; English translation published as Karl Renner (1949), "The Institutions of Private Law and their Social Functions". Tönnies's portrayal of the transition from *Gemeinschaft* to *Gesellschaft,* it was generally agreed, was deeply coloured by his watching the farming district of German Friesland from which he came being revolutionized in the latter half of the nineteenth century by the growth of the commercial society. Renner grew up in Moravia; his father who had inherited a prosperous farm fell on evil days during the collapse of the pre-capitalist economy after the Austro-Prussian War and died a pauper. See Karl Renner's (1946): "An der Wende zweier Zeiten".

and the concept of kinship, in the ties of blood, friendship, and neighbourhood. The 'secret' of the *Gesellschaft* lay in commerce and the concept of contract. Its ties are the ties created by the transaction between (abstract) persons; its measure for all things was money. The *Gemeinschaft*-type of society we find in the village and the feudal system based upon the village. Here, Tönnies (1955, p. 67-68; 1957, p. 59) writes:

> "The idea of a natural distribution, and of a sacred tradition which determines and rests upon this natural distribution, dominate all realities of life and all corresponding ideas of its right and necessary order, and how little significance and influence attach to the concepts of exchange and purchase, of contract and regulation. The relationship between community and feudal lords, and more especially that between the community and its members, is based not on contracts, but, like those within the family, upon understanding."

On the other hand,

> "The theory of the *Gesellschaft* deals with the artificial construction of an aggregate of human beings which superficially resembles the *Gemeinschaft* in so far as the individuals peacefully live and dwell together. However, in the *Gemeinschaft* they remain essentially united in spite of all separating factors, whereas in the *Gesellschaft* they are essentially separated in spite of all uniting factors. In the *Gesellschaft*, as contrasted with the *Gemeinschaft*, we find no actions that can be derived from an a priori and necessarily existing unity; no actions, therefore, which manifest the will and the spirit of the unity even if performed by the individual; no actions which in so far as they are performed by the individual, take place on behalf of those united with him. In the *Gesellschaft* such actions do not exist. On the contrary, here everybody is by himself and isolated, and there exists a condition of tension against all others. Their spheres of activity and power are sharply separated, so that everybody refuses to everyone else contacts with and admittance to his sphere; i.e., intrusions are regarded as hostile acts. Such a negative attitude toward one another becomes the normal and always underlying relation of these power-endowed individuals, and it characterizes the *Gesellschaft* in the condition of rest; nobody wants to grant and produce anything for another individual, nor will he be inclined to give ungrudgingly to another individual, if it be not in exchange for a gift or labour equivalent that he considers at least equal to what he has given." (Ferdinand Tönnies, 1955, p. 74; 1957, pp. 64-65).

Gesellschaft, then, in its paradigmatic form, is the society in which the cash nexus has driven out all other social ties and relations, in which people have become bound together only by contract and commercial exchange. Where *Gemeinschaft* is associated with the village, the household, and agricultural production directly for use, the *Gesellschaft* is associated with the city, wage labour and commodities production for exchange.

> "The head of a household, a peasant or burgher, turns his attention inwardly towards the center of the locality, the Gemeinschaft, to which he belongs; whereas the trading class lends its attention to the outside world; it is concerned only with the roads which connect towns and with the means of transit. This class seems to reside in the center of every such locality, which it tends to penetrate and revolutionize. The whole country is nothing but a market in which to purchase and sell." (Ferdinand Tönnies, 1955, p. 90; 1957, p. 79).

The 'common sphere' of the *Gemeinschaft* rests on a natural harmony, on the ties of tradition, friendship, and common acceptance of custom in the village and of a religious order in the town; the common sphere of the *Gesellschaft*, in so far as it exists at all, is based on the fleeting moment of contact within the commercial transaction - the moment when the object is leaving the sphere of influence of A but has not yet entered the sphere of influence of B. At this moment, for the contact to be successful, the wills of the two individuals need to be in accord, there has to be what the law of contract calls 'a meeting of minds'. It is a meeting which takes place only in connection with an offer and holds good only in return for a consideration. Above this atomic, egoistic individualism stand only its two guarantees - an abstract, impersonal system of law and the arithmetical summation of public opinion.

The distinction between *Gemeinschaft* and *Gesellschaft*, for Tönnies, is intimately associated with the distinction between two kinds of will, each characteristic of one of the two societies. The *Gemeinschaft* is based on the *Wesenwille*, the natural or integral will in which a man expresses his whole personality, in which there is not developed differentiation between means and ends. Against this type of will stands the *Kürwille*, the rational but in a sense capricious or arbitrary will developed in the *Gesellschaft*, the will in which means and ends have been sharply differentiated and in which Max Weber's *zweckrational* behaviour prevails. Tönnies emphasizes and develops this distinction in his paper "Zweck und Mittel im socialen Leben" - 'Goal and Means in Social Life' - (1923, 1975, pp. 235-270). He illustrates its application to property in his short pamphlet "Das Eigentum" (*Property*) published in Vienna and Leipzig in 1926(a). Property which is the object of the natural will is so closely bound to the essential nature of the person that any separation from it necessarily produces unhappiness. Property of this kind and the person tend to fuse together, it becomes part of him, loved as his own creation; it is not a commodity. People tend to behave thus toward living things which they own, or at least toward pets, to their house and yard, to the 'sod' that they and their forefathers have worked for generations, and toward other persons who are the objects of their direct affirmation, of love, trust, or of feelings of duty. In the relations that result from the natural will there is no sharp dichotomy of pleasure and pain, of satisfaction and dissatisfaction. There is rather a complex unity of feelings in which satisfaction and dissatisfaction, enjoyment and trouble, happiness and sorrow, right and duty, feeling honoured and feeling burdened are all bound together. The rational will, on the other hand, finds its paradigmatic expression in the relation to money, to property that is expressed as credit or debit in a ledger, to goods and commodities that one acquires with no other aim but to be rid of them, as quickly as possible, at a profit. The ultimate consummation of the rational will and its attitude to objects is found in the commercial *share*, which can be held by a person who has never even seen the property it confers on him and who has no interest in it whatsoever except as an item of credit. In such relations joy and sorrow, satisfaction and dissatisfaction, are sharply differentiated: profit is *plus*, joy, satisfaction; loss is *minus*, sorrow, dissatisfaction.

Everything is abstracted, torn out of its living context, subsumed under an inviolable end. The distinction between these two kinds of will is indeed central, though not explicit, in Marx's concept of 'free' labour as opposed to *forced* labour, to labour performed under the domination of need or of the desire to *have* rather than to enjoy (s. Eugene Kamenka, 1972, passim, especially pp. 70-81, 144-160).

Gemeinschaft and *Gesellschaft* for Tönnies, more clearly perhaps for the later Tönnies, are not close, accurate descriptions of two different existing kinds of societies. They are rather what he calls *Normalbegriffe*, a forerunner of Max Weber's concept of ideal types and of the modern concept of models. They are two opposed sets of connected presuppositions, two ways of seeing social reality and human relations, on which societies can be based. They are, in short, mental constructs, but constructs derived from observable reality, suggesting hypotheses and lines of investigation in dealing with that reality. In an 'normal type' or *Normalbegriff* some aspects of that reality are selected and accentuated in defining the type because of their apparent interdependence and theoretical importance. However, normal types are not classifications. No actual society will conform completely to such a type. Tönnies himself likened the concepts *'Gemeinschaft'* and *'Gesellschaft'* to chemical elements that combine in different proportions. He made it clear, as his close student and son-in-law Rudolf Heberle has stressed, that there was no question of treating even an institution like marriage as simply a *Gemeinschaft*. The point was to ask of a particular marriage or of a particular type of marriage-institution to what extent it approximated to the *Gemeinschaft* ideal and to what extent to the *Gesellschaft* ideal. No one who has observed contemporary changes in family law and relations can fail to see that those are fruitful and revealing questions to ask or that the moral choice between *Gemeinschaft* and *Gesellschaft* relations is not a simple and obvious one. Much of the movement for women's rights, for example, has sought and obtained the transformation of marriage from a *Gemeinschaft* institution (with its often concealed or open element of domination in practice) into a *Gesellschaft* contract between separate and equal right- and duty-bearing individuals who retain their individuality and do not enter, at least formally, but often also not in practice, into a relationship where the whole concept of rights and duties withers away. In consequence, some think, they now enter into no serious relationship at all.

Tönnies's inspiration was unquestionably historical. The product of a rural community, he was struck by the enormous changes produced, in Europe, by the growth of commercialism and individualism and the emphasis on quantification - even of public opinion - that accompanied this growth. Like Marx, he was conscious of the civil society of Adam Ferguson and the Scottish political economists. Its contractual presuppositions were borne in upon him even more strongly through his detailed work on Hobbes, culminating in a classical three volume study of Hobbes's life and thought, and - no doubt - by the writing of his book on Marx. In his earlier work, Tönnies unquestionably historicized his fundamental concepts. He treated the world as going through a fundamental shift from a feudalism that approximated to *Gemeinschaft* toward a commercial industrialized society, with large world-cities, that approximated more and more closely to the *Gesellschaft*. Man was passing from the primacy of the social unit, custom, tradition, and religious order, to the primacy of the abstract individual, of trade, calculation, abstract law, and the arithmetical summation of 'public opinion'. Ultimately, Tönnies hoped, the world would move toward a socialist community in which *Gemeinschaft* relations would be re-established, but on the basis of equality, not of hierarchy.

To make it clear that the Nazi elevation of the (Germanic) *Gemeinschaft* against Roman Law, 'Jewish commercialism' and the *Gesellschaft* was a gross misuse of his work, Tönnies, not long before his death, joined the Social Democratic Party.

There is less tendency in our egalitarian world now than there was under the Nazis or in the first half of the twentieth century generally to romanticize the 'natural' society of feudalism and the village lord, to ignore the extent to which the hierarchies and the official ideologies of *Gemeinschaften* were based on force and fraud, on economic dependence and fear. The fashion now is in nomad gathers and hunters - in the pre-agricultural *Gemeinschaft*, where hierarchies are and were allegedly less marked and the division of labour and the consequent social differentiation even less advanced. But the concept of *Gemeinschaft*, in Tönnies and in modern social criticism, is essentially a foil to and a mirror-image of the *Gesellschaft*. Tönnies's characterization of that - central to the contemporary sociological conception of alienation and the attendant mystification - remains profoundly relevant to and influential in the contemporary critique of modern society, still dominated by much *Gesellschaft*-thinking, especially in the English-speaking world and its now predominantly Benthamite, consequentialist view of life, law and morals. The theory of justice developed by John Rawls is an attempt to show that social principles, including a concept of fairness, can be developed out of rational egoism. The philosopher Phillip Pettit, interested in rational choice and reviewing Agnes Heller's (1987) "Beyond Justice", distinguishes the 'liberal' approach in social theory from the 'republican' in terms that correspond closely to the *Gesellschaft-Gemeinschaft* distinction and show the extent to which rational choice theory is of the *Gesellschaft*.

> "The liberal approach assumes that just institutions must be capable of operating properly, even if people always take their decisions on self-regarding or sectional grounds. The republican line assumes, on the contrary, that in order to have a just society we must have citizens who exhibit appropriate forms of civic virtue...
> Liberals look for institutions which, like market or pluralist structures, are designed to snatch the satisfaction of shared interests out of the pursuit of sectional aims. Republi-

cans look for institutions which will have a psychologically deeper effect, filtering out self-regarding interests and transforming private individuals into citizens whose focal concern is the public good." (Phillip Pettit, 1987, p. 836).

The Critical Legal Theory movement, and much western radical rejection of liberalism and 'the rule of law', rests on Tönnies's characterization of the *Gesellschaft* as incapable of a *republic*, a *res publica*, a *Gemeinwesen*.

II.

In Tönnies's later work, including the substantially revised editions of "Gemeinschaft und Gesellschaft" he brought out at intervals between 1912 und 1936, and certainly in subsequent sociological reception of his thought, *Gemeinschaft* and *Gesellschaft* become more and more de-historicized as "normal" types. Empirically, they are preserved as polar opposites in a community-society continuum in which not only societies, but all sorts of specific human institutions and relationships, take up their positions. Even so, to later generations Tönnies's evolutionism appeared dated; so did his insistence on reducing social institutions to manifestations of will. The cohesion of his two central concepts was to some extent challenged as attempts were made to 'operationalize' these concepts in empirical social research. Talcott Parsons broke them down into four pattern variables that are polar opposites facing each social action with a dilemma of choice. They were *affectivity* (immediate self-gratification) versus *affective neutrality; diffuseness* (breadth of relationships, their inclusiveness, as between husband and wife) versus *specificity* (narrowness of relationships, e.g. between shop-assistants and customers); *particularism* (action governed by a reference scheme peculiar to the actors in the relationship) versus *universalism* (action in terms of generalized standards); and *ascription* (status-based evaluation of persons) versus *achievement*. For empirical studies, Pitirim A. Sorokin and Howard Becker devised an eleven-point linear scale, embodying a dozen or so variables, for locating social systems in the *Gemeinschaft-Gesellschaft* continuum. Such work brings out, as one might expect, the complexity of actual societies and systems and their failure to conform strictly or to approximate evenly to the normal type, as well as the complexity of the type itself.

Outside the operational concerns of American sociology, critics such as Raymond Aron have rightly stressed the extent to which the *Gesellschaft* of capitalism, even in its heyday, was humanized and made bearable by an infinite number of *Gemeinschaften* contained within it, while the *Gemeinschaft* of feudalism in feudal Europe was based, as Max Weber saw, on a fundamentally contractual view of the relationship of fealty and service and on the politically central concept that liberties granted by the king were in principle rights and charters, not gifts, and therefore maintainable against him. It is this which provides a central and crucial distinction between 'contractual' European feudalism and bureaucratic, service-based Islamic and Oriental 'feudalism', in which there was nothing comparable to these contractual rights, to the pluralism of church, king or barons or to the social importance of Roman and Common Law. Many serious students would hold that the emergence of capitalism in Europe and its failure to emerge in a then technically and scientifically more sophisticated East was connected with this pluralist contractual nature of feudalism. Social anthropologists at the same time have brought out the strength of semi-contractual reciprocal relations - of gift exchanges and the like - even in comparatively uncomplex, 'primitive' communities and the extent to which the much vaunted informal, unsanctioned mediation procedure of the *Gemeinschaft* works successfully only when there is economic interest or economic dependence lurking behind, and where concealed sanctions nevertheless play an important role.

The categories or normal types put forward by Tönnies, then, have to be treated with caution and sophistication; they are, as Marx said of his own categories, no substitute for detailed knowledge and work. But they can be used to make the important concept of alienation more than a mere literary concept, a way of promoting an unattainable utopian ideal. It is true that all law incorporates and is based upon a relation of domination and submission, whether to persons, customs, principles or rules. If all such domination is called alienation then law is always a form of alienation and the argument that it can nevertheless be replaced by uncoercive, spontaneous social regulation that represents the will of everybody is, in our view, totally implausible. But if we treat alienation as a term that brings out the formal and in principle intense abstraction and individualization of the *Gesellschaft* as an normal type, then we are able to give specific rather than utopian content to the socialist conception, partly taken up and partly inspired by Marx, that the deficiencies of bourgeois law lie in its being a particularly intense and virulent form of alienation. We might bring out this point best, by distinguishing, on the basis of Tönnies's work, between *Gemeinschaft* and *Gesellschaft* conceptions of law - alienation, in principle, being a characteristic of the latter and *ad hoc* mediation, coupled with social pressure, or outlawry, being much more characteristic of the former. Then we could say the following:

Sociological analysts of actual legal systems have tended to stress that law performs three different if perhaps related and relatable functions in society.

1. Law seeks to establish and maintain what even Lenin called certain simple fundamental rules of living together. Lenin and many others have thought that these were known to all ages and were something which, in the proper conditions, all rational persons of good will could agree upon. In fact, however, it is not easy to separate these so-called basic requirements of social life from historically specific conceptions of social aims and social goods

and of particular social orders, with their fundamental constitutions, class and power structures, social and moral conceptions and taboos, protected by legal or customary sanctions with a degree of implied and actual force. Many theorists, however, and not only Marxist-Leninists, try.

2. Law provides principles and procedures for conflict resolution between individuals and groups within a society.

3. To varying degrees at various times and in different places law both guarantees and protects existing productive relationships and ways of distributing resources and provides the means for active intervention by the sovereign or state, for whatever reasons or at whatever behest, to actualize new principles and policies for resource allocation and to enforce and supervise the carrying out of these.

These three functions of law - the peace-keeping and social harmonizing function, the conflict-resolution function and the resource-allocation function - have all been recognized in and given varying emphases by different theories or alleged types of justice, however. The peace-keeping and social harmonizing function is much emphasized, as we might expect, in theories of justice that elevate its connection with the social organism or whole, with determining the 'proper' place of individuals, activities and institutions in a structured totality free of destructive conflicts. Such a view of justice is especially strong in traditional, pre-modern, organic pre-capitalist societies (communities), i.e. where *Gemeinschaft* prevails. It also characterizes the utopian end-society of socialism and communism. In the *Gemeinschaft* type of social regulation, punishment, and resolution of disputes, as Tönnies saw, the emphasis is on law and regulation as expressing the will, internalized norms, and traditions of a community, within which every individual member is part of a social family. Here, there tends to be no sharp distinction, if there is any formal distinction at all, between the private and the public, between the civil wrong and the iniquitons offence, between politics, justice, and administration, between political issues, legal issues, and moral issues. The village is ruled by custom, the city - in its *Gemeinschaft* character - by religion and authority. There is little emphasis on the abstract, formal criteria of justice. The person at the bar of judgment is there, in principle, as a whole man, bringing with him his status, his occupation, and his environment, all of his history and his social relations. He is not there as an abstract right- and duty-bearing individual, as just a party to the contract or as owing a specific and limited duty to another. Justice is thus substantive, directed to a particular case in a particular social context and not to the establishing of a general rule of precedent. Its symbols are the seal and the pillory. The formalisms of procedure in this type of justice, which can be considerable, are linked with magical *taboo* notions. They are emotive in content and concrete in formulation. They are not based on abstract rationalistic concepts of justice and procedure. The almost overwhelming strength of this *Gemeinschaft* strain in traditional Chinese legal procedure, with its emphasis on the emperor and the magistrate as the father of his people, and in popular Chinese concepts of the political order, justice, morality and the place of the individual in society, is widely recognized. It was very much part of the medieval world-picture in Europe. It was also characteristic of proceedings before the early English jury (selected on principles directly contrary to *Gesellschaft* procedures, for knowing the accused or the circumstances of the alleged crime), and in the Russian peasant *mir*, especially as envisaged in the *sudebnik* of Ivan III (which connected guilt with the general reputation of the accused). It remains characteristic of aspects of justice in communist societies with their open emphasis on the relevance - to guilt - of the general social behaviour of the accused, and in fundamentalist Moslem, community and revolutionary courts and tribunals, which behave in much the same way.

The *Gemeinschaft*, as we have said, is not a description of an actual existing society in all its aspects. It describes a dominant or strong *moment* in the Hegelian sense, a logical tendency and driving force in a society. Taken as a Weberian *ideal type*, it links actual institutions and the historical ideologies or perceptions on which they rest and which they mould. It shows how these presuppose and tend toward a particular view of man and society and the relations between them. There are in any society countervailing trends to the dominant world-view, institutions that do not fit, beliefs that do not square. Sometimes these are very powerful or important institutions or beliefs. The King's Common Law in feudal England was one such institution. In certain respects, it quite fundamentally did not square and stood in contradiction with 'feudal' or baronial justice. So were elements of Roman private law (as opposed to Roman public law) in the Republic, the Principate and the Empire, even if the concept of *ius* was backed by the *Gemeinschaft* philosophy of the Stoics. For the *Gemeinschaft* as *Gemeinschaft* does not have, as we have seen, a specific legal tradition. It brings together law, justice and morality and fuses them with politics and administration. The countervailing trends, Roman private law, for example, and even the Greek codes, are strikingly the product of commerce and cities, of the need to provide for justice between equals and between citizen and foreigner - those inside the *Gemeinschaft* and those outside it - and of class struggles within the *Gemeinschaft* in which the lower classes demanded guarantees and settled procedures in place of the patrician conception of justice as custom, *patrician* customs.

The *Gemeinschaft* conception of justice, then, in its general assumptions or trend is a particular conception of justice rather than a universal one, though it has universal pretensions. It elevates social harmony and subordinates both conflict resolution and resource allocation to a conception of the total social order. In doing so, it does not simply neglect conflict resolution or resource allocation; it takes a different view of them - emphasizing a sharp dichotomy of reconciliation or total outlawry in conflict, elevating status, 'merit' and such concepts as the just price in resource allocation. But it is true that the *Gemeinschaft* conception of justice is above all the conception of the *justitia communis*, in which universal principles of justice and both commutative and distributive justice are reconciled as mere parts of the whole and in which law, too, is seen as only an instrument. The content of this *justitia communis* tends to be provided by custom, tradition and a conception of a religiously sanctified order, in modern conditions, by social ideology and its policies. Behind them, of course, lurk historical accident, power, and interest. In so far as the *Gemeinschaft* conception of justice may be said to have contributed something comparatively timeless to the conception of justice, or to display a common feature with other conceptions of justice, it has done so by elevating in its moral conceptions of justice the element of reciprocity - of rights and privileges involving duties as a matter of moral reciprocity and not as a logical obverse of the one relationship. In return for obedience, I give loyalty and *vice versa*. This is what Confucius does in taking the five relationships - of governor and governed, parents and children, elder brother and younger brother, husband and wife, friend and friend - as models for the social order. The *Gemeinschaft* is not clear - in fact, it is systematically unclear - about what is often taken to be a fundamental characteristic or even definition of justice in modern positivist thought: justice as action according to rule. It elevates the situational ethic against the ethic of rules and principles, social responsibility against fairness, social position against abstract equality. (Being a member of the Communist Party, in court proceedings in Communist countries until last year could be to one's advantage or one's disadvantage; it was never irrelevant.)

Today, there is in many quarters considerable enthusiasm for a new secular *Gemeinschaft* - an organic community in which all persons and all activities are seen and judged as part of an organic whole, but without recourse to status, structured hierarchies or religious or customary taboos. The evidence so far is that status, structure, hierarchy, and a strong quasi-religious ideology meant to provide social direction and cohesion, and new taboos emerge quickly when the experiment is on a national scale. But again, the conception of justice that is elevated (if one is elevated at all) is that of the *justitia communis*, with its discounting of law and legal rights, its belief that justice is not to be seen as primarily or distinctively a legal matter, as the application of rules, but as a matter of assessing ('understanding') the total man and the total situation.

The *Gesellschaft* type of law and legal regulation is in all respects the very opposite of the *Gemeinschaft* type. It arises out of the development of individualism and of protest against the status society and the fixed locality; its growth is linked with social and geographical mobility, with cities, commerce, and the rise of the bourgeoisie. It assumes a society based on external as opposed to inner links, made up of atomic individuals and private interests, each in principle equivalent to the other, capable of agreeing on common means while maintaining their diverse ends. It emphasizes formal procedure, impartiality, adjudicative justice, precise legal provisions and definitions, and the rationality and predictability of legal administration. It has a tendency to reduce all civil wrongs to a common currency, to a matter of financial compensation. It is oriented to the precise definition of the rights and duties of the individual through a sharpening of the point at issue and not to the day-to-day *ad hoc* maintenance of social harmony, community traditions, and organic solidarity; it reduces the public interest to another, only *sometimes* overriding, private interest. It distinguishes sharply between law and administration, between the public and the private, the legal and the moral, between the civil obligation and the criminal offence. Its model for all law is contract and the *quid pro quo* associated with commercial exchange, which also demands rationality and predictability.[2] It has difficulty in dealing with the state or state instrumentalities, with corporations, social interests, and the administrative requirements of social planning or a process of production unless it reduces them to the interests of a 'party' to the proceedings confronting another 'party' on the basis of formal equivalence and legal interchangeability. It has trouble, as Marx saw, with social *inequality* threatening legal *equality*. The American Constitution and Bill of Rights and the French Declaration of the Rights of Man and the Citizen are the fundamental ideological documents of the *Gesellschaft* type of law, which reached the peak of its development in the judicial attitudes of nineteenth-century England and of German Civilians. It is enshrined, at least in part, in the concept of the *Rechtsstaat* and the rule of the law, i.e. of a specifically legal conception of the foundations and core of the operation of justice in society. It is at home with the social contract theory of society, with individualism and abstract rights. This view again elevates a specific, historically shaped conception of justice, closely linked with individualism and a specific legal tradition, grounded in the private law of the Romans and focusing on law and justice as conflict-resolution according to broad general principles and rules applying to all persons in that situation. But while this view of justice too elevates one particular function - that of conflict resolution - it has its characteristic views of the

---

[2] Perhaps the most perceptive discussion of the 'essence' of *Gesellschaft* law in its elevation of the right- and duty-bearing individual subject confronting all other juridical subjects on the basis of free will, individual responsibility, equality and interchangeability is Evgeni Bronislavovich Pashukanis's "The General Theory of Law and Marxism" (1924; s. Eugene Kamenka/Alice Erh-Soon Tay, 1970, pp. 72-79 and Eugene Kamenka, 1981, p. 14-15, reprinted 1983, pp. 49-72). Pashukanis treats this *Gesellschaft* conception of law as the only proper conception of law, distinguishing it sharply from non-legal rules and authority found in the family, religious orders and in administration, whether they be sanctioned by the state or not. Gustav Radbruch and a number of other German and Swiss theorists have a similar appreciation of the ideology of *Gesellschaft* law when they distinguish private law as voluntary, coordinating law, brought into being at the request of the parties, from mandatory and subordinating public law imposing social policies and a hierarchy of values on all citizens independently of their will.

social ordering and resource allocation function. It assimilates the former, as far as possible, to the minimum framework necessary for orderly and effective individual pursuits - i.e. to the rules of the road or the basic regulation of buying and selling necessary to make a market possible. Resource allocation it leaves to the efforts of individual enterprise, at least in principle. (In fact, of course, no society has been a pure *Gesellschaft* and no relations or institutions have ever been based solely on the cash-nexus or individual interest.) But the *Gesellschaft* conception of law and justice is especially suspicious of the attempt to derive interests from the social whole; it sees the state as resting on law and serving the pluralism of private interests, rather than imposing a superior and independent universal interest or justice. It is frequently denounced these days, especially by Marxists, as the ideology (and reality) of an atomistic liberalism.

III.

Today there is in advanced industrial or 'post-industrial' societies a widespread crisis in law and legal ideology which goes to the very core of social conceptions and hence of 'philosophical' discussion of the nature and function of law. The philosophy of law as the logical analysis of legal propositions and arguments may be another matter, but the theory and nature of justice - or of administration - cannot be discussed as an abstract, atemporal question, as something to be treated apart from the macro-sociolgy of law, from actual social demands, actual social expectations, and actual social and legal institutions and arrangements. The current crisis illustrates this.

Lawyers, of course, have long been aware of important changes in modern social and economic life, and in modern social and political attitudes, that affect the character and principles of many areas of private law and that have been fundamentally altering the balance between private und public law. They speak, as the late Wolfgang Friedman (1964) did in his "Law in a Changing Society", of a shift from private law, concerned with security of the individual, to public law, concerned with welfare and social utility. Even in the heart of the private law, in the law of tort or torts, and in contract, they have discerned similar developments. In torts, there is the movement from the legal-individualistic principle of fault liability to the social, actuarial cost-benefit analysis that leads to the principle of loss distribution; in contract, the concept of a bargain struck between ideally equal and freely contracting parties is increasingly infringed upon by Government legislation dictating contractual terms from above and by the court's recognition of social and economic inequalities and of the one-sided restriction of the power to bargain by the existence of standard contracts. Further, we have the emergence of whole new areas of law - industrial law, conciliation and arbitration, rent and price control, tenant and consumer protection and, lately, control of resources and protection of the environment - which require conceptions of the nature and function of law and of the nature and procedural characteristics of justice that diverge sharply from the traditional attitudes, concepts, and procedures of nineteenth-century common law and Civilian judges and courts. For a period, common lawyers, at least, attempted to save such traditional concepts, while accommodating the new developments, by distinguishing law from regulation, courts from tribunals, justice from administration. Today - and this is part of the crisis - the distinction becomes less and less tenable.

The crisis, of course, has larger social, political and moral dimensions. But these are still not external to law; they lie at the very heart of it. Those lawyers who noted the gradually increasing importance, in the twentieth century, of state regulation, of public law, and of considerations drawn from the ideology of welfare and social utility, thought - until recently - that this was part of an orderly, evolutionary process of socializing and humanizing capitalism, that it could be legitimized and directed in terms of the quasi-individualistic, quasi-social ideology of Benthamite utilitarianism and piecemeal social engineering. But the development of parallel and/or competing systems of private and public law, law and administration, courts and tribunals, protection of the legal primacy of the individual and of the primacy of the socio-technical norm, carries with it a confrontation of explicit or implicit ideologies, of ways of viewing both law and the world, that clash. They are not easily reconcilable into a single system of law or of moral and social philosophy, but lay claim to each other's areas, they seek to inherit the earth. The resolution of private and public interest attempted by Benthamite utilitarianism - logically phony from the start - no longer carries conviction. The increasing social visibility of public law and of the need for public law ideology cannot fail to undermine, or at least to revolutionize, the field of private law and its ideology. The last few years, indeed, have made it obvious that the legal developments are signs and parts of a wider crisis - of a renewed crisis in classical liberalism and liberal democracy, in the ideology of free enterprise and of middle-class culture, made evident in the radical upheavals of the late 1960s. Those upheavals saw a remarkable and largely unexpected revitalization of revolutionary socialism as a radical critique of society, drawing on a wider concern for the interests, the rights and the dignity of the comparatively poor and underprivileged, both in the national and the international context. No doubt, socialists have been able to make some very familiar, but nonetheless potent, criticisms of law and lawyers as abstract, oriented to the needs and opportunities of the middle class, etc., etc., but they have done so with only a partial appreciation of the problem and of the trend of events. For the crisis of law and legal ideology is not merely part of the revitalization of socialist hostility to the entrepreneurial society or to its successor, the world of multi-national corporations. It is a crisis deeply rooted in nineteenth- and twentieth-century developments: in the course and social ramifications of scientific and technological progress, in the changing conditions of economic production and use, in the vastly increased scale and power of enterprises, in the consequently ever more obvious social interdependence of individuals and units and the growing power of the state and its agencies. The extent to which radical socialists have not fully grasped the point can be seen from the fact that the crisis is not at all confined to the west or to free enterprise societies. It is also to be found in the communist world. There it manifests itself as a crisis within Marxist legal ideology and within the socialist conception of the goal - the spontaneously cooperative, egalitarian, truly human society. The early Marxist-Leninist vision of ultimate communism, in which the administration of men is replaced by the administration of things, in which coercive external norms give way to the settled operation of an internalized consciousness of social and ethical justice, has disintegrated. The crisis in that vision was dramatized by the bitter struggle between the bureaucratic-administrative realism now espoused by Soviet theorists of law and public administration, and the Maoism of the period of the Great Proletarian Cultural Revolution, with its emphasis on popular participation, the 'mass line' and great leaps forward, on continuous or recurrent social upheavals under the slogan 'Smash All Permanent Rules, Go One Thousand Li A Day'. The struggle was, in fact, a struggle between two central but contradictory elements in Marxism - technological rationality and peasant anarchism.

In the communist world, the tension was between revolutionary transformation and the desire for social stability, between mass campaigns and the provision of social and psychological security for individuals, social spheres and activities, between utopian spontaneity and technical-administrative realism. In the west, the crisis is a crisis in the individualistic view of society, in a legal model attuned to the needs of the individual house- or property-holder, the entrepreneur, the settled citizen living on terms of equality with those around him, secure and confident as an individual in his bearing vis-à-vis the state and the rest of society. Against this, the new demands elevate the interests or 'requirements' of the comparatively poor and/or underprivileged as contrasted with those who are 'at home' with law; they pit the interests of 'society' or of 'humanity' against 'excessive' respect for abstract individual rights and powers, especially proprietorial rights and powers; they tend to see persons as social products and not as free moral agents, as people to be cured or helped rather than judged. They are suspicious of lawyers as a profession - in the common law world because they see them as a privileged caste with guild traditions and powers, in continental Europe because they see them as characterless servants of the state. Associated with this, and in spite of a growing hostility to the state and its bureaucratic apparatus, we find an increasing demand that law integrate itself with the general social machinery for achieving the common good. Law in the western world - both at the level of the judicial process and at a level of legislation - is asked to overcome its abstraction and its underlying individualism, to take into account extra-legal powers and social inequalities, to investigate total social situations, to make orders that will require new powers and new attitudes on the part of courts, to cease treating the 'public interest' as an unruly horse or, at best, as just another private interest to be weighed against the rights of individuals, to recognize instead a moral hierarchy of interests, to turn its attention from the past actions, immediate interests, and abstract rights of the parties before the court to the social context, the social implications, and the future consequences of such actions as a general class. Law is being asked to shift its attention from adjudicating between 'private' interests after they are already in conflict to securing and regulating the conduct of social affairs in the name of the social good.

Despite the extent to which these demands carry with them assumptions and criticisms of a clearly socialist colour, they do not come exclusively or even predominantly from consciously socialist groups. The elevation of the direct appeal to public opinion, the weakening of the conceptions of *intra* and *ultra vires*, the rejection of the traditional notion that social institutions have properly limited functions, and a rather new attitude to property and its social role and responsibility, are part of a general social trend. The Charity Commissioners for England and Wales noted as early as 1969 the way in which such new tendencies were disturbing established concepts of law in their area:

"One contemporary development which has given us some concern has been the increasing desire of voluntary organizations for 'involvement' in the causes with which their work is connected. Many organizations now feel that it is not sufficient simply to alleviate distress arising from particular social conditions or even to go further and collect and disseminate information about the problems they encounter. They feel compelled also to draw attention as forcibly as possible to the needs which they think are not being met, to rouse the conscience of the public to demand action and to press for effective official provision to be made to meet those needs. As a result 'pressure groups', 'action groups' or 'lobbies' come into being. But when a voluntary organization which is a charity seeks to develop such activities it nearly always runs into difficulties through going beyond its declared purposes and powers conferred by the charity's governing instrument." (47 Anglo-American Law Review from the Report of the Commissioneers, cited in: Lee A. Sheridan, 1973, p. 5, para. 8).

This wider concern with activating of placating public opinion, as distinct from safeguarding or exercising one's specific legal rights and powers, is now to be met with in all areas. Corporations act in alleged exercise of their responsibilities not just to their workers or customers, but to the neighbourhood or the community at large while, in moments of crisis or upheaval, increasing emphasis is placed on avoiding confrontation, preventing the sharpening of issues, looking to the vague and *ad hoc* compromise, the agreement to live together, rather than the determination of strictly legal rights and powers, of legality versus illegality. Thus, in the aftermath of the events in Columbia University in May 1968, counsel for the university appeared in court to seek leave to withdraw an application for an injunction to restrain the student trespassers. A university, he said, was like a big family and in a family justice was best done privately.

Behind this shift in social and ideological attitudes is a curious mixture of extreme personal individualism - the cult of the individual personality as an emotional rather than as a political or legal unit - and a collectivism or étatism in which the state is no longer seen so much as the centre of society, as the carrier of moral values, but as rather the limitless provider of the pre-conditions of the good life. The individualism, the elevation of emotional security, of personal dignity, of the right to do one's own thing, is no doubt directly related to relative affluence and a prolonged period of education devoted to nurturing the conception that self-expression is the ultimate goal of life and the birthright of modern man. It underlies what is confusedly expressed by the more strident as a demand for 'participation' - often more a demand for social, industrial and legal recognition of the importance of the individual as a person, of his *feelings* and his *integrity*, than a demand for lasting and structured arrangements for genuinely popular control. It is the real content of the objection to the abstraction and alienation that is seen as inherent in traditional legal structures and ways of proceedings, which is taken to subordinate the living individual to abstract impersonal rules, to what appears as the independent power of words and the requirements of processes and interests divorced from their alleged human content or function.

Together with all this, however, and as a crucial part of it, is the appreciation, the taking for granted indeed, of the limitless power, wealth and capacity of the state and of major social and capitalist institutions. The scale of property has become so vast, the sources from which it draws its wealth so multifarious and pervasive, and its social effects and ramifications so great, that modern man is having increasing difficulty in thinking of property as private, as the concretization of an individual will reifying itself in land or objects, as a walled-in area into which others may not enter. There is, in other words, a shift of attention from the property whose paradigm is the household, the walled-in or marked-off piece of land, the specific bales that make up a cargo or consignment, to the corporation, the hospital, the defence establishment, the transport or power utility whose 'property' spreads throughout the society and whose existence is dependent upon subsidies, state protection, public provision of facilities, etc. In these circumstances, a view of society and a view of property as a collection of isolated and isolatable windowless monads that come into collision only externally and as a departure from the norm becomes untenable. Property becomes social in the sense that its base and its effects can no longer be contained within the framework of the traditional picture. The major sphere of social life passes from the private to the public, not merely in the sense that more and more activity is state activity, but in the sense that more and more 'private' activity becomes public in its scale and its effect, in the sense that the oil company is felt to be as 'public' as the state electricity utility, the private hospital and the private school, with their growing need for massive state subsidies, as public as the municipal hospital and the state school. This explains one of the most striking of modern phenomena - the decline in respect for private property, the popularity of the sit-in, of the demand for *access* as independent of ownership, and as something that ought to be maintainable against it.

In explaining and analyzing all this, Tönnies's correct appreciation of the character and limitations of the *Gesellschaft* conception of law and society and its conflict with and rejection of *Gemeinschaft* conceptions is crucial. But it is not sufficient. We need to supplement Tönnies with Weber to grasp the enormously expanded role in modern society of the state and the tensions between a bureaucratic-administrative conception of society and both the *Gemeinschaft* and the *Gesellschaft* conceptions.

Gemeinschaft-type law, we have said, takes for its fundamental presupposition and concern the organic community. *Gesellschaft*-type law takes for its fundamental presupposition and concern the atomic individual, theoretically - for the purpose of law - free and selfdetermined, limited only by the rights of other *individuals*. These two 'normal types' of law necessarily stand in opposition to each other, though in any actual legal system at any particular time both strains will be present and each type may have to make accommodations to the other. In the *bureaucratic-administrative* ideal type of regulation, the presupposition and concern is neither an organic human community nor an atomic individual, it is a non-human ruling interest, public policy, or on-going activity, of which human beings and individuals are subordinates, functionaries, or carriers. The (*Gesellschaft*-)law concerning railways is oriented toward the rights of people whose interests may be infringed by the operation of railways or people whose activities may infringe the rights of the owners or operators seen as individuals exercizing individual rights. (*Bureaucratic-administrative*) regulations concerning railways take for their primary object the efficient running of railways or the efficient execution of tasks and attainment of goals and norms set by the authorities and taken as given. Individuals as individuals are the object of some of these regulations but not their subject; they are relevant not as individuals having rights and duties as individuals, but as part of the railwayrunning process and its organization, as people having duties and responsibilities. Such people are seen as carrying out roles, as not standing in a 'horizontal' relation of equivalence to the railway organization or to all their fellow-workers, but as standing in defined 'vertical' relations of subordination and subsubordination. The relation of the bureaucratic administration to people as subjects and not objects is never direct but mediated through the policy, plan or regulations that purport to have human needs as well as technical requirements for their foundation. Hence the appeal against bureaucracy is always to politics, which replaces the judge. The distinction between *Gesellschaft* law and bureaucratic-administrative law or regulation accords with a traditional distinction common lawyers have made between law and administration, courts and tribunals, judges and commissioners. The lawyer has often had to serve in both capacities but he has distinguished the *Gesellschaft* conception of law, oriented to dispute resolution and conflicts that can be expressed as conflicts between parties, that sees judicial hearings as adversary proceedings, dominated in the first instance by the parties stating their case, concerned with actual past occurences or the immediate likelihood of such occurences, providing remedies, and not planning the future. Those many departments of social life, or specific problems, that require investigation of a wider kind, assessment of the possible effect of social policy, considerations of a whole area or province or set of likely future developments, or even arbitration in the light of the arbitrator's independent investigation, the common lawyer sees as the proper task for a commission or tribunal which may function under quasi-judicial rules but whose 'essence' or task is not fundamentally judicial, or rights-oriented, but investigative and administration-oriented. To the *Gesellschaft* court, indeed, the bureaucratic-administrative society opposes the Star Chamber, exhibiting and applying to specific cases predetermined political policy, the commission, charged with determining the right policy, and the tribunal established to mediate, conciliate or investigate. (The well-known investigative role of continental European courts under the civil law system bears witness to the strength of the continental state, to the extent that law there was instituted from above and that the Continental *Gesellschaft* system of civil law has come to bear strong bureaucratic-administrative traits.)

Bureaucratic-administrative regulation, thus, is quite distinct from both *Gemeinschaft* and *Gesellschaft* law, but it does not stand in quite the sharp uncompromising opposition to them that they do to each other: pursuing different aims, it nevertheless finds points of contact and affinity with each of the other forms. The *bureaucratic-administrative* emphasis on an interest to which individuals are subordinate, on the requirements of a total concern or activity, brings it to the same critical rejection of *Gesellschaft* individualism as that which is characteristic of the *Gemeinschaft*; it gives it a similar interest in maintaining harmonious functioning, in allowing scope for *ad hoc* judgement and flexibility, in assessing a total situation and the total effects of its judgement in that situation. This is why the growth of corporations has produced *Gemeinschaft*-like features in the internal direction of the corporation, even while the corporation maintains *Gesellschaft* relations with its external counterparts. At the same time, bureaucratic-administrative regulation is a phenomenon of large-scale, non-face-to-face administration, in which authority has to be delegated. As the scale grows, bureaucratic rationality - regularity and predictability, the precise definition of duties and responsibilites, the avoidance of areas of conflict and uncertainty - becomes increasingly important. This requirement of bureaucratic rationality in the bureaucratic-administrative system stand in tension with *Gemeinschaft* attitudes, unless they are strictly limited in scope. It finds a certain common ground with the distinguishing features of *Gesellschaft* law in the emphasis on the universality of rules and the precise definition of terms, in the important role ascribed to the concepts of *intra* and *ultra vires*, in the rejection of arbitrariness and of the excessive use of *ad hoc* decisions to the point where they threaten this rationality. In the Soviet Union, the bureaucratic-administrative strain has been very strong indeed, imperfect as the execution may often have been. While earlier Soviet theoreticians saw law being replaced by the revolutionary consciousness of justice, which would strengthen the *Gemeinschaft* side of socialism, in fact the influence of plan and of bureaucratic requirements in the Soviet Union has been notably in the direction of strengthening the presuppositions of bureaucratic rationality and of thus strengthening, at least to some extent, the respect and need for *Gesellschaft* law. This point, of course, is of crucial importance for assessing future development in China, where the prospects of *Gesellschaft* law are intimately associated with the elevation or non-elevation of bureaucratic-administrative features and requirements and the consequent growth or retardation of interest in bureaucratic rationality. That is what was involved in the struggle between Chairman Hua (or more accurately Deng Xiaoping) and the Gang of Four (more accurately the Gang of Five, since Mao was a member). That struggle, for the moment at least, has been resolved in favour of Deng Xiaoping and confirms a point we have been making since the 1960s, and against much western enthusiasm for the 'informality' of the Cultural Revolution. Deng has firmly elevated law as necessary for China's four modernizations - those of agriculture, industry, science and technology, and defence, but - as the events of May-June 1989 showed - only to the extend that Party control is not threatened.

Drawing upon and supplementing Tönnies's categories in this way, we are able to understand a fundamental and systematic ambiguity about law evinced by socialism and by socialists since the beginnings of the movement in the 1820s and 1830s. Socialism was a critique of the modern industrial and commercial society based on private property in the light of the ideals of the Enlightenment and the French Revolution: Liberty, Equality, Fraternity, self-determination, rationality, progress and man's mastery over his social and natural environment. As the fundamental principles and the systematized ideology of the *Gesellschaft* became clearer, socialists became sharper in their rejection of it. But they were torn between two contrary responses - an elevation of the spontaneous, natural, pre-industrial community shorn of landlords, hierarchies and religious oppression (what one might call the Rousseauan-anarchist strain in socialism) and an elevation of rational plans and administration for converting society into a central bank administering all property as public and existing for the public benefit (the Saint-Simonian étatist strain in socialism). The first response envisaged the withering away of state, law and coercion and played an enormous role in the revolutionary utopianism of socialist and anarchist movements, including Marxism. The second converted socialism into the ideology of social planning, democratic social planning in the mainstream working class movement in the West, dictatorial social planning for Leninist parties taking power in state-centred societies. The vacillations about law, in communist societies especially, cannot be understood unless we distinguish *Gemeinschaft*, *Gesellschaft* and bureaucratic-administrative strains and ideologies and recognize the even more important but shifting conflicts and alliances between them. Each strain carries with it an ideology and those ideologies are fighting it out in the communist world as they are fighting it out in the Western world today.

In the Western world and, perhaps, slowly in the communist world, there is a greater appreciation today of a need for balance in society, of the need to satisfy, at least partly, conflicting demands that cannot be brought to a common measure or integrated within a single fundamental value or objective. The *Gemeinschaft* has virtues and inescapable drawbacks - so does the *Gesellschaft* and so does bureaucratic-administration. Children's Courts, operating on *Gemeinschaft* as opposed to *Gesellschaft* principles, were created to protect the child offender, to humanize the harshness that could arise from the imposition of abstract rules and procedures devised for adults. Today, there are many, including children, who object to the dependence on persons (whether judges or social workers) and to discretionary powers as not respecting the child's 'rights'. In ordinary courts, on the other hand, we hear more and more demands that rules and justice itself be tailored to the status, the social circumstances and extralegal needs, of those before the court - to their need even to be treated *personally* and not impersonally. The conception of the rule of law is a conception of the rule of *Gesellschaft* law - though the interpretation and application of *Gesellschaft* law has always been tempered (or distorted) by *Gemeinschaft* and administrative attitudes, policies and procedures. Today, the conflict between the three and the demand that all three be brought into play are especially self-conscious and sharp. An associated pragmatism, a tendency in an increasingly complex and aggressively demanding society, to solve problems piecemeal, to satisfy interest groups one at a time, is undermining the faith in the rule of law that formed so important a part of *Gesellschaft* ideology. Yet balances must be struck and only by paying heed to the history and ideological content of the ideal types we have sketched can one see the dangers that each type by itself poses for the actual striving for a just society. Here, it would seem to us, the *Gesellschaft* conception of law needs to provide the general framework and the overall tradition of law as a specific social tradition within which *Gemeinschaft* and *bureaucratic-administrative* corrections are introduced. We need tribunals, courts of enquiry, arbitration in disputes, informal courts for petty claims, domestic disturbances etc. But we also need a concept of fairness - of fair hearing, of fair determination, of legally warranted and fair administration, which only a *Gesellschaft* conception of law can safeguard and elaborate as a central social institution.

The Rationality of Community

By Maurice Marks Goldsmith

During the last thirty years, there has been increasing interest in "economic theories" of politics. This has been especially, but not exclusively, so in anglophone political theory, as the series, *Analytische Politikphilosophie und Ökonomische Rationalität* edited by the late Karl-Peter Markl testifies (1984, 1985). It is perhaps more accurate to characterize these "economic theories" as rational choice theories, since they do not necessarily involve many of the concepts that we usually associate with economics, such as markets or money, and they may be more general than the disciplinary term indicates. Attempts have been made to analyze party competition and voting (Anthony Downs, 1957), the political thought of Thomas Hobbes (Michael Taylor, 1976, pp. 99-118; Iain McLean, 1981) and international arrangements about radio frequencies (Michael Laver, 1986) among many others; and the influence of rational choice theories is evident in the work of John Rawls (1972) and Robert Nozick (1974). What I would like to do today is to rehearse briefly (and I hope not too tediously) some of the characteristics and implications of these theories and to explore some of the problems that they reveal.

The main characteristics of rational choice theories is the postulation of an actor or actors who make choices among a range of alternatives in pursuing some goal, objective or value. The actor or actors may be human individuals, but they may also be conceived as entities, such as political parties (Anthony Downs, 1957, pp. 24-31), bureaucratic agencies (W.A. Niskanen, Jr., 1971) or families - even familiy lineages (John Rawls, 1972, pp. 128-129). Minimally, the actor is regarded as rational in the "economic" sense of being able consistently to order preferences among the alternatives available. Rationality extends further than this however since the actor is also assumed to be able to perceive and process information from the external world, relating that information to the range of possible alternatives so as to be able to rank them in an order. This of course requires a causal perception of the world in which the probability of various outcomes is seen as a result of actions taken in particular circumstances. It is important also that the actors are seen as individual rational calculators - individual at least in the sense that they are marked by what David Hume called "confin'd generosity" (David Hume, 1951, p. 495). There is a distinction between the feelings of one actor and another: even if B is pained by his perception that A is in pain, B does not feel that pain; B does not feel hungry or thirsty when A feels hungry or thirsty. (It is true that B is often allowed to have preferences about A's feelings, but that does not amount to the same thing as feeling A's feelings.)

Thus rational choice theories specify actors who possess a particular range of characteristics. These actors are conceived of as acting in a situation in which they distinguish their desires and interests from those of other actors and in which they seek to satisfy their desires and promote their interests if not at the expense of others, at least in preference to those of others. These characteristics form a familiar picture: they compose a portrait of "economic man" (Anthony Downs, 1957, pp. 4-11; Amartya K. Sen, 1979; Martin Hollis, 1979), the utilitarian maximizer of satisfactions or the "possessive individualist" (Crawford B. Macpherson, 1964). But they are also delineated by John Rawls as the "circumstances of justice" (1972, pp.126-130, 142-150); Martin Golding describes them as "significance conditions" for rights (1968); and they are obviously the traits that Ferdinand Tönnies included in his conceptualization of "Gesellschaft" (1965a).

These rational actors are then depicted in a situations in which they choose actions intended to achieve their ends but in which their success is dependent on the actions and counter-actions of others - these are sometimes called strategic situations to distinguish them from choices of actions whose outcomes are wholly not dependent on others' strategies (Jon Elster, 1986, p. 7). There are several typical examples of such situations which are frequently used in the literature. One situation in which such actors are supposed to interact is the classical free market, where supplied with individual allotments of goods, they will trade until no further exchange will make anyone better off without someone else being worse off (according to their own preferences). This happy condition is known as Pareto optimal. In the free market, each acts in her own interests and the outcome is that all benefit.

Another situation is the two person game, usually a simple defection or Prisoners' Dilemma game, in which each of two culprits must independently decide whether to cooperate or defect. To defect is to confess, implicating the associate; to cooperate is stay silent. If both stay silent, they can only be convicted of a lesser crime and so will receive short sentences (for example, two years each); if both confess they will both be convicted of a major crime and receive heavy sentences (for example, eight years each); if one confesses, that one will be given a lesser sentence that the other, who will receive a still longer sentence (say one year and twelve years). Each prisoner must calculate what the other will do. In this case, the rational strategy for each is to confess - the irony being that each then receives an eight year sentence rather than the two year sentence which they each could have received had they been able to rely on firm cooperation on the part of the other. Neither can risk cooperating because of the penalty of cooperating (a twelve year sentence) while the other gains the advantage of defecting (a one year sentence).

The third situation is again one in which rational individual strategies result in outcomes less beneficial to the parties. It is sometimes known as the "tragedy of the common", or, in some versions, the "free rider" problem (Michael Taylor, 1976, pp. 1-13; Michael Laver, 1981, pp. 56-62). Suppose a number of villagers have the right to graze stock on the village common. Each villager will wish to maximize his or her share of the fodder, and will therefore graze as many animals as possible. Thus the common will be overstocked and the grass destroyed, hence becoming useless to the villager(s). No villager can adopt an effective conservation policy since (1) such a policy will make no noticeable contribution to saving the common and (2) it will merely mean that the villager adopting it gets less benefit, possibly allowing other villagers to graze additional stock. Thus the common can only be saved if all villagers limit their use. Other versions of the same problem of coordination arise in limiting production of a crop, setting quotas for a fishing ground, using a common water source, dealing with pollution, promoting a government policy or participating in a trade union or a pressure group. In general, it is the problem involved in any provision of a "public good" - roughly, a good which once provided may be consumed by anyone. Except where providing such a good is so beneficial to a single contributor that it is worth that contributor's while to provide it even if no one else contributes, potential contributors will not contribute because single contributions will not make a significant difference to the provision of the good, while if the good is provided non-contributors will benefit by receiving it. Each potential contributor must discount the expected benefit to himself of the good's being provided by the probability of his contribution making the difference to its provision (Mancur Olson, Jr., 1965, pp. 9-48).

These two coordination games are similar in that each acts for his own interests but the outcomes are sub-optimal for the actors; they could do better if they cooperated. Individual rationality results in all being less happy than they might be.

One of the most interesting applications of rational choice theories to politics remains Anthony Downs' *An Economic Theory of Democracy* (1957). In that book Downs assumes that democratic politics is carried on by two types of self-interested actors: voters and political parties. The voters cast their votes to maximize their returns from the system; the political parties are assumed to operate as unified political entrepreneurs, competing for votes solely in order to attain office. Downs considers how parties and voters will operate under various party systems and with perfect and imperfect information.

But as Brian Barry has pointed out, there is a fundamental problem in Downs' analysis: why should a rational voter bother to vote? Each voter must estimate a "party differential" (the difference in value to her of each party winning the election) and discount that by the probability of her vote producing that result (1970, pp. 14-15). Or in other words, the rational partizan looks at her preferred party winning as a public good to which her vote is a contribution. The consequence is that the only voters will be those who perceive an infinite difference between the competing parties or those who believe not only that the election will be close but also that the vote they cast will make the difference. In any large constituency the latter probability must be very small. Although Downs deals mainly with a plurality system, the same considerations hold in proportional representation systems; indeed, one must reckon up the likelihood of one's vote producing an additional seat for one's party and the likelihood of that making a difference to the composition of the government. Thus, it would seem that voting is not a rational action.

Downs himself was aware of this implication; he suggests that voters may take into account the long term benefits of maintaining the system. Unfortunately those benefits are themselves a public good to which the same objection applies; the contribution of any single citizen is unlikely to make a difference.

Must we conclude that voting (along with other types of political participation) is irrational? It would presumably be irrational to believe that one's vote would decide the election, and so irrational to vote - this would be true even if one held strong preferences about parties. Perhaps the cost of voting is so trivial that even the tiny expected benefit is sufficient to outweigh it for many citizens. That is possible, but I do not find it very likely. Other possible explanations have been proposed. It has been suggested that the voter is fulfilling a citizen duty, doing her or his share, expressing a commitment to a party or the system (Anthony Downs, 1957, pp. 266-271; Brian Barry, 1970, pp. 13-23). But these suggestions are unacceptable as explanations within this type of theory because they violate the premise that voting is a means of securing some further benefit; they all make voting a good in itself, an end rather than an instrument. The same arguments will apply to other forms of political participation, whether they be joining a voluntary association, demonstrating for a cause or participating in peaceful protest or armed resistance.

There are some circumstances in which participation in providing collective benefits will be rational. One has been mentioned above; it is where the contributor will gain enough to make it worthwhile to provide the benefit even if no one else contributes (Mancur Olson, jr., 1965, pp. 33-34). A second situation arises in small groups: where the contributors can monitor each other's performance, they can ensure that each takes part by social pressure and so they can be assured that everyone is contributing, thus excluding "free riding" (pp. 43-

51). A third possibility is coercion; many of the collective goods to which we contribute as citizens do not rely on our voluntary support (pp. 13-15). There are laws to require us to obey the traffic regulations, refrain from littering and pay our taxes. The fourth possibility that Olson suggests is what he calls "selective benefits" (p. 51). These are benefits that non-contributors can be excluded from; the Consumers' Association, which campaigns for safer and better quality products and services, relies on attracting subscriptions by providing a magazine reporting the results of its tests and giving other advice to subscribers rather than on their public-spirited benevolence.

There are a number of arguments and devices which have been proposed as solutions of the collective action problem. The classical free market solution is to rearrange the situation so that the good (or bad) is no longer public. These public or collective goods and bads are "externalities", consequences of activity that escape the actor's control and possession. The problem can be eliminated by internalizing the externalities - a form of privatization. Thus the tragedy of the commons disappears if the land is divided up among the commoners, each getting a private plot (Geoffrey Brennan/James M. Buchanan, 1985, p. 13). Each owner will then take into account longer term aspects of using the plot and so avoid exhausting the land. But even enthusiasts for the market usually recognize that some commons are not readily divisable: were the atmosphere apportionable among states, or better still, individual or corporate users, acid rain might be less of a problem. In this sense at least, there will be some goods to be provided and bads to be avoided by collective action.

Olson's proposal that "selective benefits" can tip the balance, inducing contributions to a collective good, will also work in a limited number of cases. As David Hume pointed out, it is possible to make the enforcement of "the rules of justice" the private interest of some by appointing them to do that job (1951, p. 537). The hypothesis suggested by economic theories must be that those engaging in public service or politics expect to get something out of it; salaries must make a difference, but voluntary service may also bring perquisites in the form of power, information or contacts which may be advantageous. How much public duty does one need to postulate in explaining the appearance on local councils of people with interests in property and land use? We may imagine that some can be persuaded to serve on committees if they are provided with a trivial additional selective benefit, say refreshments, as well as public recognition. But there must be limits to the cases which can be covered by this device. The more important the selective benefits, the more the situation begins to look as if they are what the contributors are purchasing. I do not subscribe to the Automobile Association because it acts as a pressure group for motorists; I play my subscription in order to buy its emergency roadside help. Consequently, I keep my eye on the price and service provided by competitors who do not engage in lobbying.

Social pressure will also help only in a limited range of cases. As Olson points out, it is effective in small groups (1965, pp. 60-65). Each contributor can monitor the contributions of the others; confidence that one's contribution will not be wasted is created by perceiving others making their contributions. Surburban neighbours may well enforce a minimal standard of upkeep on the front gardens in their road; they are likely to object to rubbish and litter. But in a city it is much more difficult to organize pressure through this kind of mutual surveillance. Clean streets are a public good; casual passersby will save the effort of carrying their litter about until they find a public waste barrel. Once a certain amount of flotsam is blowing about, only the priggish are likely to avoid adding to it. And is it worth anyone's time and effort (not to mention the possibility of a hostile reaction) to reproach a person dropping a bit of paper? Perhaps one should regard the small group situation as a special case of coercion; it is a situation in which observation is frequent and in which those correcting offenders will receive immediate and direct support.

Moreover, coercion may itself be questionable as an explanation of why individuals will contribute to collective goods. Since no one pays taxes voluntarily, we are told, there are penalties for non-payment. But how effective is this legal "coercion"? Governments are most successful at extracting income taxes from persons who receive wages and salaries by arranging that those taxes be withheld and paid to the government by the employer. Despite the threats of punishment, the taxes of the self-employed are less forthcoming - as is evident not only from the existence of the "black economy" but also from the additional monitoring frequently imposed on the self-employed. The process of legal coercion is usually time-consuming and cumbersome, if we mean by legal coercion direct confiscation of someone's assets or depriving someone of liberty. That coercion does not usually mean an official applying force but rather it amounts to a threat of a penalty, applied by an administrative process, supposed to deter illegal behaviour. Rational calculators will discount those threats by the likelihood that they will suffer the penalties - in many cases the probability is low.

The fragility of legal coercion is not confined to taxation. In many places, not always the cleanest, littering is illegal. And there are many other laws that are enforced erratically at best. Speed limits are frequently exceeded: according to a recent newspaper report, in the United States, the 55 miles per hour speed limit is rarely enforced; police ignore cars travelling at 70 or 75 miles per hour and may even require cars "holding up traffic" to drive at that faster speed; many states have changed their speed limits to conform more closely to the speed at which most drive (The Guardian, 1987, 19 October). Although some are prosecuted for speeding or littering, many more commit these offences and are not punished. Laws which many people disobey would require a very large number of police to enforce. The unenforceability of law applies equally to many crimes; many thefts are committed, but in few cases are the thieves caught. It is hard to avoid the conclusion that legal coercion is a paper tiger, having at best a marginal effect on law abidingness.

Those who conform to the law help supply a public good. Philosophers have pointed out that stealing implies the institution of property, there being no point in taking something unless one intended to exclude others from enyoing it. The thief intends to use the benefit of there being a law of property while violating it. But for a rational calculator, there is no inherent inconsistency in so acting. The rules of property are a public good. While they exist it makes sense to accept the benefit they provide; but it makes no sense to contribute to maintaining these rules unless one believes that one's contribution will make a crucial difference to their continuance. Thus "free riding" remains the rational policy. Various forms of social and moral contracts have been put forward by which the rational actor is to be bound to act justly, obey the sovereign or follow moral rules. One of the earliest occurs in Plato's *Republic*, where Glaucon suggests that it is a good thing to do injury, but bad to suffer it. Realizing that the disadvantages they suffer will exceed their gains, men "make a compact with each other to forego both" (1987, st. 358e-359b, p. 104). The rational actor differs from Glaucon by virtue of a more accurate assessment of the risks of suffering punishment and the possibilities of acting unjustly with impunity. Hobbes sees the problem clearly and so fulminates: "He therefore that breaketh his Covenant, and consequently declareth that he thinks he may with reason do so, cannot be received into any Society, that unite themselves for Peace and Defence, but by the errour of them that receive him" (1952, p. 112). Similarly, it has been urged that keeping one's agreement is basic to social arrangements (Geoffrey Brennan/James M. Buchanan, 1985, p. 100-101).

For the rational calculator, the best of all possible worlds is one where others can be expected to follow the rules, act justly and fulfil their obligations; it is in the calculator's interest that they should do so and that the calculator be able to reckon on them so doing. But the rational actor herself or himself will prefer to renege when following the rule is disadvantageous. The logic of the social contract is a bargain in which all agree that the rules that they wish to apply to others will apply to themselves. But the problem is that no such social contract has actually been made. It is said to be a logical reconstruction of society (Thomas Hobbes, 1983, pp. 32-34) or a hypothetical arrangement which would have been arrived at by persons situated behind a veil of ignorance (John Rawls, 1972, pp. 12-17, 130-161) or implicitly agreed to by participation in social institutions (John Rawls, 1972, pp. 111-112; Geoffrey Brennan/James M. Buchanan, 1985, p. 102-107). But as John Ladd has forcefully pointed out, society is not like a voluntary association or a game. We may resign from voluntary associations and join others more to our taste; we may choose not to participate in games which we dislike. But we are offered no choice about participating in society and no choice about which society we belong to initially (1970, pp. 17-35). If the social contract is confined to those who have chosen to join a society, it will explain only why immigrants, and perhaps a few others, are obligated. But for most, social obligations are imposed, not chosen. (Even immigrants are offered an all or nothing choice.) Thus participation cannot be assimilated to voluntary adherence, a promise or consent. The argument that members of a society are bound to provide the public good of maintaining the institutions and rules of that society because they have agreed to do so, depends upon a theory that construes their activity into that consent.

The argument holds equally for all social and moral obligations - the rational actor free-rides whenever the benefits do not outweigh the costs and the benefits of making a contribution to a public or collective good rarely do so if the good will only be provided by collective action, especially in the form of many voluntary contributions. The market cannot solve our problem, not only because it will fail to provide collective goods and eliminate collective bads, but because the market is itself dependent on the existence of rules or norms limiting the behaviour of participants in the market. These rules, like those mentioned above, are themselves collective goods. The rules of property and contract, Hume's rules of justice (the stability of possessions, their transfer by consent, the obligation of promises: 1951, p. 526), exclude certain types of behaviour. Actors may "truck and barter", but they are prohibited from forceful expropriation, or extracting payment by threatening it. When we look at resistance movements or at "protection rackets" we discover that it is very difficult for "legitimate governments" to achieve an actual monopoly of the use of force without the willing cooperation of the members of the society to eschew its use, thus providing the public good of peaceful enjoyment of one's legal entitlements. The enclosure of the market within a public order of rules has been noticed from the days of Adam Smith (1976, V, iii, Vol. 2, p. 910), but it is usually not emphasized. Only rarely do theorists flirt with the possibility of removing those boundaries and freeing violations of rights from the restrictions assumed by the market on extortion and coercion (Robert Nozick, 1972; 1978, pp. 54-87).

It seems, then, that rational actors must operate in a condition of moral anarchy. Claims of authority (social, political, legal or moral) are not binding; they exist only insofar as violating them will result in penalties for the rational actor. The risk that others will act to impose these penalties is one that the rational actor must reckon up. The device of replaying the Prisoner's Dilemma game with the same actors a number of times does not change this situation. The Supergame can induce cooperation among a small number of actors; it does so by introducing strategies which can converge on cooperative action and which change the risks of penalties being imposed for defection (Michael Taylor, 1976, pp. 28-97). It is similar to the production of collective benefits in a small group, where the behaviour of members can be monitored by the others in the group. If Hobbes was right, large scale cooperation in this situation must be unstable - it must have a tendency to break down (1952, pp. 129-130). But surely Hobbes was too demanding; it is not necessary that everyone should obey the rules all the time for social cooperation to continue. It is only necessary that enough people should contribute to that public good enough of the time to maintain the expectation that the rules will be followed. When we are dealing with rational actors however, what will happen? The greater the number of contributors, the lower the risk of losing the public good by free riding. So, as we have seen, free riding will be the rational response because of the small likelihood of any actor's contribution being crucial to the production of the good. The closer the number of contributors drops toward that marginal actor, the greater the probability that the collective good will be lost. But since fewer and fewer will be contributing toward it, the greater will be its cost for each. That seems to me to provide enough instability for a tendency toward the collective goods we have mentioned not being provided. (Voting is sightly different; it may not become more costly for the individual voter. The fewer the voters, the more each vote is worth as a contribution to the decision. On the other hand, one may believe that the lower the level of voting the less legitimacy is conferred by the results of elections.)

Another solution to the problem of the rationality of participation in the provision of public or collective goods has been the suggestion that actors assume different roles, acting rationally to fulfil the requirements of those roles. For example, when considerung voting the rational actor assumes the role of the citizen (Stanley I. Benn, 1980); and we might extend this to following social and moral rules, not littering, obeying the law and so on. But, like Down's suggestion that citizens may vote to fulfil their duty, it undermines the initial assumption that all action is instrumentally directed to satisfying the rational person's ends. A similar result is produced by introducing preferences about the welfare of others and commitments to principles (Amartya K. Sen, 1979; Martin Hollis, 1979). Benevolent, altruistic and principled behaviour then can be explained, but only because our rational calculators have become capable of any action. The problem of providing reasons for their contributing to collective goods has not been solved but eliminated. The presumptions that we started with have been weakened. By explaining everything the theory now explains nothing.

What is clear is that the many attempts to revise the rational actor model recognize that it provides an impoverished picture of human beings. It does not allow for many of the goals and activities by which we assess others and ourselves, leaving only a shadow of humanity. My contention is that attemps to flesh out this shadow by building into it roles, commitments, benevolence or duties, by allowing it to make social contracts which it can keep, or obligate itself by participation, fail. This does not deny that in some circumstances, when closely monitored in small groups, the rational actor can be made to contribute to a group end; but that hardly introduces a morality.

Moreover, the very arenas in which the rational actor is placed themselves require norms, rules and commitments - which cannot be derived from that shadow. To put it another way, the norms, loyalties, duties and commitments, which make up a community by virtue of their being accepted by some group of human beings, are necessary to gesellschaft but cannot be derived from that type of arrangement. Gesellschaft presupposes, but cannot supply, them. Community, gemeinschaft, is logically prior to gesellschaft, even if is not historically prior to it.

»Gemeinschaft« und Sozialpolitik[1]

Von Michael Opielka

»Gemeinschaft« heute?

200 Jahre nach der Französischen Revolution - der politischen Manifestation von Individualität und der politischen Durchsetzung der Gesellschaft - und 100 Jahre nach dem Erscheinen von Ferdinand Tönnies' »Gemeinschaft und Gesellschaft« - der Erinnerung an den mit der Durchsetzung der »Gesellschaft« verbundenen Verlust von »Gemeinschaft« - dringt die Frage nach einer Verbindung von Individualisierung und Vergemeinschaftung in das allgemeine Bewußtsein.

Mit der modernen Welt haben die traditionalen, sinnhaften Einbettungen - die sozialen und geistigen Gemeinschaften - ihre Geltungskraft verloren. An ihrer Stelle sorgen Markt und Staat für die »Sozialisierung« der Menschen. Das ist der Befund der Soziologie; er wird gefeiert und beklagt - als Errungenschaft von »Freiheit« und »Gleichheit« wie als Verlust an Sittlichkeit und Sinnhaftigkeit. Doch weder Markt noch Staat allein, weder das westliche noch das zerfallende östliche System geben eine strukturelle Antwort auf die soziale Frage unserer Zeit: *Wie ist wirkliche Entfaltung von Individualität, wie ist die epochale Aufgabe der Entwicklung eines zugleich universal-menschlichen Bewußtseins durch soziale Lebensgestaltung möglich?!*

Die soziale Frage der Gegenwart ist die Frage nach einer Neugestaltung von Gesellschaft, die Individualisierung-durch-Gemeinschaft ermöglicht. Sie wird hier in sozialtheoretischer und sozialpolitischer Perspektive aufgegriffen.

Sozialpolitische Förderung von Gemeinschaft ist ohne Wissen um das, was »Gemeinschaft« ist, unmöglich. In einem ersten sozialtheoretischen Kapitel

---

[1] Die Arbeit wurde unterstützt durch ein Research Fellowship des German Marshall Fund of the United States (RG-389-04) während der Arbeit des Autors als Visiting Scholar an den Departments of Sociology der University of California, Berkeley und Los Angeles.

wird »Gemeinschaft« als »Steuerungssystem«, als »abstrakte Institution« neben »Markt« und »Staat« gestellt. Wir untersuchen die logische Relation zwischen diesen Formen sozialer Steuerung auf der Grundlage einer reflexionstheoretischen Handlungs-Systemtheorie, einer ganzheitlichen Sozialökologie. Diese Perspektive eröffnet gegenüber dem die bisherige (deutsche) Diskussion um eine Theorie der »Gemeinschaft« dominierenden phänomenologischen Ansatz bei Theodor Litt (1926), Theodor Geiger (1959), aber auch bei Ferdinand Tönnies[2] den Vorzug der Rekonstruktion, der Verknüpfung von Tiefen-Strukturanalyse und Orientierung am handelnden Subjekt. In einem zweiten Kapitel wird die Frage, ob eine gemeinschaftliche Gesellschaft möglich ist, unter dem Gesichtspunkt der Sozialpolitik untersucht.[3] Die existierenden und in der (nicht nur deutschen) Reformdiskussion befindlichen Grundformen sozialpolitischer Existenzsicherung werden in sozialökologischer Perspektive verglichen. Da nach Auffassung des Verfassers eine weitgehende Entkoppelung von Arbeit und Einkommen eine Voraussetzung jeder vernunftgemäßen Sozialordnung komplexer Gesellschaften ist, wird das Problem zeitgemäßer Gemeinschaftsförderung in einem dritten, abschließenden Kapitel anhand der sozialpolitischen Reformvorschläge eines »garantierten Grundeinkommens« und eines »Sozialdienstes« erörtert.

1. Gemeinschaft als soziales Steuerungssystem
(Markt, Staat, Gemeinschaft)

Wir gliedern das System *Gesellschaft* unter dem Gesichtspunkt »Wohlfahrtsproduktion« in vier Subsysteme auf: in *Ökonomie, Politik, Sozial-Kultur* und *Weltanschauung/Religion*. Dabei folge ich in den wesentlichen Zügen einer an Talcott Parsons angelehnten, von dem Sozialphilosophen Johannes Heinrichs - im Anschluß an Georg W.F. Hegel und den Kybernetiker und Logiker Gotthard Günther - entwickelten reflexionstheoretischen Handlungs-Systemtheorie der Gesellschaft (vgl. Johannes Heinrichs, 1976, 1988; Michael Opielka, 1990a). Entscheidend ist theoriestrategisch, daß die Systemperspektive logisch mit einer Handlungstheorie verknüpft wird, d.h.: Systeme werden als durch Handlungen konstituiert angesehen.[4]

---

[2] Trotz dialektischer Bereicherung folgt der Verfasser damit der Tönnies-Auffassung von Herman Schmalenbach (1922; vgl. dagegen Tönnies dialektischer lesend: Carsten Schlüter, 1990).

[3] Nur am Rande wird diese Frage demokratietheoretisch - etwa mit Bezug auf Johann Gottlieb Fichte (vgl. Ernst Schenkel, 1987/1933) oder auf den modernen »communitarianism« (vgl. Will Kymlicka, 1989) - angeschnitten.

[4] Inwieweit und ob überhaupt dieses Modell einer funktionellen und institutionellen »Viergliederung« der Gesellschaft der von Rudolf Steiner entwickelten »Dreigliederung des sozialen Organismus« - in Wirtschaftsleben, Rechtsleben und Geistesleben (Rudolf Steiner, 1961/1919) - überlegen ist, soll hier nicht weiter erörtert, sondern nur als Problem angerissen werden: Der an-

Die Produktion von Wohlfahrt in einer Gesellschaft kann durch drei (bzw. vier) grundsätzlich verschiedene Steuerungssysteme vermittelt werden: *Markt*, *Staat* sowie (soziale und geistige) *Gemeinschaft*. »Steuerungssysteme« sind *strukturelle* Institutionen, d.h. Denk- und Handlungsmuster innerhalb sozialer Systeme, im Unterschied zu *korporativen* Institutionen, die selbst soziale Systeme sind und durch konkrete Personengruppen bzw. Territorialgruppen konstituiert werden (vgl. Johannes Heinrichs, 1976, S. 84 f.). Das Steuerungssystem »Staat« wirkt als zugleich korporative Institution in alle anderen gesellschaftlichen Bereiche. Die Realität zeigt, daß es sich bei den (Ideal-)Typen nicht um Alternativen, sondern fast regelmäßig um Verschachtelungen, um die gegenseitige Durchdringung der Steuerungssysteme handelt.

Das logisch einfachste gesellschaftliche System ist das auf einfacher Tauschrationalität, auf *technisch-adaptivem Handeln* beruhende Steuerungssystem »Markt« (das ökonomisch-ökologische System); doppelt reflexiv ist das System *strategischen Handelns*, des Macht-Handelns, in gesellschaftlicher Hinsicht ist dies das Subsystem »Staat«. Die dritte Stufe wird durch *kommunikatives Handeln* charakterisiert, das heißt durch die Gegenseitigkeit von Erwartungserwartungen, bei Parsons und Luhmann durchaus ähnlich »doppelte Kontingenz« genannt. Hier, im sozial-kulturellen System, durch Kommunikation von reflexionsfähigen Subjekten konstituiert, ist der systematische Ort von *sozialen Gemeinschaften*. Die vierte Ebene schließt - in reflexionstheoretischer Perspektive als Abschlußreflexion - das System durch *metakommunikatives* bzw. sinnorientiertes Handeln. Hier geht es um die abschließende - und letztlich begründende - Dimension von Werten, von philosophisch-religiösen Deutungen, um Sinn überhaupt. In gesellschaftlicher Perspektive ist es der Ort *geistiger Gemeinschaften*. Die daraus resultierende reflexionstheoretische »Sozialordnung« wird in Schaubild (1) dargestellt.

---

throposophisch begründete Sozialimpuls der »Dreigliederung« faßt die in Heinrichs' Modell der »Viergliederung« ausdifferenzierten Bereiche »sozial-kulturelles« und »religiös-weltanschauliches« System als »Geistesleben« zusammen, da es in beiden Systemen um die Verwirklichung des Freiheitsimpulses bewußter Individuen gehe.

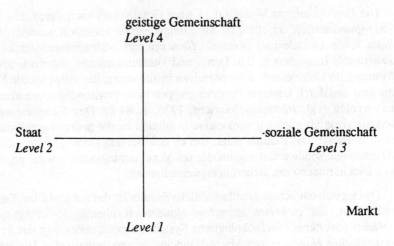

Schaubild 1: Gemeinschaft in Gesellschaft[5]

»Gemeinschaft« kommt hier - als soziale und als geistige - zweifach vor. Dies gilt in sozialphilosophischer wie in wohlfahrtstheoretischer Betrachtung, insoweit Gemeinschaft radikal vom Individuum aus - als anthropologische Körper-Seele-Geist-Einheit wie als reflexionslogisch Handelndes - gedacht wird. Zum Denken von Gemeinschaft vom Individuum her (und nicht organizistisch!) schreibt Martin Buber: »Verwirklichung des Du, echte Gemeinschaft, auch in größerem Rahmen, kommt nur in dem Maße zustande, wie die Einzelnen in ihrer Vereinzelung bestehen, denn aus deren eigenständiger Existenz geschieht die ständige Erneuerung der Gemeinschaft« (1986/1961, S. 301; ähnlich auch Theodor Litt, 1926, Rudolf Steiner, 1961/1919; u.a.). Geistige Gemeinschaft entsteht in der Ich-Du-Beziehung, insofern als hier in der christlichen Tradition das Göttliche hinzutritt (»Wo zwei oder drei in meinem Namen beisammen sind, da bin ich mitten unter ihnen.«), allgemeiner: als ein Sinn-Medium die (dialogische) Kommunikation über die seelische Ebene des Fühlens hinaus auf eine neue Reflexionsstufe hebt und damit ein neues Handlungssystem konstituiert. Herman Schmalenbach (1922) bezeichnete die soziale (Gefühls-)Gemeinschaft als »Bund« und reservierte die soziologische Kategorie

---

[5] Die Tönniessche Dichotomie von »Gesellschaft« und »Gemeinschaft« läßt sich anhand des reflexionstheoretisch-sozialökologischen Schemas in die Reflexionsstufen 1 und 2 (= Gesellschaft) und 3 und 4 (= Gemeinschaft) übertragen, insoweit Tönnies beide als strukturelle Handlungsmuster begreift, denen Handlungsorientierungen bzw. -möglichkeiten (»Kürwillen«, »Wesenwillen«) zugrundeliegen. In historisch-evolutiver Perspektive erkannte Tönnies zwar ansatzweise die Gleichzeitigkeit beider sozialer Grundformen; erst in einer differenzierungstheoretischen Perspektive wird jedoch deutlich, daß sich aus einer undifferenzierten »Gemeinschafts-Gesellschaft« traditionalen Typs komplexe gesellschaftliche Handlungssysteme ausdifferenziert haben, vermutlich zuerst staatliche Systeme (vgl. Eli Sagan, 1986). Allerdings thematisiert Tönnies den »Staat« nicht ausdrücklich bzw. nur perspektivisch als Steuerungssystem (vgl. Ferdinand Tönnies, 1979, S. 198 ff.) und behandelt ihn damit nicht auf der gleichen Ebene, wie wir dies tun.

der »Gemeinschaft« - gegen den »Entdecker« der Soziologie der Gemeinschaft, Ferdinand Tönnies (1979/1887) - den im Unbewußten verankerten, »vorgängigen« (und damit nur durch Bewußtsein zu erfassenden) - bei uns »geistigen« - Gemeinschaftsformen. Ähnlich unterscheidet der in der Tradition Rudolf Steiners argumentierende Dieter Brüll zwischen (sozial-psychischer) »Gemeinschaft« und (geistiger) »Gemeinsamkeit« (1986).

Um die unserer Differenzierung in »soziale« und »geistige« Gemeinschaft unterliegende reflexionstheoretische Begründung anzudeuten, soll in wenigen Sätzen der logische Zusammenhang zwischen den Handlungs- und Systemebenen skizziert werden (vgl. Schaubild 2). Die Reflexionstheorie in der Tradition Hegel - Günther - Heinrichs geht von der Konstitution von Realität durch Reflexion aus. Erkenntnis der Realität ist nur möglich im Durchgang durch eine Reflexionsprozeß. Die einfachste Reflexion ist diejenige eines Gegenstandes bzw. Objektes (O) im Subjekt (S_s). Die »Selbstreflexion« dieses Vorganges - als Reflexion über die einfache Reflexion des Gegenstandsverhältnisses - ist die zweite Ebene. Diese ersten beiden Ebenen unterliegen einem im Grundsatz zweiwertigen logischen Kalkül, das der Logiker und Kybernetiker Gotthard Günther (1900 - 1984) als »aristotelische Logik« etikettierte. Eine neue logische Qualität nimmt das Verhältnis zweier kommunizierender Subjekte (S_S und S_O) ein, insoweit beide (im Unterschied zur Beziehung von S zu einem Objekt O) zur Selbstreflexion fähig sind. Mit der dritten, kommunikativen Reflexionsstufe beginnen damit »mehrwertige« Relationen, insoweit wirkliche Sozialität (- die sich in der empirischen Betrachtung, aus logischen Gründen, auch zweiwertigen Deskriptionstechniken entzieht, wie sie der hergebrachten Mathematik unterliegen). Die letzte, abschließende Reflexionsstufe wird erreicht, wenn aus der Kommunikation heraus ein Sinn-Element, ein Medium (M) entsteht, das das Gesamt des Vorganges faßt (vgl. ausführlicher Johannes Heinrichs, 1976). Empirisch wird das Sinnmedium (M) vor allem durch Sprache und kulturelle Sinnfüllung repräsentiert, vorab und gleichzeitig jedoch als »Apriori der Kommunikationsgemeinschaft« (Karl-Otto Apel).[6] Diese Elemente sind als Reflexionsstufen zu

---

[6] Diesen »absoluten Horizont« könnte man, so Johannes Heinrichs (1983, S. 250), »der Sprache der Informationstheorie näher, den allen selbstbewußten, daher sinnoffenen Subjekten gemeinsamen, apriorischen Vorrat an *Information* nennen, wobei der Ausdruck 'Information' hier nun ebenfalls ontologisch zu verstehen ist.« Über Günther hinaus insistiert Heinrichs damit nicht nur auf einer den aristotelischen Dualismus Geist/Materie oder Subjekt/Objekt überwindenden Konstellation 'subjektives Objekt - objektives Subjekt' allein, sondern führt das Sinnmedium (M) als »viertes, unreduzierbares Element ... in einem dialektischen Gefüge« (S. 251) ein. Insofern konkretisiert er den bei Günther angelegten Gedanken des Übergangs von einer dreiwertigen, bereits »nicht-aristotelischen«, »transklassischen« zu einer mehrwertigen Logik (mit n > 3). Heinrichs erkennt die Vier-Wertigkeit als subjektkonstitutiv, während Günther nur festhält, »daß durch das Prinzip der Dreiwertigkeit nur die allerabstrakteste und leerste Form der Reflexionsstruktur des theoretischen Bewußtseins geliefert wird. ... d.h. mit wachsender Reflexionstiefe ändert sich auch der Charakter des irreflexiven Objektbereiches, dem das Bewußtsein begegnet. Diesem Umstand tragen die mehr als dreiwertigen Kalküle Rechnung. Sie vergrößern nicht die Reflexionstiefe des logischen Subjekts, wohl aber seine Erkenntnistiefe des Objekts.« (Gotthard Günther, 1958, S. 403 f.; vgl. auch derselbe 1968/1979, 1978).

sehen, die die differenzierte Ganzheit eines dynamischen, nach außen offenen Systems konstitutieren.

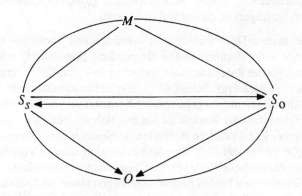

Schaubild 2: Reflexionstheorie (nach Johannes Heinrichs, 1976, S. 27)

Die gesellschaftstheoretischen Implikationen dieser Unterscheidung können hier nur ansatzweise entfaltet werden. Sie grenzt sich mit anderen Autoren (z.B. Claus Offe/Rolf G. Heinze, 1986; Franz-Xaver Kaufmann, 1984) von der Dichotomisierung zwischen Markt und Staat (Planwirtschaft) in der ökonomischen Ordnungstheorie ab, indem sie die wohlfahrtsproduktive Bedeutung des Steuerungssystems »Gemeinschaft« betont; über die von der Tönniesschen Polarisierung in »Gemeinschaft« und (Markt-)»Gesellschaft« ausgehende Konzeptualisierung hinaus (Ferdinand Tönnies, 1925a, S. 60, 63 f.; 1979, S. 199) beansprucht sie die systematischere Mitreflexion des Staates als Steuerungssystem (und nicht allein als eine naturrechtlich begründete Korporation), und sie bestreitet in diesem Sinne generell mit Niklas Luhmann (1965, S. 26 ff.) die Plausibilität der frühbürgerlichen Trennung in »Staat« und »Gesellschaft« (vgl. auch die gesellschaftliche Differenzierung in »gesellschaftliche Gemeinschaft, Marktsysteme und bürokratische Organisation« bei Talcott Parsons, 1972, S. 35 ff.). Das *vierte* Steuerungssystem - »*geistige Gemeinschaft*« mit dem Steuerungsmedium »Sinn« - wird in der folgenden wohlfahrtstheoretischen Betrachtung nur am Rande berücksichtigt.

2. Grundformen sozialpolitischer Steuerung

Marktliche Formen der Wohlfahrtsproduktion - zu ihnen zählen Gütermärkte aber auch der Arbeitsmarkt - sind gekennzeichnet durch das Steuerungsmedium[7] des *Tausches*, formalisiert durch *Geld*. Auf »idealen« Märkten kann jeder tauschen oder es bleiben lassen. Damit bieten Märkte als Steuerungssystem ein hohes Maß an (individueller) *Freiheit*. Freilich entspricht die liberale Markt-Utopie, wonach die Maximierung des individuellen Nutzens zu kollektiver, gesellschaftlicher Wohlfahrt führe, wie jede Idealtypik nur bedingt der Realität. Dies liegt vor allem daran, daß der Zutritt auf Märkte, seien es Gütermärkte oder der Arbeitsmarkt, voraussetzungsvoll ist: Sie bleiben ohne Kapital oder ohne eine gesuchte und gesunde Arbeitskraft verschlossen. Das »Versagen« von Märkten gegenüber sozialen und moralischen Bedürfnissen hat schon früh für staatliche Politik mobilisiert. Ein Resultat ist die Sozialversicherung. Ihre Markt-Logik - Anknüpfung am Arbeitsmarkt, Finanzierung und Leistungszumessung über Beiträge - wird durch staatliche Politik mediatisiert, Marktprinzip und sozialstaatliche Logik durchdringen sich. Die »Interpenetration« (Talcott Parsons) der Systeme »Markt« und »Staat« kann so weit gehen, daß die Lohnarbeiterfigur als Bezugspunkt in der politischen Bürgerrolle aufgeht, wie dies bei der obligatorischen Volksversicherung in den Niederlanden der Fall ist. Diese wird zwar über einkommensbezogene Beiträge finanziert, zu deren Entrichtung alle Einwohner vom 18. bis zum 65. Lebensjahr verpflichtet sind, doch das Niveau der im Alter gezahlten Grundrente ist für alle Empfänger dasselbe.

Das Steuerungsmedium des Steuerungssystems »*Staat*« ist *Macht*, formalisiert als *Recht* (und exekutiert durch Polizei, Militär etc.). Der »Monopolcharakter der staatlichen Gewaltherrschaft« ist dabei »ein ebenso wesentliches Merkmal ihrer Gegenwartslage wie ihr rationaler 'Anstalts'- und kontinuierlicher 'Betriebs'-Charakter« (Max Weber, 1972, S. 30). Als Verwaltungsstaat ist der moderne Sozialstaat selbst Produzent von Wohlfahrt. Hegel sah in der sittlichen, metakommunikativen Dimension des Staates seinen entscheidenden Wesenszug: »Der Staat ist die Wirklichkeit der sittlichen Idee« (Georg W.F. Hegel, 1986, S. 398). Deren (utopischer) Wert ist *Gleichheit*. Gleichheit im politisch-demokratischen, humanistischen Sinn: als Gleichheit vor dem Gesetz, als unteilbare Menschenwürde. Über die Gleichheitsidee (und nicht nur über den Solidaritätsgedanken) wird auch staatliche Armutsbekämpfung begründet. Sozialpolitisch relevant ist als Ergebnis rechtlicher Kodifikation die Herstellung zweifa-

---

[7] Der Begriff »Steuerungsmedium« wird hier zwar ähnlich wie der beispielsweise von Niklas Luhmann im (allerdings kritischen) Anschluß an Talcott Parsons (»Interaktionsmedien«) gebrauchte Begriff der »Kommunikationsmedien« (z.B. Eigentum/Geld, Liebe, Macht) eingeführt (vgl. Niklas Luhmann, 1975, S. 4 ff.; 1988, S. 68 ff.). Er wird jedoch auf sozialpolitische Gegenstände (bzw. Wohlfahrtsproduktion) eingeschränkt und nicht allein als kybernetisch-systemtheoretischer, sondern zugleich als handlungstheoretischer Steuerungsbegriff gebraucht, der Probleme unerwünschter Nebenfolgen, Schwierigkeiten der Implementation etc. einschließt.

cher »Sicherheit«. Sicherheit im Zeitverlauf als Verminderung sozialer Risiken, auf die der einzelne kaum Einfluß nehmen kann (man könnte auch sagen: intertemporale »Gleichheit«). Der Staat wie seine Bürger haben ein Interesse an Risikominimierung, an Erwartbarkeit. Daneben besteht ein Interesse an der Absicherung einer sozialen Normalität (Psychiatrie, Strafjustiz, Pädagogik), worauf insbesondere Michel Foucault hingewiesen hat. Dieses Interesse an Gleichheit und Sicherheit erklärt die Attraktivität staatlicher Eingriffe in den Marktprozeß.[8] Der Wert der Freiheit wird allerdings nur eingeschränkt realisiert. Bürokratien sind, wie Max Weber sagt, eher ein »Gehäuse der Hörigkeit«, sie neigen zur Sicherung ihrer Herrschaft.

In der soziologischen Diskussion wird das Steuerungssystem »*Gemeinschaft*« durch drei Prinzipien charakterisiert: sie schließt andere aus (Exklusivitätsprinzip); der Austausch in Gemeinschaften erfolgt nicht wie im Steuerungssystem »Markt« als Äquivalententausch, sondern gründet in zeitlich und moralisch vermittelter Gegenseitigkeit (Reziprozitätsprinzip); Gemeinschaften müssen »auf subjektiv gefühlter (affektueller oder traditionaler) Zusammengehörigkeit der Beteiligten« (Max Weber, 1972, S. 21) beruhen (Gefühlsprinzip). Die klassischen korporativen Beispiele für Gemeinschaftssysteme sind die Familie, die Nation/das Volk sowie Kirchen (»Religionsgemeinschaft«). Aber auch moderne soziale Institutionen, Verbände, Selbsthilfegruppen, Nachbarschaften, Vereine usf. können dem Steuerungsprinzip »Gemeinschaft« folgen, wenn sie auf Abgrenzung, Reziprozität und Gefühltsein beruhen.

Allerdings sind diese Klassifikationen durchaus umstritten. Sie gehen auf den Urheber der Soziologie der Gemeinschaft, Ferdinand Tönnies zurück, dessen Unterscheidung zwischen »Gemeinschaft und Gesellschaft« handlungstheoretisch auf einer Unterscheidung zwischen »Wesenwillen« (Gemeinschaft) und »Kürwillen« (Gesellschaft) beruht. Demgegenüber entwickelte Herman Schmalenbach (1922) die soziologische Kategorie des »Bundes« als dritte soziale Grundform neben Gemeinschaft und Gesellschaft. Schmalenbach reservierte »Gemeinschaft« für soziale Einheiten, die dem bewußten Gestaltungswillen vorgängig und darin »unbewußt« sind. Die Tönniessche Gefühls-Gemeinschaft ist für ihn der »Bund« - was Tönnies selbst wiederum heftig kritisierte und den »Bund« seinerseits mit Nachdruck als eine »geistige oder näher moralische Körperschaft von gemeinschaftlichem Charakter« faßte (Ferdinand Tönnies, 1979, S. XLII), in systematischer Sicht insoweit als eine Mischform von Gemeinschaft und Gesellschaft. Tönnies unterscheidet nochmals zwischen gemein-

---

[8] Zwar gilt diese Attraktivität innerhalb der traditionell auf egalitär-kollektive staatliche Interventionen setzenden Linken seit den achtziger Jahren zunehmend als kompromittiert (vgl. Claus Offe, 1987, S. 513 f.). Das »Staatsversagen« in den östlichen Staatssozialismus trägt zur »Entzauberung des Staates« (Helmut Willke, 1983) weiter bei. Solange freilich keine Alternative formuliert wird, verbleibt die linke Emphase auf staatliche Sozialgestaltung zumindest aus pragmatischen Gründen und verbündet sich mit den Interessen »am Staat« in anderen ideologischen Lagern.

schaftlichen und gesellschaftlichen »Bündnissen« und »Verbindungen«, wobei gleich dem historischen Fortgang von »Gemeinschaft« zu »Gesellschaft« ein solcher von »Bündnissen« zu »Verbindungen« auftrete. »Die Parallele von Leben und Recht wird demnach zuerst einen Fortgang zeigen von gemeinschaftlichen Verbindungen zu gemeinschaftlichen Bündnisverhältnissen; an deren Stelle treten alsdann gesellschaftliche Bündnisverhältnisse, und hieraus entstehen endlich gesellschaftliche Verbindungen«, schreibt Tönnies im (synthetischen?) Dritten Buch von »Gemeinschaft und Gesellschaft«, den »Soziologischen Gründen des Naturrechts« (S. 169). Mit dieser doppelten Dichotomie erzeugt Tönnies (ähnlich wie Parsons' AGIL-Schema) eine Vier-Felder-Matrix (ohne sie so zu zeichnen oder zu benennen) mit doppelt zweiwertiger Logik. Den Schmalenbachschen »Bund« verortet er im Feld 1/1: »gemeinschaftliche 'Bündnisse'«, die »am vollkommensten als Freundschaften aufgefaßt« werden sollten (Ferdinand Tönnies, 1979, S. 169).

Diese unabgeschlossene Diskussion läßt sich in reflexionstheoretischer, sozialökologischer Perspektive dechiffrieren. Gemeinschaft entsteht medial auf zwei Ebenen: der kommunikativen und der metakommunikativen Ebene (vgl. Johannes Heinrichs, 1976, S. 41 ff.). Während der kommunikativen Ebene die genannten »Erwartungserwartungen« hinsichtlich Abgrenzung, reziprokem Tausch und Gefühl zugehören, entspricht der Wertgehalt von Gemeinschaft einer metakommunikativen »Abschlußreflexion«: Der Gemeinschaften allgemein zugeschriebene Wert »Solidarität«[9] - oder, wie Schmalenbach vorschlägt: »Treue« - läßt sich in reflexionstheoretischer Perspektive als Resultat einer »Verständigung über die Gegenseitigkeit von Erwartungserwartungen« (Johannes Heinrichs, 1976, S. 43) beschreiben. Der Prototyp sozialer Gemeinschaften, die Familie (auch die regelmäßig genannte Nation), deutet auf die *Zeit* hin, die soziale Gemeinschaften konstituiert. »Treue« oder »Solidarität« als Werte zeigen die Notwendigkeit eines die Teilnehmer umgreifenden Veränderungsprozesses, eines Prozesses reflexiver »Umschmelzung« des subjektiven Beurteilens (Rudolf Steiner, 1989/1923, S. 37), das sich damit in gewisser Weise vom Subjekt getrennt hat, »sozial« geworden ist.

Die Frage nach dem Steuerungs*medium* von »Gemeinschaften« können wir nur vorläufig beantworten. Vielfach wird »Reziprozität« genannt. Wir sehen im Aufgreifen eines zentralen Gedankens von Durkheim eher »*Moral*« als Steuerungsmedium sozialer Gemeinschaft, insoweit »Gemeinschaft« gerade durch komplexe kommunikative Vermittlung sozialer Interaktionen konstituiert wird.[10] Als ein formalisiertes Steuerungsmedium könnten in diesem Sinn »*Ver-*

---

[9] »Solidarität« wird hier - allerdings vorläufig - als emphatischer »Wert« von Gemeinschaften definiert; dies erscheint plausibler, als »Solidarität« auf derselben Ebene wie »Geld« und »Recht« als formalisiertes Medium von Gemeinschaften anzusehen (wie Jürgen Habermas, 1985, S. 158).

[10] Allerdings begreift Durkheim »Moral« strikt im funktionalistischen Sinn als Produkt der sich entwickelnden »Arbeitsteilung«: »Sie erzeugt unter den Menschen ... ein ganzes System von

einbarungen« betrachtet werden,[11] wenn es um die Steuerung von Austauschbeziehungen geht, insoweit um das Rechtsleben nicht-ausdifferenzierter Gemeinschaften bzw. auch entsprechender Gesellschaften. Auf einem vergleichbaren Abstraktionsniveau wie »Geld« (Markt) und »Recht« (Staat) erscheint in sozialen Gemeinschaften »Sprache« als formalisiertes Steuerungsmedium sozialer Handlungen (vgl. Johannes Heinrichs, 1976, 1988). Der Gemeinschaft in der Tönniesschen Konzeptionalisierung gemäß wären aber Vereinbarungen als solche nicht explizit, ihr Sinn wäre selbstverständlich, ihre Quelle Status nicht Kontrakt - dies ergibt gerade die Differenz zum Grundbegriff der Gesellschaft. Die Reduzierung von »Gemeinschaft« auf eine biologisch-psychologische Seinsheit in der Tönnies-Modifikation Schmalenbachs, aber auch die genuin Tönniessche Kategorie der Gemeinschaft, in der das Denken noch als dem Wesenwillen integriert gefaßt wird (vgl. Ferdinand Tönnies, 1979, S. 73), würde im übrigen überhaupt die Frage nach einem formalisierten Steuerungsmedium zur Bestimmung von Gemeinschaft systematisch bedingt als sekundär erscheinen lassen; derartige Formalisierungen wären - inhaltlich - eher das Kennzeichen der Gesellschaft.

Hinsichtlich der Interdependenz der Steuerungssysteme »Markt«, »Staat« und »Gemeinschaft« gilt, daß ihre jeweiligen Stärken mit Schwächen bei den je von den anderen Systemen vertretenen Werten einhergehen. So wie Markt und Staat Gemeinschaften bedrohen und zersetzen, ihre Moral gefährden (können), so sehr fehlt Gemeinschaften das, was die beiden anderen sozialen Formen - Markt und Staat - idealerweise anbieten: Freiheit bzw. Gleichheit (und Sicherheit). (Individuelle) Freiheit ist in Wechselwirkung der Innen-Außen-Verhältnisse gerade deshalb in der Gemeinschaft ein systematisches Defizit, weil sie auf dem Ausschluß der und des Anderen basiert. Man ist in Familie oder nicht. Gleichheit läßt sich in Gemeinschaften, wie die Geschichte der Armenfürsorge oder die Stellung von Frauen in der Familie zeigt, nur dann erreichen, wenn der soziale Zusammenhang selbst ein so starker Wert ist, daß er vorhandene materielle Ungleichheiten ausgleichen kann. Auf die Sicherheit gemeinschaftlicher Bindungen zu vertrauen, ist in post-traditionalen Gesellschaften gleichfalls riskant. Die Frage einer optimalen Balance von Freiheit und Gleichheit wiederum

---

Rechten und Pflichten, das sie untereinander bindet« (Émile Durkheim, 1988, S. 477), wobei er synonym den Begriff »organische Solidarität« prägte (in Abgrenzung zur »mechanischen Solidarität«, die auf »Ähnlichkeit« basiert; »organisch« wäre bei Durkheim also eher das Attribut der Gesellschaft - »mechanisch« das der Gemeinschaft!, fast gegenläufig zur Tönniesschen Terminologie). In der hier gewählten Verwendung meint »Moral«, wie bei Durkheim, das metakommunikative Ergebnis aufeinander bezogener Interaktionen, das darüber hinaus, und eher im Sinne von Luhmann, eine Codierung spezifischer Kommunikation darstellt, die selbst wieder soziale Interaktionen zu steuern vermag. Ob der Begriff »Sitte« (im Hegelschen Sinn) hier präziser wäre, muß untersucht werden.

[11] »Vereinbarungen« (vgl. auch Gerhard Weippert, 1963) lassen sich als eine »Frühform des Rechts« (vgl. Uwe Wesel, 1985) der korporativ vor-staatlichen Organisationsform »Gemeinschaft« ansehen, im Unterschied zu »Geld« und »Recht«, die wesentlich bzw. ausschließlich staatlich formalisiert sind.

prägt jede auf Staatsintervention zielende, somit vor allem auch die sozialistische Debatte. Grundsätzlich führt staatliche Regulierung im günstigen Fall zu (Rechts-)Gleichheit, insoweit zu »konkreter Freiheit«[12]: Freiheit als Relationsfigur, Sozialität als Ermöglichung von Freiheit überhaupt, Freiheit in Gleichheit. Damit ist das Problem individueller Freiheit nicht gelöst; »marktliche« Regulierungsformen - Geld, Vertrag, freie Wahl - stehen ihr systematisch vermutlich näher. Eine ganzheitlich-dialektische Sichtweise von »Freiheit« als gleichzeitig subjektive und intersubjektive, soziale und individuelle Freiheit, als »Selbstbezug im Fremdbezug« (vgl. Johannes Heinrichs, 1988) ermöglicht gleichwohl begrifflich die Überwindung eines einseitig liberalistischen Freiheitsdogmas, neuerdings in Gestalt der neokonservativen (altliberalen) Behauptung eines Gegensatzes von Marktgesellschaft und Sozialstaat (vgl. auch Claus Offe, 1987, S. 503 ff.).

Die einseitige Orientierung auf je eine der idealen (bei Tönnies - aber wissenschaftstheoretisch anders gelagert -: »reinen«) soziologischen Kategorien ist Voraussetzung und Problem der modernen politischen Pluralisierung. Die drei (idealtypischen) Steuerungssysteme stellen gleichzeitig positiv besetzte Referenzsysteme der großen politischen Theorien (bzw. präziser: Ideologien) dar: Markt und Liberalismus, Staat und Sozialismus, Gemeinschaft und Konservativismus.[13]

Nun kommen die Steuerungssysteme Markt, Staat und Gemeinschaft in Reinform selten vor. Die (sozial-)politische Realität kennt ihre gegenseitige Durchdringung. Dies wird an Schaubild (3) ersichtlich. Es unterscheidet »primäre« und »sekundäre« Steuerungssysteme nach ihrer zeitlichen Folge.[14] So wird der Arbeitsmarkt vom Staat massiv reguliert, das »Gemeinschafts«-System »Familie« gleichfalls (Beispiel: Familienrecht/Familienlastenausgleich). Und selbst Markt-Arrangements, die ihrer Natur nach auf Profit und Warenform zielen, können gegenläufige Eigenschaften aufweisen, wenn sie beispielsweise von Gemeinschaftslogik überformt werden.[15] So demonstrieren Genossenschaften als

---

[12] Immanuel Kant (1968, S. 144, A 234) hat diesen Grundgedanken der von einem individualistischen Standpunkt ausgehenden modernen Rechtsidee in klassischer Weise formuliert: »*Recht* ist die Einschränkung der Freiheit eines jeden auf die Bedingung ihrer Zusammenstimmung mit der Freiheit von jedermann.« Inwieweit Kant als Intersubjektivitätstheoretiker bezeichnet werden kann, dessen »Einheitsmotiv« die Möglichkeit bewußter Gemeinschaft ist, darüber orientiert Lucien Goldmann (1989/1945).

[13] Die Emphase auf gemeinschaftliche Sozialformen (Genossenschaften, Kommunen etc.) im utopischen (d.h. »kommunistischen«) Sozialismus ist kein Widerspruch, so wenig wie der »starke Staat« bei Konservativen; beides ist überwiegend Mittel zum übergeordneten Ziel, sei es der »Gleichheit« aller Menschen oder einer »natürlichen« Harmonie in Gemeinschaft.

[14] Welche systemischen Konsequenzen eine sekundäre - oder gar tertiäre - Überformung im Unterschied zur primären Bestimmung hat, muß hier offen bleiben.

[15] Diese Überlegungen werden durch eine Arbeit zur Frage der soziologischen Eigenständigkeit eines nicht-marktlichen und nicht-staatlichen »unabhängigen Sektors« der Ökonomie unterstützt. Dessen Charakteristika seien zwar »Altruismus« und »Freiwilligkeit«, die man gleichwohl unter näher angegebenen Bedingungen auch bei staatlichen und marktlichen Arrangements beobachten

marktbezogene und »marktstabilisierende« kooperative Unternehmensformen (Robert Hettlage, 1983) wie auch das Modell der »Kooperationsringe«, daß auch zwischen Markt und Gemeinschaft in beide Richtungen »gemischt« werden kann. Anders sieht es aus, wenn das primäre Steuerungssystem staatlich ist. Hier scheint die Überschneidung der Steuerungssysteme auf der metakommunikativen Ebene zu erfolgen: Insoweit der »Staat« als korporative Institution den normativen Wert der »Solidarität« durch reale, kommunikative Arrangements ausfüllt, »ist« er »Gemeinschaft« - und zwar je nach seiner konkreten Verhaftung an deren kommunikativen Merkmalen eher partikular und ausgrenzend oder, sie »reflektierend«, eher in universaler Solidarität.[16]

So läßt sich die sozialpolitische Institution der »Fürsorge«/Sozialhilfe mit dem Steuerungssystem »soziale Gemeinschaft« korrelieren (»Markt« mit den »Sozialversicherungen«, »Staat« mit »Versorgung«, vgl. Michael Opielka, 1988). Deren kommunikativen Merkmalen - Exklusivität (z.B. späte und bedingte Einbeziehung von Ausländern), Reziprozität (Arbeitsbereitschaft, Familiensubsidiarität), Gefühltsein (Caritas) - entsprechen gegenseitige Verhaltenserwartungen und moralische Normen: einerseits der (zunehmend) als legitim verstandene Anspruch auf eine rechtlich kodifizierte Hilfe; andererseits ein allgemeiner Kanon von Fairneßkriterien der »Arbeitsgesellschaft« (Arbeitswille, Familiensinn), der bei behaupteter Nichtbefolgung durch nicht »wirklich Bedürftige« einen öffentlichen Diskurs um den »Mißbrauch« des Systems auslöst. Vor diesem Hintergrund wird die metakommunikative Dimension des Wertes »Solidarität« in der Fürsorge/Sozialhilfe verständlich: Die Gesellschaft übt »Solidarität« gegenüber den »Bedürftigen«, die jedoch an »moralische« Voraussetzungen geknüpft ist. Ob diese erfüllt werden, wird zur Überpüfung an die Sozialhilfeadministration delegiert. Hieran zeigt sich gleichwohl die (derzeitige!) Grenze der Analogie von Sozialhilfe und »Gemeinschaft«, als diese Überprüfung in der konkreten, strukturell repressiven Gewährungspraxis kaum mehr die nur kommunikativ erzeugbaren »Vereinbarungen« erlaubt.

---

könne (Jeffrey C. Alexander, 1987). Eine »Sektoren«-Perspektive müßte, was auch bei Alexander nicht geschieht, präzise zwischen Institutionstypen, Medien und Handlungszielen unterscheiden.

[16] Letzteres bildete in Konkretion gar eine »quartäre« Überformung/Reflexion: primär Staat, sekundär (metakommunikativ) Gemeinschaft, tertiär (als Sozial-Verwaltungsstaat) Staat, quartär (wieder metakommunikativ) Gemeinschaft. Hier fände sich dann die Idee des »Grundeinkommens«. Grafisch ist die Vierdimensionalität freilich schwer darstellbar. Diese Reflexionsstufung sei hier nur angedeutet, sie müßte, um wirklich zu überzeugen, gesondert untersucht und ausgeführt werden.

Staat	Sozialhilfe Sozialdienst	Sozialversicherung »bedarfsorientierte Grundsicherung«	Grundeinkommen/ -rente Kriegsopferversorgung/Beamte
Markt	Genossenschaft	Lohnarbeit	Arbeitsrecht
Gemeinschaft	Familie Selbsthilfegruppe	Kooperationsring	Erziehungsgeld
primäres sekundäres Steuerungssystem	Gemeinschaft	Markt	Staat

Schaubild 3: Typologie sozialstaatlich regulierter Steuerungssysteme zur Existenzsicherung
(»Markt - Staat - Gemeinschaft«)

Entscheidend ist die Mischform. Für alle in diesem Schaubild enthaltenen Rein- oder Mischformen gilt ihre zumindest rechtliche Überformung durch den Staat, als dritte, hier bildlich vermiedene Dimension. »Staat« ist im Unterschied zu »Gemeinschaft« und »Markt« eine gleichzeitig strukturelle und korporative Institution (Verfassungsstaat, demokratischer Staat, Verwaltungsstaat). Die allgemein in modernen Sozialstaaten zu beobachtende Zunahme direkter oder indirekter staatlicher Wohlfahrtsproduktion wird im übrigen auch in der neueren politik- und sozialwissenschaftlichen Verwaltungs- und Policyforschung thematisiert und hat geradezu zu einer »Renaissance der Staatsdiskussion« geführt (Hans-Hermann Hartwich, 1987, S. 3). Ohne dies hier vertiefen zu können, demonstriert das Schaubild den Nutzen einer wohlfahrtssoziologischen Perspektive, die logisch sowohl handlungstheoretische als auch systemisch-funktionale Erfordernisse sozialpolitischer Maßnahmen erschließt. Dies soll an zwei sozialpolitischen Reformvorschlägen kurz diskutiert werden.

Der Vorschlag des »*Kooperationsringes*«, der von Claus Offe und Rolf G. Heinze in die Diskussion gebracht wurde,[17] sieht vor, primär (d.h. historisch zuerst) gemeinschaftliche (nachbarschaftliche o.ä.) (Selbst-)Hilfesysteme sekundär durch die Einführung marktlicher Elemente (Gutscheine als »Geld«/Tauschäquivalent) für Externe offener und so freiheitlicher zu gestalten, wozu eine staatlich-sozialpolitische Regulierung für notwendig gehalten wird. Systemisch sind einige Probleme offensichtlich: je weniger voraussetzungsvoll der Zugang, je »marktlicher« ein »Kommunikationsring« wäre, desto weniger genösse er auch die Chancen eines gemeinschaftlichen Steuerungssystems: wirtschaftlich drohte dann der Äquivalententausch zu dominieren, gemeinsame Gefühle würden sich - als nicht nur eingebildete oder behauptete - schwieriger einstellen, und metakommunikativ wäre der Verlust von (gefühlsmäßig erlebbarer!) Solidarität/ Vertrauen wahrscheinlich (und damit bewußtseinsmäßige Solidarität notwendig). Das muß alles nicht gegen den Vorschlag sprechen, verlangt freilich auch nach Klärung. Hinsichtlich der politischen Handlungsdimension beispielsweise verweist die Idee der »Kooperationsringe« im Vergleich zum Erziehungsgeld (dessen primäres System ebenfalls gemeinschaftlich ist) auf eine paradoxe umfangslogische Unterschiedenheit beider Gemeinschaftsformen: ein freiwilliger und prinzipiell für Neuzugänge offenerer »Kooperationsring« erscheint in sozialpolitischer Perspektive partikular, während die de facto partikulare Familie sozialpolitisch universal wirkt, an ihr anknüpfende Reformen erscheinen politisch chancenreicher.

Ähnliches gilt für das Verhältnis von Reformvorstellungen für monetäre Transfers in Richtung auf *Grundsicherung/Grundeinkommen*. Hier findet sich ein Kontinuum von der Fürsorge/Sozialhilfe über eine in die Sozialversicherungen integrierte »bedarfsorientierte Grundsicherung« (»Sockelung«) bis hin zum allein an der politischen Bürgerrolle anknüpfenden »garantierten Grundeinkommen«. Auf die *historische* Dimension dieses Kontinuums wies Georg Vobruba in einer Betrachtung der Entwicklung des Verhältnisses von »Arbeiten und Essen« hin. Er skizziert drei Phasen innerhalb der kapitalistischen Entwicklung: erstens die »Durchsetzung des unbedingten Nexus von Arbeiten und Essen ('wer nicht arbeitet, soll auch nicht essen')«. Diese Phase war die Geburtsphase der modernen Armen-Fürsorge mit Armenpolicey und Arbeitshaus, eine Phase, die innerhalb der Institution der Sozialhilfe noch fortlebt. In der zweiten Phase wurde dieser Nexus unter dem Vorbehalt gelockert, daß »wer essen will, ... wenigstens arbeitsbereit sein« oder lange genug gearbeitet haben muß. Diese Locke-

---

[17] S. Claus Offe/Rolf G. Heinze (1986); für eine explorative Untersuchung: Claus Offe/Rolf G. Heinze (1988). In eine ähnliche, wenngleich weniger anspruchsvolle Richtung zielt das Modell der »Sozialversicherungsgutscheine«, die für gesellschaftlich anerkannte Arbeiten, dem »Babyjahr« vergleichbar, einem Sozialversicherungskonto gutgeschrieben werden sollen; zum Verhältnis von »Grundeinkommen« und sozialen Dienstleistungen vgl. generell Ulrich Otto/Michael Opielka (1988).

rung des nackten Marktprinzips wurde durch die Sozialversicherungen erreicht. Hier setzen die Vorschläge für eine »bedarfsorientierte Grundsicherung« an. Ob nur als ein Einzug eines Plafonds in der gesetzlichen Rentenversicherung (»Mindestrente«) oder in der Arbeitslosenversicherung, ob als nicht zu unterschreitender »Sockel« in allen Sozialversicherungssystemen oder gar als abgestimmter »Sockel« in sämtlichen denkbaren Transfersystemen und sonstigen relevanten Rechtsverhältnissen wie z.B. dem Pfändungsrecht (vgl. Stephan Leibfried, 1990) - je nach Ausgestaltung knüpft der Vorschlag einer »bedarfsorientierten Grundsicherung«[18] am Prinzip der Sozialversicherung an (indem beispielsweise Nicht-Versicherte keinen Grundsicherungsanspruch erwerben) oder führt in Richtung »garantiertes Grundeinkommen«, das die nächste Phase kennzeichnet. In dieser dritten, gegenwärtigen Phase sieht Vobruba eine »unbedingte Entkopplung« bzw. »Entflechtung« von Arbeiten und Essen anstehen, die »gesellschaftlich zu bewerkstelligen« sei (Georg Vobruba, 1985, S. 42). Die Vermittlungsebene hierfür kann nur die Bürgerrolle sein (sei es als nationale oder als europäische oder, in weiterer Zeit, als Weltbürgerrolle). Medium wäre ein »Garantiertes Grundeinkommen« (in seinen Gestaltungsvarianten: als Fixbetrag, damit als »Sozialdividende«, oder als »negative Einkommenssteuer«, vgl. Michael Opielka/Georg Vobruba, 1986; Ingolf Metze, 1982).

Eine reflexionstheoretisch begründete Untersuchung dieses Kontinuums erhellt, daß eine Weiterentwicklung in seiner Richtung nicht bedeutet, die vorherigen Systeme und ihre normativen Werte schlicht abzulösen. Vielmehr geht es um ihre (dialektische) Aufhebung auf einem neuen Niveau. Die drei von Georg Vobruba skizzierten Phasen der sozialstaatlichen Regulierung von Arbeit und Einkommen entsprechen der dialektischen Bewegung gesellschaftsevolutionärer 3-Stadien-Modelle, auf die auch Bálint Balla (in diesem Band) hinweist: Die traditionellen, überwiegend gemeinschaftlichen Modi der Existenzsicherung wurden in der ersten Phase der Industrialisierung durch den Staat gleichsam auf die Armenfürsorge »komprimiert«, insoweit diese auf exklusive und gefühlshaft nachvollziehbare Reziprozität abhob. Die »Gegenthese« stellt die in der zweiten Phase entstandene Sozialversicherung des Bismarckschen Typs dar, insofern sie nicht nur eine Absicherung des (Arbeits-)Marktrisikos etablierte, sondern mit der Figur der Beitragsäquivalenz zugleich der Tauschlogik des Marktes folgte. Eine synthetisierende dritte Stufe wäre mit einem »garantierten Grundeinkommen« erreicht, dessen sozialpolitische Faktizität sowohl das sozial-gemeinschaftliche Element der »Solidarität« verwirklichte, mit dem zugleich aber durch die universale Geltung und den Verzicht auf gefühlshafte Reziprozität eine neue bewußtseinsmäßige (d.h. geistige) Gemeinschaftslogik angezielt wird.

---

[18] Dieses Modell wird am gründlichsten in einem Gutachten ausgeführt, das Walter Hanesch und Thomas Klein (1988) im Auftrag der Bundestagsfraktion der »Grünen« erstellten.

3. Der Sozialstaat als Gemeinschaft? Die Entkopplung von Arbeit und Einkommen (Grundeinkommen, Sozialdienst) als strukturelle Voraussetzung vernunftgemäßer Vergemeinschaftung der Gesellschaft

Die klassischen sozialstaatlichen Institutionen korrelieren mit den drei grundlegenden sozialen Steuerungssystemen »Gemeinschaft«, »Markt« und »Staat«, die hier je wieder staatlich, also durch das Steuerungsmedium »Recht« formalisiert sind. Die Perspektive erlaubt, die verschiedenen Steuerungsformen nicht allein als historisch einander folgende zu deuten, sondern sie als teils notwendig gleichzeitige und teils sich reflexiv »aufhebende« zu sehen (vgl. Schaubild 4).

strukturelle Institution/ Steuerungssystem	soziale Gemeinschaft	Markt	Staat
Wert	Solidarität	Freiheit	Gleichheit
Steuerungsmedium	Moral	Tausch	Macht
formalisiertes Medium	Vereinbarung	Geld	Recht
korperative Institution	Fürsorge	Sozialversicherung	Versorgung
Bezugsstatus	arme/r Bürger/in	Lohnarbeit, Familie	Staatsbürger/in
sozialpolitisches Problem	Unterversorgung	Ausschluß	Teilhabe
subjektive Voraussetzung	Bedürfnis	Leistung	Grundrecht
Grundsicherungstyp	Sozialhilfe	**bedarfsorientierte Grundsicherung**	**Grundeinkommen**

Schaubild 4: Grundsicherungstransfers in sozialtheoretischer Perspektive

»Gemeinschaft« und Sozialpolitik 179

So durchdrang bei der Genese des Fürsorgesystems das Steuerungssystem »Staat« traditionell gemeinschaftliche Formen der Solidarität. Es implantierte als (sekundäres) Steuerungssystem das Medium »Macht« in ein wenig formalisiertes (primäres) Steuerungssystem »Gemeinschaft«. In diesem Prozeß des Ersetzens gemeinschaftlicher durch staatlich organisierte Solidarität veränderte sich das Verhältnis der Steuerungssysteme selbst. Sowohl die frühere Armenfürsorge wie das gegenwärtige System der Fürsorge/Sozialhilfe trägt primär, auf der konkreten (kommunalen) Verwaltungsebene, die Hypothek staatlichen Machtvollzugs (»Armenpolicey«). »Gemeinschaft« und damit der Wert der »Solidarität« wurde zum sekundären System (vgl. Schaubild 3). Insofern die Fürsorge/Sozialhilfe an der »Bedürftigkeit« als Negation des Bürgers (als Eigentümer) anknüpft, wird auf sie bezogen die Rede von »Gemeinschaft« leicht zur Metaphorik, als »Gemeinschafts-Fiktion« verstanden. Reformstrategien, die am Fürsorge-/Sozialhilfesystem ansetzen, sind daran zu prüfen, ob sie »Solidarität« im konkreten Vollzug erlauben und erfahrbar werden lassen.

Weniger problematisch erscheint, resümierend, die Sozialversicherung als Prinzip. Primäres Steuerungssystem ist hier »Markt«, doch durch den Staat (sekundär) durchdrungen. Da das primäre System bereits relativ formalisiert ist (Arbeitsmarkt, Geldmarkt), nämlich selbst bereits rechtsstaatlich überformt und garantiert, besteht im Prozeß der sekundären, sozialpolitischen Überformung durch den Staat eine geringere Wahrscheinlichkeit der Zielveränderung. Das logische Bestandsvermögen hier anknüpfender Grundsicherungsreformen (z.B. »bedarfsorientierte Grundsicherung«) wird eher danach zu beurteilen sein, ob es mit den systemischen Voraussetzungen der Sozialversicherung (»Leistungsprinzip«/Äquivalenz) vereinbart werden kann.

Die dritte Stufe - primäres Steuerungssystem »Staat«, sekundäres ebenso - unterscheidet sich fundamental von der ersteren: Der systematische Anknüpfungspunkt ist die politische Bürgerrolle, der Staat als Verfassungsstaat; die sekundäre Überformung erfolgt durch den Staat als Sozialstaat. Ein Gemeinschaftsbindungen und Marktinteressen vergleichbares funktionales Äquivalent zum Schutze der Bürgerrechtspositionen ist institutionell das Prinzip der Mehrheitsdemokratie, mit dem Bürger als letztlicher Quelle staatlicher Macht. So wie Monopole die Markt-Freiheit sabotieren (können), meint hierbei auch »funktionales Äquivalent« nicht Automatismus: Bürgerrechte sind in Mehrheitsdemokratien verletzlich. Insbesondere soziale (Grund-)Rechte erscheinen fragil, wenn vorausgesetzt wird, daß die Stimmbürger rein rational auf die Maximierung ihres individuellen Nutzens abzielen: »Ist ein demokratischer Staat ein Wohlfahrtsstaat, so ist er dies nicht *wegen* der Demokratie, sondern *trotz* der Demokratie. Der Grund dafür sind Formen der Solidarität und normative Integrationsweisen, die die fortgesetzte Erzeugung von Kollektivgütern abstützen und diese Erzeugung gewährleisten, selbst wenn die Demokratie eine günstigere und weniger kostspielige Gelegenheit und sogar Versuchung bietet, 'auszusteigen' und diese Produktion zu behindern als jede andere Regierungsform« (Claus Offe, 1987, S. 520; übers. von M.O.). Dies stimmt hinsichtlich der Chancen politisch induzierter, auf Gleichheit zielender Reformen allein durch »originär« staatliche Kanäle (Parlament, Parteien etc.) vorsichtig. Wird angestrebt, die metakommunikativen Aspekte auch der anderen Steuerungssysteme (»Freiheit«, »Solidarität«) in korporative (»rein«) staatliche Institutionen einzubeziehen, so muß deren Systemlogik, verfolgen wir die Argumentation zu Ende, die Logik staatlicher Wohlfahrtsproduktion interpenetrieren. Dies kann reformstrategisch auf drei Wegen geschehen:

(a) *Das System der Fürsorge/Sozialhilfe muß von seinen »fiktiv-gemeinschaftlichen« Elementen befreit und auf Aufgaben reduziert werden, die konkret als »gemeinschaftliche« Solidarität erfahrbar sind.* Eine kommunale Leistung kann in hochaggregierten Gesellschaften grundlegende Ungleichheiten der Primäreinkommens- und Vermögensverteilung nicht beseitigen, eine an Verhaltensauflagen geknüpfte Leistung wird das »Gleichheits«-, aber auch das »Freiheits«-Ziel wiederholt verfehlen. Mithin ist das überkommene Subsidiaritätsprinzip grundlegend zu überdenken und neu zu fassen: »vom Kopf auf die Füße zu stellen«. Das gegenwärtige soziale Sicherungssystem baut auf der Fiktion auf, als könnte die Existenzsicherung in hochkomplexen, industrialisierten Gesellschaften generell durch individuelle Marktteilnahme und »gemeinschaftliche« Arrangements - vor allem der Familie, aber auch, an deren Versagen geknüpft, der Sozialhilfe (als staatlich-»gemeinschaftliche« Leistung) - bewältigt werden. Sozialpolitisch-systematisch folgen erst darauf marktbezogene Leistungen der Sozialversicherung. »Versorgungs-«Leistungen des Staates als universalistische Transfers werden in der Regel nur als Zusatzeinkommen verstanden.

Nun wäre die Reihenfolge umzukehren. Eine *solidarische Subsidiarität* würde auf Grundrechten - in Gestalt eines »garantierten Grundeinkommens« - basieren und so eine grundlegende gesellschaftliche Solidarität konstituieren, die völlig unabhängig von der Teilnahme des einzelnen an Arbeitsmarkt, Familie etc. ausschließlich aufgrund seiner Existenz als Mensch praktiziert wird. Darüber hinaus werden leistungsabhängige Markt- bzw. Sozialversicherungseinkommen erzielt. Und erst wenn diese Marktteilnahme nicht hinreicht oder im Einzelfall (z.B. bei Behinderung) nicht möglich ist, tritt die somit auf die solidarische Einzelfallhilfe beschränkte Sozialhilfe ein. Eine solchermaßen auf ihre »eigentliche« - »gemeinschaftliche« - Aufgabe konzentrierte Sozialhilfe hatte auch Richard M. Titmuss im Auge und stellte sie gegen eine rein marktliberale »negative Einkommenssteuer« des Friedman-Typs, die sämtliche sonstige soziale Sicherung ersetzen soll: »Soweit wir zum einen blicken können und auf der Grundlage all dessen, was wir über menschliche Schwächen und Verschiedenheiten wissen, ist eine Gesellschaft ohne ein gewisses Element an Bedürftigkeitsprüfung und Ermessen [in der Leistungsgewährung, M.O.] ein unerreichbares Ideal. Es ist unsinnig und gefährlich zu behaupten, daß ein solches Element nicht zu existieren braucht; daß alle Probleme durch den Automatismus einer negativen Einkommenssteuer, durch den Geldmarkt, durch Konsum und Rechtsanwalt gelöst wären. Zum zweiten brauchen wir dieses Element individualisierter Gerechtigkeit, um ein System universalistischer Grundrechte, das auf dem Gleichheitsprinzip basiert, so präzise und unflexibel wie möglich zu gestalten. Präzision, Unflexibilität und Universalität sind um ihrer Beständigkeit und Stärke willen von der Existenz einer flexiblen, auf den individuellen Fall bezogenen Gerechtigkeit abhängig. Sie benötigen jedoch keine Stigmatisierung.« (1987, S. 250; übers. v. M.O.). Oder, in einer Paraphrase auf Tomaso di Lampedusas »Leoparden«: Man muß die Sozialhilfe ganz verändern, damit sie bleibt, was sie ist - nämlich eine Institution, die staatlich-kommunale »Solidarität« organisiert und damit einen berechtigten Ort neben anderen gemeinschaftlichen Hilfeformen wie Familie, Selbsthilfe oder Wohlfahrtsverbänden findet. Eine solche, erneuerte »Sozialhilfe«-Verwaltung reduziert - sofern sie finanziell und personell hinreichend ausgestattet wird - den derzeit inhärenten Kontrollzwang und eröffnet ein Feld professioneller sozialer Hilfebeziehungen, das »Moral« zuläßt und darin für den Klienten verhandelbar macht: seine »Bedürftigkeit« kommuniziert mit einem »Ermessen« des Beamten. »Ermessen« könnte dann erst, und wohl ganz im Sinne von Titmuss, zu einem Ausdruck »gemeinschaftlicher« Kommunikation werden.

(b) *Ein weiterer Schritt wäre die systematische Verknüpfung der Markt-Logik mit der Staats-Logik eines »Grundeinkommens«, von Grundeinkommen und* Sozialversicherung. Ein Beispiel dafür ist das »Grundrenten«-System des schwedischen (politisch hochakzeptierten) Typs, das aus einer (vorleistungsunabhängigen, universellen) Grundrente sowie einer aufbauenden, beitragsfinanzierten Versichertenrente besteht (wie es in der Bundesrepublik von den »Grünen« vorgeschlagen wurde, vgl. Michael Opielka, 1991). Die hohe Akzeptanz der schwedischen »Volkspension« findet zwar ihre kulturell-kommunikative Verankerung in einer spezifischen »Gemeinschafts«-Tradition des schwedischen Staates (»Volksheim«) (vgl. Bernd Henningsen, 1986). Die gleichermaßen positiven Erfahrungen mit Grundrenten-Systemen in anderen Ländern (Niederlande, Dänemark u.a.) weisen aber gleichwohl darauf hin, daß diese konkretisierte »gemeinschaftliche« Solidarität durch staatliche Maßnahmen befestigt werden kann.

Eine »bedarfsorientierte Grundsicherung« innerhalb der Sozialversicherungen ist - wie bereits systematisiert - zwar von ähnlicher kombinativer Logik, beinhaltet jedoch absehbare politische Instabilität: Für eine Sozialversicherungsleistung bis zur Höhe des Grundsicherungsniveau wären aus der Sicht des Leistungsempfängers nämlich »unnötig« Beiträge abgeführt worden, was die Akzeptanz entweder der Grundsicherungsempfänger oder die der verantwortlichen Politiker (und Wissenschaftler) beeinträchtigen dürfte.

(c) *Die systemische Absicherung von am Bürger-Status anknüpfenden »Grundeinkommens«-Leistungen erfordert zum dritten eine realistische Verwirklichung der Norm der »Gleichheit« - unter Einschluß der Ziele »Freiheit« und »Solidarität«.* Daß ein »Grundeinkommen« individuelle Handlungsfreiheit eröffnet, ist evident und der Grund, weshalb es von Liberalen wie Ralf Dahrendorf favorisiert wird (1986). Am Beispiel der »Grundrente« ließ sich zeigen, daß Grundeinkommensleistungen staatlich »Solidarität« organisieren können, freilich für eine Lebensphase, in der die Zurverfügungstellung der Arbeitskraft nicht mehr erwartet bzw. als vergangen angenommen wird. »Solidarität« setzt, wie die theoretischen Überlegungen demonstrieren sollten, konkretisierte Gegenseitigkeit voraus, um »moralisch« verankert zu bleiben, oder, einfacher formuliert: Den Rechten haben Pflichten zu entsprechen. Indem die Strategie des »garantierten Grundeinkommens« die »moralischen« Verpflichtungen der Armen auf die Werte marktvermittelter Arbeit und traditionell-verwandtschaftlicher »Gemeinschaft« bewußt suspendiert, stellt sich die Frage der »Pflichten« nicht mehr auf der individuellen, partikularen Ebene, sondern vielmehr auf neuem - moralischen und bewußtseinsmäßigen - Niveau: *Wie können in modernen Gesellschaften soziale Verpflichtungen universalistisch organisiert werden?*

In der bisherigen sozialpolitischen Diskussion findet man für das Problem der Absicherung universalistischer Transfers eine »weichere« und eine weitergehende Lösung. Erstere bestünde in der erwähnten Verknüpfung einer »Eigenarbeits«-Förderung mit staatlichen Transferleistungen (Beispiel: »Sozialversicherungsgutscheine«, »Kooperationsringe«). Ohne die gemeinschaftsbildende Relevanz solcher Reformen in Abrede zu stellen, so ist doch zweifelhaft, ob sie für die funktionale Fundierung einer so weitreichenden Maßnahme wie einer freiheitlichen Grundeinkommenslösung »stark« genug sind. Würde der dahinterstehende, gemeinschaftliche Reziprozitätsgedanke (Grundeinkommen als eine Gegenleistung für moralisch durchwirkte Arbeitsleistung) nämlich konkretistisch forciert, so kommt man zu »Lebensarbeitszeitmodellen«/»2-Sektoren-Modellen«, die einen Grundeinkommensbezug von der Arbeit in einem staatlich regulierten Sektor abhängig machen (vgl. Gunnar Adler-Karlsson, 1979; André Gorz, 1987). Damit wird freilich das Grundrechts-Prinzip (»Recht auf Einkommen«) wieder ausgehöhlt, das Medium »Macht« des Staates in riskanter Weise gestärkt.

Dieses Risiko könnte institutionell durch das Modell des »*Sozialdienstes*« gemindert werden, d.h. durch eine Weiterentwicklung der gegenwärtigen Form des Zivildienstes. Ein solcher »Sozialdienst«, dessen Dauer drei bis vier Jahre umfassen mag und der für alle Männer und Frauen gleichermaßen verpflichtend ist, könnte sehr flexibel organisiert werden, wie auch heute der Zivildienst, wie

Dienste bei der Feuerwehr oder dem Technischen Hilfswerk: als eine Art naturalisierter Steuer, die jede/r BürgerIn zwischen dem 18. und 35. Lebensjahr, ggf. auch später, zu »bezahlen« hat. Von einem »Sozialdienst« wäre einerseits eine Eindämmung der absehbar dramatisch anwachsenden Pflege- und Sozialkosten zu erhoffen, die aus der Auflösung des Familienverbandes, dem höheren Lebensalter und dem gewachsenen Selbstbewußtsein der Frauen folgen.[19] Gleichzeitig könnten hierdurch auch Männer an sozial-pflegerische Aufgaben herangeführt werden, an die für eine »gesellschaftliche Gemeinschaft« (Talcott Parsons) unverzichtbare und gegenwärtig überwiegend von Frauen erbrachte Sorge für den anderen. Die Idee des Sozialdienstes ist nicht neu, sie wurde in Schweden (Mårten Lågergren u.a., 1984) und der Schweiz (Peter Gross, 1976) in durchaus ähnlicher Richtung diskutiert.

Dieser Reformvorschlag unterscheidet sich wesentlich von anderen, teils historischen Vorschlägen zur Einführung einer Dienstpflicht. Ich möchte jene Vorschläge unter den - sehr simplifizierenden - labels »rechte« und »linke« Vorschläge summieren und präsentieren. »Rechte« Dienstpflicht-Modelle zielen dabei, so die These, auf die *(Teil-)Militarisierung der Gesellschaft*, während »linke« Modelle auf die *(Teil-)Sozialisierung der Ökonomie* orientieren.

In der heutigen Diskussion der Konservativen und Rechtsradikalen wird eine Dienstpflicht für zwei soziale Gruppen vorgeschlagen:

1. Als »soziales Pflichtjahr für Mädchen«, so der CDU-MdB Jürgen Todenhöfer, Renate Hellwig, CDU, oder der frühere Berliner Sozialsenator Ulf Fink, ebenfalls CDU. Die Forderung gehört ebenfalls zum sozialpolitischen Programm der rechtsradikalen Partei »Republikaner«. In einer jüngeren Publikation modifiziert Fink seine Überlegungen im Sinne unseres Vorschlages hin zu einem obligatorischen »sozialen Dienst als demokratische Bürgerpflicht« (Ulf Fink, 1990, S. 67 ff.) - ohne jedoch damit korrespondierende soziale Grundrechte - wie ein »garantiertes Grundeinkommen« - zu verknüpfen.[20]

2. Als »Arbeitspflicht für jugendliche Arbeitslose« wird eine Dienstpflicht ebenfalls immer wieder aus Kreisen der CDU präsentiert (so von Lothar Späth, Ministerpräsident Baden-Württembergs).

Partikulare Dienstpflichten, d.h. soziale Dienstpflichten, die nicht die gesamte Bevölkerung, sondern nur (meist benachteiligte) Gruppen treffen sollen, haben eine lange Tradition: von der Arbeitsdienstpflicht, wie sie auch seitens des »Allgemeinen Deutschen Gewerkschaftsbundes« im Jahr 1929 vorgeschlagen

---

[19] Im Jahr 1989 wurden in der Bundesrepublik 61.000 und damit 61 v.H. aller Zivildienstplätze für Pflegehilfen und Betreuungsdienste angeboten (»Der Zivildienst«, 3, 1989, S. 2).

[20] Im Gegenteil wird diese Idee als eine »sozialpolitische Fata Morgana«, die »den Leistungsanreiz schwächt«, ja als »Irrglaube« (noch?) abgelehnt (Ulf Fink, 1990, S. 71 f.).

wurde, bis hin zum »Reichsarbeitsdienst« (vgl. Udo Achten, 1978) und der Mädchendienstpflicht der Nationalsozialisten (vgl. Susanna Dammer, 1988).

An den »rechten« Dienstpflichtvarianten wird kritisiert, daß die Dienstpflichten allgemein als Militarisierungsstrategie konzipiert werden, die Mädchendienstpflicht insbesondere als institutionelle Verstärkung der traditionellpatriarchalen Arbeitsteilung. Gegenüber den »ordo-konservativen« Orientierungen sind die »sozialkonservativen« Vorschläge, wie sie beispielsweise von Ulf Fink zitiert wurden, graduell abzugrenzen. Letztere konzipieren die Gesellschaft tendenziell idealisierend als Gemeinschaft - und unterschätzen die Macht-Logik des Staates, die nur durch einklagbare soziale Grundrechte und soziale Bewegung kompensiert werden kann.

In den sozialistischen und vor allem den frühsozialistischen Entwürfen spielt die Idee einer Dienstpflicht eine wesentliche Rolle als Bestandteil sogenannter ökonomischer »Mehr-Sektoren-Modelle«. In der Regel wurde vorgeschlagen, das Wirtschaftssystems in zwei Sektoren zu teilen: einen Grundbedarfssektor und einen Sektor, der Luxusgüter produziert. Der Grundbedarfssektor soll dabei durch den Staat planwirtschaftlich organisiert werden, während die Luxusgüterproduktion marktförmig erfolgen soll (sei es durch Privatbetriebe oder Genossenschaften). Hervorragende Vertreter dieses Gedankens waren Ende des 19. Jahrhunderts Wilhelm Weitling und Atlanticus, war in den zwanziger Jahren Joseph Popper-Lynkeus mit seiner Idee der »Nährarmee« und sind in der aktuellen Diskussion der schwedische Öko-Sozialist Gunnar Adler-Karlsson und vor allem der französische Sozialphilosoph André Gorz, dessen Idee einer Kombination von »20.000 Lebensarbeitsstunden« mit einem »Sozialeinkommen« vor allem durch das Buch »Wege ins Paradies« (1983) bekannt geworden ist (vgl. auch André Gorz, 1987).

Die Gedankenrichtung einer »Mehr-Sektoren-Wirtschaft« findet sich auch bei den sogenannten »Föderalisten«, die ihre Blüte im Frankreich der 30er Jahre hatten und ihre Wurzeln auf den Frühsozialisten und Anarchisten Pierre Proudhon zurückverfolgen (vgl. Lutz Roemheld, 1977). Sie begreifen sich nicht explizit als »links«, sondern verorten sich eher in einem Konglomerat aus Liberalismus, Ordo-Konservatismus und Kultur-Religiosität. Bei ihnen wird, wenngleich recht wenig konkret und meist abseits konkreter sozialpolitischer Reformdiskussionen, sowohl die Idee des Sozialminimums als auch die Idee eines »Bürgerdienstes« thematisiert und zudem als ein Beitrag zur föderativen Einigung Europas begriffen (z.B. Alexander Marc, 1989).

Die Kritik an den »linken« wie auch den »föderativen« Dienstpflichtkonzepten bezieht sich vor allem auf ihre ökonomische Ordnungsvorstellung: Ökonomische »Mehr-Sektoren-Modelle« verzichten auf eine systematische Unterscheidung von Arbeitsmarkt und Produktionssystem/Gütermarkt. Während staatliche Eingriffe in die Allokation von Arbeitskräften nicht nur normativ (aus

Gleichheitsgründen) unverzichtbar sind, sondern auch - zumindest bei »geeigneter« Durchführung - effizienzsteigernd wirken, zeigen die Erfahrungen mit der staatlichen (Plan-)Bewirtschaftung des Produktionssystems vor allem im bisherigen Ostblock deutlich die immensen Informations- und Regulationsnachteile einer zentralen Wirtschaftssteuerung.

Die bisher genannten Aspekte rücken die Idee des »Sozialdienstes« in ein positives Licht. Freilich sind eine Reihe von Risiken mit einer derartigen Reform verbunden, wie z.B. der Zugriff des Staates auf die persönliche Arbeitskraft, die hohen Anforderungen an eine demokratische Kultur, um die Staatskompetenz zu kontrollieren, die wahrscheinlichen Ineffizienzen einer doch zwangsweise erfolgenden Allokation der Arbeitskräfte, die Gefahr des »Bummelantentums«, des »Abreißens« des Sozialdienstes etc.

Diesen Risiken stehen Chancen gegenüber, die es zumindest lohnend erscheinen lassen, weiter über die Idee nachzudenken, wie die Förderung einer Akzeptanz des freiheitlichen »Grundeinkommens« durch die Reziprozität via »Sozialdienst«, die »Zivilisierung« der Dienstpflicht überhaupt (vgl. heute noch die »Blasphemie« des Staates bei Fahnenflucht!), die Vorzüge einer naturalen Steuerleistung (Nicht-Entziehbarkeit, relevanter Umverteilungseffekt), die Möglichkeit einer Finanzierung der notwendigen Expansion sozialer Dienstleistungen, ohne die monetäre Staatsquote und damit die Legitimationsnotwendigkeiten des Staates hierfür zu erhöhen, die Möglichkeit einer Stärkung selbstorganisierter und dezentraler Arbeitsformen (Bürgerinitiativen, Vereine etc.), die Heranführung der Männer an soziale Arbeit mit einem Umverteilungseffekt für Familienarbeit: Männer stehen dann drastisch vor der Realalternative Familienarbeit (durch Gutschrift für Kindererziehung) oder Sozialdienst; und generell würde eine Definition sozialer Arbeit als notwendige gesellschaftliche Arbeit, die nicht alleine dem Marktprinzip unterliegen kann, voraussichtlich mehr Verbreitung finden.

Die Fülle von Unwägbarkeiten macht intensive Forschungsarbeit zu diesem Ideenkomplex notwendig. Diese sollte an den bisherigen, wissenschaftlich kaum untersuchten freiwilligen und obligatorischen Sozialdiensten (Zivildienst, Freiwilliges Soziales Jahr, Freiwilliges Ökologisches Jahr) anknüpfen und untersuchen, inwieweit solche Dienste in Richtung auf einen universalistischen Sozialdienst weiter entwickelbar sind.

Ein »Sozialdienst« könnte den Vorwurf entkräften, man bekomme als Bürgerin und Bürger nur ein garantiertes Grundeinkommen und leiste nichts dafür. Die »Entkopplung von Arbeit und Einkommen« erfolgte zwar auf der individuellen Ebene (bis zum Niveau des »garantierten Grundeinkommens«), nicht jedoch in bezug auf die demokratische Staats- bzw. Sozialrechtsgemeinschaft. Die Reziprozität in dieser »Staats-Gemeinschaft« wird damit durch die Gleichzeitigkeit von sozialen Grundrechten und »Grundpflichten« hergestellt. Otto

Luchterhandt (1988) hat in einer umfassenden verfassungstheoretischen Analyse der Grundpflichten in Deutschland überzeugendes Material für ihre rationale Weiterentwicklung zusammengetragen.

Die Werte »Solidarität« und »Gleichheit« erhielten durch einen »Sozialdienst« ein funktionales Äquivalent. Das unterscheidet die hier vorgestellte und untersuchte Intention von neokonservativen Bemühungen, einem beobachteten Verfall moralischer Grundlagen bei den Klienten moderner Sozialstaaten eine Strategie abstrakter »Remoralisierung« entgegenzuhalten. »Civic obligations«, ein Set moralischer Bürgerpflichten soll, so ein diesbezüglicher Autor, den Staat als Gemeinschaft (wieder-)beleben. »Funktionierende Bürger« haben ihre Familie zu unterstützen, auch harte und niedrigbezahlte Arbeit anzunehmen, ja »Beschäftigtsein als Pflicht« zu begreifen (Lawrence M. Mead, 1986, S. 13; übers. von M.O.). Claus Offe (1987, S. 507; übers. von M.O.) ist in seiner Kritik derlei autoritären Paternalismus' zuzustimmen: »Solche Vorschläge 'lösen' die Spannung zwischen liberalen und wohlfahrtsstaatlichen Komponenten durch die Abschaffung beider«, zumal sie ihre Disziplinierungsintentionen ausschließlich gegen die Armutsbevölkerung richten.

Demgegenüber plädieren die im vorliegenden Beitrag skizzierten Vorschläge gegen eine ideologisierende Trennung von Moral und Praxis. Unter den Bedingungen einer pluralen Gesellschaft sind normativ anspruchsvolle Maßnahmen durchaus nicht unmöglich. Sollen sie allerdings universalistische Geltung erzielen, so dürfen sie nicht in Spannung mit anderen gleichfalls universalen Normen stehen. Grundrechte, deren faktische Geltung auf partikulare, wenngleich auch große Gruppen (z.B. Mittel-/Oberschicht) beschränkt wird, wie es mit Freiheits-Rechten im neokonservativen Diskurs geschieht, erodieren. Dies gilt in vermutlich geringerem Umfange auch für die Verwirklichung der Idee sozialer »Gleichheit« durch egalisierende Transfers, soll sie allein auf der Etablierung sozialer Grund*rechte* beruhen. So liegt es nahe, daß eine Sozialpolitik, die wirksam »Freiheit«, »Gleichheit« und »Solidarität« fördern möchte, neue universale Rechte *und* Pflichten einführen muß.

Ist eine derartige politische Perspektive wahrscheinlich? Um dieser Frage wissenschaftlich näherzukommen, wären die diskutierten Steuerungsfragen mit *strukturellen* gesellschaftlichen Trends in Zusammenhang zu bringen. Dies kann hier nur in einer kulminierenden Frage angedeutet werden: Treibt das sozialpolitisch evolutive Projekt eines »garantierten Grundeinkommens«, wie vielfach beklagt (z.B. Ilona Ostner, 1987), die Dissoziierung und moralische Desintegration der modernen Gesellschaften voran - oder ist die Idee des »Grundeinkommens« als sozialpolitisch adäquate Antwort auf *Individualisierungsprozesse* zu begreifen, die nur um den Preis der Zwangseinbindung in partikulare Gemeinschaften, vor allem Ehe und Familie, und in einen zunehmend disparitären Arbeitsmarkt[21] vermieden werden kann? Im letzteren Sinne verweist Ernst-Wolfgang Böckenförde (1983, S. 248 f.) darauf, wie sehr den mit Individualisierungstendenzen verbundenen Hoffnungen durch den der bürgerlichen Konzeption des Individuums zugrundeliegenden Besitzindividualismus Grenzen gesetzt werden: »Der Sozialstaat erscheint ... als notwendige Einrichtung zum Abfangen der schädlichen sozialen Folgen des freigesetzten Besitzindividualismus, gleicht sich aber in seinen Strukturen diesem Besitzindividualismus weitgehend an. Die Solidarität, die er verwirklicht, ist in seinem Zusammenhang ein Reparaturbegriff des freigesetzten Besitzindividualismus, nicht dessen Überwindung.« Dagegen läßt sich einwenden, daß sozialpolitische Reformen allemal dem Schießen auf ein sich bewegendes Ziel gleichen - das sich in Betracht des (glücklicherweise?) begrenzten Steuerungsvermögens staatlicher Interventionen weiterbewegt. Insoweit wäre eine »Überwindung« der modernen Individualisierung und ihres geistigen Substrats durch staatliche Maßnahmen ohnehin nicht zu erwarten. Die hier präsentierte evolutive Logik eines »Umbaus des Sozialstaats« scheint politisch anspruchsloser. Sie setzt auf die reflexive Aufhebung obsoleter gemeinschaftlicher und prekärer individualistischer Lösungen in neuen Formen klein- und großgestaltiger, kooperativer und staatlicher Institutionen.

Ihre Voraussetzung - und damit ihre Wahrscheinlichkeit - ist dennoch nicht von vornherein gegeben. So zeigt die neuere »Rational Choice«-Theorie nachdrücklich, daß die Erzielung unter Umständen kollektiv als optimal gewichteter Ziele sich längst nicht von selbst einstellt. Vielmehr gilt für Veränderungen suchende individuelle wie kollektive Akteure das »Basisproblem der Erlangung von Strategiefähigkeit«: sie müssen/er muß nicht wissen, ob andere Akteure, mit denen sie/er politisch kooperieren oder kooperiert, an einer solchen Kooperation interessiert sind, »er hat nicht bloß Strategien der Nutzensicherung und Risikobegrenzung auszuwählen, sich gegen Selbsttäuschung und Übervorteilung zu sichern und dabei zu verstehen, wie seine Gegenspieler ihn und die Situation interpretieren. Er muß zuvörderst und darüber hinaus *sich selbst* zu einem kooperationsfähigen Akteur gestalten, d.h. Vorkehrungen treffen, ein vorteilhaft gewertetes Handlungsprogramm auch in den kostspieligeren Phasen der Investition durchzuhalten.« (Helmut Wiesenthal, 1987, S. 446). Politische Entscheidungsverfahren, die diesen Kriterien entsprechen, sind noch ein Desiderat, von dessen Wahrscheinlichkeit in einer zunehmend von Kommunikation als Ressource abhängigen Weltgesellschaft allerdings - wie die ökologische Bedrohung mahnt - weit mehr abhängt, als die hier skizzierte sozialpolitische Problematik. Gleichwohl strahlt die skizzierte, neue sozi-

---

[21] Hier sei eine Einwände antizipierende Bemerkung erlaubt: Der Argumentation dieses Beitrages geht es um die Diskussion von Prinzipien vor dem Hintergrund eines in modernen Gesellschaften weitgehend geteilten Wertehorizonts. Daß diesem auch durch eine konsistente aktive Arbeitsmarktpolitik nach schwedischem Beispiel - und nicht durch Transferpolitik - entsprochen werden könnte, soll hiermit nicht bestritten werden. Bezweifelt wird allerdings die Möglichkeit, eine solche Logik umstandslos in andere Sozialstaaten zu übertragen (vgl. Fritz W. Scharpf, 1987).

alpolitische Frage - mit dem Kristall der »Grundeinkommens«-Idee - in die Gesamtheit der sozialen Beziehungen aus. Mehr noch: ohne eine Neuordnung der sozialen Beziehungen wird auch das destruktive Verhältnis der modernen Gesellschaften zur Natur nicht überwunden, die *ökologische Frage* nicht gelöst werden können. Bewußtseins-«Gemeinschaft« mit der Natur ist so notwendig wie strukturell unmöglich, solange soziale »Gemeinschaft« zwischen Menschen kontingent, zufällig bleibt, begrenzt auf die individuelle Mikroebene. Hierin - aber das führt in eine neue Betrachtung - liegt die Herausforderung der Sozialwissenschaften (und der Sozialpolitik): in der Erarbeitung eines *»sozialökologischen«* Entwurfes von Gesellschaft.

Was zeigt dieses Resümee? Im Hinblick auf die gewählte systemische Perspektive lassen sich die Betrachtungen zum einen verallgemeinern: Die Bestandskraft sozialpolitischer Institutionen hängt von einer widerspruchsfreien »Interpenetration« möglichst aller drei grundlegenden sozialen Steuerungsprinzipien - »Markt«, »Staat« und »Gemeinschaft« - ab. Dies gilt insbesondere und konkret für die Forderung nach einem »garantierten Grundeinkommen«. Sie scheint mittlerweile einem voluntaristischen Stadium entwachsen zu sein und in der Lage, sich auch sozialtheoretisch zu begründen. Ein »garantiertes Grundeinkommen« ist keine isolierte Maßnahme, kein Ersatz für den gegenwärtigen Sozialstaat. Vielmehr zeigte die Betrachtung, daß eine »Grundeinkommens«-Strategie als »staatlich-sozialstaatliche« Maßnahme die Werte der anderen Sicherungstypen (Sozialhilfe, Sozialversicherung) beinhaltet, sie »aufhebt« - und ihr Gesicht dabei teils grundsätzlich verändert: So würde die hergebrachte Form der Sozialhilfe auf individuell besondere Bedarfslagen eingeschränkt, womit kommunales (Verwaltungs-)Handeln als konkretisiert-gemeinschaftliche »Solidarität« erfahrbar werden kann. Sicherungsformen des Typus »Sozialversicherung« bleiben als auf einem »Grundeinkommen« aufbauende Leistungseinkommen sinnvoll, auch aus systemisch-funktionalen Gründen.

Soll der gemeinschaftliche Bereich wachsen, so wird er dies auf Kosten der traditionell-mächtigen gesellschaftlichen Bereiche tun: auf Kosten von Markt und Staat. Das ist nicht nur quantitativ zu sehen. Die Relationen werden sich verändern. Und wie sich der gemeinschaftliche Sektor verändert, so verändern sich auch Markt und Staat selbst. Eine Ahnung dessen, was dies bedeutet, können wir zur Zeit in den Staaten des Ostblocks erhalten, in denen die Perestroijka am weitesten vorangeschritten ist. In den bisherigen Domänen einer Idealisierung des Staates als Steuerungssystem spielt heute die theoretische Arbeit an einer Neugewichtung und Neuorientierung der Idee des »Marktes« eine große Rolle. »Markt« ist nämlich nicht nur individuell-utilitaristisch als Feld privater Nutzenmaximierung zu begreifen - und damit, wie dies »die Linke« praktizierte, theoretisch und praktisch rechts liegen zu lassen. Der »Markt« muß vielmehr als ein Steuerungssystem verstanden werden, das enorme Chancen effizienter Allokation von Ressourcen bietet - als ein Steuerungssystem *neben* den anderen

Steuerungssystemen (Staat und soziale sowie geistige Gemeinschaft) und *interpenetrierend*, zusammenwirkend mit ihnen. Auf dem Feld der Sozialpolitik werden in den bisherigen sozialistischen Staaten staats-unabhängige, gemeinschaftliche Organisationsformen von Grund auf neu zu entwickeln sein.

Eine korrespondierende Bewegung beobachten wir in den USA, dem Prototyp einer Marktgesellschaft. Die einseitige Dominanz der Marktlogik war allerdings nie unumstritten. Seit den achtziger Jahren verdichten sich die Zweifel. Eine Bewegung ist eine ausdrückliche Wiederbelebung des »Gemeinschafts«-Gedankens. Sie findet sich in der neueren politischen Theorie unter den »communitarians«, zu deren bedeutenden Vertretern Michael Walzer, Alasdair MacIntyre oder Robert Nozick gerechnet werden (vgl. Will Kymlicka, 1989); ein revival des »Gemeinschafts«-Gedankens findet sich auch unter selbstkritischen Vertreten der individuell-utilitaristischen »Rational-Choice«-Theorie, die sich unterdessen der Frage annehmen, warum »beyond self-Interest« (vgl. Jane J. Mansbridge, 1990) überhaupt soziales Handeln geschieht und Solidarität in Gruppen - über strategische Kalküle hinaus - existiert (vgl. Michael Hechter, 1987). Am ausdrücklichsten - und unserer Perspektive am nächsten stehend - wurde das Thema »Gemeinschaft« durch eine Autorengruppe um den Parsons-Schüler Robert N. Bellah in die US-Diskussion eingebracht. Ihre 1985 zuerst erschienene Studie »Habbits of the Heart« - ins Deutsche unglücklich wörtlich als »Gewohnheiten des Herzens« übersetzt - sucht in der amerikanischen Tradition des politischen Denkens wie in der gegenwärtigen sozialen Praxis bürgerschaftlicher Initiativen, in der Suche nach Liebe, Geborgenheit und Lebenssinn nach den Spuren von »Gemeinschaft« (Robert N. Bellah u.a., 1987; vgl. Charles H. Reynolds/Ralph V. Norman, 1988; Harry C. Boyte, 1989). In einer Folgestudie untersuchen Bellah und Mitarbeiter unter dem ambitiösen Titel »The Good Society« die institutionellen Voraussetzungen einer gesunden »moral ecology« (Robert N. Bellah u.a., 1991) und gelangen zu einer gereinigten sozialdemokratischen Vision: Sozial-staatliche Institutionen positiv zu besetzen, als Voraussetzung individueller Freiheit und gemeinschaftlichen Handelns, erfordert in den USA eine ähnliche soziologische Überzeugungsarbeit wie im Osten die Entmystifizierung des Marktes.

Sollen neue Gemeinschaften gefördert werden, so bedeutet dies schließlich nicht allein, Schonräume zu konstruieren, sondern die Ganzheit der Gesellschaft neu zu überdenken (- was Schonräume in strategisch-taktischer Absicht nicht ausschließt). Der italienische Genossenschaftsexperte Edwin Morley-Fletcher hat dies im Blick auf die Neukonzeption wohlfahrtsstaatlicher Interventionen durch die Linke prägnant formuliert: »Gerade die Linke hat sich in ihrer Tradition eigentlich immer gegen das Risiko ausgesprochen. ... Heute geht es aber nicht mehr allein darum, ein mögliches Risiko zu minimieren oder möglichst sogar ganz auszuschalten, sondern es handelt sich darum, Sicherheiten institutioneller Art zu entwickeln, die es den Menschen erlauben, auch Risiken unternehmerischer Art einzugehen, ohne ihre Existenzgrundlage selbst aufs Spiel zu setzen.« (1985, S. 121). Eine Konsequenz dieser Überlegungen wäre das Eintreten für ein »Garantiertes Grundeinkommen« (vgl. Michael Opielka, 1988) - und es ist kein Zufall, daß Morley-Fletcher zu den Gründern des »Basic Income European Network« gehört.

Freilich, die Komplexität des Ganzen legt schnell auch neue Verkürzungen nahe: Es geht nicht allein um eine Neugewichtung von Gemeinschaft und Markt oder von Gemeinschaft und Staat etc. Eine ganzheitliche, sozialökologische Konzeption von Politik müßte auch neue, reflexive Methoden entwickeln, die Interdependenzen zwischen allen gesellschaftlichen Bereichen und den Umwelten des Gesellschaftlichen (v.a. Natur und Weltanschauung/Religion) kommunikativ-kulturell verhandelbar, ja verständlich zu machen. Davon sind wir noch weit entfernt.

Tönnies als Anreger für die Volks- und Erwachsenenbildung am Beispiel der Rezeption durch Hermann Heller

Von Rainer Brödel

I. Untersuchungsrahmen

Ferdinand Tönnies zählt zu jenem Kreis bedeutender soziologischer Theoretiker in Deutschland (wie z.B. Theodor W. Adorno, Hans Freyer, Theodor Geiger, Helmuth Plessner oder Leopold von Wiese), die einen Beitrag zur wissenschaftlichen Fundierung der Volksbildung bzw. der Erwachsenenbildung leisten.

Tönnies' Hauptschaffensperiode fällt allerdings in eine Etappe der Sozialgeschichte und des Bildungswesens, in der Erwachsenenbildung fast ausschließlich als praktische Aufgabe gilt und in der das erwachsenenpädagogische Handeln noch kaum als Gegenstand wissenschaftlich-systematischer Aufklärung deutlich geworden ist. Diese Ungleichzeitigkeit ist ein wichtiger - aber nicht allein ausreichender - Grund dafür, daß Tönnies' Beitrag zur Erwachsenenbildung auf den ersten Blick schlecht zu erkennen ist und daß er in seiner unverkürzten Bedeutung bis heute unerschlossen blieb. Soweit in der bisherigen wissenschaftlichen Erwachsenenbildungs- und Weiterbildungsdiskussion eine Tönnies-Rezeption überhaupt stattfinden konnte, scheint mir diese sehr unvollständig, wenn nicht gar partikular zu sein. Dafür mag es triftige wissenschaftsexterne Gründe geben, die vermutlich in den wechselnden Konjunkturen des Gemeinschaftsbegriffes und seinen politisch-ideologischen Instrumentalisierungen in Deutschland gefunden werden können.

Das Tönnies-Bild der heutigen Erwachsenenpädagogik ist vor allem durch zwei Rezeptionsweisen gekennzeichnet. So ist dieser Kieler Soziologe zwar als der Autor von "Gemeinschaft und Gesellschaft" bekannt. Sofern allerdings die erwachsenenpädagogische Reflexion auf dieses Werk überhaupt näher eingeht, bleibt ein wesentlicher Theorieaspekt daraus aber immer unerwähnt - zumindest jedoch ist er in der Rezeption unterbelichtet (Kurt Gerhard Fischer, 1956) -, der gerade für den Volks- und Erwachsenenbildner von großer Wichtigkeit sein dürfte: In seinem Jugend- und Hauptwerk "Gemeinschaft und Gesellschaft" (1887) entwirft Tönnies eine Willenstheorie, die auch Elemente einer soziologischen Sozialisations-, Lern- und Bildungstheorie enthält!

Ein zweites Rezeptionsverhältnis zur Soziologie Tönnies' konstituiert sich mit der geisteswissenschaftlichen Begründung des "Hohenrodter Bundes" (Jürgen Hennigsen, 1958). Die bürgerliche Erwachsenenbildung der Weimarer Epoche findet im "Bund" eine spezifische Form träger- und institutionenübergreifender Organisierung. Herman Schmalenbach entwickelte die Bundkategorie bekanntlich in der Auseinandersetzung mit Tönnies' Normalbegriffen "Gemeinschaft" und "Gesellschaft". Dieser Autor definiert Bund "als den durch aktuelle Bewußtseinserlebnisse des Fühlens begründeten sozialen Verband" (Herman Schmalenbach, 1922, S. 65). Tönnies machte sich allerdings diese Ergänzung seiner Grundbegriffe als solche nachdrücklich nicht zu eigen und grenzt sich 1925 in der Vorrede zur 6. und 7. Auflage von "Gemeinschaft und Gesellschaft" in dieser Hinsicht explizit von Schmalenbachs "anziehenden Ausführungen" ab (Ferdinand Tönnies, 1979, S. XLII f.).

Hiermit sind die beiden Hauptmodi eines bewußten Rückbezugs auf Tönnies in der Reflexion der deutschen Volks- und Erwachsenenbildung benannt. Ich vertrete nun die Auffassung, daß ein entscheidendes Moment des Anregungs- und Wirkungspotentials der Soziologie und des wissenschaftlichen Schaffens Tönnies' außer acht gelassen wird und für die heutige Erwachsenenpädagogik ungenutzt bleibt, wenn sie sich mit dem gegebenen Diskussionsstand zufrieden geben sollte. Und mein Beitrag soll darüber hinaus vor allem zeigen, daß schon faktisch ein wesentlich größerer und breiterer Einfluß von Tönnies auf die Entwicklung des Volks- und Erwachsenenbildungswesens existiert, als er sich in dem verkürzt erscheinenden Tönnies-Bild des einschlägigen Schrifttums niederschlägt.

1. Pädagogische Anregung durch soziologisches Wissen als Gegenstand einer differentiellen Tönnies-Forschung

Für einen wichtigen Untersuchungsgegenstand einer differentiellen Tönnies-Forschung halte ich im weiteren die Frage, wie das Anregungspotential beschaffen ist, das das Werk Tönnies' dem pädagogischen Handeln der Erwachsenenbildung heute zu liefern vermag. Aufgrund der Konstellation unseres Untersuchungsgegenstandes ist diese Frage nur unter Berücksichtigung der schon angesprochenen historisch-wirkungsgeschichtlichen Dimension angemessen diskutierbar. Vor allem die Weimarer Zeit ist hierfür bedeutend. Sie ist jene Periode, in der der ältere Tönnies wissenschaftlich noch sehr aktiv war und in der "Gemeinschaft und Gesellschaft" (1887) durch mehrere Neuauflagen die bisher größte Verbreitung fand. Zugleich wurden in dieser Zeit auch wesentliche Vorentscheidungen für die heutige institutionelle, didaktische und wissenschaftliche Struktur der Erwachsenenbildung getroffen.

Mögliche Anregungen und Verwendungsweisen soziologischen Wissens, welche Tönnies im Hinblick auf das volksbildnerische Praxisfeld und seine wissenschaftliche Fundierung zugerechnet werden können, bilden den Hintergrund und einen unverzichtbaren erwachsenenbildungsgeschichtlichen Vermittlungszusammenhang für heutige Rückfragen und etwaige (Anschluß-)Überlegungen. Die Neuinterpretation des vorliegenden Werkes Tönnies' aus erwachsenenbildungssoziologischer Sicht zum einen und ein Wissen um die Wirkungsgeschichte Tönniesscher Soziologie zum anderen ermöglichen zusammengenommen erst einen Blick dafür, wie heute das Anregungspotential von Tönnies für die soziologisch bewußte Bildungsarbeit zu veranschlagen ist.

Zur Zeit der Weimarer Republik beriefen sich viele Pädagogen auf Ferdinand Tönnies. Insgesamt gesehen vermögen jedoch deren Werkinterpretationen sowie die damit verbundenen pädagogischen Übertragungsversuche - zumindest aus heutiger Sicht - nicht immer zu überzeugen (hierzu vgl. Anhang I). Ich bevorzuge im folgenden jene Aspekte der pädagogischen Wirkungsgeschichte, die am ehesten eine Kompatibilität mit Tönnies' Anliegen aufweisen. Dabei gilt es zu bedenken, daß - abgesehen von einem vereinzelten Engagement in der extramuralen Erwachsenenbildung (Ferdinand Tönnies, 1897c) - Tönnies' eigenem Handeln nur im geringen Maße eine auf die volksbildnerische Praxis zielende Intentionalität unterstellt werden kann. Außerdem vertritt Tönnies eine werturteilsfreie Wissenschaft (Carsten Schlüter, 1988, S. 397), deren Ergebnisse sich nicht ohne weiteres normativ ummünzen lassen. Die Fortschreibung und erwachsenenpädagogische Wendung der Ideen von Tönnies läßt sich vielleicht nur als ein wenig intendierter Effekt fachwissenschaftlicher Nachwuchsförderung verstehen, die er als Hochschullehrer und Emeritus an der Kieler Universität betrieben hat. In diesem Zusammenhang sind die Namen von Hermann Heller und Paul Hermberg von Bedeutung. Durch beider Lebenswerke vermittelt - dies ist meine These - erlangt Tönnies seine Bedeutung als Anreger für eine proletarisch-sozialdemokratische Erwachsenenbildungstheorie und als Inaugurator der von Hermann Heller begründeten Leipziger Volkshochschularbeit.

2. Eingrenzung des historischen Untersuchungsgegenstandes

Wer sich mit Tönnies' Einfluß auf die Erwachsenenbildung auseinandersetzen will, kommt an den Namen Hermberg und Heller nicht vorbei (hierzu vgl. Anhang II). Wenn ich mich im folgenden im wesentlichen auf Heller konzentriere, so wegen der hier besonders interessierenden Verwendung bzw. Umsetzung des Tönniesschen Gemeinschaftsbegriffes. Exemplarisch läßt sich dies an Hellers Beitrag zur Entwicklung einer pädagogischen Gemeinschaftskonzeption verdeutlichen, der wesenbildenden Gemeinschaft, die damals unter dem institutionellen Namen "Volkshochschulheim" bekannt wurde.

Grob gesprochen handelt es sich dabei um "die einjährige Lebensgemeinschaft zweier Akademiker und einer Gruppe von 18- bis 24jährigen Handarbeitern" (Hermann Heller, 1971a, S. 620):

> "Etwa zwei Drittel ihres Verdienstes fließt in eine gemeinsame Kasse zur Haushaltsführung, die einer Wirtschafterin übertragen ist. Das Heimleben konzentriert sich naturgemäß auf den Abend. Nach der Arbeitszeit ist gemeinsames Essen. Dreimal wöchentlich findet der Heimunterricht statt, an dem sich einige Außenschüler beteiligen können. Die übrigen Abende dienen eigener geistiger Arbeit, ab und zu gemeinsam besuchten Vorträgen oder anderen Veranstaltungen und der Unterhaltung." (Annemarie Hermberg, 1925, S. 65 f.).

Hermberg festigte und baute die von Heller begründete und im Bildungsangebot insgesamt doch sehr differenziert ansetzende Volkshochschularbeit in Leipzig aus. Dabei brachte er auch eigene, innovative Akzente ein. In mehreren Aufsätzen lieferte er einen originären Beitrag zu einer Arbeiterbildungstheorie. Hermbergs Handschrift ist auch in einem Gutachten des "Allgemeinen Deutschen Gewerkschaftsbundes" aus dem Jahre 1931 über "Die 40 Stunden-Woche" erkennbar. Hier nahm er demokratietheoretische, kulturpolitische und erwachsenenbildnerische Begründungsmuster für die auch heute aktuelle Arbeitszeit- und Umverteilungsdebatte vorweg (Theodor Leipart, 1931).

Während Hermberg insgesamt eher die empirisch-sozialforscherische Orientierung von Tönnies aufnahm und fortführte, dominiert bei Heller Tönnies' geisteswissenschaftlich-soziologischer Interessenschwerpunkt. In der Praxis der Leipziger Volkshochschularbeit findet dieser differente Tönnies-Bezug seine Entsprechung auf der Ebene der konzeptionellen Orientierung. Während Heller Arbeiterbildung als kulturell-historische Bildung auslegt und die Bedeutung der pädagogischen Gemeinschaft als Bildungs- und Erziehungsfaktor für die jüngere Arbeiterschaft betont, hebt Hermberg das zweckrationale Moment von Volkshochschul- und Arbeiterbildung hervor. Hermberg will vor allem Wissen vermitteln und die Arbeiterschaft für die konkreten Aufgaben der Arbeiterbewegung schulen (Klaus Meyer, 1969, S. 134).

Für die soziale und politische Emanzipation der Arbeiterschaft haben beide Dimensionen einer proletarischen Erwachsenenbildung ihre historische und sachliche Berechtigung. Da es mir jedoch vor allem um Tönnies' volksbildnerische Relevanz unter dem Gemeinschaftsaspekt geht, beschränke ich mich im folgenden auf die Frage nach dem Anregungspotential und der Tönnies-Nähe bei Hermann Heller. Dabei gilt es zu bedenken, daß die geisteswissenschaftlichen Wurzeln im volksbildnerischen Ansatz Hellers nicht vorwiegend oder gar ausschließlich bei Tönnies zu suchen sind. Dies ist - denkt man etwa nur an die Bedeutung, die Lassalle ("nationale Kulturbewegung" des "Arbeiterstandes"; Rudolf Vierhaus, 1986, S. 61) oder die Fichtes "Nationalerziehung" für Heller (1924, S. 9) hat - sicher nicht der Fall. Als politisch, kulturell und wissenschaftlich engagierter Akteur setzt sich Heller mit den vielfältigen Strömungen seiner Zeit auseinander, so daß die Anregungen durch Tönnies lediglich *eine* Wurzel seines (bildungssoziologischen) Denkens und Handelns ausmachen können.

Natürlich profitierte Heller als Volks- und Arbeiterbildner auch von den zeitgenössischen Tendenzen innerhalb der Pädagogik, vor allem von denjenigen, die die Jugendbewegung begleiteten. Sowohl Heller als auch die mit ihm eng kooperierende Gertrud Hermes sympathisierten mit reformpädagogischen Schulinnovationen, die ihren Ausdruck in sozialdemokratischen Konzeptionen der Einheitsschule fanden. Auch in diesen geht es - wie bei Heller - um die Idee einer kulturellen Gesamtbasis im Volk ("Kulturnation") und nicht zuletzt darum, sowohl intellektuelle Bildung als auch ästhetische und soziale Erziehung zu einer produktiven Einheit im Menschen zu integrieren (Ulrich Herrmann, 1987, S. 12 ff.).

II. Mehrdimensionalität des Tönnies-Bezuges bei Heller - Ein Überblick

Der Staatsrechtstheoretiker und Volksbildner Heller setzt sich mit der Soziologie Tönnies' intensiv auseinander. Diese Auseinandersetzung ist anregend; sie hinterläßt Spuren in dem Lebenswerk des Jüngeren. Ausschlaggebend dafür ist, daß Heller den Kontakt zu Tönnies auf zwei Ebenen aufnimmt. Die eine ist für beide Wissenschaftler von real-biographischer Natur und erfolgt durch die persönliche Begegnung. Sie wird möglich, weil Heller von Ende 1919 bis Anfang 1921 in Kiel lebt (Klaus Meyer, 1967). Währenddessen haben Tönnies und Heller näheren persönlichen Kontakt, der über einen engen beruflichen Rahmen hinausweist.

Der andere Weg ist ein intensives Studium von Tönnies' wissenschaftlichen Arbeiten. Dies wird in Hellers Veröffentlichungen leicht sichtbar. In dem Gesamtwerk Hellers, das in drei Bänden seit 1971 verfügbar ist, kommt Tönnies mit drei Arbeiten näher zur Sprache: "Gemeinschaft und Gesellschaft" (1887), "Die Entwicklung der sozialen Frage" (1907c) und "Kritik der öffentlichen Meinung" (1922).

Quantitativ gesehen - d. h. gemessen an aufgewendeter Zeit - darf die persönliche Begegnung von Tönnies und Heller jedoch nicht allzu umfangreich angesetzt werden, denn Hellers Kieler Zeit war äußerst ereignisreich und bisweilen politisch dramatisch. Zudem war während des dortigen Aufenthaltes die freundschaftliche, ideologische und kämpferische Verbindung zu dem sozialdemokratischen Rechtsprofessor Gustav Radbruch (Wolfgang Schluchter, 1968, S. 97) bedeutender als der Kontakt zu Tönnies.

Seine Habilitation an der Rechts- und Staatswissenschaftlichen Fakultät der Kieler Universität im März 1920 erfolgte dann auch sehr rasch. Im Kapp-Putsch setzte Heller, wie auch Radbruch und andere, bei der militanten Verteidigung der Republik ebenso wie die Kieler Werftarbeiter sein Leben ein. Im Dezember 1920 heiratete Heller die bekannte Tänzerin Gertrud Falke, Tochter eines norddeutschen Heimatdichters. Bei seinem Fortgang aus Kiel 1921 war Heller schließlich einer der führenden Köpfe der örtlichen und schleswig-holsteinischen Volkshochschularbeit.

Diese Ereignisfülle ließ wenig Raum für eine größere Zahl enger persönlicher Kontakte. Aber dennoch ergaben sich intensive und nachhaltig wirksame Berührungspunkte zwischen Tönnies und Heller. So darf angenommen werden, daß die selbst für damalige Verhältnisse ungewöhnliche Schnelligkeit, mit der Hellers Habilitationsverfahren durchgeführt wurde, mit Tönnies' Wohlwollen - und gegebenenfalls aktiver Unterstützung - rechnen konnte (Hans-Peter Schneider, 1984, S. 587). Sicher scheint, daß neben der Auseinandersetzung mit Tönnies' soziologischen Arbeiten der direkte persönliche Kontakt zu ihm Hellers Menschen- und Gesellschaftsbild mitprägte (Klaus Meyer, 1969, S. 199).

Hervorzuheben ist hier vor allem Hellers Grundthese, "daß es eine isolierte, aus dem gesellschaftlichen Zusammenhang ablösbare und ihm gegenüber wesentlich selbständige Individualexistenz nicht gibt" (Gerhart Niemeyer, 1971, S. 84). Heller setzt sich damit von einer damals in der Staatsrechtslehre und der Soziologie (Georg Simmel und Leopold von Wiese) vertretenen Auffassung ab, nach welcher die Konstruktion gesellschaftlicher und staatlicher Wirklichkeit "als ein äußeres Geschehen zwischen festen Ichpunkten, die aus sich geworden und in sich bestehend gedacht werden müssen und zwischen denen sich interindividuelle »Beziehungen« oder »Wechselwirkungen« abspielen", zu begreifen sei (Hermann Heller, 1971c, S. 191). Demgegenüber betont Heller in sinngemäßer Übereinstimmung mit Tönnies, "daß das Ich und die Gemeinschaft nur in reziproker Verbundenheit miteinander und durcheinander entstehen und bestehen" könne (S. 191; ähnlich argumentiert George H. Mead, 1973).

Aber auch in den gesellschafts- und parteipolitischen Grundanschauungen liegen Tönnies und Heller nicht weit auseinander. Beide neigen der eher reformistischen Strömung in der Sozialdemokratie zu, deren Vertreter einen revolutionären Umsturz der Klassengesellschaft ablehnen.

Die Anregungen, die Heller durch Tönnies erfuhr, können zudem nicht ausschließlich daran gemessen werden, ob sie sich in Hellers Schriften - etwa in Form einer diskursiven Auseinandersetzung - niedergeschlagen haben. Denn

Heller war ja nicht nur wissenschaftlicher Autor. Seine Schaffensbreite beinhaltet verschiedenen Rollen, in denen ein Tönnies-Bezug unterschiedlicher Art und Explikationsgrades zur Geltung gelangen kann. So war Heller phasenweise auch Politiker und - vornehmlich in der ersten Hälfte der zwanziger Jahre - Volksbildner. Es scheint in der Natur der Sache und in Hellers persönlicher Lebenszeitökonomie zu liegen, daß eine Tönnies-Rezeption am ausführlichsten in den staatstheoretischen Arbeiten erfolgte. Sie kann bei Heller anhand entsprechender Quellenverweise mühelos nachvollzogen werden.

Etwas anders äußert sich das Anregungspotential und die Verwendungspraxis Tönniesscher Soziologie im volksbildnerischen Tätigkeitsschwerpunkt von Heller. Denn selbst, wenn Heller neben seiner Praktikertätigkeit noch über volksbildnerische Themen veröffentlichte, kam hier der Name "Tönnies" kaum vor. Die Tönnies-Nähe, die nach meiner Annahme in Hellers volksbildnerischen Ansatz in Leipzig jedoch faktisch einfließt, ist also nicht hinreichend explizit aufweisbar. Dies mag sich aus der Eigenart der damaligen Präsentation des Volksbildungsthemas erklären - aus dem Stil, in dem während der frühen zwanziger Jahre über Volksbildung in schriftlicher Form öffentlich nachgedacht wurde. Es ist daran zu erinnern, daß in den Anfängen der Weimarer Republik eine gewisse Aufbruchsstimmung herrschte, die in der Volksbildung leicht als Handlungsdruck empfunden werden konnte. So dominierte in den volksbildnerischen Schriften denn auch die programmatisch-konzeptionelle Perspektive und die Sorge um den Ausbau und den Bestand der Praxis. Dahinter mußte in der Volksbildungsfrage ein primär wissenschaftliches Interesse nach ideengeschichtlicher Vergewisserung und systematisch herleitbarer Argumentation zurückstehen.

Aber in Hellers Veröffentlichungen zur Volksbildung läßt sich dennoch nachweisen, daß Tönnies für ihn im Hinblick auf seine Tätigkeit als volksbildnerischer Akteur und Leiter des Volkshochschulamtes Leipzig (1922 - 1924) erhebliche Bedeutung hat. Nimmt man die dafür wichtigste Arbeit Hellers aus dem Jahre 1924, so äußert sich hier eine Tönnies-Nähe in zweifacher Weise: zum einen im Rückgriff auf die paradigmatischen Kategorien "Gemeinschaft" und "Gesellschaft" (Hermann Heller, 1924, S. 6), um hierüber die soziale Wirklichkeit zeitdiagnostisch interpretieren und schlüssige Arbeitshypothesen für volksbildnerisches Handeln gewinnen zu können; zum anderen dadurch, daß in den von Heller verfaßten Buchpassagen eine begriffliche Affinität zu Tönnies zumindest stellenweise zu erkennen ist.

Schließlich bleibt für diese überblickhafte Sondierung noch festzustellen, daß ein weiterer Tönnies-Bezug bei Heller - neben dem in den staatstheoretischen und den volksbildnerischen Schriften - in einem Lehrangebot der Leipziger Volkshochschule klar zu erkennen ist, welches "Gemeinschaft und Gesellschaft" als sozialgeschichtliches und gegenwartsdiagnostisches Thema aufgreift.

Zusammenfassend ergeben sich bisher drei Punkte, mit denen die Anregungen verortet werden können, die Heller von Tönnies und dessen soziologischem Werk erfuhr. Hervorzuheben ist

- die persönliche Bekanntschaft mit Tönnies während Hellers Kieler Zeit, in der auch eine soziologische Befruchtung und eine - Hellers Habilitationsverfahren betreffende - wissenschaftliche Förderung durch Tönnies stattfindet,

- die explizite Bezugnahme auf verschiedene Arbeiten Tönnies', überwiegend in den staatsrechtlichen Schriften, am ausführlichsten in der letzten großen Arbeit "Staatslehre" (1934), die nach Hellers Tod in Holland veröffentlicht wurde, und

- eine durch die Auseinandersetzung mit Tönnies soziologisch geschulte Perspektive von Volkshochschularbeit.

Angesichts des hier gegebenen Orientierungsrahmens läßt sich gezielt nach dem Anregungspotential fragen, welches der zu untersuchende Volksbildungsansatz durch Tönnies erfährt. Dabei behandle ich in meinem untersuchungsmethodischen Vorgehen Hellers Lebenswerk als Einheit. Konkret bedeutet dies, daß ich im weiteren auch die staatstheoretischen Arbeiten heranziehe, um Hellers Pädagogik-Verständnis rekonstruieren zu können. Dies läßt sich rechtfertigen, weil seine juristischen Veröffentlichungen eine soziologisch-"wirklichkeitswissenschaftliche" Grundorientierung auszeichnet. Mit ihr wird eine nominalistische Betrachtungsweise der damals herrschenden Staatsrechtslehre produktiv aufgebrochen - mit der möglichen Folge, daß die auch erziehungstheoretisch bedeutsamen Aussagen zunehmen. Im Hinblick auf Tönnies markiert der für Heller angesprochene wirklichkeitswissenschaftliche Zugriff zugleich eine wirkungsgeschichtliche Dimension, die sich insbesondere in einem Tönnies-nahen Organisations- und Staatsbegriff (Hermann Heller, 1971c, S. 186 f., S. 363) niederschlägt.

III. Hellers Volksbildungsverständnis im Lichte eines Tönnies-Bezuges

1. Gemeinsamkeiten in der gesellschaftstheoretischen Grundorientierung und dem Zugang zur Volksbildungsfrage

Tönnies und Heller konvergieren in zentralen gesellschaftstheoretischen und zeitdiagnostischen Ansichten, die als Hintergrundverständnis und zum Teil auch als Begründungen für Hellers volksbildnerisches Handeln gelten können. Diese Gemeinsamkeit äußert sich prägnant in der zentralen Rolle, die beide der Arbeiterschaft als Subjekt des sozialen und staatlichen Wandels im neuen Weimarer Volksstaat zuerkennen. Tönnies vertritt eine entsprechende Position schon in der Erstauflage von "Gemeinschaft und Gesellschaft". Er aktualisiert und pointiert diese Auffassung 32 Jahre später noch in einem ursprünglich für die dritte Auflage von "Gemeinschaft und Gesellschaft" vorgesehenen Vorwort.[1] 1887 behauptet Tönnies, daß sich mit dem Grade der Ausdifferenzierung der Sozialform Gesellschaft nun wiederum "aber auch die Möglichkeit ... (einer) Rekonstruktion gemeinschaftlicher Lebensformen" (Ferdinand Tönnies, 1920, S. 134) eröffne. Den Grund sieht Tönnies in der von ihm antizipierten Überdehnung des Individualismus, die die gesellschaftliche Lebensform hervorrufe. Für mögliche Subjekte eines solchen - nach Gemeinschaft strebenden - Gegenmomentes nennt der Autor zwei Beispiele: die Frauen bzw. die Frauenbewegung und das Proletariat. - Aber es muß betont werden, daß Tönnies das Ergebnis einer solchen potentiellen Rekonstruktionsarbeit nicht als schlichte Neuauflage althergebrachter Lebensformen begreift, sondern hauptsächlich als das zur Geltung bringen des "sittlich-humanen Bewußtseins" (S. 134) innerhalb der fortschreitenden Sozialentwicklung.

An zweiter Stelle, in dem oben genannten Vorwort, spitzt Tönnies seine frühere Aussage unter dem Eindruck des gerade beendeten Weltkrieges in der These zu, "daß die Idee der Arbeiterbewegung Wiederherstellung der Gemeinschaft ist" (Ferdinand Tönnies, 1925a, S. 60). Mit Bedacht - halb hoffend, halb skeptisch - schließt er in der folgenden Passage sogleich die Frage an, ob sich die "Schaffung einer neuen sozialen Grundlage, eines neuen Geistes, neuen Willens, neuer Sittlichkeit" (S. 60) wirklich erreichen lasse. "Das Unermeßliche der Aufgabe hat mir immer vor Augen gestanden ..." (S. 60). Tönnies sieht im weiteren jedoch das gestalterische und dialektische Moment dieser Utopie, indem er für "einen lebens- und entwicklungsfähigen Sozialismus" (S. 63 f.) plädiert. Konkreter heißt dies für ihn, daß die Stärkung einer ethischen Komponente des menschlichen Bewußtseins mit einer sozialökonomischen Umgestaltung Hand in Hand gehen müsse. Als programmatisches Beispiel gilt ihm der "Ausbau des Wesens der Genossenschaft mit Einschluß der kommunalen und staatlichen Genossenschaft" (S. 64).

Dieses Sozialismuskonzept markiert eine wesentliche Position, von der aus Heller die Volksbildungsaufgabe als eine große Herausforderung seiner Epoche aufnimmt. Volksbildung, zumal als Arbeiterbildung konzipiert, stellt für ihn eine elementare Möglichkeit dar, dem äußeren Wechsel der Staatsform von der Monarchie zur Republik substantiell zu entsprechen. Sozialismus und demokratische Staatsform müssen in einer dynamischen Perspektive einander verbunden werden, so lautet die Devise, die Heller 1925 in der Schrift "Sozialismus und Nation" näher ausführt. Sein Sozialismusbegriff basiert auf der "Idee der gesell-

---

[1] Die dritte Auflage von 1920 enthält ein - gegenüber der ursprünglichen Fassung - stark gekürztes Vorwort. In voller Länge (Ferdinand Tönnies, 1925a, S. 58-68) erschien es erstmals in der Wochenschrift "Die Neue Zeit" vom 13.6.1919.

schaftlichen Gerechtigkeit, ... [dem; R.B.] Willen zu gegenseitiger Hilfe und gerechter Gemeinschaft" (Hermann Heller, 1971a, S. 429), und auf der Idee der "sittliche(n) Gestaltung unserer gegenseitigen Beziehungen".

Die Parallelen zu Tönnies sind offensichtlich. Hier ist die sozialistische Gesellschaft nicht Produkt eines mechanistischen Evolutionismus, nicht Ausfluß eines historisch-ökonomischen Bewegungsautomatismus. Heller verurteilt zeitgenössische Neigungen zu einer chilialistischen Erwartungshaltung. Stattdessen wird in seinem Ansatz auf den "subjektiven Faktor" und die Lernfähigkeit des einzelnen Menschen Gewicht gelegt, derart auf die Entwicklung von Eigenkompetenz der Menschen für die Gestaltung der sozialen und kulturellen Wirklichkeit. Sozialismus soll damit eine Lebensform heißen, die im harten Tageskampf den gegebenen Verhältnissen abgerungen werden muß.

Nur mit einem doppelgleisigen Vorgehen läßt sich dem Ziel des Sozialismus näherkommen: Die Initiierung gesellschaftsorganisatorischer Maßnahmen allein - etwa Reformen im politisch institutionellen Bereich - reicht nicht aus; hinzutreten muß eine "Erneuerung der viel tiefer liegenden seelisch-sittlichen Fundamente" (Hermann Heller, 1971a, S. 444). Die gewollte Veränderung von sozialer Wirklichkeit muß sich wechselseitig auf die objektive und die subjektive Dimension stützen. Damit hängt die Einführung sowie die Bewährung sozialer Strukturveränderungen nicht zuletzt von dem Reifegrad des moralischen Bewußtseins und den politisch-sozialen Orientierungen der involvierten Subjekte ab.

Wie kann nun Volksbildung dazu beitragen, daß ein sozialmoralisch tragfähiges Fundament im neuen Volksstaat überhaupt entstehen kann?

Heller gibt hierauf drei Antworten:

1. Volksbildung ist zunächst eine Adressatenfrage! Welche Bevölkerungsgruppen durch Bildungsangebote anzusprechen sein, soll nach folgendem Grundsatz entschieden werden: Nur die Schichten und Klassen, die zum politischen Selbstbewußtsein erwacht sind, können den Anspruch einer wirklichen Beteiligung am Staatsleben erfüllen (Hermann Heller, 1971c, S. 267)! Volksbildung ist also eine Motivierungs-, Weckungs- und Qualifizierungsaufgabe zur inneren Ermöglichung und Stabilisierung der jungen Demokratie. Dabei richtet sich die Bildungsarbeit vorwiegend an sozial Unterprivilegierte - also an Proletarier - und hier wiederum an diejenigen, die in ihrem Milieu als besonders anerkannt gelten und als entwicklungsfähig angesehen werden.

2. Volksbildung wirkt an dem Aufbau einer intakten öffentlichen Meinung mit! Um ihre Bedeutung für das Funktionieren staatlich-demokratischen Lebens herausarbeiten zu können, greift Heller auf Tönnies' umfangreiche Studie "Kritik der öffentlichen Meinung" (1922) zurück (Hermann Heller,

1971c, S. 277 ff.). Heller gelangt zu der - für uns heute sicher problematischen (Ingo Richter, 1984) - These, daß "in einer demokratischen Gesellschaft ... eine möglichst einheitliche öffentliche Meinung zu den wesentlichen Bedingungen für die Konstituierung der staatlichen Einheit gehört ..." (Hermann Heller, 1971c, S. 286). Daher habe Erziehung und Volksbildung eine "Willensvereinheitlichung" in und zwischen den sozialen Klassen mit dem Ziel zu fördern, daß in dem einzelnen ein wirksamer Gemeinwille entstehe (S. 246).

3. Volksbildung ist Quelle kulturellen und staatlichen Wandels! Indem proletarische Adoleszenten in Volkshochschulgemeinschaften ein ihrer Lebenslage entsprechendes Symbol- und Sinnsystem elaborieren, internalisieren und zu einer moralisch reflektierten Vorstellung von der Gesellschaft als Ganzer verdichten können, gewinnt mit der damit gegebenen Mitwirkungschance für die angestrebte sozialistische "neue Form der Gesamtkultur" (Hermann Heller, 1971a, S. 641) eine elementare staatspolitische Funktion der Erwachsenenbildung an Bedeutung.

Sicher ruft diese dritte These heute den größten Widerspruch hervor, da sich der Verdacht eines überzogenen Erziehungsoptimismus nicht ausräumen läßt. Abgesehen davon, daß damals die Teilnehmerzahlen noch vergleichsweise gering waren und Arbeiterbildung noch eher eine Elite der Arbeiterschaft ansprach, muß moniert werden, daß Bildungsgemeinschaften in ihrer Autonomie und Wirkung überschätzt werden und wohl kaum als treibende Faktoren der Sozial- und Staatsreform tauglich sind. Vor allem aber muß berücksichtigt werden, daß sich durch die Mitarbeit in Bildungsgemeinschaften zwar kommunikative und lebenspraktische Kompetenzen für Verständigung und Solidarität erwerben lassen, diese jedoch selbst in sozial aufgeklärten Klassengesellschaften nicht als durchgängiges Koordinierungsprinzip fungieren.

*2. Arbeiterbildung als kulturelle Inklusion und Einstieg
in eine "neue Gesamtkultur"*

Heller betont den systematischen Ausschluß seines Hauptadressaten, der Arbeiterklasse, aus der "Kulturgemeinschaft der Nation" (Hermann Heller, 1971a, S. 635). Durch intensive Bildungsarbeit im Rahmen von Volksbildung solle das Proletariat sich aus dieser Lage selbst befreien. Dabei geht es jedoch nicht um dem sozialen Aufstieg einzelner in die bürgerliche Kulturklasse. "... die Aufgabe ist viel gewaltiger: es gilt der ungestalteten Masse der Handarbeiterschaft zur Formwerdung zu helfen; es gilt eine Arbeiterkultur mitzuschaffen und eben damit die nationale und europäische Gesamtkultur zu retten." (S. 636). Hier werden hohe Erwartungen in eine kulturelle und politisch-soziale Führungsrolle des Proletariats gesetzt, die sich in dem Maße verwirklichen solle, wie seine Teilhabe an der nationalen Bildung und Kultur gelingen würde. Heller versteht die angestrebte Integration aber nicht als schlichte Übernahme bürgerlichen Kulturwissens durch proletarische Rezipienten. Nicht um eine Akkommodation, die die sozial Schwächeren lebensweltlich entwurzelt, geht es ihm. Er will eine kulturelle Assimilation. So sollte u.a. die bürgerlich-geisteswissenschaftliche Bildungstradition aufgegriffen, auf die proletarische Lebensweise bezogen (Hermann Heller, 1924, S. 90) und zu einer innovativen Synthese (S. 73, 92 ff.) geführt werden. Leitziel ist hierbei die Einheit der nationalen Kultur, die den Klassengegensatz in dem Grade als überbrückbar erscheinen läßt, wie eine Willens- und Wertgemeinschaft des Volkes entstehen könne. Bildungsarbeit, die diese Kulturgemeinschaftsthese praktisch umsetzt, nennt Heller "kulturproduktiv".

Der Ausdruck "Kulturgemeinschaft" unterlegt einen soziologischen Maßstab für das, was fortan als Kultur und Bildung entwickelt werden soll. Beide verwirklichen sich in dem Grade, wie sie ein soziales Miteinander fördern und zur Lösung der Gegenwartsprobleme im jungen Volksstaat taugen. Im Unterschied zu zeitgenössischen Gesellschaftsreformern aus dem sozialkonservativen Milieu - etwa Wilhelm Flitner (1921; vgl. dazu Anhang I) - bezieht Hellers Kultur- und Bildungsverständnis die ökonomische Lebenssphäre ausdrücklich ein. Man kann daher - mit der hier gebotenen Kürze - für Hellers weiten Kulturbegriff sagen, daß der Vorgang der kulturellen Inklusion des Proletariats mit einer Umgestaltung der sozialen und ökonomischen Wirklichkeit verbunden sein muß, die seine Gleichberechtigung einschließt (Hermann Heller, 1924, S. 135 ff.). Dadurch, daß hier vor den bestehenden Klassenverhältnissen nicht halt gemacht wird, ist der damals auf viele Arten von Volksbildung zutreffende Vorwurf, es handele sich um eine sozialpolitische Beruhigungsmaßnahme, nicht berechtigt.

Kulturgemeinschaft läßt sich allerdings nur als eine nationale Aufgabe verwirklichen. Um hauptsächlich zwei Anliegen geht es Heller mit dem Begriff der "Nation". Einmal soll er aufzeigen, daß die innovativen Kräfte der Arbeiterbewegung auf der nationalen - und nicht der internationalen - Ebene zu konzentrieren sind und hier als situationsgerechte gesellschaftspolitische Gestaltungskompetenz zwingend eingebracht werden müssen. Zum anderen soll an die nationale und bürgerrechtliche Tradition in der Weise angeschlossen werden, daß ein kultureller Entwicklungspfad sichtbar wird, der in die anvisierte Lebensform einer "sozialen Demokratie" (Christoph Müller/Ilse Staff, 1984) - wie wir heute sagen können - einmünden und dieser eine gewisse bodenständige Identität verleihen kann.

Hieraus ergibt sich, daß proletarische Bildungsarbeit zuvörderst als eine historisch-kulturelle Bildung auszulegen sei.

"Kultur ist in den Menschen und nur in den Menschen. Objektiver Geist ist nur als subjektiver Geist wirklich und hat unabhängig vom realpsychischen Erleben und Verstehen durch Menschen überhaupt keine Existenz." (Hermann Heller, 1971c, S. 131).

Heller stellt Arbeiterbildung damit in einen - letztlich nur aus den heterogenen zeitgeschichtlichen Umständen der Weimarer Republik verständlich werdenden - Anforderungsbogen hinein, in dem die eine Seite durch Weiterentdeckung und Revitalisierung der positiven Elemente des deutschen und zum Teil europäischen Kulturerbes charakterisiert ist, und die andere dadurch, daß ein situationsgerechtes Verständnis der dominanten Zeiterscheinung einer "maschinenwirtschaftlichen Arbeitsform" entwickelt werden soll. Bildung hat hier die Grundaufgabe, den Teilnehmern eine konsistente Vorstellung von der modernen (Sozial-)Welt - ein Weltbildwissen - zu vermitteln, die erst die Voraussetzung eines bewußten Engagements für die antizipierte sozialistische "neue Form der Gesamtkultur" (Hermann Heller, 1971a, S. 641) bilde.

Schon wegen der hier erkennbaren inhaltlichen Anspruchsbreite setzt Arbeiterbildung einen systematischen Lehrplan voraus, der jedoch flexibel der Forderung Rechnung tragen muß, daß "alle wahre Bildung nur ein Herausbilden geistiger Fähigkeiten aus den vorhandenen wirtschaftlich-sozialen und persönlichen Voraussetzungen des Individuums" (Hermann Heller, 1971a, S. 611) ist. Arbeiterbildung muß also sowohl "von den Erlebnissen ausgehen, die im Alltag gemacht werden" (1924, S. 138), als auch das Ziel verfolgen, "dem sich Bildenden eine innere Stellungnahme zur umgebenden Kultur und damit zu sich selbst (zu) ermöglichen" (1971a, S. 611).

"Wissen ist ... nur Material, das erst dann wahrhaften Bildungswert erlangt, wenn es persönlich gedeutet wird. Sich bilden heißt, sein Glauben und Wissen zu einer mehr oder minder einheitlichen Gesamtanschauung seiner Welt zusammenschließen." (S. 593)

Zur Verwirklichung dieses synthetisierenden Bildungsprinzips schlägt Heller dem Arbeiterbildner eine Lehrweise vor, in der er "alles an Wissen, was er seinen Hörern bietet, auf einige große leitende Ideen zurückführt" (S. 594).

"Wer etwa die (angeblichen) Gegensätze Individualismus und Sozialismus, Autonomie und Autorität, Gemeinschaft und Gesellschaft (nach Tönnies) zur Grundlage seiner Darstellung macht, muß von solchen Koordinaten aus dem Hörer alle gesellschaftswissenschaftlichen Fragen lebendig zu machen verstehen." (S. 594)

3. Pädagogische Gemeinschaft als Inbegriff von Wesensbildung

Ein "Zusammenhangsbewußtsein", das hier für die Arbeiterbildung als didaktische Richtschnur gefordert wird, läßt sich nach Hellers Auffassung am intensivsten in der "bildenden Gemeinschaft" erarbeiten, zumal dann, wenn sie zugleich eine befristete Lebensgemeinschaft darstelle. Sie wird deshalb zu einem

Kristallisationspunkt in Hellers pädagogischem Denken. Mit ihr zeichne sich gerade für proletarische Adoleszenten eine adressatengerechte Alternative zum positivistischen Wissenschaftsbetrieb an. Denn hier biete das soziale Zusammenspiel von gemeinsamen Wohnen, Leben und gezieltem Lernen den Mitgliedern die Gelegenheit, daß "jede Tatsache auf das Ganze des persönlichen und Gemeinschaftslebens" (Hermann Heller, 1971a, S. 651) bezogen werden kann. So läßt sich der "Idee der Wesensbildung" (S. 651) am nächsten kommen, "die dem sich Bildenden kein Kulturgut in seiner (durch unser diskursives Denken selbstverständlich bedingten) abstrakten Isoliertheit nahebringt, sondern jedes Kulturgut dadurch zum Bildungsgut zu machen strebt, daß sie es in möglichst umfassende Sinnzusammenhänge einstellt" (S. 651).

Das Volkshochschulheim, das im Leipzig der zwanziger und frühen dreißiger Jahre als integrierte Bildungs- und Lebensform verwirklicht wurde, erfüllt weitgehend die Funktion eines Veranschaulichungsbeispiels. Hier äußert sich das methodisch-didaktische Prinzip der Wesensbildung im einzelnen als

- sozial- und kulturgeschichtliche Programmatik, mit der die historische - aus menschlicher Zweckformung hervorgegangene - Bedingtheit der sozialen Gegenwart aufgezeigt werden soll,

- exemplarische Stoffbearbeitung, die sich aus einem Gestaltbegriff ergibt, der "die einer sozial-kulturellen Wirklichkeit eigene Struktur unmittelbar aus ihr selbst" (Wolfgang Schluchter, 1968, S. 272) erfaßt,

- "erlebnisnaher" und individuell bedeutungsvoller Unterricht, indem die proletarische Lebenspraxis als wichtiger Bezugsprunkt aufgegriffen und die Möglichkeit zu ihrer reformerischen Verbesserung verdeutlicht wird, und als

- Idee der Persönlichkeitsformung, nach der nicht allein der Intellekt, sondern auch die Sinne auszubilden sind.

Ein besonders pädagogisches Wirkungsmoment der wesensbildenden Gemeinschaft des Volkshochschulheims wird in der Chance gesehen, eine innere Verbindung zwischen der stofflich-didaktischen Arbeit und einem sozialen Lernen in der Gruppe einzugehen. Heller verdeutlicht dies damit, daß hier der proletarische Adoleszent in einen als ganzheitlich charakterisierbaren Bildungsprozeß einbezogen werde, da sich neben der planmäßigen intellektuellen Bildungsarbeit eine "sittliche" und "ästhetische" Erziehung "durch die wechselseitige Rücksichtnahme, durch Anregung und Kritik innerhalb und durch die Lehrgemeinschaft von selbst vollzieht" (Hermann Heller, 1971a, S. 685).

Auch bei dem heutigen Forschungsstand über Bildung und Sozialisation lassen sich die Leipziger Volkshochschulheimgemeinschaften als erziehungstheoretisch fundiert charakterisieren. Der erkennbare pädagogische Anspruch, mit außerschulischer Erziehung und Erwachsenenbildung den Aufbau eines handlungsleitenden Wertsystems - eine "Enkulturation" (Dieter Claessens, 1972;

Gerhard Wurzbacher, 1974, S. 14) - bewirken zu wollen, läßt sich im Rahmen sekundärer und tertiärer Sozialisation am ehesten erreichen, wenn die Erwachsenenbildung mit Teilnehmern in besonders prägungsoffenen Lebensphasen arbeitet. Diese Eigenschaft der Plastizität trifft nach zeitgenössischer reformpädagogischer Auffassung gerade auf die Jugendphase zu. Deshalb wendet sich Heller an Proletarier dieser Altersgruppe und bietet diesen mit dem Volkshochschulheim die - für Angehörige bürgerlicher Schichten sozialgeschichtlich schon selbstverständlich gewordene - Chance, ihre Adoleszenz als eigenständige Lebensphase zwischen Kind- und Erwachsenendasein aufzunehmen und unter einem Bildungsanspruch bewußt auszuleben (Rainer Döbert/Gertrud Nunner-Winkler, 1975; Erik H. Erikson, 1966, S. 136 ff.).

Von Tönnies aus betrachtet, steht Hellers pädagogische Gemeinschaftskonzeption für den ganzheitlichen, hoch persönlichen Bezug der Individuen (Hermann Heller, 1971c, S. 186), wie er bei dem Kieler Soziologen idealtypisch nur auf das der Sozialform der Gemeinschaft adäquate Wollen zutrifft. Dadurch, daß in den pädagogischen Wohngemeinschaften beispielsweise das Einkommen geteilt und für den gemeinsamen Haushalt verwendet wird, wäre vielleicht so etwas wie die, nach Tönnies, "Sphäre eines menschlichen Wesenwillens" (Ferdinand Tönnies, 1920, S. 148) auf neuer Ebene rekonstruierbar (vgl. S. 134), in der die intellektuelle Wissensaneignung und die Anstrengung geistiger Internalisierung immer wieder aus ihrer Isoliertheit herausgenommen und auf den intersubjektiven Boden der gemeinsam geteilten Einheit des Alltags zurückgeführt werden müßte.

Von einer neuromantischen Gemeinschaftskonzeption der Volksbildung ist die wesensbildende Gemeinschaft bei Heller durch das Bestreben abgrenzbar, den Bildungsprozeß der Teilnehmer in großer Nähe zur gesellschaftlichen und staatlichen Wirklichkeit zu organisieren. Aus diesem Grunde, so fordert Heller, darf nicht in den Fehler der ländlichen Heimvolkshochschulpraxis verfallen werden, "die ihre Hörer in schöner Gegend frei von der Arbeitslast ganztägig durch etwa vier Monate vereinige ..." (Hermann Heller, 1971a, S. 621). Arbeiterbildung müsse vielmehr so organisiert werden, daß die Teilnehmer den Milieukontakt aufrechterhalten können. Deshalb begreift Heller es als eine pädagogische Chance, daß die Leipziger Volkshochschulheime unter den Alltagsbedingungen in der industriellen Großstadt arbeiten, die Tönnies wiederum als "typisch für die Gesellschaft schlechthin" (Ferdinand Tönnies, 1920, S. 203) charakterisiert. Der industrielle Ballungsraum als Stätte von proletarischer Bildungsarbeit schaffe die Möglichkeit, daß die täglich erlebbaren Unterschiede zwischen den Lebensformen der Heimgemeinschaft einerseits und der modernen rationalisierten Gesellschaft andererseits zur Sprache gebracht und pädagogisch ausgewertet werden können. Beispielsweise läßt sich die soziologische Phantasie der Teilnehmer - etwa durch die Behandlung von nachvollziehbaren Fällen aus der betrieblichen Praxis - für realistische Möglichkeiten der Sozialreform schärfen. Bei der Suche nach konkreten Alternativen für eine als sozialistisch auszulegende Sozial- und Kulturentwicklung kann die starre Denkschablone einer alternativen Zuspitzung von Gemeinschaft oder Gesellschaft als ideologisch erkannt werden. Schließlich trägt nach damaliger Ansicht auch das soziale Miteinander in der Heimgemeinschaft zu einem sozial- und staatspolitischen Läuterungsprozeß bei, da hier alle Mitglieder an einem lehrreichen Prozeß der "Willensvereinheitlichung" beteiligt sind.

> "Die Selbsterziehung dieser nichts weniger als gegensatzfreien und doch solidarischen Gemeinschaft bedeutet ein oft schmerzliches, für die reale Umgestaltung des kapitalistischen Atomismus aber unentbehrliches Ernüchterungserlebnis ..." (Hermann Heller, 1971a, S. 684).

IV. Auswertung der wirkungsgeschichtlichen Erfahrungen und Anregung für die Erwachsenenbildung heute

Diese Arbeit ging von der Fragestellung aus, ob aus der Soziologie Tönnies' heute noch pädagogische Anregungen gewonnen werden können. Im Hinblick auf den hier verhandelten Untersuchungsgegenstand - das pädagogische Handeln im Feld der Erwachsenenbildung - wurde vorgeschlagen, das Erkenntnisinteresse in zwei Bearbeitungsschritten zu konkretisieren: Zum einen in einer historisch-wirkungsgeschichtlichen Dimension und zum anderen in dem Bemühen, aus heutiger pädagogischer Sicht eine Reinterpretation von Tönnies' einschlägigen Arbeiten - vor allem von "Gemeinschaft und Gesellschaft" - zu versuchen.

Primär ging es hier um einen Teilaspekt, nämlich um den Aufweis des Tönnies-Bezuges bei Heller und der von ihm initiierten Arbeiterbildung in Leipzig, soweit diese für die Fragestellung von Interesse sein konnte. Dabei mußte aus darstellungsökonomischen Gründen von Einwänden zumeist abgesehen werden, die sich gegenüber kritisch erscheinenden Punkten der damaligen pädagogischen Praxis heute leichter hervorbringen lassen.

Es sollte gezeigt und ein Verständnis dafür geweckt werden, wie der politische Pädagoge Heller in einem großstädtisch-industriellen Milieu der frühen zwanziger Jahre eine Arbeiter- und Volksbildung konzeptualisiert (und auch realisiert), deren geistige Wurzeln zum Teil Ergebnis der Auseinandersetzung mit Tönnies sein dürften. Heller macht sich Tönnies' idealtypische Konstruktion des soziologischen Gemeinschaftsbegriffes zunutze, indem er diesen mit dem Bildungsgedanken verbindet. Dadurch gelangt er zu einer pädagogisch-synthetischen Perspektive, die sowohl in dem Begriff der "Wesensbildung" als auch in dem pädagogischen Arrangement einer "wesensbildenden Gemeinschaft" zum Ausdruck kommt. Ihre Realisierung als städtisches Volkshochschulheim stellt ein historisches Lehrbeispiel dar, wie sich Tönnies' Soziologie innerhalb einer erwachsenenbildnerischen Praxis fruchtbar machen ließ.

1. Implizite Bildungstheorie bei Tönnies

Eine solche pädagogische Rezeption lag insofern nahe, als "Gemeinschaft und Gesellschaft" auch eine implizite Bildungstheorie zum Gegenstand hat. Sie geht von der Frage aus, wie sich das Subjekt die Wirklichkeit aneignet und auf welche Weise es sich gegenüber dem Ganzen der - gemeinschaftlich und gesellschaftlich komponierten - Sozialwelt in Beziehung setzt. Tönnies antwortet hierauf mit der Ausarbeitung einer Willenstheorie, die dem Einzelsubjekt eine aktive und durch die Suche nach Erkenntnis bestimmte Rolle zuerkennt. Das Denken ist Teil der gesamten Erfahrungstätigkeit des Subjekts. Innerhalb dieses Rahmens finden auch Lernen und Bildung statt.

Im weiteren gründen Tönnies' Überlegungen auf der Differenzierung zwischen dem "Wesenwillen" und dem "Kürwillen". Ersterer beschreibt die Denk- und Erfahrungstätigkeit des Subjekts in der gemeinschaftlichen Lebensform; hingegen werden mit dem Kürwillen die Verstandes- und Erkenntnisleistungen unter dem Vorzeichen der gesellschaftlichen Lebensform bestimmt. Dies heißt: Während in der gemeinschaftlichen Lebensform über den Wesenwillen ein vorwiegend erfahrungsorientiertes und durch Nähe zu den existentiellen Handlungsproblemen der alltäglichen Lebenspraxis gekennzeichnetes Lernen stattfindet, bringt der Kürwille als Teil der gesellschaftlichen Lebensform "wissenschaftliches Denken" (Ferdinand Tönnies, 1920, S. 114) und weiterreichende Studieninteressen hervor. In beiden Willens- und Bildungsformen wird das "selbsttätige" Subjekt also auf unterschiedliche Weise involviert. Den ersten Fall bestimmt die starke Nähe zwischen Lernanlaß und Verwertung des Gelernten. Alle Schichten der Persönlichkeit sind hier angesprochen - z. B. Kognitionen, Emotionen, künstlerische Neigungen, Phantasie und bewußte Erinnerung. Davon hebt Tönnies das kürwillentliche Lernen durch eine eher punktuelle Inanspruchnahme des Subjekts ab; Zweckrationalität und Instrumentalität sind hier die Kriterien, die die personale Bildungstätigkeit leiten. Damit hat diese Lern- und Bildungsform eine gewisse Affinität zu einem Qualifikationsbegriff, der während der sechziger und siebziger Jahre die sozialwissenschaftliche und bildungsökonomische Debatte bestimmte.

Da Tönnies die menschliche Erfahrungstätigkeit nun als eine Einheit begreift, sind wesenwillentliche und kürwillentliche Lerntätigkeit zwei Komponenten, die - beide zusammengenommen - den menschlichen Bildungsprozeß in der modernen Sozialwelt ausmachen und zugleich als dialektisch charakterisieren. Die implizite Bildungstheorie, die so aus "Gemeinschaft und Gesellschaft" herausgelesen werden kann, reflektiert damit ein Problem, das Pädagogen heute (wieder) als "Verkopfung" bzw. als Verengung der kognitiven Dimension in unserem Bildungsdenken und -handeln kritisieren.

> "Die Entwicklung der geistigen Fähigkeiten, die lange Zeit fast ausschließlich den Inhalt der Bildung ausmachten, kann sich angesichts der Bedeutung des motivationalen und emotionalen Bereichs nicht auf die Aneignung von Wissenselementen über die Umwelt beschränken. Kognitive Bildung umgreift auch die Befähigung zur Reflexion eigener Bedürfnisse und Gefühle. Eine solche Bildung ermöglicht es dem Individuum, in sich selbst zumindest tendenziell zu einem Ganzen zu werden." (Joachim Ebert/Jürgen Herter, 1986, S. 243).

Tönnies' pädagogische Bedeutung liegt damit heute vielleicht darin, daß er Emotionen und ästhetische Empfindungen als inhärente und unverzichtbare Momente von Bildungsprozessen betont, ohne dabei jedoch die kognitive und rationale Seite der Bildung abzuwerten. Er entspricht damit einem Problembewußtsein, das in der erziehungswissenschaftlichen Debatte durch die Forderung nach einer "ganzheitlichen" Bildung ausgedrückt wird. Und in dieser Hinsicht scheint gerade auch die praxisbezogene Lehrfunktion des betrachteten Fallbeispiels des städtischen Volkshochschulheims instruktiv.

2. Gesellschaftlichkeit als Strukturmerkmal von Erwachsenenbildungssituationen

Sieht man jedoch von der rekonstruierten Tönnies-Rezeption bei Heller ab, läßt sich allgemeiner fragen, ob mit der Fokussierung auf die Gemeinschaftskategorie der Ertrag Tönniesscher Theorie für die Erziehungswissenschaft und die Erwachsenenbildungspraxis schon erschöpft ist. Könnte dies nicht auch heißen, von Überlegungen absehen zu wollen, die sich für die Charakterisierung pädagogischer Situationen sowohl aus der soziologischen Gesellschaftskategorie als auch aus der begrifflichen Dialektik von Gemeinschaft und Gesellschaft ergeben könnten?

Bei dieser Frage ist zu vergegenwärtigen, daß "Gemeinschaft" und "Gesellschaft" für Tönnies primär als Normalbegriffe einer "reinen" Soziologie mit einem konstruktiven idealtypischen Charakter im Weberschen Sinne fungieren (Ferdinand Tönnies, 1920, S. 109), also "freie und willkürliche Gedankenprodukte" (S. 109) darstellen, die jedoch empirisch-hermeneutisch gewendet werden können. Folgt man dieser Interpretationsmaßgabe des Autors Tönnies, "ergibt sich aus Beobachtung und Überlegung leicht" (S. 109), daß die soziale Wirklichkeit nicht in der Reinheit der Begriffe (alternierend) existieren kann. Deshalb bezeichnen Gemeinschaft und Gesellschaft in der Lebenspraxis meist bloß "empirische Tendenzen in der Richtung des einen und in der Richtung des anderen" (S. 109).

Heller erkennt die hier angedeutete Auslegungsproblematik als eine didaktische Aufgabe, durch die sich Arbeiterbildung soziologisch bewußt gestalten läßt. Mit einer gezielten Teilnehmerzusammensetzung des Volkshochschulheims versucht er den Voraussetzungen empirisch zu entsprechen, welche die Sozialform "Gemeinschaft" konstituieren: Neigung und gegenseitige Zugewandtheit, Verständnis, Bereitschaft zu häuslichem Zusammenleben und die Arbeit an einer gemeinsamen Aufgabe. Als Bildungsform erfüllt Gemeinschaft damit weitgehend eine Wertehomogenität, welche bei Heller dadurch erreichbar erscheint, daß die Teilnehmer aus dem proletarischen Milieu kommen und/oder sich zumindest über das Ziel einer sozialistischen Gesellschaft einig sind.

Ein derart hoher Grad einstellungsbedingter Teilnehmerhomogenität, wie er für das Volkshochschulheim unter den gegebenen historischen Bedingungen angenommen werden darf, ist in der Erwachsenen- und Volksbildungswirklichkeit jedoch höchst selten anzutreffen. Bereits in der Weimarer Volksbildung gilt hinsichtlich der sozialstrukturellen Zusammensetzung eines Erwachsenenbildungsseminars die gemischte Seminargruppe als Regelfall, in der sehr unterschiedliche soziale Deutungsmuster aufeinandertreffen können. Somit sind - bleibt man innerhalb des Tönniesschen Paradigmas - Erwachsenenbildungsveranstaltungen zumeist als Gesellschaft zu charakterisieren. Diese These soll mit den Beobachtungen Eduard Weitschs, dem wohl profiliertesten Heimvolkshochschultheoretiker der Weimarer Zeit, verdeutlicht werden: "Eine Bildungseinrichtung, in der sich 50 wildfremde Menschen zusammen finden, ist zunächst eine Gesellschaft im Sinne von Tönnies!" (Eduard Weitsch, 1931, S. 91). Weitsch fordert deshalb vom Volksbildner, daß er die "Verschiedenheiten und Gegensätzlichkeiten innerhalb der Gruppe" (S. 94) anerkenne:

"Die Leitung sieht die Veranstaltung zunächst nur als blosse Gesellschaft, als zweckrationale Studiengesellschaft an und hat - den Vorteil dabei, einem Teil der Teilnehmer damit seelisch zu entsprechen und einem andern Teil gefühlseliger Gemeinschaftsbeflissener nicht pseudogemeinschaftlich entgegenzukommen." (S. 95).

Erst unter bestimmten Voraussetzungen sieht Weitsch überhaupt eine Chance, daß sich innerhalb der Erwachsenenbildung Gemeinschaft herausbilden könne. Diese scheint für ihn gegeben, wenn - ähnlich wie bei Heller - die Herausarbeitung und "das Wachsen eines gemeinsamen Geistigen" (S. 96) im Unterricht gelänge.

3. Gemeinschaft als Ort der Selbstverwirklichung

Die Frage, ob sich aus Tönnies' Gemeinschaftsbegriff Perspektiven - oder zumindest ein analytischer Gewinn - für die Erwachsenenbildung heute gewinnen lassen, erfährt eine Aktualisierung durch Ulrich Becks Zeitdiagnose einer

"Risikogesellschaft" (1986). Beide Soziologen erkennen - freilich unter jeweils verschiedenen epochalen Strukturen - "Individualisierung" als ein sich zuspitzendes Problem der Sozialentwicklung in der Moderne. Während es Tönnies noch um die Bewältigung des Kontinuitätsbruches zwischen traditionaler und moderner Lebensweise geht und darum, wie angesichts des Vordringens industriell-rationaler Wirtschaftsstrukturen ein Vermittlungszusammenhang von Individuum und Gesellschaft restituiert werden kann, scheint bei Beck ein solcher Zusammenhang unwiderruflich zerrissen. In dem Maße, wie heute verschiedene Individualisierungskomponenten zusammentreffen (mehr arbeitsfreie Zeit, mehr Einkommen, Mobilität, mehr Bildung und Verrechtlichung der sozialen Sicherung) wird ein kulturell-normativer Hintergrundkonsens in der Arbeitsgesellschaft zunehmend brüchiger (Ulrich Beck, 1986, S. 130, 326).

> "An die Stelle *traditionaler* Bindungen und Sozialformen (soziale Klasse, Kleinfamilie) treten *sekundäre* Instanzen und Institutionen, die den Lebenslauf des einzelnen prägen und ihn gegenläufig zu der individuellen Verfügung, die sich als Bewußtseinsform durchsetzt, zum Spielball von Moden, Verhältnissen, Konjunkturen und Märkten machen." (S. 211).

Danach erscheinen nunmehr gesellschaftliche Krisen "unmittelbar" als individuelle, oder diese werden nicht mehr oder nur noch vermittelt in ihrer Gesellschaftlichkeit wahrgenommen.

Tönnies und insbesondere Heller wollen mit dem Gemeinschaftsbegriff auf ein Individualisierungsproblem antworten, welches aus der Durchsetzung der kapitalistischen Arbeits- und Lebensform resultiert. Die anscheinend zurückgedrängten Werte der Sittlichkeit, Solidarität und Humanität müssen im Hinblick auf die moderne Sozial- und Staatsentwicklung ausreichend und neu zur Geltung gebracht werden. Mit einer solchen Intention verwirklicht Heller Gemeinschaft als eine Bildungs- und Lebensform, in der die Individuen durch die Auseinandersetzung mit den Angelpunkten kultureller Tradition lernen sollen, daß soziale Probleme als kollektive interpretiert und als politisch-praktische aufgenommen werden müssen. Im Rahmen dieser pädagogischen Konzeption ist es noch möglich, das Verhältnis von Individuum und Gesellschaft auf eine - sozialmoralisch - tragfähige Grundlage zu stellen.

In Becks Gegenwartsdiagnose ist dagegen von Gemeinschaft kaum die Rede. Hierin mag zum einen die wissenschaftsevolutionäre Tatsache zum Ausdruck gelangen, daß dieses Wort infolge einer spezieller werdenden Konzeptualisierung in den Erziehungs- und Sozialwissenschaften an Bedeutung verlor. Zum anderen aber läßt sich herauslesen, auf welch spezifische Weise das Verhältnis von Individuum und Sozialem heute neu konstituiert wird. Offenbar entwickelt das erwachsene Individuum in der fortgeschrittenen Arbeitsgesellschaft ein überwiegend instrumentelles Verhältnis zur Gemeinschaft, indem es diese nutzt, um seine Wünsche und Bedürfnisse realisieren zu können.

"Die Mentalität des modernen Menschen scheint kaum so beschaffen zu sein, daß er sich gerade in der Entwicklung seiner Wünsche, Bedürfnisse und Vorstellungen schon auf diesen Anderen [sprich: Gemeinschaft; R.B.] angewiesen erfährt, so daß er sich um seiner selbst willen auf ihn einlassen müßte, um zu wissen, was er sein und was er wollen könnte." (Wilhem Mader, 1987, S. 81).

Demgegenüber werden Vorstellungen und Wünsche, die Erwachsene in der Risikogesellschaft hegen, "ganz selbstverständlich und fast ausschließlich aus der eigenen Biographie und Selbstbeschreibung bezogen" (S. 81). Der individualisierte Erwachsene - so ließe sich folgern - wählt die Gemeinschaft, der er momentan bedarf, um sich selbst zu verwirklichen. Oder mit den Worten Becks (1986, S. 209): "Der oder die einzelne selbst wird zur lebensweltlichen Reproduktionseinheit des Sozialen."

Gemeinschaft hat damit im Vergleich zur Weimarer Zeit vor allem eine Entdogmatisierung und eine Entemotionalisierung im politisch-normativen Sinne erfahren: Gemeinschaft wird aus dem Verdacht entlassen, ein Gegenkonzept zu Individualität zu sein. Ja, sie mag heute geradezu als ein Instrument zur Steigerung von Individualität gelten, etwa wenn Gemeinschaft nicht als Möglichkeit des Dialogs, sondern als "Bühne" genutzt wird, wie dies Jürgen Habermas mit dem Begriff des "dramaturgischen Handelns" (1981a, S. 135 ff.) andeuten will.

Soweit die Rezeption des Gemeinschaftsbegriffes jedoch ausschließlich von Becks Individualisierungsthese geleitet wird, dürfte sie den neuen sozialen Bewegungen - vor allem den Arbeits- und Genossenschaftsprojekten - nicht gerecht werden. Denn hier wird soziale Wirklichkeit über ein gemeinsames, auf Verständigung beruhendes Handeln reproduziert. Gemeinschaft nimmt hier den Charakter einer produktiven Suchbewegung an, der es sowohl um die individuelle als auch um die kollektive Selbsterprobung geht.

Anhang I

Bisweilen wurde von einigen pädagogischen Interpreten in der Zeit der Weimarer Republik die Soziologie Tönnies' bewußt in den Dienst eines tagespolitischen Kalküls genommen - mit der Absicht etwa, Gemeinschaft als Strategie einer antiindustriellen Sozialreform normativ prävalieren zu wollen. Diese Neigung trat mit der Weltwirtschaftskrise 1929/30 deutlich zu Tage, so daß sich in der zeitgenössischen Debatte Theodor Geiger schließlich dazu veranlaßt sah, eine solche Praxis als entstellende Verkürzung von "Gemeinschaft und Gesellschaft" zu monieren. Er verteidigt Tönnies in Alfred Vierkandts "Handwörterbuch der Soziologie" (Theodor Geiger, 1931, S. 175) vor einer Instrumentalisierung durch die "neuromantische Pädagogik".

Das bekannteste Beispiel der romantisierend-bildungsidealistischen Gemeinschaftssicht stellt Wilhelm Flitners "Laienbildung" aus dem Jahre 1921 dar. Nach dem dort explizierten volksbildnerischen Handlungsverständnis verkörpert Gemeinschaft geradezu eine normative Kategorie zukünftigen sozialen Lebens. Gemeinschaft im Volk soll durch die Umsetzung geeigneter Veranstaltungskonzeptionen innerhalb der Volksbildung in der Gegenwart modellhaft vorweggenommen werden können.

Wenn hiermit der soziologische Gemeinschaftsbegriff verglichen wird, den Tönnies zuerst 1887 in seinem Hauptwerk begründet, läßt sich festhalten: Tönnies' Gemeinschaftskategorie enthält sich weitgehend eines nur vordergründigen sozialgeschichtlichen Pessimismus, aus dem ein Votum für eine Transformationsstrategie in der Moderne abgeleitet werden könnte, die die, geschichtsphilosophisch gesehen, vergangene Sozialform "Gemeinschaft" wiederherzustellen beabsichtigt. (Gleichwohl ist Tönnies ein sozialphilosophischer Pessimist, der die Kosten des Modernisierungsprozesses diagnostiziert, der auch, aber erst sehr langfristig, ein Ende dieser Moderne visiert, jedoch zugleich in sozialpraktischer Hinsicht die Moderne um ihrer wesentlichen emanzipativen Gehalte willen durch Reformen stabilisieren und hierfür gemeinschaftliche Aspekte, aber auf dem Niveau der Moderne, integrieren will.) Hierin scheint ein Grund zu liegen, weshalb - soweit ich sehen kann - gerade in der bürgerlich-konservativen Erwachsenenbildungsdiskussion keine explizite Auseinandersetzung mit dem Gemeinschaftsbegriff von Tönnies stattfindet. Eine Ausnahme bildet jedoch vor allem die perspektivreiche Tönnies-Rezeption bei dem als bürgerlich-liberal einzuschätzenden Volksbildner Eduard Weitsch (1931).

Flitners "Laienbildung" dokumentiert weitgehend den frühen Weimarer Zeitgeist und das bildnerische Selbstverständnis im "Hohenrodter Bund" (Jürgen Hennigsen, 1958) und in der freien Volksbildung, die als Vorläufer der heutigen Volkshochschulen gilt. Ein gewisses Maß an sozialer Homogenität, die mit dem Industrialisierungsprozeß verlorengegangen zu sein schien, soll wiederhergestellt werden. Flitner fordert für das gemeine Volk eine andere Bildung als die vorgeblich akademisch und wissenschaftlich verengte des Neuhumanismus. Jener "priesterlichen Bildung" stellt er das Ideal einer Laiengeistigkeit gegenüber, auf das sich letztlich aber auch die Bildungseliten hinbewegen sollen. Der wissenschaftlichen Bildung der "Gelehrten" spricht er eine nachhaltige Bildungswirksamkeit weitgehend ab. Daher habe die Volks- oder Laienbildung vom Menschen auszugehen. Diese Bildung "erwächst" am geeignetsten aus pädagogischen Gemeinschaften, die sich entweder selbst erziehen oder unter Anleitung eines Lehrers arbeiten wollen.

Ziel ist es, eine geistige Erneuerung des Volkes und des Volkslebens herbeizuführen - "... das Enthaltensein eines geistigen Lebens in dem werktätigen und gemeinen drin ..." (Wilhelm Flitner, 1921, S. 29) -, indem in pädagogischen Gemeinschaften vor allem eine künstlerische Bildung schöpferisch betrieben wird.

Musik, Sprachkunst, Raumgestaltung und Bildkunst stellt Flitner als didaktisch besonders geeignet heraus. In den genannten Bereichen werde das innovative Moment einer lebenspraktischen Bildung sich besonders ausgeprägt entwickeln können. Flitners Kunstbegriff postuliert damit den Anwendungsbezug. "Angewandte Kunst", so heißt es bei ihm, müsse "künstlerische Gestaltung von jedermann verständlichen Stimmungen und Situationen des wirklichen Lebens" (S. 35) sein und die Eigenart haben, "daß sie in den Lebenslagen auch wirklich geübt wird, für die sie geschaffen ist". Im Rahmen von Laienbildung ist künstlerisches Handeln untrennbar mit der sozialintegrativen Komponente eines gemeinschaftlichen Grunderlebnisses verbunden.

Flitner präsentiert sich in der Laienbildung als Verfechter einer neuromantischen Auslegung von Volksbildung, denn sein Bildungsbegriff entsagt einer nüchternen Sozialanalyse. Das harmonisierend-simplifizierende Wunschbild einer naiven Ästhetisierung und Emotionalisierung des Lebens wird bei ihm überstrapaziert. Sein pädagogisches Gemeinschaftskonzept überdehnt zudem ein traditionalistisch-lebensweltliches Postulat einer Laiengeistigkeit. In seiner Dialektik unterschätzt es die Komponente des Expertenwissens, der im Hinblick auf ein realitätstüchtiges Konzept von Erwachsenenbildung zu entsprechen ist.

Die entscheidende didaktische Schwäche der bildungsidealistischen Gemeinschaftsthese liegt jedoch darin, daß hier der konkreten Adressaten- und Teilnehmersituation als Ausgangspunkt für organisierte Bildungsprozesse keine nennenswerte Bedeutung zuerkannt wird. Diese pädagogische Einsicht führt vor allem Theodor Litt in seiner Kritik am Begriff des "Bildungsideals" näher aus. Dem Bildungsideal - mit Litt "verstanden als Entwurf eines durch die Erziehung zu verwirklichenden Menschentums" (Theodor Litt, 1961, S. 57) - zu entsagen, heißt nicht, die Erziehung der Ratlosigkeit auszuliefern, "sondern ihren Lebens- und Wirkungsbedingungen die gebotene Achtung" zu erweisen.

Die beiden Gemeinschaftsbegriffe, die hier kontrastiert werden, unterscheiden sich aber nicht nur im Hinblick auf ihre propositionalen Gehalte. Und bereits die äußerlichen Unterschiede der Entstehungskontexte der Arbeiten verweisen auf die divergenten Ziele ihrer Darstellungen. Flitners Arbeit ist mit dem Engagement eines Jugendbewegten geschrieben, der eine konzeptionelle Antwort auf den Handlungsdruck in der Volksbildung der Nachkriegszeit finden will. Demgegenüber ist Tönnies' Gemeinschaftsbegriff im Rahmen einer mehrjährigen Arbeit entstanden. Ihr gingen umfangreiche philosophische und staatswissenschaftliche Studien in Archiven Deutschlands und Englands voraus.

"Gemeinschaft und Gesellschaft" versucht, zwei divergierende Wirklichkeitsansichten und Auffassungen des sozialen Lebens innerhalb eines begrifflichen Konzepts zu verbinden. Eine Seite dieser Konzeption nimmt die historische bzw. historistische Denkungsart auf. Sie beleuchtet die neuzeitliche Sozialentwicklung aus der Kontinuitätsproblematik gemeinschaftlicher Lebensformen

(z. B. Familie, Verwandtschaft, Nachbarschaft, Gemeinschaft des Ortes, Freundschaft). Die andere Seite repräsentiert die rationalistische Wirklichkeitsauffassung. Sie arbeitet idealtypisch die - als aus dem Verstandesprinzip hervorgegangen angesehenen - Konstruktionselemente der gesellschaftlichen Lebensform (z. B. Tausch, Geld, Profit, Kontrakt, Gesetzesrecht, Technik, Arbeitsmarkt) heraus.

Tönnies ist richtig interpretiert, wenn gesagt wird, daß die soziale Wirklichkeit einer konkreten empirischen Situation immer (!) eine Gemeinschafts- und Gesellschaftskomponente beinhaltet. Im alltäglichen Sozialleben mischen sich also Gegebenheiten, die - je nach Situationstyp - zu unterschiedlichen Gewichtsanteilen beide Wirklichkeitsauffassungen repräsentieren. Die Begriffe "Gemeinschaft" und "Gesellschaft" sind also nur aus analytischen Gründen, zum Zwecke soziologischer Einsicht, voneinander getrennt. Tönnies gedanklicher Arbeitsgang kann diesbezüglich folgendermaßen markiert werden: Die Charakteristika jeder Sozialform sollen zunächst in "reiner" Form erkannt und für sich herausmodelliert werden. Erst aufgrund dieses Gedankenschrittes kann sich der Betrachter ein Gesamtbild von der komplexen sozialen Wirklichkeit erschließen. Tönnies ist deshalb auch fehlinterpretiert, wenn Gemeinschaft und Gesellschaft ausschließlich historisch als einander ablösende Sozialformen angenommen werden. Bei diesem Autor hat der historische Rückgriff auf die früher stärker vertretene Sozialform Gemeinschaft eine vorwiegend heuristisch dienende Funktion, um die beiden antinomischen Strukturmodelle innerhalb des modernen sozialen Daseins erkennen zu können.

Anhang II

Paul Hermberg (1888 - 1969) promovierte im Juli 1913 bei Tönnies an der Rechts- und Staatswissenschaftlichen Fakultät der Universität Kiel (Fritz Borinski, 1984a). Hermberg habilitierte sich 1921 an derselben Universität für Wirtschafts- und Sozialstatistik. Im Jahre 1924 übernahm er die Leitung des Volksbildungsamtes und der Volkshochschule in Leipzig. Parallel hierzu übte Hermberg an der Leipziger Universität eine außerordentliche Professur aus und hielt Vorlesungen/Übungen in Wirtschaftsstatistik. 1929 wechselte er auf eine Statistik-Professur an die Universität Jena. Hier wurde er auch Leiter der von ihm seit 1925 vorbereiteten Statistischen Zentralstelle für die Deutschen Volkshochschulen.

Die Person, die wissenschaftliche Karriere und die gesamte Berufsbiographie Hermbergs geben ein eindrucksvolles Beispiel dafür, wie Tönnies über eine gelungene wissenschaftliche Nachwuchsrekrutierung die Fortbildung seiner sozialwissenschaftlichen Theorie vorantreiben konnte. Im gegebenen Falle heißt dies vor allem eine mittelbare Einflußnahme auf die Ausarbeitung eines anwendungsbezogenen sozialwissenschaftlichen Forschungsparadigmas, nämlich der quantitativen Weiterbildungsforschung. Hermberg darf heute im Hinblick auf die Entwicklung einer Hörerstatistik für den Volkshochschul- und Weiterbildungsbereich als ein Pionier gelten (Paul Hermberg/Wolfgang Seiferth, 1932).

Hermann Heller (1891 - 1933) wurde ein Jahr vor Paul Hermberg an der Fakultät Tönnies' habilitiert. Als Vorgänger Hermbergs leitete Heller in Leipzig von 1922 bis 1924 das Volksbildungsamt und die Volkshochschule, ehe er sich wieder dem Staatsrecht zuwandte. Seine pädagogische Leistung besteht vor allem in dem Entwurf und in der begonnenen Verwirklichung einer Bildungskonzeption von Volkshochschularbeit, die vorrangig auf die mentale Bildungssituation und die sozialökonomische Lebenslage der bis dahin vernachlässigten städtischen Arbeiterschaft zielte (Fritz Borinski, 1984b).

Eine kritisch distanzierende Auseinandersetzung mit Ferdinand Tönnies liegt im übrigen auch bei Eugen Rosenstock-Huessy vor (Eugen Rosenstock, 1925; 1929). Dies zeigt sich anschaulich an Eugen Rosenstocks Konzeption des "volksbildnerischen Arbeitslagers". Bei diesem handelt es sich um eine Bildungsveranstaltung, in deren Rahmen lediglich zeitweise gearbeitet wird. Handwerkliche und körperliche Arbeit gilt hier als ein primär pädagogisches Mittel, um Verständigungsprozesse zwischen jüngeren Erwachsenen aus unterschiedlichen Klassen- und Sozialmilieus leichter zu ermöglichen. Hierneben dürfte den heutigen Soziologen und Tönnies-Forscher am Veranstaltungstyp des Arbeitslagers interessieren, daß und auf welche Weise die narrativ-biographische Methode des Lebenslauferzählens als teilnehmerzentrierter Bildungsansatz realisiert wird. Rosenstock führt mit ihr die "Vergegenwärtigung" als ein volksbildnerisches Arbeitsprinzip ein:

"Das Rezept war sehr einfach: man begann damit, daß reihum jeder seinen Lebenslauf erzählte. Wer viel erlebt hatte, erzählte viel, und wer wenig erlebt hatte, erzählte wenig davon, wer seine Eltern und Geschwister waren, wo er groß geworden war, wie es in der Schule, in der Lehrzeit oder auf der Universität hergegangen war, ob und was die Kirche, der Bund, die Partei für jeden bedeutete, was ihn freute und was ihn drückte, was er ein seiner freien Zeit tat, welches Ziel er sich in seinem Beruf oder gar fürs Leben gesteckt hatte. In den einfachen, oft stockenden, manchmal allzu glatten Berichten kam der Mensch ziemlich ohne Verkleidung zum Vorschein, und wenn einer doch irgendeine Tarnkappe aufsetzen wollte: man hatte ihn nicht nur reden hören, sondern auch schnarchen und singen, und beim Schinkenklopfen hatte man gesehen, was an ihm war und bei der Arbeit und beim Essen. - Von diesen Lebensberichten aus war dann auf die Aufgabe des Lagers zu kommen und aus all den verschiedenen Bildern eine Gesamtauffassung zu gewinnen: wie sieht es im schlesischen Volke aus, welches sind die Gründe für die Entvölkerung, und (selten zwar): was kann überhaupt und was kann vom Lager zur Abhilfe getan werden? Diese Arbeitsgemeinschaften haben aus sehr vielfältigen, häufig sich widersprechenden Lebenszeugnissen ein Bild gestaltet und müssen daher anders gewertet werden als die Ergebnisse irgendeines volkswirtschaftlichen Seminars. Sie sind es, die den einzelnen lehren, die wirkliche eigene Lage ins Bewußtsein zu erheben, also nicht über fremde Bücher, sondern über die eigene Arbeit sich zu einer gemeinsamen Sprache mit den Arbeitsgenossen zu erheben." (Eugen Rosenstock/Carl Dietrich v. Trotha, 1931, S. 66).

Vergegenwärtigung ist bei Tönnies mit dem "Gedächtnisbegriff" (1920, S. 83 f., 100) als einem wichtigen Element des Wesenwillens schon vorgedacht. Die menschliche Fähigkeit zu einer "bewußten Erinnerung" kommt vor allem in der gemeinschaftlichen Lebensform und im intergenerativen Diskurs zum Tragen. Sie ist eine wirksame Form gattungsgeschichtlichen Lernens (Ferdinand Tönnies, 1920, S. 143).

Rosenstock erläutert den Arbeitsansatz einer gemeinschaftlich arrangierten Vergegenwärtigung folgendermaßen: Bei der Vergegenwärtigung als Vorgang (z. B. durch an die Jüngeren gerichtetes Erzählen lebensgeschichtlicher Erfahrungen der Älteren) "muß vom Namen auf das hinter ihm stehende Leben" (Eugen Rosenstock, 1925, S. 14) zurückgegangen werden. Die Quellen und Ursprünge "der uns angeschaffenen, in uns hineinerschaffenen Wirklichkeit" (S. 54) gilt es klarzulegen. Auf eine solche Weise können die Ursachen eines sozialen Problems oder der anfängliche Sinn von Institutionen- und Traditionsbildung rekonstruiert werden. Diese Erkenntnis kann "nicht in Bibliotheken, noch in Laboratorien, sondern nur in Gemeinschaften von Menschen" (S. 52) gewonnen werden.

Die destruktive Gemeinschaft

Anmerkungen zur Geistes- und Gemütsverfassung des
Gemeinschaftsmenschen

Von Gerhard Vowinckel

I. Gemeinschaftsmentalität und Öffentlichkeit

Daß die Gemeinschaft nicht das verlorene Paradies ist, aus dessen Geborgenheit und Wärme uns ein unseliger Wissensdrang in die unwirtliche Kälte der Gesellschaft verschlagen hat, ist schon gelegentlich bemerkt worden, zum Beispiel von Helmut Plessner, der 1924, mitten in einem Boom der Gemeinschaft, eine scharfsinnige und brillante Analyse der zerstörerischen Wirkungen vorlegte, die Gemeinschaftsnostalgie und die Mentalität des Gemeinschaftsmenschen in gesellschaftlichen Sozialbeziehungen entfalten können. Zu dem Anschauungsmaterial, auf das er sich bezog, gehörten faschistischer und kommunistischer Radikalismus ebenso wie Gemeinschaftsseligkeit und Zivilisationsfeindschaft der Jugendbewegung.

Manchen läßt vermutlich der moralische Kater, mit dem er von seinem Gemeinschaftsrausch in die gesellschaftliche Wirklichkeit zurückkehrt, die Grenzen der Gemeinschaft besonders deutlich erkennen. Richard Sennett jedenfalls hatte die Hoffnungen der Neuen Linken geteilt, bevor er Mitte der siebziger Jahre gegen "Verfall und Untergang des öffentlichen Lebens" und die an seine Stelle getretene "Tyrannei der Intimität" Klage erhob (1983). Er sieht die öffentliche Sphäre in heutigen westlichen Gesellschaften durch zwei Merkmale bestimmt, Narzißmus und eine Vorherrschaft der Gemeinschaftsmentalität. Er bezieht sich dabei ausdrücklich auf Ferdinand Tönnies und verwendet das deutsche Wort "Gemeinschaft", ein "social science barbarism", wie er schreibt, der eine "useful but untranslatable meaning" habe (1977, S. 220).

Der Gemeinschaftsmensch, so Sennett, hält die Selbstoffenbarung für einen Wert an sich und glaubt, daß durch gegenseitige Selbstoffenbarungen ein Netz entstehe, das die Menschen miteinander verbinde (1983, S. 253). Zum politischen Handeln in der Öffentlichkeit, in der Konkurrenz der mehr oder weniger aufgeklärten Eigeninteressen macht die Gemeinschaftsmentalität unfähig. Sie will im Handeln nicht Ziele erreichen, sondern die kollektiven Gesinnungen ausdrücken. "Die einzigen Aktionen", schreibt Sennett, "zu denen sich die Gruppe zusammenfindet, sind solche der Reinigung, der Ausschließung und Bestrafung derer, die »anders« als die anderen sind ... Kollektivpersönlichkeit bedeutet in der Konsequenz Säuberung, Bekämpfung aller Bündnisse, aller Kooperationsversuche, aller »Einheitsfronten« zwischen unterschiedlichen Gruppen" (S. 254). "Die Enthüllung des Selbst wird zur heimlichen Hauptsache des politischen Lebens" (S. 270). Gemeinschaftliche Identität und die Identität der Gemeinschaftsmenschen gründen sich auf moralische Gefühle. "Eine solche Gemeinschaft verhält sich gegenüber Außenseitern feindselig, und in ihrem Innern grassiert ein ständiger Streit darüber, wer die Kollektivpersönlichkeit »wirklich« verkörpert" (S. 271).

Da die Bestrebungen von Andersdenkenden nur als Ausdruck verwerflicher Gesinnungen gedeutet werden können, gerät das Verhandeln, das Sicheinlassen auf sie zur großen Bedrohung der Gemeinschaft (S. 283). Es verletzt die identitätsstiftenden Kollektivgefühle und verstößt gegen die »Wahrheit« der kollektiven Glaubensartikel. Die einzige, von Sennett freilich nicht in Betracht gezogene Möglichkeit politischen Handelns, bei der die kollektiven Gefühle und Glaubenssätze nicht verletzt werden, ist eine Revolution, die ihnen kompromißlos Geltung verschafft.

Aber auch dort, wo sich die Gemeinschaftssehnsucht nicht an einen alternativen Entwurf der gesellschaftlich-moralischen Ordnung heftet, sondern an den status quo, bewirkt sie, daß diejenigen, die die geltende Ordnung nicht demütig und bieder vollziehen, sondern sie gestalten, indem sie sie zum Gegenstand von Verhandlungen und durchaus erforschlichen Ratschlüssen machen, daß vor allen also die Politiker moralisch unter Dauerverdacht stehen. Sie sind, mit den Augen des Gemeinschaftsmenschen betrachtet, gewissermaßen von Berufs wegen korrupt, weil sie mit dem politischen Gegner verhandeln, Kompromisse machen oder gar koalieren.

Ich kann hier auf Sennetts Thesen, die ich übrigens verkürzt habe und denen ich eine Wendung gegeben habe, die seinen Auffassungen nur teilweise entspricht, nicht näher eingehen (vgl. hierzu Gerhard Vowinckel, 1985). Ich werde auch nicht im einzelnen untersuchen, ob der Begriff der Gemeinschaft wirklich in Tönnies' Sinn verwendet worden ist. Diese Übereinstimmung scheint mir in den wesentlichen Punkten gegeben, nur daß Tönnies sehr einseitig die gemütlichen, konsensuellen und altruistischen Aspekte des Wesenwillens, der Gemeinschaftsmentalität beschreibt. Daß diese halbe Wahrheit der Ergänzung bedarf, ist auch von anderen schon bemerkt worden. Helmut Plessner (1981), Ralph Segalman (1981) und andere haben die Kehrseiten beschrieben. Ich werde im folgenden die Mentalitäten des Gemeinschafts- und des Gesellschaftsmenschen etwas näher betrachten, die Art also, wie sie die Menschen, ihre Handlungen und die Kollektive, die sie bilden, gefühlsmäßig erleben und gedanklich verarbeiten.

II. Entwicklungsformen des moralischen Denkens

In seinem Essay über die "Grenzen der Gemeinschaft" stellt Helmut Plessner fest, der soziale Radikalismus in den unterschiedlichen politischen Ausformungen der Gemeinschaftsideologie sei die geborene Weltanschauung der Jugend (1981, S. 14). An diesen Gedanken knüpfe ich im folgenden an und beziehe mich bei meiner Untersuchung der Gemeinschafts- und der Gesellschaftsmentalität auf die Kategorien, mit denen die kognitive Psychologie die Entwicklung der moralischen Argumentationsmuster bei Kindern, Jugendlichen und schließlich Erwachsenen beschrieben hat.

Lawrence Kohlberg, der einflußreichste Forscher auf diesem Gebiet, unterscheidet in der Entwicklung der Urteilsfähigkeit in moralischen Dingen sechs Stufen, die die heranwachsenden Menschen nacheinander, meist allerdings nicht bis zum Ende, durchlaufen (Ann Colby/Lawrence Kohlberg, 1976). Für den gegenwärtigen Zweck sind in erster Linie die Stufen 3, 4 und 5 interessant. Die Stufen 3 und 4 bilden zusammen ein Entwicklungsniveau, das das "konventionelle" genannt wird, eine Bezeichnung, die in mehreren Hinsichten irreführend ist. Die Stufe 5 gehört zum "postkonventionellen" Niveau.

Nachdem ein Kind zunächst das präkonventionelle Niveau durchlaufen hat, auf dem es noch kein Gefühl der moralischen Verpflichtung entwickelt, beginnt es auf konventionellem Niveau, sich mit seinen gesellschaftlichen Rollen zu identifizieren; es übernimmt die gesellschaftlichen Definitionen seiner Person in sein Selbstkonzept und erfährt Gesellschaft als eine die einzelnen Interaktionen übergreifende Struktur normierter Handlungserwartungen. Auf Stufe 3 sind der soziale Gesichtskreis und das Gefühl der Verpflichtung noch auf die unmittelbaren Bezugspersonen und Bezugsgruppen begrenzt. Auf Stufe 4 werden die gedankliche Repräsentation der Gesellschaft und das Gefühl der Verpflichtung auf das gesamte, nun nicht mehr unmittelbar, sondern nur noch symbolisch erfahrbare Kollektiv ausgedehnt. Dieses Kollektiv wird als geordneter Kosmos von aufeinander abgestimmten Rollen und Funktionen konzipiert.

Auf konventionellem Niveau gibt es nur eine gesellschaftlich-moralische Ordnung, die die "wahre", "natürliche" und "objektiv richtige" ist. Gewöhnlich ist es die bestehende Ordnung, die dergestalt moralisch privilegiert wird. Daher die Kohlbergsche Kennzeichnung dieser Betrachtungsweise als "konventionell". Bei Kohlberg nicht vorgesehen ist der Fall, daß auf konventionellem Niveau eine andere als die bestehende Ordnung zum Gegenstand moralischer Identifikationen wird. Das wird um so leichter der Fall sein, je weniger die gesellschaftliche Ordnung mit den Annahmen übereinstimmt, die dem konventionellen Denkmuster zugrundeliegen. Das heißt, je offenkundiger die Kontingenz der gesellschaftlichen Einrichtungen und der moralischen Gefühle ist, je pluralistischer die Werte sind, je weniger eindeutige Anknüpfungspunkte das Identifikationsbedürfnis findet, mit einem Wort - von Tönnies - je "gesellschafts"-förmiger das Kollektiv ist. Vor dem Hintergrund eines alternativen Entwurfes der "wahren", "natürlichen" und "objektiv richtigen" Ordnung wird der status quo dann freilich als korrupt und gründlich verderbt wahrgenommen.

Auf dem postkonventionellen Niveau, das viele Menschen niemals erreichen, und wenn doch, dann erst als Erwachsene, werden die Normen, Gesetze und Institutionen des Kollektivs als Einrichtungen aufgefaßt, mit deren Hilfe die Menschen ihre Interessen schützen und koordinieren. Sie verlieren also ihre absolute Geltung und müssen legitimiert werden durch die Bedürfnisse der beteiligten Individuen und die logischen Prinzipien ihrer Bewahrung und Koordination, etwa Freiheit, Gleichheit oder Gerechtigkeit. Gegenstände der Identifikation sind nicht länger das Kollektiv und die Rollen, die es einem zuweist, sondern die eigenen Interessen und Bedürfnisse, die freilich im Zaume gehalten werden durch ein Gefühl der Verpflichtung, sie nicht ungenierter zur Geltung zu bringen, als mit bestimmten, für jeden annehmbaren, Prinzipien vereinbar ist.

Die moralische Geistes- und Gemütsverfassung des konventionellen Niveaus entspricht in wichtigen Merkmalen dem Tönniesschen Wesenwillen und ist deutlich erkennbar auf gemeinschaftlich verfaßte Lebensformen eingestellt. Die des postkonventionellen Niveaus entspricht dem Kürwillen und ist auf eine gesellschaftliche Lebensweise eingestellt; und ungeachtet seiner Hochschätzung für die Gemeinschaft und die ihr entsprechende Willensform scheint auch Tönnies die Gesellschaftsmenschen für intellektuell überlegen zu halten, wenn er, freilich unter Zufügung stark abwertender Beiwörter, ihren weiteren Horizont, ihre Gewandtheit und ihre Rationalität der Beschränktheit, Unbildung und Unreife der Gemeinschaftsmenschen gegenüberstellt (1972, S. 166 f.).

Nebenbei bemerkt finden sich zentrale Elemente der Begriffe von Gemeinschaft und Gesellschaft und der zugehörigen Willensformen auch in Basil Bernsteins sozio-linguistischer Theorie wieder (1976). Der "restringierte Kode", der in "geschlossenen Rollensystemen" gedeiht, entspricht offenbar der Gemeinschaftsmentalität, der "elaborierte Kode", der in "offenen Rollensystemen" seinen Platz hat, der Gesellschaftsmentalität. Auch die Begriffe "soziale Identität", "Ich-Identität", "role-taking" und "role-making" der interaktionistischen Rollentheorie sind hier einschlägig (Lothar Krappmann, 1971).

III. Moralische Gefühle

Ein wichtiger Aspekt in der Gemeinschafts- und der Gesellschaftsmentalität, nämlich der der moralischen oder Kollektivgefühle, soll nun noch einmal etwas genauer analysiert werden. Der Gemeinschaftsmensch hat die gesellschaftlichen Erwartungen internalisiert; sie sind ihm ins Gefühl übergegangen. Was heißt das? Um diese Frage zu beantworten, muß man sich von der in philosophischen Überlieferungen verwurzelten Auffassung freimachen, Gefühle seien in erster Linie nicht-öffentliche Ereignisse, die sich in der Seele oder jedenfalls unter der Haut eines Menschen abspielten und nur ihm zugänglich seien. Wenn wir sagen, jemand handele aus dem Gefühl heraus oder ihm sei eine Handlungsweise ins Gefühl, in Fleisch und Blut übergegangen, dann meinen wir vielmehr, daß er etwas spontan, ohne zu überlegen und in direkter Antwort auf die Handlungssituation tue.

Gefühle sind also Handlungsschemata, die mit bestimmten auslösenden Bedingungen der äußeren Handlungssituation fest verbunden sind. Sie sind als solche auch Urteilsschemata, in denen die begegnende Wirklichkeit interpretiert wird. Im einfachsten Fall drücken sich diese Urteile im spontanen Verhalten aus und besagen nichts anderes, als daß dieser Gegenstand oder diese Situation ein geeigneter Adressat eben dieses Verhaltens sei.

In ihrer unreflektierten Form sind diese affektiven Urteilsschemata egozentrisch, bei moralischen Urteilsschemata kann man auch sagen: soziozentrisch. Das bedeutet, daß sie gar nicht als eigene Urteilsschemata erfahren werden. Das urteilende Ich, das Ego, ist in der Ego-zentrischen Perspektive auf die Umwelt der Standort, dessen man nicht ansichtig wird, weil man auf ihm steht. In dieser kognitiven Organisationsform der Affekte treten die affektiven Urteilsschemata nicht als Tätigkeiten oder Bereitschaften des Subjekts in Erscheinung, sondern als Attribute des Objekts. Das läßt sich an einigen gefühlsmäßig wertenden Beiwörtern gut zeigen. Wir nennen einen Kopf lieblich oder häßlich, so wie wir ihn blond oder pickelig nennen. Wir behandeln also unsere Liebe, die in "lieb"-lich steckt, und unseren Haß, der in "häß"-lich steckt, so als handele es sich dabei um Attribute des Urteilsgegenstandes und nicht des Urteilenden (vgl. Gerhard Vowinckel, 1979).

Ebenso behandeln wir in moralischen Werturteilen "gut" und "böse" als gewissermaßen objektive Eigenschaften der beurteilten Handlungsweisen oder Personen und nicht als subjektive Urteile - gesellschaftlichen Ursprungs, die wir an ihre Gegenstände herantragen. Solange unsere moralischen Gefühle dergestalt egozentrisch organisiert sind, haben unsere moralischen Urteile den Charakter von Tatsachenfeststellungen. Diese Tatsachen, "faits sociaux", wie Durkheim sie genannt hat, führen ein von den urteilenden Subjekten abgelöstes Eigenleben und sind gedanklich irreversibel mit bestimmten, moralisch privilegierten Verhaltensbereitschaften verbunden. Abweichende Moralbegriffe erscheinen in dieser Betrachtungsweise als Irrtümer oder Unwahrheiten, abweichende Handlungsbereitschaften als sündig, entartet oder krankhaft. Das Handeln und Urteilen aus dem moralischen Gefühl heraus ist durch große Orientierungssicherheit, Entschiedenheit und Spontaneität gekennzeichnet, aber es macht tendenziell alle Andersdenkenden zu Irren oder Verbrechern und jedes Eingehen auf ihre Bestrebungen zu einem Pakt mit dem Teufel.

Auf postkonventionellem Niveau, im moralischen Bewußtsein des Gesellschaftsmenschen, werden die egozentrischen Urteilsschemata dezentriert. Das Ego, als Ursprung einer standortgebundenen Perspektive, kommt ins Blickfeld. Die feste gedankliche Verbindung zwischen den Handlungs- und Urteilsschemata und ihren Gegenständen wird gelöst. Dadurch wird die eigene "Subjektivität" für das urteilende Subjekt erkennbar, nämlich als eine durch den Gegenstand nicht notwendig präjudizierte Handlungs- und Urteilsmöglichkeit unter anderen. Auf der anderen Seite wird der Gegenstand von subjektiven Beimengungen befreit, nämlich von der emotionalen Färbung, in der das egozentrische Urteilsschema ihn hatte erscheinen lassen.

Da das Verhalten nun nicht mehr durch die vermeintlich objektiven Beschaffenheiten der Handlungsgegenstände festgelegt erscheint, treten alternative Handlungsmöglichkeiten ins Blickfeld, unter denen ausgewählt werden kann und muß. Zum Kriterium dieser Wahl wird ein als subjektiv erkannter Interessenstandpunkt, der durch allgemeine Prinzipien mit den ebenso subjektiven Interessen der anderen Beteiligten koordiniert wird. Das Handeln und Urteilen aus dem Gefühl ist zum Handeln und Urteilen aus Überlegung geworden. Es hat dabei an Freiheitsgraden, Realitätssinn und Rationalität gewonnen, an Orientierungssicherheit, Entschiedenheit und Spontaneität jedoch verloren.

IV. Mentalität und soziale Umwelt

Der moralische Habitus des Gemeinschaftsmenschen ist angepaßt an überschaubare soziale Ordnungen von hoher Stabilität, in denen der Vollzug feststehender Muster des Handelns gefragt ist und nicht die autonome Gestaltung der gesellschaftlichen Beziehungen. Den Gesellschaftsmenschen befähigen seine meta-moralischen Denkmittel zur gedanklichen und handelnden Strukturierung anomischer Situationen und zur autonomen Mitwirkung bei der kritischen Überprüfung und Neuordnung bestehender sozialer Arrangements, von Normen und Institutionen. Die Gemeinschaftsmentalität hat in einer gesellschaftlichen Umwelt, die ihren Grundannahmen entspricht, den Vorzug der Affektökonomie, der Orientierungssicherheit und der geringeren Entfremdung (vgl. Helmut Plessner, 1981, S. 66).

Ihre destruktiven Möglichkeiten zeigen sich dort, wo die Beziehungen der Menschen gesellschaftsförmig sind, besonders deutlich natürlich in der politischen Sphäre. Die Objektivierung der eigenen Wertperspektive macht alle anderen Auffassungen zu Irrtümern oder Verschwörungen, alle Andersdenkenden zu Irren oder Verbrechern. Deshalb verlaufen die Richtungskämpfe innerhalb von gemeinschaftlichen Bewegungen häufig nach Art von Inquisitionsprozessen und die Auseinandersetzungen mit anderen Gruppen nach Art von Religionskriegen. Wer seine Identität auf ganz bestimmte Werthaltungen gegründet hat und sein Selbstwertgefühl aus ihrer Geltung bezieht, der muß andere Werthaltungen und ihre Träger als existentielle Bedrohungen auffassen.

Infolgedessen wird er sich auch nicht an die Regeln einer Kultur der politischen Auseinandersetzung halten, die auf der Annahme beruht, daß der Gegner trotz seiner abweichenden Auffassungen ein anständiger Mensch sein kann. Wo mit den eigenen politisch-moralischen Auffassungen zugleich die Identität auf dem Spiele steht, kann politische Gegnerschaft nur im Freund-Feind-Schema interpretiert werden. Das gilt selbst dort, wo Friedfertigkeit zu den zentralen Glaubensartikeln gehört. "Der Krieg entartet", schreibt Plessner, "und je pazifistischer die Ideologie wird, um so militaristischer werden die Ideologen" (S. 24).

V. Ein Beispiel: Ökologischer Fundamentalismus

Reiches Anschauungsmaterial für die gemeinschaftsorientierte Denkweise des konventionellen Niveaus des moralischen Argumentierens hat in den letzten Jahren der fundamentalistische - Plessner hätte gesagt: radikale - Flügel der Ökologiebewegung geliefert. Hier finden sich die einschlägigen Argumentationsfiguren gelegentlich in idealtypischer Reinheit. Walter Oswalt zum Beispiel, Stadtverordneter der Grünen in Frankfurt, beschreibt in einem 1983 erschienenen Artikel "die politische Logik der Sonnenblume".

Es geht dabei um die Frage, ob die Grünen mit anderen Parteien in irgendeiner Form zusammenarbeiten und sich an der Macht beteiligen sollten. Oswalt ist selbstverständlich dagegen, denn die "Natur als Grundlage allen menschlichen Handelns ist nicht verhandelbar" (S. 97). Kompromisse kann es nicht geben, weil die Natur "nicht kompromittierbar" ist. Von den Forderungen der reinen Lehre etwas nachzulassen zugunsten des Machbaren, erscheint ihm als Doppelmoral. "Die Destruktivität der Trennung von Zielen und Mitteln", schreibt er, "die sich im Kompromittieren von Lebensfragen ausdrückt, wird ... nach innen, in die Strukturen der GRÜNEN Bewegung wirken. Wer mit Lebensfragen taktiert, taktiert auch mit ... den Menschen, mit denen man die »andere« Gesellschaft" möglich machen wollte (S. 99). "Die Stärke grüner Politik ist ... ihre Authentizität" (S. 98).

Wer sich auf das Spiel der Politik, das Spiel um Macht, einläßt, "verläßt die Gesetze der Ökologie" und wird moralisch korrumpiert (S. 105). Ort der intellektuellen, sozialen und menschlichen Korruption ist das Parlament. Ökologie, die unerforschliche Vernetzung ist bei Oswalt Naturbeschreibung, Gesellschaftsbild und Ethos in eins. Der Mensch in der Industriegesellschaft lebt in Sünde, bei Oswalt Entfremdung genannt, im Zustand der "Isolierung des einzelnen Ichs von seiner natürlichen und sozialen Umwelt" (S. 109). Die Identität der äußerst heterogen zusammengesetzten grünen Bewegung gründet nach Oswalt auf gemeinsamen Gefühlserfahrungen, insbesondere von Ohnmachts- und Angstgefühlen (S. 105 f.). Daß solche Gefühle die Qualität einer moralischen Gesinnung annehmen können, weiß jeder, der sich an den Beginn der 80er Jahre erinnert, als die ANGST in der Friedensbewegung zum Bekenntnis wurde, ablesbar z. B. an der Umkehrung des Mottos "Fürchtet euch nicht" in "Fürchtet euch" beim Evangelischen Kirchentag 1981.

Welche praktischen Resultate eine solche Denkweise hat, kann man an den innerparteilichen Auseinandersetzungen und politischen Aktivitäten der Grünen ablesen, vom Verhalten einiger Gruppen an den radikalen Rändern der Ökologiebewegung nicht zu reden. Am gleichen Beispiel wird aber auch deutlich, wie sich mit dem Hineinwachsen gemeinschaftlicher Bewegungen in die politische Sphäre durch Selektions- und Lernprozesse eine Führungsschicht herausbildet, die das politische Geschäft versteht und sich daran macht, die Bewegung nach innen zur Organisation zu domestizieren und ihr politisches Gewicht nach außen zur Geltung zu bringen, ein Vorgang, der nach Robert Michels [1957] dem "ehernen Gesetz der Oligarchie" gehorcht.

VI. Lebenswelt und politisches System

Richard Sennett, von dessen Thesen mein Vortrag ausgegangen war, glaubt, daß heute in den westlichen Industriegesellschaften die politische Kultur am Ende sei, daß der "political man", der Gesellschaftsmensch aussterbe und die Gemeinschaftsmentalität triumphiere. Ich glaube, daß das eine Übertreibung ist, aber man muß doch fragen, warum in Gesellschaften, die wir als "Gesellschaften" im Sinne Tönnies' anzusehen gewohnt sind, immer wieder starke gemeinschaftliche Bewegungen auftreten und großen Widerhall finden, warum gerade in der Demokratie, auch ohne die großen politischen Skandale, die Klagen über die Charakterlosigkeit der Politiker und die Schmutzigkeit des politischen Geschäfts zu den Evergreens der moralischen Folklore gehören.

Ich vermute, daß dafür die Absonderung des politischen Systems von der Lebenswelt der meisten Menschen verantwortlich ist und die Tatsache, daß diese Lebenswelt in entwickelten Rechts- und Wohlfahrtsstaaten der konventionellen

Denkweise sehr entgegenkommt. Die meisten existenziellen Probleme gesellschaftlicher Natur sind für die meisten Menschen durch gesellschaftliche Einrichtungen in einer Weise gelöst oder wenigstens strukturiert, die ihnen wenig Raum für selbstbestimmte Mitwirkung läßt und sie in eine gewissermaßen feudale Abhängigkeit bringt. An der Gestaltung dieser Einrichtungen sind sie nicht unmittelbar beteiligt. Das übernimmt das politische System für sie.

Wie soll sich unter diesen Voraussetzungen politische Klugheit, die gedankliche und affektive Beweglichkeit des Gesellschaftsmenschen entwickeln und was kann sie nützen? Die meisten Zeitgenossen fahren viel besser mit einer Denk- und Fühlweise, die sie auf den Vollzug des ohnehin Vorgegebenen einstellt und ihnen dadurch Frustrationen erspart. Ihre destruktiven Möglichkeiten entfaltet die Gemeinschaftsmentalität erst in der politischen Sphäre, wo sie auf Probleme trifft, für deren Lösung sie sich wenig eignet. Zweifellos läßt der Rechts- und Wohlfahrtsstaat bei den Menschen die Fähigkeiten zur Lösung der Probleme verkümmern, die er ihnen abnimmt. Aber soll man sich deshalb die Probleme zurückwünschen?

Integriertes Literaturverzeichnis

Abrams, Philip (1981): Das Bild der Vergangenheit und die Ursprünge der Soziologie. In: Lepenies, Wolf (Hg.): Geschichte der Soziologie, Bd. 1, Frankfurt am Main, S. 75-95.

Achten, Udo (1978): Scheinalternativen zum Recht auf Arbeit. In: ders. u.a.: Recht auf Arbeit - eine politische Herausforderung, Neuwied/Darmstadt, S. 75-79.

Adler-Karlsson, Gunnar (1979): Gedanken zur Vollbeschäftigung. In: Mitteilungen aus der Arbeitsmarkt- und Berufsforschung, 4, S. 481-505.

Adorno, Theodor W. (1975): Negative Dialektik. Frankfurt am Main [zuerst 1966].

Alexander, Jeffrey C. (1987): The Social Requisites for Altruism and Voluntarism, Some Notes on What Makes a Sector Independent. In: Sociological Theory, 3, S. 165-171.

Anglo-American Law Review (1969): Nr. 47.

Apel, Karl-Otto (1967): Einführung. In: Peirce, Charles Sanders: Schriften, Bd. 1, hg. von Karl-Otto Apel. Frankfurt am Main, S. 13-135.

— (1973): Transformation der Philosophie. Bd. 2, Frankfurt am Main.

— (1988): Die transzendentalpragmatische Begründung der Kommunikationsethik und das Problem der höchsten Stufe einer Entwicklungslogik des moralischen Bewußtseins. In: ders.: Diskurs und Verantwortung, Das Problem des Übergangs zur postkonventionellen Moral, Frankfurt am Main, S. 306-369.

Bacon, Francis (1986): Neu-Atlantis. In: Heinisch, Klaus J. (Hg.): Der utopische Staat, Reinbek, S. 171-215.

Balla, Bálint (1978): Soziologie der Knappheit. Stuttgart.

— (1982a): Technik - Gesellschaft - Knappheit, Theoretische Perspektiven einer Techniksoziologie. In: Jokisch, Rodrigo (Hg.): Techniksoziologie, Frankfurt am Main, S. 82-111.

— (1982b): Sozio-Atheismus, Die Idee der Vollkommenen Gesellschaft ersetzt den Gottesbegriff. In: Materialdienst, Aus der Zentralstelle für Weltanschauungsfragen der EKD, H. 1., S. 4-15.

— (1987): Kultur aus knappheitssoziologischer Sicht. In: Meleghy, Tamás u.a. (Hg.): Normen und soziologische Erklärung, Innsbruck.

— (1990; i.E.): Il Significato del Numero 3 nella Teoria Sociale: con o contra Pitagora. In: Pitagora 2000, L'Uomo, la Scienza, le Dinamiche del Potere, Roma.

Barry, Brian (1970): Sociologists, Economists, and Democracy. London.

Beck, Ulrich (1986): Risikogesellschaft, Auf dem Weg in eine andere Moderne. Frankfurt am Main.

Becker, Howard (1950): Through Values to Social Interpretation, Essays on Social Contexts, Actions, Types, and Prospects. Glencoe.

Bell, Colin/*Newby*, Howard (1971): Community Studies. London.

— (Hg.) (1977): Doing Sociological Research. London.

Bellah, Robert N./*Madsen*, Richard/*Sullivan*, William M./*Swidler*, Ann/*Tipton*, Steven M. (1987): Gewohnheiten des Herzens, Individualismus und Gemeinsinn in der amerikanischen Gesellschaft. Köln.

— (1991; i.E.): The Good Society. Berkeley u.a.

Benn, Stanley I. (1979): The Problematic Rationality of Political Participation. In: Laslett, Peter/Fishkin, James (Hg.): Philosophy, Politics and Society, Fifth Series, Oxford, S. 291-312.

Benveniste, Emile (1969): Le Vocabulaire des Institutions Indo-Européenes. Paris.

Bernsdorf, Wilhelm (Hg.) (1969): Wörterbuch der Soziologie. 2. Aufl. Stuttgart.

Bernstein, Basil (1976): Ein soziolinguistischer Ansatz zur Sozialisation: mit einigen Bezügen auf Erziehbarkeit. In: ders.: Studien zur sprachlichen Sozialisation, 4. Aufl., Düsseldorf.

Berry, Christopher J. (1989): The Idea of a Democratic Community. Hemel Hempstead/New York.

Bickel, Cornelius (1981): Tönnies' Kontroverse mit Rickert. In: Clausen, Lars/Pappi, Franz Urban (Hg.): Ankunft bei Tönnies, Soziologische Beiträge zum 125. Geburtstag von Ferdinand Tönnies, Kiel, S. 95-131.

— (1986): Ferdinand Tönnies, Soziologie zwischen geschichtsphilosophischem 'Pessimismus', wissenschaftlicher Ratio und sozialethischem 'Optimismus'. In: Papcke, Sven (Hg.): Ordnung und Theorie, Beiträge zur Geschichte der Soziologie in Deutschland, Darmstadt, S. 307-334.

— (1987a): Tönnies' Kritik des Sozialdarwinismus, Immunität durch Philosophie, Seine Auseinandersetzung mit der Krupp-Preisfrage von 1900. In: Klingemann, Carsten (Hg.): Rassenmythos und Sozialwissenschaften in Deutschland, Ein verdrängtes Kapitel sozialwissenschaftlicher Wirkungsgeschichte, Opladen, S. 172-212.

— (1987b): Tönnies' Theorie der Rationalität. In: Schlüter, Carsten (Hg.): Symbol, Bewegung, Rationalität, Zum 50. Todestag von Ferdinand Tönnies, Würzburg, S. 56-153.

— (1988a): Die Geschichte im Werk von Tönnies, Tendenzen zu einer historischen Anthropologie. In: Annali di Sociologia, Soziologisches Jahrbuch 4, S. 357-404.

— (1988b): Tönnies in Hamburg (1894 - 1901), Skeptische Aufklärung in Theorie und Praxis. In: Waßner, Rainer (Hg.): Wege zum Sozialen, Achtzig Jahre Soziologie in Hamburg, Opladen, S. 25-49.

— (1988c): Ferdinand Tönnies' Weg in die Soziologe. In: Rammstedt, Otthein (Hg.): Simmel und die frühen Soziologen, Nähe und Distanz zu Durkheim, Tönnies und Max Weber, Frankfurt am Main, S. 86-162.

Bickel, Cornelius/*Fechner*, Rolf (1989): Editorische Vorbemerkung; »Sie fragen vielleicht, mit welchem Recht ich mich als sympathischen Leser anmelde ...?«, Ein Kommentar. In: Tönnies, Ferdinand/Höffding, Harald: Briefwechsel, hg. von Cornelius Bickel und Rolf Fechner, Berlin, S. 19-27, 195-293.

Black, Antony (1988): State, Community and Human Desire, A Group-centred Account of Political Values. New York u.a.

Böckenförde, Ernst-Wolfgang (1983): Sozialstaat, Besitzindividualismus und die Uneinholbarkeit der Hegelschen Korporation. In: Koslowski, Peter u.a. (Hg.): Chancen und Grenzen des Sozialstaats, Tübingen, S. 248-250.

Borinski, Fritz (1984a): Über Paul Hermberg. In: Forschungsinstitut für Arbeiterbildung, Beiträge - Informationen - Kommentare, Beiheft 3, S. 101-104.

— (1984b): Hermann Heller: Lehrer der Jugend und Vorkämpfer der freien Erwachsenenbildung. In: Müller, Christoph/Staff, Ilse (Hg.): Der soziale Rechtsstaat, Baden-Baden, S. 89-110.

Boyte, Harry C. (1989): CommonWealth, A Return to Citizen Politics. New York.

Brand, Karl-Werner (1982): Entstehung, Funktion und Perspektive neuer Protestpotentiale. Opladen.

Brand, Karl-Werner/*Büsser*, Detlef/*Rucht*, Dieter (1984): Aufbruch in eine andere Gesellschaft, Neue soziale Bewegungen in der Bundesrepublik. 2. Aufl. Frankfurt am Main.

Brennan, Geoffrey/*Buchanan*, James M. (1985): The Reason of Rules. Cambridge.

Brüggemann, Beate/*Riehle*, Rainer (1986): Das Dorf, Über die Modernisierung einer Idylle. Frankfurt am Main/New York.

Brüll, Dieter (1986): Gemeinschaft und Gemeinsamkeit. Stuttgart.

Buber, Martin (1986): Kibbuzleben zwischen Nähe und Beziehung, Eine Begegnung junger Kibbuzerzieher mit Martin Buber. In: ders.: Pfade in Utopia, Über Gemeinschaft und deren Verwirklichung, Darmstadt, S. 300-312 [zuerst 1961].

Buford, Rhea (Hg.) (1981): The Future of the Sociological Classics. London/Boston/Sidney.

Burisch, Wolfram (1969): Betriebssoziologie. Berlin.

Cahnman, Werner J. (1973) (Hg.): Ferdinand Tönnies, A New Evaluation, Essays and Documents. Leiden.

— (1981a): Hobbes, Tönnies, Vico - Starting Points of Sociology. In: Buford, Rhea, (Hg.): The Future of the Sociological Classics, London/Boston/Sidney, S. 16-38.

— (1981b): Tönnies und die Theorie des sozialen Wandels, Eine Rekonstruktion. In: Clausen, Lars/Pappi, Franz Urban (Hg.): Ankunft bei Tönnies, Kiel, S. 1-16.

Claessens, Dieter (1972): Familie und Wertsystem. Dritte Aufl. Berlin [zuerst 1962].

Clausen, Lars (1972): Tausch. In: Jahrbuch für Sozialwissenschaft, Bd. 23, H. 1, S. 1-15.

— (1990): Der Januskopf der Gemeinschaft. In: ders./Schlüter, Carsten (Hg.): Hundert Jahre "Gemeinschaft und Gesellschaft", Opladen.

Clausen, Lars/*Pappi*, Franz Urban (Hg.) (1981): Ankunft bei Tönnies, Soziologische Beiträge zum 125. Geburtstag von Ferdinand Tönnies. Kiel.

Clausen, Lars/*Schlüter*, Carsten (Hg.) (1990a): Hundert Jahre "Gemeinschaft und Gesellschaft", Ferdinand Tönnies in der internationalen Diskussion. Opladen.

— (Hg.) (1990b; i.E.): »Ausdauer, Geduld und Ruhe«, Fragen und Quellen zur Tönnies-Forschung. Hamburg.

Cohen, Anthony P. (1985): The Symbolic Construction of Community. Chicester/London/New York.

Cohn, Norman (1970): Revolutionary Millenarians and Mystical Anarchists of the Middle Ages. London.

Colby, Ann/*Kohlberg*, Lawrence (1976): Das moralische Urteil, Der kognitionszentrierte entwicklungspsychologische Ansatz. In: Steiner, Gerhard (Hg.): Die Psychologie des 20. Jahrhunderts, Bd. VII, Piaget und die Folgen, Zürich, S. 349-366.

Comte, Auguste (1914): Entwurf der wissenschaftlichen Arbeiten, welche für eine Reorganisation der Gesellschaft erforderlich sind. Leipzig [zuerst 1822].

— (1956): Discours sur l'Esprit Positif. [Rede über den Geist des Positivismus.] Hamburg.

Cooley, Charles Horton (1967): Social Organization, A Study of the Larger Mind. New York.

Coudenhove-Kalergi, Richard Nicolas (1932): Revolution durch Technik. Wien/Leipzig.

Dahme, Hans-Jürgen (1988): Der Verlust des Fortschrittsglaubens und die Verwissenschaftlichung der Soziologie, Ein Vergleich von Georg Simmel, Ferdinand Tönnies und Max Weber. In: Rammstedt, Otthein (Hg.): Simmel und die frühe Soziologie, Frankfurt am Main, S. 222-275.

Dahme, Hans-Jürgen/*Rammstedt*, Otthein (1983): Einführung. In: Simmel, Georg: Schriften zur Soziologie, Eine Auswahl, hg. von Hans-Jürgen Dahme und Otthein Rammstedt, Frankfurt am Main, S. 7-34

Dahrendorf, Ralf (1968): Gesellschaft und Demokratie in Deutschland. München.

— (1986): Für jeden Bürger ein garantiertes Einkommen. In: Die Zeit, 4.

Dammer, Susanna (1988): Mütterlichkeit und Frauendienstpflicht, Versuche der Vergesellschaftung »weiblicher Fähigkeiten« durch eine Dienstverpflichtung (Deutschland 1890 - 1918). Weinheim.

Deichsel, Alexander (1981): Gemeinschaft und Gesellschaft als analytische Kategorien, Eine Skizze. In: Clausen, Lars/Pappi, Franz Urban (Hg.): Ankunft bei Tönnies, Soziologische Beiträge zum 125. Geburtstag von Ferdinand Tönnies, Kiel, S. 33-41.

— (1988): Das Soziale in der Wechselwirkung, F. Tönnies und G. Simmel als lebendige Klassiker. In: Rammstedt, Otthein (Hg.): Simmel und die frühen Soziologen, Frankfurt am Main, S. 64-85.

Dilthey, Wilhelm (1894): Ideen über eine beschreibende und zergliedernde Psychologie. In: ders.: Gesammelte Schriften. Bd. 5. Leizig, Berlin, S. 139-241 [1924].

— (1924): Gesammelte Schriften. Bd. 5. Leipzig, Berlin.

— (1959): Einleitung in die Geisteswissenschaften, Versuch einer Grundlegung für das Studium der Gesellschaft und der Geschichte. 1. Bd. [2. Bd. nicht erschienen]. In: ders.: Gesammelte Schriften, Bd. 1, 4. Aufl., Stuttgart [zuerst Leipzig 1883].

Döbert, Rainer/*Nunner-Winkler*, Gertrud (1975): Adoleszenzkrise und Identitätsbildung. Frankfurt am Main.

Downs, Anthony (1957): An Economic Theory of Democracy. New York.

Durkheim, Émile (1893): De la Division du Travail Social. Paris.

— (1967/68): De la Division du Travail Social. Paris [zuerst 1893].

— (1973): Der Selbstmord. Neuwied [zuerst frz. 1897].

— (1977): Über die Teilung der sozialen Arbeit. Frankfurt am Main [dt. Übersetzung von Durkheim 1967/68].

— (1981): Besprechung von Ferdinand Tönnies' "Gemeinschaft und Gesellschaft". In: ders.: Frühe Schriften zur Begründung der Sozialwissenschaft, Darmstadt/Neuwied, S. 77-84 [zuerst 1889].

— (^{2}1988): Über soziale Arbeitsteilung, Studie über die Organisation höherer Gesellschaften. Frankfurt am Main [zuerst 1893].

Ebert, Joachim/*Herter*, Jürgen (1986): Elemente demokratischer Bildung, Zur Interpretation eines pädagogischen Grundbegriffs. In: Tenorth, Heinz-Elmar (Hg.): Allgemeine Bildung, Weinheim, S. 231-250.

Eliade, Mircea (1976a): Histoire des Croyances et des Idées Religieuses. Bd. 1. Paris.

— (1976b): Die Religionen und das Heilige, Elemente der Religionsgeschichte. Darmstadt.

Elster, Jon (1986): Introduction. In: ders. (Hg.): Rational Choice, Oxford, S. 1-33.

Erikson, Erik H. (1966): Identität und Lebenszyklus. Frankfurt am Main.

Fechner, Rolf (1985): Ferdinand Tönnies, Bibliographie. Hamburg [vergriffen].

Fink, Ulf (1990): Die neue Kultur des Helfens, Nicht Abbau, sondern Umbau des Sozialstaates. München.

Flitner, Wilhelm (1921): Laienbildung. In: ders.: Erwachsenenbildung, Gesammelte Schriften, Bd. 1, hg. von Karl von Erlinghagen u.a., Paderborn [1982].

Francis, Emerich (1969): Folk Society. In: Bernsdorf, Wilhelm (Hg.): Wörterbuch der Soziologie, Stuttgart, S. 294 f.

Freyer, Hans (1931): Einleitung in die Soziologie. Leipzig.

Friedmann, Wolfgang (1964): Law in a Changing Society. London [2. Aufl. 1972].

Frisch, Max (1977): Wir hoffen, Rede zur Veleihung des Friedenspreises des deutschen Buchhandels 1976. In: ders./Hentig, Hartmut von: Zwei Reden zum Friedenspreis des deutschen Buchhandels 1976, 2. Aufl., Frankfurt am Main, S. 83-109 [1976].

— (1983): Wir hoffen, Rede zur Verleihung des Friedenspreises des deutschen Buchhandels 1976. In: ders.: Forderungen des Tages, Portraits, Skizzen, Reden 1943 - 1982, hg. von Walter Schmitz, Frankfurt am Main, S. 332-342.

Gans, Herbert (1962): The Urban Villagers. Glencoe [2. Aufl., 1982].

Geiger, Theodor (1931): Gemeinschaft. In: Vierkandt, Alfred (Hg.): Handwörterbuch der Soziologie, Stuttgart, S. 173-180.

— (1959): "Gemeinschaft". In: Vierkandt, Alfred (Hg.): Handwörterbuch der Soziologie, Stuttgart, S. 173-180 [zuerst 1931].

— (1963): Demokratie ohne Dogma, Gesellschaft zwischen Pathos und Nüchternheit. 2. Aufl. München.

Gennep, Arnold van (1986): Übergangsriten. [Les Rites de Passage.] Frankfurt am Main.

Glaser, Hermann (1987): Der fatale Regelkreis. In: Die Zeit, 44, S. 49-51.

— (1988): Das Verschwinden der Arbeit, Die Chancen der neuen Tätigkeitsgesellschaft. Düsseldorf/Wien/New York.

Göttner-Abendroth, Heide (1983): Matriarchat. In: Beyer, Johanna/Lamott, Franziska/Meyer, Birgit (Hg.): Frauenhandlexikon, Stichworte zur Selbstbestimmung, München, S. 184-187.

Golding, Martin P. (1968): Toward a Theory of Human Rights. In: The Monist 52, S. 521-549.

Goldmann, Lucien (1989): Mensch, Gemeinschaft und Welt in der Philosophie Immanuel Kants. Frankfurt am Main/New York [zuerst 1945].

Gorz, André (1983): Wege ins Paradies. Berlin.

— (1987): Richtziele für eine Neugestaltung des Wohlfahrtsstaates. In: Opielka, Michael/Ostner, Ilona (Hg.): Umbau des Sozialstaats, Essen, S. 137-148.

Greffrath, Mathias (1988): Das Öffentlichkeitsloch. In: Die Zeit, 12, S. 57 f.

Gross, Peter (1976): Sozialdienst, Eine nicht marktorientierte Strategie im Bereich sozialer Dienstleistungen. Arbeitspapier im Rahmen des Projektes "Neue Analysen Wachstum - Umwelt" (NAWU) NF-III-31. Konstanz.

Günther, Gotthard (1958): Die aristotelische Logik des Seins und die nicht-aristotelische Logik der Reflexion. In: Zeitschrift für philosophische Forschung, 12. Jg., S. 360-407.

— (1968/1979): Kritische Bemerkungen zur gegenwärtigen Wissenschaftstheorie, Aus Anlaß von Jürgen Habermas: »Zur Logik der Sozialwissenschaften«. In: ders.: Beiträge zur Grundlegung einer operationsfähigen Dialektik, Bd. 2, Hamburg, S. 157-170 [zuerst in: Soziale Welt, 1968, 19. Jg., S. 328-341].

— (^{2}1978): Idee und Grundriß einer nicht-Aristotelischen Logik, Die Idee und ihre philosophischen Voraussetzungen. Hamburg.

Habermas, Jürgen (1981a): Theorie des kommunikativen Handelns. Bd. 1. Frankfurt am Main.

— (1981b): Theorie des kommunikativen Handelns. Bd. 2, Zur Kritik der funktionalistischen Vernunft. Frankfurt am Main

— (1985): Die Neue Unübersichtlichkeit, Kleine Politische Schriften V. Frankfurt am Main.

— (1990): Der DM-Nationalismus, Weshalb es richtig ist, die deutsche Einheit nach Artikel 146 zu vollziehen, also einen Volksentscheid über eine neue Verfassung anzustreben. In: Die Zeit, Nr. 14 (30. März 1990), S. 62 f.

Halbwachs, Maurice (1985): Das Gedächtnis und seine sozialen Bedingungen. Frankfurt am Main.

Hanesch, Walter/*Klein*, Thomas (1988): Eine integrierte bedarfsorientierte Grundsicherung in AFG und BSHG. In: Opielka, Michael/Zander, Margherita (Hg.): Freiheit von Armut, Essen, S. 126-160.

Hartfiel, Günter/*Hillmann*, Karl-Heinz (1982): Wörterbuch der Soziologie. 3. Aufl. Stuttgart.

Hartwich, Hans-Hermann (1987): Die Suche nach einer wirklichkeitsnahen Lehre vom Staat. In: Aus Politik und Zeitgeschichte, Bd. 46-47/87, S. 3-20.

Heberle, Rudolf (1965): Geleitwort zur Neuausgabe. In: Tönnies, Ferdinand: Einführung in die Soziologie, Stuttgart, S. XI-XIX.

Hechter, Michael (1987): Principles of Group Solidarity. Berkeley u.a.

Hegel, Georg Wilhelm Friedrich (1986): Grundlinien der Philosophie des Rechts. In: ders.: Werke, Bd. 7. Frankfurt am Main [zuerst 1821].

Heinrichs, Johannes (1976): Reflexion als soziales System, Zu einer Reflexions-Systemtheorie der Gesellschaft. Bonn.

— (^{2}1977): Skriptum "Sozialphilosophie". Frankfurt am Main

— (1978): Freiheit - Sozialismus - Christentum, Um eine kommunikative Gesellschaft. Bonn.

— (1981): Dialektik und Dialogik, Aktualität und Grenzen Hegels für systematische Philosophie heute. In: Zeitschrift für philosophische Forschung, 35. Jg., S. 425-444.

— (1988): Vier Beiträge zur Reflexions-Systemtheorie der Gesellschaft (1975 - 1983). ISÖ-AP/WP 3/89, Hennef, Institut für Sozialökologie.

Heller, Agnes (1987): Beyond Justice. Oxford/New York.

Heller, Hermann (1924): Freie Volksbildungsarbeit, Grundsätzliches und Praktisches vom Volksbildungsamte der Stadt Leipzig. Leipzig.

— (1971a): Gesammelte Schriften. Erster Bd., Orientierung und Entscheidung. Leiden.

— (1971b): Gesammelte Schriften. Zweiter Bd., Recht, Staat, Macht. Leiden.

— (1971c): Gesammelte Schriften. Dritter Bd., Staatslehre als politische Wissenschaft. Leiden.

Hennigsen, Jürgen (1958): Der Hohenrodter Bund. Heidelberg.

Henningsen, Bernd (1986): Der Wohlfahrtsstaat Schweden. Baden-Baden.

Hermberg, Annemarie (1925): Das Volkshochschulheim. In: Vierteljahreshefte der Berliner Gewerkschaftsschule, 1, S. 65-69.

Hermberg, Paul/*Seiferth*, Wolfgang (Hg.) (1932): Arbeiterbildung und Volkshochschule in der Industriestadt. Breslau.

Hermes, Gertrud (1926): Die geistige Gestalt des marxistischen Arbeiters. Tübingen.

Herrmann, Ulrich (Hg.) (1987): "Neue Erziehung", "Neue Menschen", Ansätze zur Erziehungs- und Bildungsreform in Deutschland zwischen Kaiserreich und Diktatur. Weinheim.

Hettlage, Robert (1983): Genossenschaftsmodelle als Alternative. In: Koslowski, Peter u.a. (Hg.): Chancen und Grenzen des Sozialstaats, Tübingen, S. 192-214.

Hobbes, Thomas (1952): Leviathan. Oxford.

— (1983): De Cive: The English Version. Hg. von Howard Warrender. Oxford.

Höffding, Harald (1887): Psychologie in Umrissen auf der Grundlage der Erfahrung. Leipzig.

— (1911): Der menschliche Gedanke. Leipzig [zuerst dänisch, Kopenhagen 1910].

— (1918): Humor als Lebensgefühl (Der große Humor), Eine psychologische Studie. Leipzig/Berlin [2. Aufl. 1930; zuerst dänisch, Kopenhagen, 1916].

— (1989): Sozialer Pessimismus [übers. von Lise Tönnies]. In: Höffding, Harald/Tönnies, Ferdinand: Briefwechsel, hg. und kommentiert von Cornelius Bickel und Rolf Fechner, Berlin, S. 294-306 [zuerst dän. in: Tilskueren, 1890, S. 464-477].

Hollis, Martin (1979): Rational Man and Social Science. In: Harrison, Ross (Hg.): Rational Action, Studies in Philosophy and Social Science, Cambridge, S. 1-15.

Holm, Sverre (1985): Einweihung in der Soziologie [Norw. Text]. In: Sosiologisk Arbok. Oslo, Inst. for Sosiologi.

Horkheimer, Max/*Adorno*, Theodor W. (1947): Dialektik der Aufklärung, Philosophische Fragmente. Amsterdam.

Huber, Mária (1987): Vom Soll und Haben des neuen Mannes, Etappen und Chancen einer Wirtschaftsreform. In: Schmidt-Häuer, Christian: Michail Gorbatschow, 5. Aufl. München/Zürich [Anhang].

Hübner, Kurt (1978): Kritik der wissenschaftlichen Vernunft. Freiburg.

Hume, David (1951): A Treatise of Human Nature. Hg. von L.A. Selby-Bigge. Oxford.

— (1967): Eine Untersuchung über den menschlichen Verstand. Hg. und übers. von Herbert Herring. Stuttgart [zuerst engl. 1748].

Jacoby, Eduard Georg (1971): Die moderne Gesellschaft im sozialwissenschaftlichen Denken von Ferdinand Tönnies. Stuttgart.

Joas, Hans (1980): Praktische Intersubjektivität, Die Entwicklung des Werkes von G.H. Mead. Frankfurt am Main.

Jordan, Bill (1989): The Common Good, Citizen, Morality and Self-Interest. Oxford.

Kamenka, Eugene (1972): The Ethical Foundations of Marxism. Überarbeitete Aufl. London.

— (1981): Marxism, Economics and Law. In: Bulletin of the Australian Society of Legal Philosophy, Nr. 20, S. 14-45.

— (1983): Marxism, Economics and Law. In: Curiel B., Jose Luis (Hg.): Filosofia del Derecho y Filosofia Economica y Politica, vol. 7, VII, Universidad Nacional Autonoma de Mexico, Mexico City, S. 49-72 [Neudruck von Kamenka 1981].

Kamenka, Eugene/Tay, Alice Erh-Soon (1970): The Life and After Life of a Bolshevik Jurist. In: Problems of Communism, XIX, S. 72-79.

Kant, Immanuel (1968): Über den Gemeinspruch: Das mag in der Theorie richtig sein, taugt aber nicht für die Praxis. In: ders.: Werke, Bd. XI, hg. von Wilhelm Weischedel, Frankfurt am Main, S. 125-172.

Kanter, Rosabeth Moss (1972): Commitment and Community, Communes and Utopias in Sociological Perspective. Cambridge, Mass./London.

Karner, J. [Pseud. für Karl Renner] (1904): Die soziale Funktion der Rechtsinstitute, besonders des Eigentums. In: Marx-Studien, Bd. 1, Wien, S. 63-195.

Kaufmann, Franz-Xaver (1984): Solidarität als Steuerungsform - Erklärungsansätze bei Adam Smith. In: ders./Krüsselberg, Hans-Günter (Hg.): Markt, Staat und Solidarität bei Adam Smith, Frankfurt am Main/New York, S. 158-184.

Köhler, Hans (1961): Gründe des dialektischen Materialismus im europäischen Denken. München.

Köhncke, Klaus Christian (1986): Entstehung und Aufstieg des Neukantianismus, Die deutsche Universitätsphilosophie zwischen Idealismus und Positivismus. Frankfurt am Main.

König, René (Hg.) (1967): Soziologie. (= Das Fischer-Lexikon, Bd. 10; Neuausgabe). Frankfurt am Main.

Kolakowski, Leszek (1977): Die Hauptströmungen des Marxismus, Entstehung - Entwicklung - Zerfall. Bd. 1. München.

Koselleck, Reinhart (1986): Einige Fragen an die Begriffsgeschichte von "Krise". In: Michalski, Krzystof (Hg.): Über die Krise, Castel Gandolfo-Gespräche 1985, Stuttgart, S. 64-77.

Krappmann, Lothar (1971): Neuere Rollenkonzepte als Erklärungsmöglichkeit für Sozialisationsprozesse. In: Familienerziehung, Sozialschicht und Schulerfolg, Weinheim/Berlin/Basel, S. 161-183.

Kymlicka, Will (1989): Liberalism, Community, and Culture. Oxford.

Ladd, John (1970): Legal and Moral Obligation. In: Pennock, J. Roland/Chapman, John W. (Hg.): Nomos XII: Political and Legal Obligation, New York, S. 3-35.

Lågergren, Mårten u.a. (1984): Time to Care, A Report Prepared for the Swedish Secretariat for Future Studies. Oxford u.a.

Lanternari, Vittorio (1960): Religiöse Freiheits- und Heilsbewegungen unterdrückter Völker. Neuwied/Berlin.

Laver, Michael (1981): The Politics of Private Desires, The Guide to the Politics of Rational Choice. Harmondsworth.

— (1986): Public, Private and Common in Outer Space, Res Extra Commercium or Res Communis Humanitatis Beyond the High Frontier? In: Political Studies 34, S. 359-373.

Leibfried, Stephan (1990): Soziale Grundsicherung - Das Bedarfsprinzip in der Sozial- und Gesellschaftspolitik der Bundesrepublik Deutschland. In: Vobruba, Georg (Hg.): Strukturwandel der Sozialpolitik, Frankfurt am Main, S. 182-232.

Leipart, Theodor (Hg.) (1931): Die 40 Stunden-Woche, Untersuchungen über Arbeitsmarkt, Arbeitsertrag und Arbeitszeit. Berlin.

Lepenies, Wolf (1985): Die drei Kulturen, Soziologie zwischen Literatur und Wissenschaft. München.

Liebersohn, Harry (1990): "Gemeinschaft und Gesellschaft" und die Kritik der Gebildeten am deutschen Kaiserreich. In: Clausen, Lars/Schlüter, Carsten (Hg.): Hundert Jahre "Gemeinschaft und Gesellschaft", Ferdinand Tönnies in der internationalen Diskussion. Opladen. [Hier noch angeführt nach dem Vortragsmanuskript zum III. Tönnies-Symposion, 1987, Kiel.]

Lincoln, Bruce (1983): Der politische Gehalt des Mythos. In: Duerr, Hans Peter (Hg.): Alcheringa oder die beginnende Zeit, Studien zu Mythologie, Schamanismus und Religion, Frankfurt am Main, S. 9-25.

Litt, Theodor (^{3}1926): Individuum und Gemeinschaft, Grundlegung der Kulturphilosophie. Leipzig/Berlin.

— (1961): Führen oder wachsen lassen? Neunte Aufl. Stuttgart.

Löwith, Karl (1957): Weltgeschichte und Heilsgeschehen, Die theologischen Voraussetzungen der Geschichtsphilosophie. Stuttgart.

Luchterhandt, Otto (1988): Grundpflichten als Verfassungsproblem in Deutschland, Geschichtliche Entwicklung und Grundpflichten unter dem Grundgesetz. Berlin.

Luhmann, Niklas (1965): Grundrechte als Institution. Berlin.

— (1975): Macht. Stuttgart.

— (1988): Die Wirtschaft der Gesellschaft. Frankfurt am Main.

Lyotard, Jean-Francois (1979): La Condition Post-Moderne. Paris.

Machiavelli, Niccolo (1977): Discorsi, Gedanken über Politik und Staatsführung. Deutsche Gesamtausgabe. Übers. von Rudolf Zorn. 2. Aufl. Stuttgart.

Macpherson, Crawford B. (1964): The Political Theory of Possessive Individualism, Hobbes to Locke. Oxford.

Mader, Wilhelm (1987): Individualität als soziales Problem von Bildung und Therapie. In: Tietgens, Hans (Hg.): Wissenschaft und Berufserfahrung, Heilbrunn, S. 66-85.

Maine, Henry Sumner (1861): Ancient Law, Its Connection with the Early History of Society and its Relation to Modern Ideas. London.

Mannheim, Karl (1935): Mensch und Gesellschaft im Zeitalter des Umbaus. Leiden.

Mansbridge, Jane J. (Hg.) (1990): Beyond Self-Interest. Chicago/London.

Marc, Alexander (1989): Garantiertes Sozialminimum für Europa. Übers. von Lutz Roemheld. Hg. von der "Föderalistischen Bewegung". Fröndenberg.

March, James G./*Olsen*, Johan P. (1976): Ambiguitiy and Choice in Organizations. Bergen.

Markl, Karl-Peter (Hg.) (1984): Analytische Politikphilosophie und Ökonomische Rationalität. Bd. 2, Verfassungen, Gerechtigkeit und Utopien. Opladen.

— (Hg.) (1985): Analytische Politikphilosophie und Ökonomische Rationalität. Bd. 1, Vom Hobbes'schen Wissenschaftsbegriff zum liberalen Paradox. Opladen.

Marx, Karl (1957): Zur Judenfrage. In: ders./Engels, Friedrich: Werke (= MEW), Bd. 1, Berlin (Ost), S. 347-377.

— (1964): Die Frühschriften. Hg. von Siegfried Landshut. Stuttgart.

Mauss, Marcel (1923 - 1924): Essai sur le Don. In: Année Sociologique, 2.F., Bd. I.

Mayreder, Rosa (1925): Der typische Verlauf sozialer Bewegungen. Wien/Leipzig.

McLean, Iain (1981): The Social Contract in Leviathan and the Prisoners' Dilemma Supergame. In: Political Studies 29, S. 339-351.

Mead, George Herbert (1934): Mind, Self, and Society. Hg. von Charles Wright Morris. Chicago.

— (1973): Geist, Identität und Gesellschaft. Frankfurt am Main [zuerst engl. 1934].

Mead, Lawrence M. (1986): Beyond Entitlement, The Social Obligations of Citizenship. New York/London.

Merz, Peter-Ulrich (1987): Zum Verhältnis von Rationalität und sozialer Wirklichkeit bei Ferdinand Tönnies. In: Deichsel, Alexander/Fechner, Rolf (Hg.): Lokalkultur und Weltgesellschaft - Aspekte der Moderne, Hamburg, S. 140-170.

— (1990): Max Weber und Heinrich Rickert - Die erkenntniskritischen Grundlagen der verstehenden Soziologie. Würzburg.

Merz-Benz, Peter-Ulrich (1990a): Die begriffliche Architektonik von "Gemeinschaft und Gesellschaft". In: Clausen, Lars/Schlüter, Carsten (Hg.): Hundert Jahre "Gemeinschaft und Gesellschaft", Opladen.

— (1990b): Rationalität und soziale Wirklichkeit, Die Genese von Rationalitätsstrukturen als Gegenstand der Gesellschaftstheorie. In: Clausen, Lars/Schlüter, Carsten (Hg.): Hundert Jahre "Gemeinschaft und Gesellschaft", Opladen.

— (1990c; i.E.): Das Werden der Sozialwelt aus dem Allzusammenhang der natürlichen Lebenserhaltung - Die Tönniessche Variante einer emanatistischen Erkenntnistheorie. In: Clausen, Lars/Schlüter, Carsten (Hg.): »Ausdauer, Geduld und Ruhe«, Fragen und Quellen zur Tönnies-Forschung, Hamburg.

Metze, Ingolf (1982): Stichwort: "Negative Einkommenssteuer". In: Handwörterbuch der Wirtschaftswissenschaft (HdWW), 9. Bd., S. 788-799.

Meyer, Klaus (1967): Hermann Heller - Eine biographische Skizze. In: Politische Vierteljahresschrift 8, S. 293-313.

— (1969): Arbeiterbildung in der Volkshochschule, Die "Leipziger Richtung". Stuttgart.

Michels, Robert (o.J.) [1957]: Zur Soziologie des Parteiwesens in der modernen Demokratie, Untersuchungen über die oligarchischen Tendenzen des Gruppenlebens. Neudruck der 2. Aufl. von 1925. Hg. von Werner Conze. Stuttgart [zuerst 1911].

Morgan, Lewis Henry (1891): Die Urgesellschaft. Übers. von W. Eichhoff und Karl Kautsky. Stuttgart [dt. Übersetzung von Morgan 1877].

— (1969): Ancient Society or Researches in the Lines of Human Progress from Savagery through Barbarism to Civilisation. Cleveland/Ohio [zuerst 1877, New York].

Morley-Fletcher, Edwin (1985): "Es ist klar, daß die Genossenschaften ja nicht den Sozialismus darstellen ...", Ein Gespräch. In: Bierbaum, Heinz/Riege, Marlo (Hg.): Die neue Genossenschaftsbewegung, Hamburg, S. 101-123.

Mühlmann, Wilhelm E. (1964): Chiliasmus und Nativismus, Studien zur Psychologie, Soziologie und historischen Kasuistik der Umsturzbewegungen. Berlin.

Müller, Christoph/*Staff*, Ilse (Hg.) (1984): Der soziale Rechtsstaat, Gedächtnisschrift für Hermann Heller 1891 - 1933. Baden-Baden.

Münch, Richard (1986): Die Kultur der Moderne. Bd. 2, Ihre Entwicklung in Frankreich und Deutschland. Frankfurt am Main.

Mumford, Lewis (1959): Kunst und Technik. Stuttgart.

Newby, Howard (1979): Green and pleasant Land. London [Neuausgabe 1985].

— (1987): Country Life. London.

Niemeyer, Gerhart (1971): Einleitung [zur Staatslehre]. In: Heller, Hermann: Gesammelte Schriften, Dritter Bd., Staatslehre als politische Wissenschaft, Leiden.

Nietzsche, Friedrich (1980): Unzeitgemässe Betrachtungen. In: ders.: Werke in sechs Bänden, Erster Band, hg. von Karl Schlechta (nach der 5. Aufl. 1966), München/ Wien, S. 135-434.

Nisbet, Robert (1964): Community and Power. New York. [Neuausgabe von: ders.: The Quest for Community, 1953].

Niskanen, Jr.; W.A. (1971): Bureaucracy and Representative Government. Chicago.

Noack, Regina (1986): Die Zeit in der Soziologie. Magisterarbeit am Fachbereich Gesellschafts- und Planungswissenschaften der Technischen Universität Berlin. Berlin.

Nozick, Robert (1972): Coercion. In: Laslett, Peter/Runciman, W.G./Skinner, Quentin (Hg.): Philosophy Politics and Society, Fourth Series, Oxford, S. 101-135.

— (1974): Anarchy, State, and Utopia. Oxford.

Offe, Claus (1987): Democracy against the Welfare State? Structural Foundations of Neoconservative Political Opportunities. In: Political Theory, 4, S. 501-537.

Offe, Claus/*Heinze,* Rolf G. (1986): Am Arbeitsmarkt vorbei. In: Leviathan, 4, S. 471-495.

— (1988): Eigenarbeit im organisierten Austausch. Projektbericht im Auftrag des Ministeriums für Stadtentwicklung, Wohnen und Verkehr NRW. Ms. Bielefeld.

Olson, Jr.; Mancur,(1965): The Logic of Collective Action. Cambridge/Mass.

Opielka, Michael (1988): Grundeinkommen und Sozialversicherung, Sozialtheoretische Überlegungen zur Reform sozialpolitischer Existenzsicherung. ISÖ-WP 11/88, Hennef, Institut für Sozialökologie.

— (1990a): Einige Grundfragen sozialökologischer Theorie und Politik. In: Sociologia Internationalis, 28. Bd., H. 1, S. 57-85; und in: Deutsche Zeitschrift für Philosophie, 8 und 9, Berlin-Ost.

— (1990b): Alte Genossenschaften und neue Gemeinschaften, Kooperatives Handeln und die Aufgabe der Sozialarbeit in sozialökologischer Perspektive. In: Neue Praxis, 20. Jg., H. 3, S. 231-239.

— (Hg.) (1991): Grundrente in Deutschland. Opladen.

Opielka, Michael/*Ostner,* Ilona (Hg.) (1987): Umbau des Sozialstaats. Essen.

Opielka, Michael/*Vobruba,* Georg (Hg.) (1986): Das garantierte Grundeinkommen, Entwicklung und Perspektiven einer Forderung. Frankfurt am Main.

Ostner, Ilona (1987): Kurzfristige Vorschläge auf dem Weg zum garantierten Grundeinkommen - Notizen aus der Perspektive von Frauen. In: Bundesministerium für Arbeit und Soziales (Hg.): Basislohn/Existenzsicherung, Garantiertes Grundeinkommen für alle?, Wien, S. 85-105.

Oswalt, Walter (1983): Die politische Logik der Sonnenblume. In: Kraushaar, Wolfgang (Hg.): Was wollen die Grünen im Parlament?, Frankfurt am Main, S. 93-112.

Otnes, Per (1987): Exorbitant Exchange, The Defective Empirical Foundations of Sociological Models of Social Exchange. Oslo, Inst. for Sosiologi.

Otto, Ulrich/Opielka, Michael (1988): Grundeinkommen und Sozialarbeit. In: Neue Praxis, 3, S. 181-211.

Pahl, Ray (1984): Divisions of Labour. London.

Parsons, Talcott (^{2}1949): The Structure of Social Action, A Study in Social Theory with Special Reference to a Group of Recent European Writers. Glencoe, Illinois [zuerst 1937].

— (1951): The Social System. New York/London.

— (1972): Das System moderner Gesellschaften. München.

— (1973a): A Note on Gemeinschaft and Gesellschaft. In: Cahnman, Werner J. (Hg.): Ferdinand Tönnies, A New Evaluation, Essays and Documents, Leiden, S. 140-150 [zuerst in Parsons ^{2}1949, 1937, S. 686-694].

— (1973b): Some Afterthoughts on Gemeinschaft and Gesellschaft. In: Cahnman, Werner J. (Hg.): Ferdinand Tönnies, A New Evaluation, Essays and Documents, Leiden, S. 151-159.

— (^{2}1986): Gesellschaften, Evolutionäre und komparative Perspektiven. Frankfurt am Main.

Pashukanis, Evgeni Bronislavovich (1924): Obshchaya Teoriya Prava i Markszism. [The General Theory of Law and Marxism.] Moskau/Leningrad.

Peirce, Charles Sanders (1967): Schriften I. Hg. u. eingel. von Karl Otto Apel. Frankfurt am Main.

Pettit, Phillip (1987): In the Forum. In: Times Literary Supplement, 7. August 1987, S. 836.

Pieper, Josef (1987): Grundformen sozialer Spielregeln. München.

Plato: Republic [1987].

Plessner, Helmut (1924): Grenzen der Gemeinschaft, Eine Kritik des sozialen Radikalismus. Bonn.

— (1955): Nachwort zu Tönnies. In: Kölner Zeitschrift für Soziologie und Sozialpsychologie, H. 7, S. 341-348.

— (1965): Die Stufen des Organischen und der Mensch, Einleitung in die Philosophische Anthropologie. München.

— (1981): Grenzen der Gemeinschaft, Eine Kritik des sozialen Radikalismus (1924). In: ders.: Gesammelte Schriften V, Macht und menschliche Natur, Frankfurt am Main.

Rammstedt, Otthein (Hg.) (1988): Simmel und die frühen Soziologen, Nähe und Distanz zu Durkheim, Tönnies und Max Weber. Frankfurt am Main.

Rawls, John (1972): A Theory of Justice. Oxford.

Redfield, Robert (1956): Peasant Society, An Anthropological Approach to Civilization. Chicago.

Renner, Karl (1904) [unter dem Pseudonym J. Karner]: Die soziale Funktion der Rechtsinstitute, besonders des Eigentums. In: Marx-Studien, Bd. 1, Wien, S. 63-195.

— (1929): Die Rechtsinstitute des Privatrechts und ihre soziale Funktion, Ein Beitrag zur Kritik des bürgerlichen Rechts. Tübingen [Überarbeitung von Renner (Karner) 1904].

— (1946): An der Wende zweier Zeiten. Wien.

— (1949): The Institutions of Private Law and their Social Functions. London [Übersetzung von Renner 1929].

Reynolds, Charles H./*Norman*, Ralph V. (Hg.) (1988): Community in America, The Challenge of Habbits of the Heart. Berkeley u.a.

Richter, Ingo (1984): Kultur als Ziel der Arbeiterbildung und als gesellschaftliche Voraussetzung des Staates. In: Müller, Christoph/Staff, Ilse (Hg.): Der soziale Rechtsstaat, Baden-Baden, S. 427-442.

Rickert, Heinrich (1921): Die Grenzen der naturwissenschaftlichen Begriffsbildung, Eine logische Einleitung in die historischen Wissenschaften. 3. u. 4. verb. u. erg. Aufl. Tübingen [Tübingen/Leipzig 1902; 2. neubearb. Aufl. Tübingen, 1913].

Riedel, Manfred (1974): "Gemeinschaft". In: Ritter, Joachim (Hg.): Historisches Wörterbuch der Philosophie, Bd. 3, Basel/Stuttgart, Sp. 239-243.

— (1975): Gesellschaft/Gemeinschaft. In: Brunner, Otto/Conze, Werner/Koselleck, Rainer (Hg.): Geschichtliche Grundbegriffe, Historisches Lexikon zur politisch-sozialen Sprache in Deutschland, Bd. 2, Stuttgart, S. 801-863.

Riesman, David/*Denny*, Reuel/*Glazer*, Nathan (1958): Die einsame Masse, Eine Untersuchung der Wandlungen des amerikanischen Charakters. Reinbek.

Rodi, Frithjof (1969): Morphologie und Hermeneutik, Zur Methode von Diltheys Ästhetik. Stuttgart.

Roemheld, Lutz (1977): Integraler Föderalismus, Modell für Europa, Ein Weg zur personalen Gruppengesellschaft. Bd.1: Geschichtliche Entwicklung. Bd. 2: Philosophie, Staat, Wirtschaft, Gesellschaft. München.

Rorty, Richard (1989): Kontingenz, Ironie und Solidarität. Frankfurt am Main.

Rosenstock, Eugen (1925): Soziologie I - Die Kräfte der Gemeinschaft. Berlin.

— (1929): Symbol und Sitte als Lebensmächte. In: Die Erziehung 4, S. 341-361.

Rosenstock, Eugen/*Trotha,* Carl Dietrich von (1931): Das Arbeitslager, Berichte aus Schlesien von Arbeitern, Bauern und Studenten. Jena.

Rudolph, Günther (1966): Die philosophisch-soziologischen Grundpositionen von Ferdinand Tönnies (1855 - 1936), Ein Beitrag zur Geschichte und Kritik der bürgerlichen Soziologie. Diss., Berlin (Ost).

Sagan, Eli (1986): Tyrannei und Herrschaft, Die Wurzeln von Individualismus, Despotismus und modernem Staat. Reinbek.

Sahlins, Marshall (1972): Stone Age Economics. London.

Schafarewitsch, Igor R. (1980): Der Todestrieb in der Geschichte, Erscheinungsformen des Sozialismus. Frankfurt am Main.

Scharpf, Fritz (1987): Sozialdemokratische Krisenpolitik in Westeuropa. Frankfurt am Main/New York.

Schelsky, Helmut (1935): Theorie der Gemeinschaft nach Fichtes "Naturrecht" von 1796. Berlin.

— (1959): Ortsbestimmung der deutschen Soziologie. Düsseldorf/Köln.

Schenkel, Ernst (^{2}1987): Individualität und Gemeinschaft, Der demokratische Gedanke bei J. G. Fichte. Dornach [zuerst 1945].

Schiefloe, Per Morten (1985): Närmiljö i Bysamfunn. [Nahumgebungen in Städten.] Trondheim.

Schischkoff, Georgi (Hg.) (1969): Philosophisches Wörterbuch. Begründet von Heinrich Schmidt. 18. Aufl. Stuttgart.

Schluchter, Wolfgang (1984): Entscheidung für den sozialen Rechtsstaat, Hermann Heller und die staatstheoretische Diskussion in der Weimarer Republik. Köln.

Schlüter, Carsten (1987): Nachwort: Nominalistische Sozio-Logie als Vorschule kritischer Philo-Sophie, Ein Vorschlag, wie Tönnies zu lesen sei. In: ders. (Hg.): Symbol, Bewegung, Rationalität, Zum 50. Todestag von Ferdinand Tönnies, Würzburg, S. 234-256.

— (1988): Ferdinand Tönnies, Schleswig-Holsteinischer Nestor der Sozialwissenschaft und kritischer Begleiter der Arbeiterbewegung. In: Danker, Uwe u.a. (Hg.): Demokratische Geschichte III, Themenband: 125 Jahre sozialdemokratische Arbeiterbewegung in Schleswig-Holstein, Kiel, S. 385-401.

— (1990): Intuition und Dialektik. In: Clausen, Lars/Schlüter, Carsten (Hg.): Hundert Jahre "Gemeinschaft und Gesellschaft", Opladen.

Schmalenbach, Herman (1922): Die soziologische Kategorie des Bundes. In: Die Dioskuren, Jahrbuch für Geisteswissenschaften, 1. Bd., hg. von Walter Strich, München, S. 35-105.

Schmidt, Heinrich (Hg.) (1969): Philosophisches Wörterbuch. Neubearbeitet von Georgi Schischkoff. 18. Aufl. Stuttgart.

Schnädelbach, Herbert (1974): Geschichtsphilosophie nach Hegel, Die Probleme des Historismus. Freiburg/München.

— (1987): Vernunft und Geschichte, Vorträge und Abhandlungen. Frankfurt am Main.

Schneider, Hans-Peter (1984): Positivismus, Nation und Souveränität, Über die Beziehungen zwischen Heller und Radbruch. In: Müller, Christoph/Staff, Ilse (Hg.): Der soziale Rechtsstaat, Baden-Baden, S. 585-602.

Schneider, Norbert F. (1987): Ewig ist nur die Veränderung, Entwurf eines analytischen Konzepts sozialer Bewegungen. Frankfurt am Main.

Segalman, Ralph (1981): On the Use and Misuse of Gemeinschaft Conceptualization. In: Clausen, Lars/Pappi, Franz Urban (Hg.): Ankunft bei Tönnies, Kiel, S. 42-53.

Sen, Amartya K. (1979): Rational Fools, A Critique of the Behavioural Foundations of Economic Theory. In: Hahn, Frank/Hollis, Martin: Philosophy and Economic Theory, Oxford, S. 87-109.

Sennett, Richard (1977): The Fall of Public Man. New York.

— (1983): Verfall und Ende des öffentlichen Lebens, Die Tyrannei der Intimität. Frankfurt am Main.

Sheridan, Lee A. (1973): Charity versus Politics.

Sieferle, Rolf Peter (1984): Fortschrittsfeinde? Opposition gegen Technik und Industrie von der Romantik bis zur Gegenwart. München.

Silbermann, Fred (1987): Rezension von: Josef Pieper, Grundformen sozialer Spielregeln [München, 1987]. In: Neue Deutsche Hefte, Jg. 34, H. 2, München, S. 428 f.

Silverman, David (1971): The Theory of Organizations. London.

Simmel, Georg (1903): Die Großstädte und das Geistesleben. In: Petermann, T. (Hg.): Die Großstadt, Jahrbuch der Gehe-Stiftung, Nr. 9, Dresden, S. 185-206.

— (1968): Soziologie, Untersuchungen über die Formen der Vergesellschaftung. Berlin.

Smith, Adam (1976): An Inquiry into the Nature and Causes of the Wealth of Nations. Hg. von R.H. Campbell/A.S. Skinner/W.B. Todd. Oxford.

Snow, Charles P. (1967): Die zwei Kulturen, Literarische und naturwissenschaftliche Intelligenz. Stuttgart.

Sorokin, Pitirim A. (1947): Society, Culture and Personality: Their Structure and Dynamics, A System of General Sociology. New York/London.

Spurk, Jan (1988): Die Modernisierung der Betriebe als Vergemeinschaftung, Überlegungen zu einer soziologischen Analyse am Beispiel der französischen Betriebsdebatte. In: Soziale Welt, 39. Jg., H. 3, S. 260-278.

Stacey, Margaret (1960): Tradition and Change, A Study of Banbury. London.

— u.a. (1975): Power, Persistance, and Change, A Second Study of Banbury. London.

Stark, Werner (1972): The Sociology of Religion, A Study of Christendom. Vol. Five. Types of Religious Culture. New York.

— (1974): Grundriß der Religionssoziologie. Freiburg.

Steiner, Rudolf (1961): Die Kernpunkte der sozialen Frage. GA 23. Dornach [zuerst 1919].

— (1989): Anthroposophische Gemeinschaftsbildung, GA 257. Dornach [zuerst 1923].

Sulkunen, Pekka u.a. (i.E.): The Suburban Pub. Oslo/Helsinki.

Tarde, Gabriel (1908): Die sozialen Gesetze, Skizze zu einer Soziologie. Leipzig.

Taylor, Gordon Rattray (1973): Das Experiment Glück, Entwürfe zu einer Neuordnung der Gesellschaft. Frankfurt am Main.

Taylor, Michael (1976): Anarchy and Cooperation. London.

Teggart, Frederick J. (1949): The Idea of Progress, A Collection of Readings. Berkeley/ Los Angeles.

Terwey, Michael (1981): Theorie und Empirie bei Tönnies, Am Beispiel von Arbeiten über Selbstmord und Kriminalität. In: Clausen, Lars/Pappi, Franz Urban (Hg.): Ankunft bei Tönnies, Kiel, S. 140-171.

Tinder, Glenn (1980): Community, Reflections on a Tragic Ideal. Baton Rouge/London.

Titmuss, Richard M. (1987): Welfare 'Rights', Law and Discretion. In: ders.: The Philosophy of Welfare, Selected Writings, London/Sydney, S. 232-253.

Tönnies, Ferdinand (1879): Anmerkungen über die Philosophie des Hobbes, 1. Die Erkenntnistheorie und ihre Grundlagen. In: Vierteljahrsschrift für Wissenschaftliche Philosophie, 3. Jg., S. 453-466.

— (1880): Anmerkungen über die Philosophie des Hobbes, 2. u. 3. Die politische Philosophie. In: Vierteljahrsschrift für Wissenschaftliche Philosophie, 4. Jg., S. 55-74 und S. 428-452.

— (1887): Gemeinschaft und Gesellschaft, Abhandlung des Communismus und des Sozialismus als empirischer Kulturformen. Leipzig.

— (1896): Thomas Hobbes, Leben und Lehre. Stuttgart [seither mehrere Aufl., zuletzt: neu hg. und eingel. von Karl-Heinz Ilting, Stuttgart, 1971].

— (1897a): Der Hamburger Strike von 1896/97. In: Archiv für soziale Gesetzgebung und Statistik 10, hg. von Heinrich Braun, S. 673-720.

— (1897b): Der Nietzsche-Kultus, Eine Kritik. Leipzig.

— (1897c): Über die Grundthatsachen des Socialen Lebens. In: Ethisch-socialwissenschaftliche Vortragskurse, Bd. VII, Bern.

— (1897d) unter durchgehender Mitwirkung von Heinrich Hennings: Hafenarbeiter und Seeleute in Hamburg vor dem Strike 1896/97. In: Archiv für soziale Gesetzgebung und Statistik 10, hg. von Heinrich Braun, S. 173-238.

— (1898): Die Enquête über Zustände der Arbeit im Hamburger Hafen. In: Archiv für soziale Gesetzgebung und Statistik 12, hg. von Heinrich Braun, S. 303-348.

— (1901): Politik und Moral, Eine Betrachtung. Frankfurt am Main.

— (1902): Höffdings Religionsphilosophie. Teil 1. In: Das Freie Wort, 1. Jg., S. 725-730.

— (1903): Höffdings Religionsphilosophie. Teil 2 u. 3. In: Das Freie Wort, 2. Jg., S. 76-86 u. S. 139-144.

— (1905 ff.): Zur naturwissenschaftlichen Gesellschaftslehre, Die Anwendung der Deszendenztheorie auf Probleme der sozialen Entwicklung. In: Schmollers Jahrbuch [N.F. 29 (1905) - 35 (1911); Neudruck in: Ferdinand Tönnies (1925): Soziologische Studien und Kritiken, Erste Sammlung, Jena, S. 133-329].

— (1906): Philosophische Terminologie in psychologisch-soziologischer Ansicht. Leipzig.

— (1907a): Ethik und Sozialismus. In: Archiv für Sozialwissenschaft und Sozialpolitik, 25, S. 573-612.

— (1907b): Das Wesen der Soziologie. In: Neue Zeit- und Streitfragen, 4. Jg., H. 3, S. 53-58; hier angeführt nach: ders. (1925b): Soziologische Studien und Kritiken, Jena, S. 350-368.

— (1907c): Die Entwicklung der sozialen Frage. Leipzig.

— (1908): Ethik und Sozialismus. In: Archiv für Sozialwissenschaft und Sozialpolitik, 26, S. 56-94.

— (1909a): Die Sitte. Frankfurt am Main.

— (1909b): Ethik und Sozialismus. In: Archiv für Sozialwissenschaft und Sozialpolitik, 29, S. 895-930.

— (1913): Individuum und Welt in der Neuzeit. [Vortrag gehalten am 10.12.1912 im Kgl. Institut für Seeverkehr und Weltwirtschaft an der Universität Kiel.] In: Weltwirtschaftliches Archiv, Bd. 1, S. 37-66.

— (1915/16): Soziologie im System der Wissenschaften. In: Archiv für Rechts- und Wirtschaftsphilosophie, Bd. 9, H. 2, S. 1-8; hier angeführt nach: ders. (1926b): Soziologische Studien und Kritiken, Jena, S. 236-242.

— (1918): Menschheit und Volk. Graz/Leipzig.

— (1919): Der Begriff der Gemeinschaft. In: Zeitschrift für soziale Pädagogik, I, 4; hier angeführt nach: ders. (1926b): Soziologische Studien und Kritiken, Jena, S. 266-276.

— (1920): Gemeinschaft und Gesellschaft. 3. Aufl. Berlin [zuerst ^{1}1887].

— (1920 - 1925): Neue Botschaft, Der Wiederaufbau der menschlichen Gesellschaft auf dem Grunde einer geistig-sittlichen Wiedergeburt. Unveröffentl. Manuskript. In: ders. (o.J.): Tönnies-Nachlaß. Schleswig-Holsteinische Landesbibliothek zu Kiel, Cb 54; 34:34/35/38/39.

— (1921): Marx, Leben und Lehre. Berlin.

— (1922): Kritik der öffentlichen Meinung. Berlin.

— (1923): Zweck und Mittel im sozialen Leben. In: Palyi, Melchior (Hg.): Hauptprobleme der Soziologie, Erinnerungsgabe für Max Weber, München und Leipzig, 2 Bde., S. 235-270.

— (1924): Einteilung der Soziologie. [Referat für den 5. Internationalen Philosophen-Kongreß zu Neapel, 5. - 9. Mai 1924]. In: Zeitschrift für die gesamten Staatswissenschaften, Bd. 79, S. 1-15 [Neudruck in: ders.: Atti del Congresso Internationale di Filosofia, Napoli, S. 1-16]; hier angeführt nach: ders. (1926b): Soziologische Studien und Kritiken, Jena, S. 430-443.

— (1925a): Gemeinschaft und Gesellschaft, Dritte durchgesehene Aufl., Vorrede (der dritten Auflage). In: ders.: Soziologische Studien und Kritiken, Erste Sammlung, Jena, S. 58-64 [in die 3. Aufl. von "Gemeinschaft und Gesellschaft" (1920) wurde diese Vorrede nicht aufgenommen; ein Vorabdruck erschien 1919 in: Die Neue Zeit, Wochenschrift der Sozialdemokratie, hg. von Heinrich Cunow, 37. Jg., Bd. 2, Nr. 14, S. 251-257].

— (1925b): Soziologische Studien und Kritiken. Erste Sammlung. Jena.

— (1926a): Das Eigentum. Wien/Leipzig.

— (1926b): Soziologische Studien und Kritiken. Zweite Sammlung. Jena.

— (1926c): Fortschritt und soziale Entwicklung, Geschichtsphilosophische Ansichten. Karlsruhe.

— (1929a): Brief an Alfred Vierkandt vom 16.12.1929. Unveröffentlicht. In: ders. (o.J.): Tönnies-Nachlaß. Schleswig-Holsteinische Landesbibliothek zu Kiel, Cb 54; 50:51.

— (1929b): Soziologische Studien und Kritiken. Dritte Sammlung. Jena.

— (1930): Leonard Nelson und die Philosophie. In: Das Unterhaltungsblatt der Vossischen Zeitung, Nr. 22 vom 26. Januar 1930.

— (1931): Einführung in die Soziologie. Stuttgart [Neuauflage mit einer Einführung von Rudolf Heberle, Stuttgart, 1965; 2. unveränd. Aufl. 1981].

— (1932): Hegels Naturrecht, Zum Gedächtnis an Hegels Tod (14. November 1831). In: Schmollers Jahrbuch für Gesetzgebung, Verwaltung und Volkswirtschaft, 56 Jg., S. 71-85.

— (1935): Geist der Neuzeit. Leipzig.

— (1955): Community and Association. Übers. von Charles P. Loomis. London [engl. Ausgabe von "Gemeinschaft und Gesellschaft", zuerst 1940 amerik. u.d.T. "Fundamental Concepts of Sociology", New York, dann 1957 u.d.T. "Community and Society", East Lansing Mich.; New York; 1963, New York].

— (1957): Community and Society. Übers. von Charles P. Loomis. New York [amerik. Ausgabe von "Gemeinschaft und Gesellschaft"].

— (1959): "Gemeinschaft und Gesellschaft". In: Vierkandt, Alfred (Hg.): Handwörterbuch der Soziologie, Stuttgart, S. 180-191 [zuerst 1931].

— (1965a): Community and Society. Übers. u. hg. von Charles P. Loomis. New York [amerik. Ausgabe von "Gemeinschaft und Gesellschaft"].

— (1965b): Einführung in die Soziologie. Nachdruck der ersten Aufl. von 1931 mit einer Einführung von Rudolf Heberle. Stuttgart.

— (1969): Gemeinschaft und Gesellschaft, Grundbegriffe der reinen Soziologie. Darmstadt [Nachdruck der 8. Aufl. 1935; zuerst ^{1}1887].

— (1971): Thomas Hobbes, Leben und Lehre. Hg. v. Karl-Heinz Ilting. Stuttgart/Bad Cannstatt [Neudruck der 3. Aufl. von 1925].

— (1972): Gemeinschaft und Gesellschaft, Grundbegriffe der reinen Soziologie. Darmstadt [Nachdruck der 8. Aufl. von 1935; zuerst ^{1}1887].

— (1975): Zweck und Mittel im sozialen Leben. In: Palyi, Melchior (Hg.): Hauptprobleme der Soziologie, Erinnerungsgabe für Max Weber, New York, S. 235-270 [Faksimilereprint der Ausgabe München und Leipzig 1923 in einem Band].

— (1979): Gemeinschaft und Gesellschaft, Grundbegriffe der reinen Soziologie. Darmstadt [Nachdruck der 8. Aufl. 1935; zuerst ^{1}1887].

— (1981): Einführung in die Soziologie. Mit einer Einführung von Rudolf Heberle. Stuttgart [2. unveränderte Aufl. der Ausg. 1965, zuerst - ohne Einführung von Rudolf Heberle - 1931].

— (1982a): Gemeinschaft und Gesellschaft. In: Vierkandt, Alfred (Hg.): Handwörterbuch der Soziologie, Gekürzte Studienausgabe, Stuttgart, S. 27-38 [zuerst in der vollständigen Ausgabe 1931, S. 180-191; unveränderter Neudruck der vollständigen Ausgabe mit einem Geleitwort von Helmut Schelsky, 1959].

— (1982b): Die Tatsache des Wollens. Hg. von Jürgen Zander. Berlin.

— (o.J.): Tönnies-Nachlaß. Schleswig-Holsteinische Landesbibliothek zu Kiel. Signatur Cb 54.

Tönnies, Ferdinand/*Höffding*, Harald (1989): Briefwechsel [1888 - 1931]. Hg. u. kommentiert von Cornelius Bickel u. Rolf Fechner. Berlin.

Tönnies, Ferdinand/*Paulsen*, Friedrich (1961): Briefwechsel 1876 - 1908. Hg. von Olaf Klose, Eduard Georg Jacoby und Irma Fischer. Kiel.

Tönnies, Sibylle (1987): Die Erneuerung des Naturrechts durch die Unterscheidung zwischen Gemeinschaft und Gesellschaft. In: Rechtstheorie, 18, S. 386-398.

Veyne, Paul (1976): Le Pain et le Cirque. Paris.

— (1989): Brot und Spiele, Gesellschaftliche Macht und politische Herrschaft in der Antike. Übers. von Klaus Laermann. Frankfurt am Main [dt. Ausgabe von Veyne, 1976].

Vico, Giovanni-Battista (1946): Oeuvres Choisies. Übers. und hg. von J. Chaix-Ruy. Paris.

Vierhaus, Rudolf (1986): Bürgerliche Hegemonie oder proletarische Emanzipation, Der Beitrag der Bildung. In: Kocka, Jürgen (Hg.): Arbeiter und Bürger im 19. Jahrhundert, München, S. 53-64.

Vierkandt, Alfred (1923): Gesellschaftslehre. Stuttgart.

— (Hg.) (1931): Handwörterbuch der Soziologie. Stuttgart.

Vilmar, Fritz/*Runge*, Brigitte (1986): Auf dem Weg zur Selbsthilfegesellschaft? Essen.

Vobruba, Georg (1985): Arbeiten und Essen, Die Logik im Wandel des Verhältnisses von gesellschaftlicher Arbeit und existentieller Sicherung im Kapitalismus. In: Leibfried, Stephan/Tennstedt, Florian (Hg.): Politik der Armut und die Spaltung des Sozialstaats, Frankfurt am Main, S. 41-63.

— (1986): Die Entflechtung von Arbeiten und Essen, Lohnarbeitszentrierte Sozialpolitik und garantiertes Grundeinkommen. In: Opielka, Michael/Vobruba, Georg (Hg.): Das garantierte Grundeinkommen, Entwicklung und Perspektiven einer Forderung, Frankfurt am Main, S. 39-52.

Vowinckel, Gerhard (1979): Affektzuschreibungen und soziale Kompetenz. In: Angewandte Sozialforschung 7, S. 261-285.

— (1985): Über den Prozeß der Entzivilisierung. In: Soziologische Revue, S. 9-15.

Waßner, Rainer (Hg.) (1988): Wege zum Sozialen, Achtzig Jahre Soziologie in Hamburg. Opladen.

Weber, Max (1956): Wirtschaft und Gesellschaft. 1. Halbb. Köln/Berlin.

— (1963): Gesammelte Aufsätze zur Religionssoziologie. III, Das antike Judentum. Tübingen.

— (1964): Soziologie - Weltgeschichtliche Analysen - Politik. Hg. von Johannes Winckelmann. 3. Aufl. Stuttgart.

— (1968): Über einige Kategorien der verstehenden Soziologie. In: ders.: Aufsätze zur Wissenschaftslehre, 3. erw. u. durchges. Aufl., hg. von Johannes Winckelmann, Tübingen, S. 427-474 [zuerst 1913].

— (^{5}1972): Wirtschaft und Gesellschaft, Grundriß der verstehenden Soziologie. Tübingen.

— (1981): Soziologische Grundbegriffe. 5. Aufl. Tübingen.

— (1985): Wirtschaft und Gesellschaft. Hg. von Johannes Winckelmann. 5. Aufl. Tübingen.

Weippert, Gerhard (1963): Die Vereinbarung als drittes Ordnungsprinzip. In: Jahrbuch für Sozialwissenschaft, 14, S. 169-178.

Weiß, Edgar (1988): Symbolischer Interaktionismus und Psychoanalyse. In: Psyche, 42. Jg, H. 9, S. 794-831.

Weitsch, Eduard (1931): Die Forderung der Gemeinschaft in der Erwachsenenbildung. In: Freie Volksbildung 6, S. 90-99.

Wesel, Uwe (1985): Frühformen des Rechts in vorstaatlichen Gesellschaften. Frankfurt am Main.

Whyte, William Foote (1943): Street Corner Society. Chicago [3. Aufl. 1981].

Wiegand, Roland (1986): Gemeinschaft gegen Gesellschaft, Problematische Formen der Geborgenheit. Frankfurt am Main.

Wiesenthal, Helmut (1987): Rational Choice. In: Zeitschrift für Soziologie, 6, S. 434-449.

Willke, Helmut (1983): Entzauberung des Staates. Königstein/Ts.

Wirth, Louis (1938): Urbanism as a Way of Life. In: American Journal of Sociology, Vol. XLIV, Juli 1938, Nr. 1, S. 1-24.

Wurzbacher, Gerhard (Hg.) (1961): Gruppe - Führung - Gesellschaft, Begriffskritik und Strukturanalyse am Beispiel der Christlichen Pfadfinderschaft Deutschlands [bes.: Primärgruppen in der "Massengesellschaft"]. München.

— (1965): Gesellungsformen der Jugend. München.

— (1974): Sozialisation - Enkulturation - Personalisation. In: ders. (Hg.): Sozialisation und Personalisation, Stuttgart, S. 1-36.

Young, Michael/Willmott, Peter (1957): Family and Kinship in East London. London.

Zander, Jürgen (Hg.) (1982a): Ferdinand Tönnies: Die Tatsache des Wollens. Berlin.

— (1982b): Einleitung. In: ders. (Hg.): Ferdinand Tönnies: Die Tatsache des Wollens, Berlin, S. 11-38.

— (1988): Sozialgeschichte des Willens, Arthur Schopenhauer und die Anfänge der deutschen Soziologie im Werk von Ferdinand Tönnies. In: Schopenhauer Jahrbuch, 69. Bd., S. 583-592.

— (1989): Über den Willen in der Natur, Schopenhauers Privatexemplar der Schrift als Handexemplar von Ferdinand Tönnies. In: Schopenhauer Jahrbuch, 70. Bd., S. 11-15.

Zapf, Wolfgang u.a. (1987): Individualisierung und Sicherheit, Untersuchungen zur Lebensqualität in der Bundesrepublik Deutschland. München.

Der Zivildienst (1989): Nr. 3, S. 2.

Autorinnen- und Autorenverzeichnis*

Balla, Bálint, geb. 1928, Dr. utr.jur., habil. in Soziologie, stellvertretender Direktor des Instituts für Soziologie der Technischen Universität Berlin, Universitätsprofessor.
- Soziologie der Knappheit. Stuttgart, 1978.
- Kultur als Daseinssphäre von Knappheitsbewältigung. In: Lipp, Wolfgang (Hg.): Kulturtypen, Kulturcharaktere, Berlin, 1987, S. 241-256.
- Das Sowjetsystem an den Grenzen. In: Festschrift für Karel Mácha, München, erscheint demnächst.

Bickel, Cornelius, geb. 1945, Dr. phil., Forschungsassistent am Institut für Politische Wissenschaft der Christian-Albrechts-Universität zu Kiel.
- Tönnies' Theorie der Rationalität. In: Schlüter, Carsten (Hg.): Symbol Bewegung - Rationalität, Zum fünfzigsten Todestag von Ferdinand Tönnies, Würzburg, 1987, S. 56-152.
- Ferdinand Tönnies' Weg in die Soziologie. In: Rammstedt, Otthein (Hg.): Simmel und die frühen Soziologen, Nähe und Distanz zu Durkheim, Tönnies und Max Weber, Frankfurt am Main, 1988, S. 86-162.
- Ferdinand Tönnies, Soziologie als skeptische Aufklärung zwischen Historismus und Rationalismus. Opladen, 1990 (im Druck).

Brödel, Rainer, geb. 12.2.47, Dr. disc.pol., Privat-Dozent für Erziehungswissenschaft an der Freien Universität Berlin, Akademischer Rat an der Universität Hannover.
- Bildungserfahrungen von Industriearbeitern. Frankfurt/New York, 1979.
- Weiterbildung als Vorbeugung gegen Arbeitslosigkeit. Zusammen mit Enno Schnitz. Berlin/Luxemburg, 1984.

---

* Diesen Angaben liegen Auskünfte der Autorinnen und Autoren zugrunde. Aus z.T. umfangreichen Veröffentlichungslisten wurden für unsere Zwecke in der Regel drei charakteristische Publikationen ausgewählt.

- Öffentliche Erwachsenenbildung - Studium und Beruf. Hannover, 1988.

Clausen, Lars, geb. 8.4.1935, Dr. sc.pol.; Dipl.-Kfm.; Professor für Soziologie, Direktor des Instituts für Soziologie und der Katastrophenforschungsstelle der Christian-Albrechts-Universität zu Kiel, Präsident der Ferdinand-Tönnies-Gesellschaft e.V., Hg. der Tönnies-Gesamtausgabe und der Begleitreihe "Tönnies im Gespräch" - "Studien" und "Entwürfe", beides gemeinsam mit Alexander Deichsel.
- Tausch. München, 1978.
- Zu allem fähig: Versuch einer Sozio-Biographie zum Verständnis des Dichters Leopold Schefer. 2 Bde. [zusammen mit Bettina Clausen]. Frankfurt am Main, 1985.
- Produktive Arbeit, destruktive Arbeit. Berlin/New York, 1988.

Goldsmith, Maurice, geb. 15.5.1933, Professor für Politik an der Universität von Exeter; Mitglied des Center for the History of Freedom, Washington University, St. Louis, Missouri, USA (Januar bis Mai 1990); Ehrenmitglied des Department of Politics, Victoria University, Wellington, Neuseeland, seit 1989.
- Hobbes's Science of Politics. New York/London, 1966.
- Private Vices, Public Benefits: Bernard Mandeville's Social and Political Thought. Cambridge, 1985.
- "Zur Berechtigungstheorie der Gerechtigkeit". In: Markl, Karl-Peter (Hg.): Analytische Philosophie und Ökonomische Rationalität, Bd. 2, Verfassungen, Gerechtigkeit und Utopien, Opladen, 1984, S. 103-129.

Kamenka, Eugene, geb. 1928, PhD, seit 1974 Professor für Geschichte der Politischen Ideen an der Research School of Social Sciences, Australian National University, Canberra; Präsident der Australischen Gesellschaft für Rechtsphilosophie.
- The Ethical Foundations of Marxism. London 1962, 2., überarbeitete Aufl. 1972.
- Marxism and Ethics. London, 1969, Nachdruck London/New York, 1974; japanische Übersetzung, Tokio, 1970.
- The Philosophy of Ludwig Feuerbach. London, 1970; japanische Übersetzung, Tokio, 1978.
- Bureaucracy. Cambridge, Mass./Oxford, 1989.

Merz-Benz, Peter-Ulrich, geb. 1953, Dr. phil., 1980 - 1987 wissenschaftlicher Assistent und Lehrbeauftragter am Soziologischen Institut der Universität Zürich, seit 1987 Inhaber des Habilitations-Stipendiums des Kantons Zürich, Schweiz.

- Indikatoren als Instrument zur Erfassung sozialer Wirklichkeit - Diskussionsbeitrag zum Problem der Abgrenzung von subjektiven und objektiven Indikatoren. In: Schweizerische Zeitschrift für Soziologie 8, 1982.
- Zum Verhältnis von Rationalität und sozialer Wirklichkeit bei Ferdinand Tönnies. In: Deichsel, Alexander/Fechner, Rolf (Hg.): Lokalkultur und Weltgesellschaft - Aspekte der Moderne. Hamburg, 1987.
- Max Weber und Heinrich Rickert, Die erkenntniskritischen Grundlagen der verstehenden Soziologie. Würzburg, 1990.

Opielka, Michael, geb. 1956, Sozialwissenschaftler/Dipl. Päd; 1983 - 1987 wissenschaftlicher Mitarbeiter der Bundestagsfraktion der Grünen für allgemeine Sozialpolitik; seit 1987 Geschäftsführer des "Instituts für Sozialökologie" in Hennef bei Bonn; 1990 Visiting Scholar an der University of California in Berkeley und Los Angeles, USA.
- Das garantierte Grundeinkommen, Entwicklung und Perspektiven einer Forderung (Hg. zus. mit Georg Vobruba). Frankfurt am Main, 1986.
- Umbau des Sozialstaates. (Hg. zus. mit Ilona Ostner). Essen, 1987.
- Einige Grundfragen sozialökologischer Theorie und Politik. In: Sociologica Internationalis, 1; und in: Deutsche Zeitschrift für Philosophie 8 und 9, Berlin-Ost.

Otnes, Per, geb. 1941, M.A., Universitätsprofessor für Soziologie an der Universität Oslo, Norwegen.
- Visible Cities. In: Scandinavian Housing and Planning Research, Vol. 3, Nr. 4, Gävle, 1986, S. 217-232.
- Exorbitant Exchange, The Defective Empirical Foundations of Sociological Models of Social Exchange. Oslo, 1987.
- The Sociology of Consumption, An Anthology. Hg. und Mitverf. Oslo, 1988.
- Mikropolis, or the Objects of Cities (Minima Materialia). Oslo, 1991 i.E.

Schlüter, Carsten, geb. 2.2.1955, Dr. phil., Wissenschaftlicher Referent der Ferdinand-Tönnies-Gesellschaft e.V., Lehrbeauftragter für Politische Theorie am Institut für Politische Wissenschaft der Christian-Albrechts-Universität zu Kiel.
- Symbol - Bewegung - Rationalität, Zum fünfzigsten Todestag von Ferdinand Tönnies. (Hg. und Mitverf.). Würzburg, 1987.
- Adornos Kritik der apologetischen Vernunft. 2 Bde. Würzburg, 1987.
- Politik als Diskurs. (Hg. und Mitverf.). Marburg, 1989.

Strang, Heinz, Dr. phil., geb. 1939, seit 1974 Universitätsprofessor für Sozialpädagogik an der Universität Hildesheim.

- Altenhilfeplanung Wilhelmshaven: Expertenplanung mit Empathie. In: Spiegelberg, R./Lenkowicz, M. (Hg.): Sozialplanung in der Praxis, Opladen, 1984.
- Effektivitätsprobleme der Sozialhilfe. In: Zeitschrift für Sozialreform, H. 11/12, 1987.
- Die "jungen Alten" - Mythos und Wirklichkeit. In: Fromme, J./Stoffers, M. (Hg.): Freizeit im Lebensverlauf, Bielefeld, 1988.

Tay, Alice Erh-Soon, Dr., Challis Professor of Jurisprudence an der Universität Sydney, Australien, z.Z. Lewin Distinguished Visiting Prof. in the Humanities, Dept. of Philosophy, Washington University, St. Louis, Missouri, USA.
- Law and Social Control. (Hg. zus. mit Eugene Kamenka und Mitautorin.) London/New York, 1980.
- Public Law - Private Law. (Zus. mit Eugene Kamenka.) In: Benn S.I./Gaus, G.F. (Hg.): Public and Private in Social Life. London/Canberra/New York, 1983.
- Marxism and the Theory of Law. (Zus. mit Eugen Kamenka.) London, 1987.

Vowinckel, Gerhard, geb. 26.3.1946, Dipl. Soz.; Dr. rer. pol.; Privat-Dozent an der Universität Hamburg; Professurvertreter an der Universität der Bundeswehr Hamburg.
- Vorsprachliche Kommunikation und soziale Wahrnehmung. Frankfurt am Main, 1979.
- Von politischen Köpfen und schönen Seelen. München, 1983.
- Command or Refine? Cultural Patterns of Cognitively Organizing Emotions. In: Theory, Culture & Society 4, 1987, S. 489-514.